2015 개정
교육과정

新 수학의 바이블 유형서

BOB 밥

수학의 밥과 같은 존재,
유형!

이창희·민경도·김덕환 지음

수학 I

내신&수능에 출제되는 **필수 유형만 수록** | **개념 ▶ 유형 ▶ 실력** 3단계 콕콕 시스템

이투스북

新 수학의 바이블 유형서

B.O.B 밥

수학 I

집필진	이창희	서울대학교 수학교육과
	민경도	서울대학교 수학교육과
	김덕환	서울대학교 수학교육과

新수학의 바이블 BOB 수학 Ⅰ

201805 제2판 1쇄　202402 제2판 9쇄

펴낸이 정선욱

펴낸곳 이투스에듀(주) 서울시 서초구 남부순환로 2547

고객센터 1599-3225

등록번호 제2007-000035호

ISBN 979-11-6123-602-5[53410]

新수학의 바이블 BOB!!

첫술에 배부를 수 없듯이 쉬운 유형부터 어려운 유형을 동시에 모두 학습하기란 쉽지 않다!!

기본적으로 알고 있어야 하는 내신 & 수능 시험에서 자주 출제되는 유형만 확실히 알아도 목표의 반은 성공한 것이다!!

따라서 자주 출제되는 알짜 유형만을 선정, 집중적으로 공략하여 학습할 수 있는 교재가 필요하다!!

新수학의 바이블 BOB을 이용한 학습법!!

개념 및 개념 Plus | 개념 이해

- 꼭 알고 있어야 하는 개념 확인
- 친절하고도 상세한 첨삭으로 이해도 향상
- 좀 더 알아볼 수 있는 개념에 대한 부연 설명

- 좀 더 자세한 설명이 필요할 때에는 新수학의 바이블 수학Ⅰ의 개념 설명을 통해 보충 학습
- 이전 학년에서 배웠지만 확실하게 정립하지 못한 개념은 다시 한 번 짚어보고 확실하게 다져야 할 것입니다.

실력 콕콕 | 해결력 강화

- 대표 유형에 대한 문제 해결력 향상
- 다양한 변형 유형의 문제에 대한 도전
- 학교 내신 & 수능의 기초 해결력 완성

- 학습 도중 틀린 문제에 대한 오답 노트 작성 후 반복 학습
- 실력 콕콕의 정답률이 80% 이하일 경우에는 앞부분의 유형별 문제 해결을 좀더 강화한 후 오답 노트로 정리하여 확실하게 알 수 있을때까지 반복 학습이 이루어져야 할 것입니다.

개념 콕콕 | 개념 확인

- 개념 이해가 정확하게 이루어졌는지 확인
- 표현이 달라졌을 때에도 개념을 적용시키는 연습
- 확실하게 익힐 때까지 기초 문제로 반복 이해

- 개념 콕콕의 정답률이 80% 이하일 경우에는 앞부분의 개념 학습이 완전하지 않은 것입니다. 다시 한 번 개념 부분에 대한 면밀하고 심도 있는 학습이 이루어져야 할 것입니다.

유형 콕콕 | 유형별 문제 해결

- 학습한 개념에 대한 유형 파악
- 대표 유형별 문제 해결력 집중 공략
- 유형별 점진적 수준 강화

- 대표 유형에 대하여 좀 더 학습하고자 할 때에는 新수학의 바이블 수학Ⅰ의 대표 예제별 1+3 문제 보충 학습
- 학습 도중 틀린 문제에 대한 오답 노트 작성 후 반복 학습
- 유형 콕콕의 정답률이 80% 이하일 경우에는 앞부분의 개념과 개념 콕콕을 확인한 후 다시 풀어 봄으로써 부족한 부분을 보충해야 할 것입니다.

新수학의 바이블 BOB의 구성과 특징

STRUCTURE

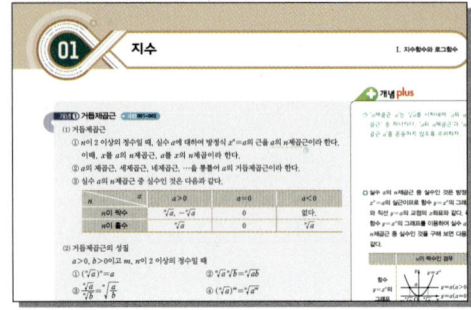

➕ 개념 설명 & 개념 plus

- 해당 단원에서 핵심 개념만을 모아 한눈에 알아볼 수 있도록 정리하였습니다.
- 보다 세부적인 부연 설명은 밑줄을 활용하여 첨삭으로 실었습니다.

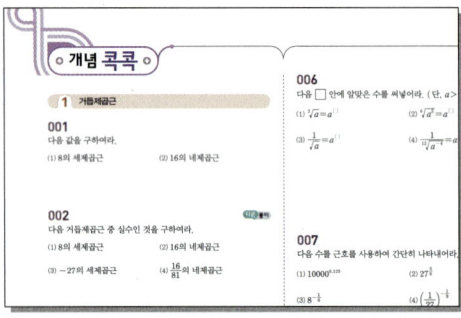

➕ 개념 콕콕

- 개념을 직접적으로 적용할 수 있도록 간단하고 쉬운 문제를 중심으로 수록하였습니다.
- 개념 콕콕의 문제를 해결함으로써 개념을 확실히 익히고 소화할 수 있도록 하였습니다.

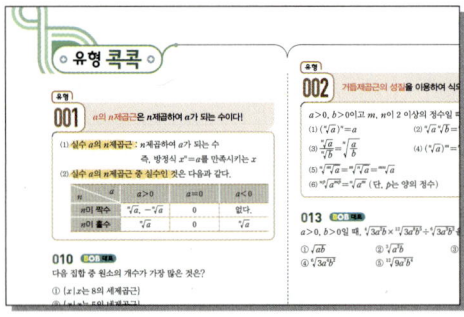

➕ 유형 콕콕

- 출제될 수 있는 대표적인 문제들을 유형별로 구분하고, 해당 유형에 맞는 핵심 포인트 및 해결 전략을 제시하였습니다.
- 교과서 핵심 개념을 토대로 필수 문항들로만 구성하였으며, 수학의 기초를 다질 수 있는 비교적 쉬운 문항들로 수학의 자신감을 쌓을 수 있게 하였습니다.
- 서술형 문제를 제공하여 풀이 단계에서 채점 요소, 풀이 단계별 비율 등을 고려하여 학습할 수 있도록 구성하였습니다.
- **QR코드** 해당 유형을 보다 구체적으로 알고 싶을 때에는 QR코드를 통해 '新수학의 바이블'의 대표 예제와 연동하여 학습할 수 있도록 링크를 걸어 두었습니다.

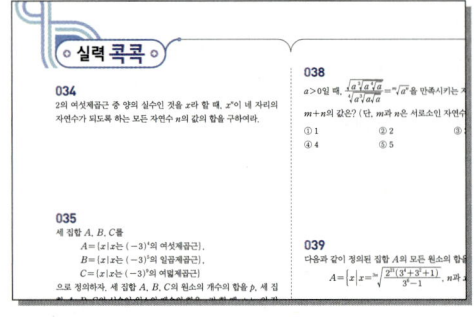

➕ 실력 콕콕

- 지금까지 학습한 개념과 유형을 토대로 좀 더 실력을 향상시킬 수 있도록 유형 콕콕보다는 난이도가 있는 문제를 수록하였습니다.
- 유형을 확실히 익혔는지 점검하고 실전력을 익히게 하여 수능 대비의 초석이 될 수 있도록 하였습니다.
- 서술형 문제를 제공하여 풀이 단계에서 채점 요소, 풀이 단계별 비율 등을 고려하여 학습할 수 있도록 구성하였습니다.

I

지수함수와 로그함수

01 지수

개념 ① 거듭제곱근 ◆유형 001~002

(1) 거듭제곱근

① n이 2 이상의 정수일 때, 실수 a에 대하여 방정식 $x^n=a$의 근을 a의 n제곱근이라 한다. 이때, x를 a의 n제곱근, a를 x의 n제곱이라 한다. ⊙

② a의 제곱근, 세제곱근, 네제곱근, …을 통틀어 a의 거듭제곱근이라 한다.

③ 실수 a의 n제곱근 중 실수인 것은 다음과 같다.

n ＼ a	$a>0$	$a=0$	$a<0$
n이 짝수	$\sqrt[n]{a}$, $-\sqrt[n]{a}$	0	없다.
n이 홀수	$\sqrt[n]{a}$	0	$\sqrt[n]{a}$

(2) 거듭제곱근의 성질

$a>0$, $b>0$이고 m, n이 2 이상의 정수일 때

① $(\sqrt[n]{a})^n=a$

② $\sqrt[n]{a}\,\sqrt[n]{b}=\sqrt[n]{ab}$

③ $\dfrac{\sqrt[n]{a}}{\sqrt[n]{b}}=\sqrt[n]{\dfrac{a}{b}}$

④ $(\sqrt[n]{a})^m=\sqrt[n]{a^m}$

⑤ $\sqrt[n]{\sqrt[m]{a}}=\sqrt[m]{\sqrt[n]{a}}=\sqrt[mn]{a}$

⑥ $\sqrt[np]{a^{mp}}=\sqrt[n]{a^m}$ (단, p는 양의 정수)

개념 ② 지수의 확장 ◆유형 003~008

(1) 지수의 확장

① 정수 지수

$a\neq0$이고 n이 양의 정수일 때

$$a^0=1,\ a^{-n}=\dfrac{1}{a^n}$$

② 유리수 지수

$a>0$이고 m이 정수, n이 2 이상의 정수일 때

$$a^{\frac{m}{n}}=\sqrt[n]{a^m},\ a^{\frac{1}{n}}=\sqrt[n]{a}$$

(2) 지수법칙

$a>0$, $b>0$이고 m, n이 실수일 때

① $a^m a^n=a^{m+n}$

② $a^m \div a^n=a^{m-n}$

③ $(a^m)^n=a^{mn}$

④ $(ab)^m=a^m b^m$

⑤ $\left(\dfrac{a}{b}\right)^m=\dfrac{a^m}{b^m}$

(3) 거듭제곱 또는 거듭제곱근의 대소 관계

① $a>0$, $b>0$이고 n이 양의 실수일 때

$$a^n>b^n \Longleftrightarrow a>b$$

② $a>0$, $b>0$이고 n이 2 이상의 정수일 때

$$\sqrt[n]{a}>\sqrt[n]{b} \Longleftrightarrow a>b$$

➕ 개념 plus

⊙ 'n제곱근 a'는 $\sqrt[n]{a}$를 나타내며 'a의 n제곱근' 중 하나이다. 'a의 n제곱근'과 'n제곱근 a'를 혼동하지 않도록 주의하자.

◐ 실수 a의 n제곱근 중 실수인 것은 방정식 $x^n=a$의 실근이므로 함수 $y=x^n$의 그래프와 직선 $y=a$의 교점의 x좌표와 같다. 즉, 함수 $y=x^n$의 그래프를 이용하여 실수 a의 n제곱근 중 실수인 것을 구해 보면 다음과 같다.

n이 짝수인 경우	
함수 $y=x^n$의 그래프	
$a>0$인 경우	$\sqrt[n]{a}$, $-\sqrt[n]{a}$ ◀ 2개
$a=0$인 경우	0 ◀ 1개
$a<0$인 경우	없다. ◀ 0개

n이 홀수인 경우	
함수 $y=x^n$의 그래프	
$a>0$인 경우	$\sqrt[n]{a}$ ◀ 1개
$a=0$인 경우	0 ◀ 1개
$a<0$인 경우	$\sqrt[n]{a}$ ◀ 1개

◐ 유리수 지수의 밑 a에 대하여 $a>0$이라는 사실에 주의하여야 한다.

예 $\{(-3)^2\}^{\frac{1}{2}}=(-3)^{2\times\frac{1}{2}}=-3$ (×),

$\{(-3)^2\}^{\frac{1}{2}}=(3^2)^{\frac{1}{2}}=3$ (○)

◐ 거듭제곱근의 계산은 $a>0$이고 m이 정수, n이 2 이상의 정수일 때

$$\sqrt[n]{a^m}=a^{\frac{m}{n}},\ \sqrt[n]{a}=a^{\frac{1}{n}}$$

을 이용하여 유리수 지수로 나타낸 다음 지수법칙을 이용하는 것이 편리하다.

정답과 풀이 p.8

개념 콕콕

1 거듭제곱근

001
다음 값을 구하여라.

(1) 8의 세제곱근　　(2) 16의 네제곱근

002
다른 풀이

다음 거듭제곱근 중 실수인 것을 구하여라.

(1) 8의 세제곱근　　(2) 16의 네제곱근

(3) -27의 세제곱근　　(4) $\frac{16}{81}$의 네제곱근

003
다음 값을 구하여라.

(1) $\sqrt[5]{32}$　　(2) $\sqrt[3]{(-5)^3}$

(3) $\sqrt[3]{-\frac{8}{27}}$　　(4) $\sqrt[6]{(-3)^6}$

2 거듭제곱근의 성질

004
다음을 간단히 하여라.

(1) $\sqrt[5]{4}\times\sqrt[5]{8}$　　(2) $\frac{\sqrt[4]{243}}{\sqrt[4]{3}}$

(3) $(\sqrt[12]{27})^4$　　(4) $\sqrt{\sqrt[3]{64}}$

3 지수의 확장

005
다음 값을 구하여라.

(1) $(-3)^0$　　(2) $\left(\frac{1}{2}\right)^0$

(3) 3^{-2}　　(4) $\left(-\frac{1}{5}\right)^{-2}$

006
다음 □ 안에 알맞은 수를 써넣어라. (단, $a>0$)

(1) $\sqrt[3]{a}=a^{\square}$　　(2) $\sqrt[6]{a^5}=a^{\square}$

(3) $\frac{1}{\sqrt{a}}=a^{\square}$　　(4) $\frac{1}{\sqrt[12]{a^{-4}}}=a^{\square}$

007
다음 수를 근호를 사용하여 간단히 나타내어라.

(1) $10000^{0.125}$　　(2) $27^{\frac{5}{6}}$

(3) $8^{-\frac{1}{6}}$　　(4) $\left(\frac{1}{27}\right)^{-\frac{1}{9}}$

008
다음을 간단히 하여라. (단, $a>0$, $b>0$)

(1) $(3^{\frac{5}{6}})^3\times3^{\frac{1}{2}}$

(2) $(4^{\frac{2}{9}})^3\div\sqrt[3]{4}\times(4^{\frac{1}{3}})^2$

(3) $(\sqrt[4]{a^2}\times\sqrt[5]{b^3})^{10}$

(4) $(a^3b^4)^{\frac{1}{12}}\times(a^{\frac{1}{4}}b^{\frac{5}{9}})^3$

009
다음을 간단히 하여라. (단, $a>0$, $b>0$)

(1) $3^{\sqrt{18}}\times3^{\sqrt{2}}$

(2) $5^{\sqrt{75}}\div5^{\sqrt{27}}\times5^{\sqrt{48}}$

(3) $(a^{\sqrt{3}})^{\sqrt{12}}$

(4) $(a^{\frac{1}{\sqrt{15}}}\times b^{\sqrt{\frac{3}{5}}})^{\sqrt{15}}$

유형 001 — a의 n제곱근은 n제곱하여 a가 되는 수이다!

(1) 실수 a의 n제곱근 : n제곱하여 a가 되는 수

즉, 방정식 $x^n = a$를 만족시키는 x

(2) 실수 a의 n제곱근 중 실수인 것은 다음과 같다.

n \ a	$a>0$	$a=0$	$a<0$
n이 짝수	$\sqrt[n]{a}$, $-\sqrt[n]{a}$	0	없다.
n이 홀수	$\sqrt[n]{a}$	0	$\sqrt[n]{a}$

010 BOB 대표

다음 집합 중 원소의 개수가 가장 많은 것은?

① $\{x \mid x$는 8의 세제곱근$\}$

② $\{x \mid x$는 5의 네제곱근$\}$

③ $\{x \mid x$는 -6의 세제곱근$\}$

④ $\{x \mid x$는 10의 네제곱근, x는 실수$\}$

⑤ $\{x \mid x$는 12의 세제곱근, x는 실수$\}$

011 중

〈보기〉에서 옳은 것만을 있는 대로 골라라.

보기
ㄱ. 제곱근 9는 ± 3이다.
ㄴ. $(-2)^2$의 제곱근은 2이다.
ㄷ. n이 홀수일 때, 2의 n제곱근 중 실수인 것은 한 개이다.
ㄹ. n이 짝수일 때, -3의 n제곱근 중 실수인 것은 $-\sqrt[n]{3}$이다.

012 중

실수 x의 n제곱근 중 실수인 것의 개수를 $R(x, n)$이라 하자. $R(-5, 2) + R(-6, 3) + R(7, 4)$의 값을 구하여라.

(단, n은 2 이상의 정수이다.)

유형 002 — 거듭제곱근의 성질을 이용하여 식의 값을 계산하자!

$a>0$, $b>0$이고 m, n이 2 이상의 정수일 때

(1) $(\sqrt[n]{a})^n = a$

(2) $\sqrt[n]{a}\,\sqrt[n]{b} = \sqrt[n]{ab}$

(3) $\dfrac{\sqrt[n]{a}}{\sqrt[n]{b}} = \sqrt[n]{\dfrac{a}{b}}$

(4) $(\sqrt[n]{a})^m = \sqrt[n]{a^m}$

(5) $\sqrt[n]{\sqrt[m]{a}} = \sqrt[m]{\sqrt[n]{a}} = \sqrt[mn]{a}$

(6) $\sqrt[np]{a^{mp}} = \sqrt[n]{a^m}$ (단, p는 양의 정수)

013 BOB 대표

$a>0$, $b>0$일 때, $\sqrt[4]{3a^2 b} \times \sqrt[12]{3a^8 b^5} \div \sqrt[6]{3a^3 b^2}$을 간단히 하면?

① $\sqrt{ab}$

② $\sqrt[3]{a^2 b}$

③ $\sqrt[4]{3a^3 b^2}$

④ $\sqrt[6]{3a^4 b^2}$

⑤ $\sqrt[12]{9a^7 b^4}$

014 하

다음 중 옳지 않은 것은?

① $\sqrt{7} \times \sqrt[3]{7} = \sqrt[6]{7^5}$

② $\sqrt[3]{-\sqrt{729}} = -3$

③ $\sqrt[4]{\sqrt[3]{16}} = \sqrt[3]{2}$

④ $\dfrac{\sqrt[3]{-27}}{\sqrt[3]{8}} = \sqrt[3]{-\dfrac{27}{8}}$

⑤ $\left(\sqrt{3} \times \dfrac{1}{\sqrt[3]{5}}\right)^6 = \dfrac{9}{25}$

015 중

다음을 간단히 하여라. (단, $a>0$)

$$\sqrt{\dfrac{\sqrt[4]{a}}{\sqrt[3]{a}}} \times \sqrt[3]{\dfrac{\sqrt{a}}{\sqrt[4]{a}}} \times \sqrt[4]{\dfrac{\sqrt[3]{a}}{\sqrt{a}}}$$

유형 003 자연수 지수를 정수 지수로 확장해 보자!

(1) $a \neq 0$이고 n이 양의 정수일 때

  ① $a^0 = 1$ ② $a^{-n} = \dfrac{1}{a^n}$

(2) $a \neq 0$, $b \neq 0$이고 m, n이 정수일 때

  ① $a^m a^n = a^{m+n}$ ② $a^m \div a^n = a^{m-n}$

  ③ $(a^m)^n = a^{mn}$ ④ $(ab)^m = a^m b^m$

  ⑤ $\left(\dfrac{a}{b}\right)^m = \dfrac{a^m}{b^m}$

---

016 BOB 대표

양수 a에 대하여 $a^2 + a^{-2} = 3$일 때, $a^3 + a^{-3}$의 값은?

① $\sqrt{5}$ ② $2\sqrt{5}$ ③ $3\sqrt{3}$

④ $3\sqrt{5}$ ⑤ $5\sqrt{3}$

---

017 중

$a = \sqrt[5]{2}$일 때, $\dfrac{a^{-1} + a^{-2} + a^{-3} + a^{-4}}{a + a^2 + a^3 + a^4}$의 값은?

① $\dfrac{1}{2}$ ② $\dfrac{\sqrt[5]{2}}{2}$ ③ 1

④ $\sqrt[5]{2}$ ⑤ 2

---

018 중   다른 풀이

$\dfrac{1}{3^{-4}+1} + \dfrac{1}{3^{-2}+1} + \dfrac{1}{3^0+1} + \dfrac{1}{3^2+1} + \dfrac{1}{3^4+1}$의 값을 구하여라.

유형 004 정수 지수를 유리수 지수로 확장해 보자!

(1) $a > 0$이고 m, n $(n \geq 2)$이 정수일 때

  ① $a^{\frac{m}{n}} = \sqrt[n]{a^m} = (\sqrt[n]{a})^m$ ② $a^{\frac{1}{n}} = \sqrt[n]{a}$

(2) $a > 0$, $b > 0$이고 r, s가 유리수일 때

  ① $a^r a^s = a^{r+s}$ ② $a^r \div a^s = a^{r-s}$

  ③ $(a^r)^s = a^{rs}$ ④ $(ab)^r = a^r b^r$

  ⑤ $\left(\dfrac{a}{b}\right)^r = \dfrac{a^r}{b^r}$

➡ 지수가 정수, 유리수, 실수의 범위로 확장되더라도 지수 법칙은 여전히 성립한다.

---

019 BOB 대표

$\left\{\left(\dfrac{27}{125}\right)^{-\frac{1}{3}}\right\}^{\frac{3}{2}} \times \left(\dfrac{5}{27}\right)^{-\frac{1}{2}}$의 값은?

① $\sqrt{3}$ ② 2 ③ $\sqrt{5}$

④ $2\sqrt{3}$ ⑤ 5

---

020 중

〈보기〉에서 옳은 것만을 있는 대로 고른 것은?

> **보기**
>
> ㄱ. $3^{\frac{1}{6}} \times 3^{\frac{1}{3}} = \sqrt{3}$ ㄴ. $(16^{-2})^{\frac{1}{4}} = \dfrac{1}{4}$
>
> ㄷ. $\{(-5)^2\}^{\frac{3}{2}} = -125$ ㄹ. $(\sqrt{6})^{2\sqrt{2}} = (6\sqrt{2})^{\sqrt{2}}$

① ㄱ   ② ㄱ, ㄴ   ③ ㄱ, ㄴ, ㄷ

④ ㄴ, ㄷ, ㄹ   ⑤ ㄱ, ㄴ, ㄷ, ㄹ

---

021 중   서술형

$a > 0$이고 $(\sqrt[5]{a^2})^2 = \sqrt{a \sqrt[3]{a^k}}$일 때, 유리수 k에 대하여 $10k$의 값을 구하여라.

유형 005 유리수 지수를 포함한 식의 계산은 치환한 다음 곱셈 공식을 이용하자!

양수 a에 대하여

(1) $(a^{\frac{1}{2}} \pm a^{-\frac{1}{2}})^2 = (a^{\frac{1}{2}})^2 \pm 2a^{\frac{1}{2}}a^{-\frac{1}{2}} + (a^{-\frac{1}{2}})^2$
$= a \pm 2 + a^{-1}$ (복부호동순)

(2) $(a^{\frac{1}{3}} \pm a^{-\frac{1}{3}})^3 = (a^{\frac{1}{3}})^3 \pm (a^{-\frac{1}{3}})^3 \pm 3a^{\frac{1}{3}}a^{-\frac{1}{3}}(a^{\frac{1}{3}} \pm a^{-\frac{1}{3}})$
$= a \pm a^{-1} \pm 3(a^{\frac{1}{3}} \pm a^{-\frac{1}{3}})$ (복부호동순)

➡ 유리수 지수를 포함한 복잡한 식은 $a^{\frac{m}{n}} = x$로 치환하여 계산한다.

022 BOB 대표

$a = \sqrt{2}$, $b = \sqrt{3}$일 때,
$$(a^{\frac{1}{8}} - b^{\frac{1}{8}})(a^{\frac{1}{8}} + b^{\frac{1}{8}})(a^{\frac{1}{4}} + b^{\frac{1}{4}})(a^{\frac{1}{2}} + b^{\frac{1}{2}})(a+b)$$
의 값은?

① -1　　　② $\sqrt{2} - \sqrt{3}$　　　③ 0
④ 1　　　⑤ $\sqrt{2} + \sqrt{3}$

023 중 다른 풀이

양수 a에 대하여 $a^{\frac{1}{2}} + a^{-\frac{1}{2}} = 5$일 때, $a^{\frac{3}{2}} + a^{-\frac{3}{2}}$의 값은?

① 110　　　② 115　　　③ 120
④ 125　　　⑤ 130

024 중

$a = 2^{\frac{1}{3}} - 2^{-\frac{1}{3}}$일 때, $2a^4 + 2a^3 + 6a^2 + 3a + 3$의 값을 구하여라.

유형 006 a^{-x}, a^{-3x} 등을 포함한 분수식은 분모, 분자에 a^x, a^{3x} 등을 곱하자!

a^{-x}, a^{-3x} $(a > 0)$ 등을 포함한 분수식의 계산은 **분모, 분자에 a^x, a^{3x} 등을 곱하여** 구하는 식을 주어진 조건식의 꼴로 변형한다.

025 BOB 대표

$a^{8x} = 4$일 때, $\dfrac{a^{6x} - a^{-6x}}{a^{2x} + a^{-2x}}$의 값은? (단, $a > 0$)

① $\dfrac{1}{2}$　　　② $\dfrac{2}{3}$　　　③ $\dfrac{5}{6}$
④ 1　　　⑤ $\dfrac{7}{6}$

026 중

$2^{2x} = 3$일 때, $\dfrac{2^{3x} + 2^{-3x}}{2^x + 2^{-x}}$의 값은?

① $\dfrac{1}{3}$　　　② 1　　　③ $\dfrac{5}{3}$
④ $\dfrac{7}{3}$　　　⑤ 3

027 중 서술형

$\dfrac{2^x - 2^{-x}}{2^x + 2^{-x}} = \dfrac{1}{3}$일 때, $4^x - 4^{-x}$의 값을 구하여라.

유형 007

$a^x=b$가 주어진 식의 계산은 $a=b^{\frac{1}{x}}$임을 이용하자!

a, b, k가 양수일 때

(1) $a^x=b \Longleftrightarrow (a^x)^{\frac{1}{x}}=b^{\frac{1}{x}} \Longleftrightarrow a=b^{\frac{1}{x}}$

(2) $a^x=b^y=k \Longleftrightarrow a=k^{\frac{1}{x}}, \ b=k^{\frac{1}{y}}$

028 BOB 대표

$7^x=27$, $21^y=9$인 실수 x, y에 대하여 $\dfrac{3}{x}-\dfrac{2}{y}$의 값은?

① -2 　　② -1 　　③ 0

④ 1 　　⑤ 2

029 중 　　　　　　　　　　　　　　　서술형

세 양수 a, b, c에 대하여

$$a^x=b^y=c^z=8, \quad \frac{1}{x}-\frac{1}{y}+\frac{1}{z}=\frac{2}{3}$$

일 때, $\dfrac{ac}{b}$의 값을 구하여라.

030 중

0이 아닌 세 실수 x, y, z에 대하여 $8^x=9^y=12^z$일 때, $\dfrac{a}{x}+\dfrac{2}{y}=\dfrac{4}{z}$를 만족시키는 실수 a의 값을 구하여라.

유형 008

거듭제곱 또는 거듭제곱근의 대소 비교는 밑을 통일하거나 똑같이 거듭제곱하자!

(1) $a>0$, $b>0$, $n>0$일 때

① $a^n>b^n \Longleftrightarrow a>b$

② $\sqrt[n]{a}>\sqrt[n]{b} \Longleftrightarrow a>b$ (단, $n \geq 2$인 정수)

(2) $a>0$, $b>0$이고 m, n $(n \geq 2)$이 정수일 때 $\sqrt[m]{a}$, $\sqrt[n]{b}$의 대소 비교는 $\sqrt[mn]{a^n}$, $\sqrt[mn]{b^m}$으로 고쳐서 근호 안을 비교한다.

031 BOB 대표 　　　　　　　　　　　다른 풀이

세 수 $A=\sqrt[3]{3\sqrt{2}}$, $B=\sqrt{2\sqrt[3]{5}}$, $C=\sqrt{2\sqrt{2}}$의 대소 관계를 바르게 나타낸 것은?

① $A<B<C$ 　　② $A<C<B$ 　　③ $B<A<C$

④ $B<C<A$ 　　⑤ $C<B<A$

032 중 　　　　　　　　　　　　　다른 풀이

세 수 $A=(\sqrt{2})^3$, $B=0.5^{\frac{3}{2}}$, $C=\sqrt[3]{4}$의 대소 관계를 바르게 나타낸 것은?

① $A<B<C$ 　　② $B<A<C$ 　　③ $B<C<A$

④ $C<A<B$ 　　⑤ $C<B<A$

033 중

세 수 $A=2^{60}$, $B=3^{50}$, $C=5^{40}$의 대소 관계를 나타내어라.

034

2의 여섯제곱근 중 양의 실수인 것을 x라 할 때, x^n이 네 자리의 자연수가 되도록 하는 모든 자연수 n의 값의 합을 구하여라.

035

세 집합 A, B, C를
$$A=\{x \mid x \text{는 } (-3)^4 \text{의 여섯제곱근}\},$$
$$B=\{x \mid x \text{는 } (-3)^5 \text{의 일곱제곱근}\},$$
$$C=\{x \mid x \text{는 } (-3)^9 \text{의 여덟제곱근}\}$$
으로 정의하자. 세 집합 A, B, C의 원소의 개수의 합을 p, 세 집합 A, B, C의 실수인 원소의 개수의 합을 q라 할 때, $p+q$의 값을 구하여라.

036

두 자리의 자연수 n에 대하여 $\left(\sqrt[3]{6^5}\right)^{\frac{1}{2}}$이 어떤 자연수의 n제곱근이 되도록 하는 n의 개수는?

① 11   ② 13   ③ 15
④ 17   ⑤ 19

037

$[\sqrt[3]{a}]+[\sqrt{15-a}]=[\sqrt[4]{100}]$을 만족시키는 모든 자연수 a의 값의 합은? (단, $[x]$는 x보다 크지 않은 최대의 정수이다.)

① 40   ② 42   ③ 44
④ 46   ⑤ 48

038

$a>0$일 때, $\dfrac{\sqrt{a\sqrt[3]{a\sqrt[4]{a}}}}{\sqrt[4]{a\sqrt[3]{a\sqrt{a}}}}=\sqrt[m]{a^n}$을 만족시키는 자연수 m, n의 합 $m+n$의 값은? (단, m과 n은 서로소인 자연수이다.)

① 1   ② 2   ③ 3
④ 4   ⑤ 5

039

다음과 같이 정의된 집합 A의 모든 원소의 합을 구하여라.
$$A=\left\{x \,\middle|\, x=\sqrt[3n]{\dfrac{2^{21}(3^4+3^2+1)}{3^6-1}}, \ n \text{과 } x \text{는 자연수}\right\}$$

040

$3^{2x+y}=a$, $3^{x-y}=b$일 때, 3^{x+y}을 a와 b로 나타내면?

① $\sqrt{ab}$ ② $\sqrt[3]{ab^2}$ ③ $\sqrt[3]{a^2b}$
④ $\sqrt{\dfrac{a}{b}}$ ⑤ $\sqrt[3]{\dfrac{a^2}{b}}$

041

양의 실수 전체의 집합에서 연산 $*$을
$$a*b=a^b b^{-\frac{a}{2}}$$
으로 정의하자. $(2*4)*x=8x^{-2}$일 때, x의 값은?

① $\dfrac{1}{2}$ ② $\dfrac{3}{4}$ ③ 1
④ $\dfrac{5}{4}$ ⑤ $\dfrac{3}{2}$

042

집합 $A=\left\{x\,\middle|\,x=\left(\dfrac{1}{64}\right)^{\frac{1}{n}},\ n\text{은 정수},\ x\text{는 자연수}\right\}$의 모든 원소의 곱은?

① 2^6 ② 2^{12} ③ 2^{17}
④ 2^{31} ⑤ 2^{36}

043

두 자연수 a, b에 대하여 $\sqrt{\dfrac{2^a\times5^b}{2}}$이 자연수, $\sqrt[3]{\dfrac{3^b}{2^{a+1}}}$이 유리수일 때, $a+b$의 최솟값은?

① 11 ② 13 ③ 15
④ 17 ⑤ 19

044

$3^x+3^{-x}=3$일 때, $\dfrac{3^{4x}+3^{-4x}+1}{3^{2x}+3^{-2x}+1}$의 값은?

① 3 ② 4 ③ 5
④ 6 ⑤ 7

045

다음 물음에 답하여라.

(1) $x=2^{\frac{1}{4}}+2^{-\frac{1}{4}}$일 때, $\sqrt{x^2-4}+x$의 값을 구하여라.

(2) $x=2^{\frac{1}{2}}-2^{-\frac{1}{2}}$일 때, $(x+\sqrt{x^2+4}\,)^2$의 값을 구하여라.

046

세 양수 a, b, c가
$$a^x=b^{2y}=c^{3z}=7,\ abc=49$$
를 만족시킬 때, $\dfrac{6}{x}+\dfrac{3}{y}+\dfrac{2}{z}$의 값은?

① 8 ② 10 ③ 12
④ 14 ⑤ 16

047

세 양수 a, b, c에 대하여
$$a^6=3,\ b^5=5,\ c^2=7$$
일 때, $(abc)^n$이 자연수가 되도록 하는 자연수 n의 최솟값을 구하여라.

048

$0<x<1$이고 $x+x^{-1}=2\sqrt{5}$일 때,
$$(x^{\frac{1}{4}}+x^{-\frac{1}{4}})(x^{\frac{1}{4}}-x^{-\frac{1}{4}})(x^{\frac{1}{2}}+x^{-\frac{1}{2}})$$
의 값을 구하여라.

049

1이 아닌 양수 a에 대하여 $f(x)=\dfrac{1}{2}(a^x-a^{-x})$이라 하자. $f(p)=\sqrt{3}$일 때, $f(2p)$의 값을 구하여라.

➕ 개념 plus

개념 ① 로그의 뜻과 성질 → 유형 009~016

(1) 로그의 정의

$a>0$, $a\neq1$일 때, 양수 N에 대하여 $a^x=N$을 만족시키는 실수 x를 a를 밑으로 하는 N의 로그라 하고, 기호로 $x=\log_a N$과 같이 나타낸다. 이때, N을 $\log_a N$의 진수라 한다.

$$a^x=N \Longleftrightarrow x=\log_a N$$
진수 / 밑

(2) 로그의 성질

$a>0$, $a\neq1$, $M>0$, $N>0$일 때

① $\log_a 1=0$, $\log_a a=1$

② $\log_a MN=\log_a M+\log_a N$

③ $\log_a \dfrac{M}{N}=\log_a M-\log_a N$

④ $\log_a M^k=k\log_a M$ (단, k는 실수이다.)

(3) 로그의 밑의 변환

$a>0$, $a\neq1$, $b>0$일 때

① $\log_a b=\dfrac{\log_c b}{\log_c a}$ (단, $c>0$, $c\neq1$)

② $\log_a b=\dfrac{1}{\log_b a}$ (단, $b\neq1$)

(4) 로그의 여러 가지 성질

$a>0$, $a\neq1$, $b>0$일 때

① $\log_{a^m} b^n=\dfrac{n}{m}\log_a b$ (단, $m\neq0$)

② $a^{\log_c b}=b^{\log_c a}$ (단, $c>0$, $c\neq1$)

③ $a^{\log_a b}=b$

④ $\log_a b\times\log_b c\times\log_c a=1$

(단, $b\neq1$, $c>0$, $c\neq1$)

개념 ② 상용로그 → 유형 017~018

(1) 상용로그의 정의

10을 밑으로 하는 로그를 상용로그라 하고, 상용로그 $\log_{10} N$은 보통 밑을 생략하여 $\log N$과 같이 나타낸다.

(2) 상용로그의 값

① 상용로그표는 0.01의 간격으로 1.00에서 9.99까지의 수에 대한 상용로그의 값을 반올림하여 소수점 아래 넷째 자리까지 나타낸 표이다.

② 상용로그표에 나와 있지 않은 양수의 상용로그의 값은 로그의 성질을 이용하여 진수의 범위를 1.00 이상 9.99 이하로 바꾸어 상용로그표를 이용하여 구할 수 있다.

수	0	1	2
1.0	.0000	.0043	.0086
1.1	.0414	.0453	.0492
⋮	⋮	⋮	⋮
3.2	.5051	→.5065	.5079

(3) 상용로그의 정수 부분과 소수 부분

임의의 양수 N에 대하여 상용로그 $\log N$은 다음과 같이 나타낼 수 있다.

$$\log N=n+\alpha \text{ (단, } n\text{은 정수, } 0\leq\alpha<1)$$

이때, n을 $\log N$의 정수 부분, α를 $\log N$의 소수 부분이라 한다.

(4) 상용로그의 정수 부분과 소수 부분의 성질

① $\log N$ ($N>1$)의 정수 부분이 n이다. $\Longleftrightarrow$ 진수 N은 $(n+1)$자리의 정수이다.

② $\log N$ ($0<N<1$)의 정수 부분이 $-n$이다.

    $\Longleftrightarrow$ 진수 N은 소수점 아래 n째 자리에서 처음으로 0이 아닌 숫자가 나타난다.

③ 상용로그의 소수 부분이 같다. $\Longleftrightarrow$ 상용로그의 진수의 숫자 배열이 같다.

개념 plus 내용:

⊙ $\log_a N$은 $a>0$, $a\neq1$, $N>0$일 때에만 정의된다.

○ ② $\log_a M=x$, $\log_a N=y$로 놓으면

$\log_a M=x$에서 $M=a^x$

$\log_a N=y$에서 $N=a^y$

$MN=a^x\times a^y=a^{x+y}$

로그의 정의에 의하여

$x+y=\log_a MN$

$\therefore \log_a MN=\log_a M+\log_a N$

○ 혼동하기 쉬운 로그의 성질

① $\log_1 1=1$ (×), $\log_1 1=0$ (×)

② $\log_a(M+N)=\log_a M+\log_a N$ (×),

   $\log_a M\log_a N=\log_a M+\log_a N$ (×)

③ $\log_a(M-N)=\log_a M-\log_a N$ (×),

   $\dfrac{\log_a M}{\log_a N}=\log_a M-\log_a N$ (×)

④ $(\log_a M)^k=k\log_a M$ (×)

○ 상용로그표에 나오는 값은 어림값이지만 편의상 등호를 사용한다.

○ 상용로그의 값 찾기

예 상용로그표에서 $\log 3.21$의 값을 찾으려면 3.2의 행과 1의 열이 만나는 곳의 수를 찾으면 된다. 즉,

$\log 3.21=0.5065$

○ $\log N=n+\alpha$ (n은 정수, $0\leq\alpha<1$)에서 소수 부분은 $0\leq\alpha<1$임에 주의한다.

○ 상용로그의 정수 부분의 성질

예 2850은 네 자리의 수이므로 $\log 2850$의 정수 부분은 3이고, $\dfrac{1}{4}=0.25$는 소수점 아래 첫째 자리에서 처음으로 0이 아닌 숫자가 나타나므로 $\log\dfrac{1}{4}$의 정수 부분은 -1이다.

개념 콕콕

050

다음 등식을 로그를 사용하여 나타내어라.

(1) $7^2 = 49$

(2) $2^{-1} = 0.5$

(3) $1000^{\frac{1}{3}} = 10$

(4) $4^0 = 1$

051

다음 등식을 $a^x = N$의 꼴로 나타내어라.

(1) $\log_3 81 = 4$

(2) $\log_{\frac{1}{2}} 32 = -5$

(3) $\log_{\sqrt{5}} 25 = 4$

(4) $\log_9 \dfrac{1}{27} = -\dfrac{3}{2}$

052

다음 값이 존재하기 위한 x의 값의 범위를 구하여라.

(1) $\log_3 (x-2)$

(2) $\log_2 (-x^2 + 5x)$

(3) $\log_{x-5} 6$

(4) $\log_{x+3} (x-4)^2$

053

다음 식을 만족시키는 x의 값을 구하여라.

(1) $\log_2 x = -4$ (2) $\log_{\sqrt{3}} x = 4$

(3) $\log_x 64 = 5$ (4) $\log_x \dfrac{1}{3} = 2$

054

다음 값을 구하여라.

(1) $\log_3 3 + \log_5 1$

(2) $\log_2 16 + \log_3 27 - \log_5 \sqrt{5}$

(3) $\log_2 9 + 2\log_2 \dfrac{8}{3}$

(4) $\dfrac{1}{4}\log_2 81 + \log_2 \dfrac{1}{3}$

055

$\log_{10} 2 = a$, $\log_{10} 3 = b$라 할 때, 다음을 a, b를 사용하여 나타내어라.

(1) $\log_{10} 72$ (2) $\log_{10} \dfrac{16}{27}$ (3) $\log_{10} 5$

056

$\log_5 2 = a$, $\log_5 3 = b$라 할 때, 다음을 a, b를 사용하여 나타내어라.

(1) $\log_2 3$ (2) $\log_6 144$ (3) $\log_2 45$

057

다음 값을 구하여라.

(1) $\log_5 9 \times \log_3 5$

(2) $\log_2 3 \times \log_3 5 \times \log_5 2$

개념 콕콕

4 로그의 여러 가지 성질

058
다음 값을 구하여라.

(1) $\log_8 0.25$

(2) $\log_7 \dfrac{1}{\sqrt{7}}$

(3) $3^{\log_3 2}$

(4) $5^{\log_{25} 2}$

5 상용로그

059
다음 값을 구하여라.

(1) $\log 100$

(2) $\log \sqrt[5]{10000}$

(3) $\log \dfrac{1}{\sqrt[3]{100}}$

(4) $\log \dfrac{1}{40} + \log \dfrac{1}{25}$

060
상용로그표를 이용하여 다음 값을 구하여라.

(1) $\log 2.54$

(2) $\log 469$

(3) $\log 0.584$

(4) $\log 0.00125$

061
$\log 3.57 = 0.5527$임을 이용하여 다음 값을 구하여라.

(1) $\log 35.7$

(2) $\log 35700$

(3) $\log 0.357$

(4) $\log \dfrac{1}{357}$

6 상용로그의 정수 부분과 소수 부분

062
양수 N에 대하여 $\log N$의 값이 다음과 같을 때, 정수 부분과 소수 부분을 각각 구하여라.

(1) 1.4983

(2) -2.8297

(3) -4.3799

7 상용로그의 정수 부분과 소수 부분의 성질

063
다음 상용로그의 정수 부분을 구하여라.

(1) $\log 5.13$

(2) $\log 0.00513$

(3) $\log 369000$

(4) $\log 0.0369$

064
$\log 7.34 = 0.8657$임을 이용하여 다음 수의 상용로그의 정수 부분과 소수 부분을 각각 구하여라.

(1) 73400

(2) 0.0734

065
$\log 2 = 0.3010$, $\log 5 = 0.6990$임을 이용하여 다음 등식을 만족시키는 x의 값을 구하여라.

(1) $\log x = 2.3010$

(2) $\log x = -0.3010$

(3) $\log x = -1.6990$

066
$\log 2.58 = 0.4116$임을 이용하여 다음 등식을 만족시키는 x의 값을 구하여라.

(1) $\log x = 2.4116$

(2) $\log x = -0.5884$

⊕ 유형 콕콕 ⊕

009
로그가 정의되려면
(밑)>0, (밑)$\neq1$, (진수)>0이어야 한다!

(1) 로그의 정의
$$a^x = N \iff x = \log_a N$$
진수 / 밑

(2) $\log_a N$이 정의되려면 다음 두 조건을 만족시켜야 한다.
① $a>0$, $a\neq1$
② $N>0$

067 BOB 대표
$\log_{x-2}(-x^2+5x+6)$이 정의되기 위한 정수 x의 개수는?

① 1   ② 2   ③ 3
④ 4   ⑤ 5

068 하
$\log_{\sqrt2} a=6$, $\log_{\frac13} 27=b$, $\log_c 25=2$일 때, $a+b+c$의 값은?

① 6   ② 8   ③ 10
④ 12   ⑤ 14

069 중   서술형
모든 실수 x에 대하여 $\log_{a-1}(x^2+ax+3a)$의 값이 존재하기 위한 정수 a의 개수를 구하여라.

010
진수의 곱은 로그의 합, 진수의 몫은 로그의 차이다!

$a>0$, $a\neq1$, $M>0$, $N>0$일 때
(1) $\log_a 1=0$, $\log_a a=1$
(2) $\log_a MN=\log_a M+\log_a N$
(3) $\log_a \dfrac{M}{N}=\log_a M-\log_a N$
(4) $\log_a M^k=k\log_a M$ (단, k는 실수이다.)

070 BOB 대표
$\dfrac12\log_2 3-\log_2 6+\log_2 \sqrt{12}$의 값은?

① -2 ② -1 ③ 0
④ 1   ⑤ 2

071 중
다음 값을 구하여라.

(1) $3\log_5 3-2\log_5 75-\log_5 375$

(2) $\dfrac32\log_2 6-\log_2 \sqrt{54}+\log_2 \sqrt{32}$

(3) $(\log_6 2)^2+2\log_6 2\times\log_6 3+(\log_6 3)^2$

072 중
$\log_3\left(1-\dfrac23\right)+\log_3\left(1-\dfrac14\right)+\log_3\left(1-\dfrac15\right)+\cdots+\log_3\left(1-\dfrac{1}{27}\right)$
의 값은?

① -3 ② -2 ③ -1
④ 0   ⑤ 1

유형
011
로그의 밑이 다르면 밑을 같게 하여 계산하자!

$a>0$, $a\neq1$, $b>0$일 때

(1) $\log_a b = \dfrac{\log_c b}{\log_c a}$ (단, $c>0$, $c\neq1$)

(2) $\log_a b = \dfrac{1}{\log_b a}$ (단, $b\neq1$)

073 **BOB** 대표

1이 아닌 양수 x에 대하여 등식

$$\dfrac{1}{\log_2 x} + \dfrac{1}{\log_3 x} + \dfrac{1}{\log_4 x} = \dfrac{1}{\log_a x}$$

이 성립할 때, 상수 a의 값은?

① 6   ② 12   ③ 15

④ 24   ⑤ 30

074 중

$\dfrac{\log_3 4\sqrt{2} + \log_3 2\sqrt{3} - \log_3 \sqrt{6}}{\log_3 2}$의 값은?

① 1   ② 2   ③ 3

④ 4   ⑤ 5

075 중   서술형

1보다 큰 양수 x, y에 대하여

$$\log_2 x = \dfrac{1}{\log_{3\sqrt{3}} 3}, \quad \log_2 \sqrt[3]{y} = \dfrac{1}{\log_{64} 2}$$

일 때, $\log_x y$의 값을 구하여라.

076 중

다음 값을 구하여라.

$$\log_6(\log_3 2) + \log_6(\log_4 3) + \log_6(\log_5 4) + \cdots$$
$$+ \log_6(\log_{64} 63)$$

유형
012
로그에서 자주 이용되는 여러 가지 공식을 잘 알아 두자!

$a>0$, $a\neq1$, $b>0$일 때

(1) $\log_{a^m} b^n = \dfrac{n}{m}\log_a b$ (단, $m\neq0$)

(2) $a^{\log_c b} = b^{\log_c a}$ (단, $c>0$, $c\neq1$)

(3) $a^{\log_a b} = b$

(4) $\log_a b \times \log_b c \times \log_c a = 1$ (단, $b\neq1$, $c>0$, $c\neq1$)

077 **BOB** 대표

$\left(\log_3 \sqrt{5} - \log_{\frac{1}{9}} 125\right) \times \log_5 3$의 값은?

① -1 ② $-\dfrac{1}{2}$ ③ 1

④ $\dfrac{3}{2}$ ⑤ 2

078 중

다음 값을 구하여라.

(1) $5^{\log_5 2} + 9^{\log_3 5}$

(2) $9^{2\log_3 5 + 3\log_3 2 - 2\log_3 10}$

079 중

$\left(3^{\log_3 8 + \log_3 2}\right)^2 + \left(2^{\log_3 2 + \log_3 8}\right)^{\log_2 3}$의 값은?

① 264   ② 268   ③ 272

④ 276   ⑤ 280

정답과 풀이 p.17

유형 013 식의 계산에서 주어진 식과 구하는 식의 밑을 통일하자!

step1 구하는 식을 변형하여 주어진 식을 갖도록 밑을 통일한다. 이때, $\log_a b = \dfrac{\log_c b}{\log_c a}$, $\log_a b = \dfrac{1}{\log_b a}$임을 이용한다.

step2 step1 에서 얻은 식을 로그의 성질을 이용하여 주어진 문자에 대한 식으로 나타낸다.

080 BOB 대표

$\log_7 2 = a$, $\log_7 3 = b$일 때, $\log_{\sqrt{12}} \sqrt[6]{54}$를 a, b를 사용하여 나타내면?

① $\dfrac{3a+b}{a+2b}$ ② $\dfrac{a+3b}{2a+b}$ ③ $\dfrac{a+3b}{2(2a+b)}$

④ $\dfrac{a+3b}{3(2a+b)}$ ⑤ $\dfrac{3a+b}{3(2a+b)}$

081 중

$10^a = 3$, $10^b = 5$일 때, $\log_5 \sqrt{6}$을 a, b를 사용하여 나타내면?

① $\dfrac{1-2a+2b}{2b}$ ② $\dfrac{1+2a-2b}{2b}$ ③ $\dfrac{1-a-b}{2b}$

④ $\dfrac{1+a-b}{2b}$ ⑤ $\dfrac{1+a+b}{2b}$

082 중

$\log_2 27 = a$, $\log_3 5 = b$일 때, $\log_6 45$를 a, b를 사용하여 나타내어라.

유형 014 $a^x = b$의 꼴의 조건이 주어지면 양변에 로그를 취하자!

(1) $a^x = b^y = c^z$의 꼴의 조건이 주어지면
$a^x = b^y = c^z = k$ (k는 실수)로 놓고, 로그의 정의와 성질을 이용한다.

(2) $a^x = b$의 꼴의 조건이 주어지고 밑을 c로 통일할 때에는
① 로그의 정의를 이용한 다음 밑의 변환 공식을 이용한다.
$$a^x = b \Rightarrow x = \log_a b = \dfrac{\log_c b}{\log_c a}$$
② 양변에 밑이 c인 로그를 취한다.
$$a^x = b \Rightarrow \log_c a^x = \log_c b$$

083 BOB 대표   다른 풀이

0이 아닌 세 실수 x, y, z에 대하여 $2^x = 3^y = \sqrt{6^z}$일 때, $\dfrac{1}{x} + \dfrac{1}{y} - \dfrac{2}{z}$의 값은?

① 0 ② 1 ③ 2
④ 3 ⑤ 4

084 중   다른 풀이

$16^x = 27^y = 144$일 때, $\dfrac{3}{x} + \dfrac{2}{y}$의 값은?

① 0 ② 1 ③ 2
④ 3 ⑤ 4

085 중

1이 아닌 두 양수 a, b에 대하여 $a^4 = b^5$일 때, $20\log_a ab$의 값을 구하여라.

유형 015

로그와 이차방정식의 근과 계수의 관계를 이용하여 식의 값을 구하자!

이차방정식 $ax^2+bx+c=0$의 두 근이 $\log_p \alpha$, $\log_p \beta$이면

(1) $\log_p \alpha + \log_p \beta = \log_p \alpha\beta = -\dfrac{b}{a}$ ➡ $\alpha\beta = p^{-\frac{b}{a}}$

(2) $\log_p \alpha \times \log_p \beta = \dfrac{c}{a}$

086 [BOB 대표]

이차방정식 $x^2-8x+8=0$의 두 근을 $\log_2 a$, $\log_2 b$라 할 때, $\log_a b + \log_b a$의 값은?

① 3   ② 4   ③ 5
④ 6   ⑤ 7

087 [중] [서술형]

두 실수 a, b에 대하여 방정식 $(\log_3 x)^2 + a\log_3 x - b = 0$의 두 근의 곱은 9, 이차방정식 $x^2 + ax + b = 0$의 두 근의 곱은 3일 때, $a+b$의 값을 구하여라.

088 [중] [다른 풀이]

이차방정식 $x^2-6x+4=0$의 두 근이 $\log_{10}\alpha$, $\log_{10}\beta$일 때, $\log_\alpha \alpha\beta^2 + \log_\beta \alpha^2\beta$의 값을 구하여라.

유형 016

$\log_a N$의 정수 부분은 n, 소수 부분은 $\log_a N - n$이다!

$a>1$이고 양수 N과 정수 n에 대하여 $a^n \le N < a^{n+1}$일 때,
$\log_a a^n \le \log_a N < \log_a a^{n+1}$
➡ $n \le \log_a N < n+1$이므로 $\log_a N$의 정수 부분은 n,
소수 부분은 $\log_a N - n$이다.

089 [BOB 대표]

$\log_3 10$의 정수 부분을 a, 소수 부분을 b라 할 때, $2^a + 3^b$의 값은?

① $\dfrac{16}{9}$ ② $\dfrac{26}{9}$ ③ 4
④ $\dfrac{46}{9}$ ⑤ $\dfrac{56}{9}$

090 [중]

$\log_2 10$의 정수 부분을 a, 소수 부분을 b라 할 때, $\dfrac{2^b-2^{-b}}{2^a-2^{-a}}$의 값은?

① $\dfrac{1}{35}$ ② $\dfrac{2}{35}$ ③ $\dfrac{3}{35}$
④ $\dfrac{4}{35}$ ⑤ $\dfrac{1}{7}$

091 [중]

$\log 2 = 0.3010$, $\log 3.21 = 0.5065$일 때, 〈보기〉에서 옳은 것만을 있는 대로 고른 것은?

[보기]
ㄱ. $\log 321$의 정수 부분은 2이다.
ㄴ. $\log 0.0321$의 소수 부분은 0.4935이다.
ㄷ. $\log 12.84$의 소수 부분은 0.1085이다.

① ㄱ   ② ㄱ, ㄴ   ③ ㄱ, ㄷ
④ ㄴ, ㄷ   ⑤ ㄱ, ㄴ, ㄷ

017

상용로그의 정수 부분은 진수의 자릿수를 결정한다!

(1) $N > 1$일 때, $\log N$의 정수 부분이 n이다.
 $\iff$ 진수 N은 $(n+1)$자리의 정수이다.

(2) $0 < N < 1$일 때, $\log N$의 정수 부분이 $-n$이다.
 $\iff$ 진수 N은 소수점 아래 n째 자리에서 처음으로 0이 아닌 숫자가 나타난다.

092 BOB 대표

5^{20}은 m자리의 정수이고, $\left(\dfrac{1}{3}\right)^{10}$은 소수점 아래 n째 자리에서 처음으로 0이 아닌 숫자가 나타난다. $m+n$의 값은?

(단, $\log 2 = 0.3010$, $\log 3 = 0.4771$로 계산한다.)

① 16 ② 17 ③ 18
④ 19 ⑤ 20

093 중

자연수 A에 대하여 A^{100}이 234자리의 정수일 때, A^{20}은 몇 자리의 정수인가?

① 45자리 ② 47자리 ③ 49자리
④ 51자리 ⑤ 53자리

094 중 서술형

자연수 N에 대하여 $\dfrac{1}{N}$은 소수점 아래 다섯째 자리에서 처음으로 0이 아닌 숫자가 나타날 때, N의 개수를 구하여라.

018

상용로그의 소수 부분은 진수의 숫자 배열과 관련 있다!

(1) 상용로그의 소수 부분이 같다.
 $\iff$ 상용로그의 진수의 숫자 배열이 같다.

(2) $\cdots$, $\dfrac{x}{100}$, $\dfrac{x}{10}$, x, $10x$, $100x$, $\cdots$의 숫자 배열이 같다.
 $\Rightarrow$ ($\log x$의 소수 부분) $=$ ($\log 10x$의 소수 부분)
  $= \left(\log \dfrac{x}{10}$의 소수 부분$\right) = \cdots$

095 BOB 대표

양의 실수 x에 대하여 상용로그 $\log x$의 소수 부분을 $f(x)$로 정의할 때, $f(0.02) + f(20) + f(2000)$의 값은?

① $\log 2$ ② $2\log 2$ ③ $3\log 2$
④ $4\log 2$ ⑤ $5\log 2$

096 중

$\log 7.53 = 0.8768$일 때, $\log A = -1.1232$를 만족시키는 A의 값을 구하여라.

097 중

$x = \log 369 + \log 3690 - k\log 36.9$일 때, x가 정수가 되도록 하는 정수 k의 값을 구하여라.

098

〈보기〉에서 실수 a의 값에 관계없이 로그가 정의되는 것만을 있는 대로 고른 것은?

> **보기**
> ㄱ. $\log_{a^2-a+2}(a^2+1)$
> ㄴ. $\log_{2|a|+1}(a^2+1)$
> ㄷ. $\log_{a^2+2}(a^2-2a+1)$

① ㄱ   ② ㄱ, ㄴ   ③ ㄱ, ㄷ

④ ㄴ, ㄷ   ⑤ ㄱ, ㄴ, ㄷ

099 보충 설명

〈보기〉에서 옳은 것만을 있는 대로 고른 것은?

> **보기**
> ㄱ. $2^{\log_2 1+\log_2 2+\log_2 3+\cdots+\log_2 10}=10!$
> ㄴ. $\log_2(2^1\times 2^2\times 2^3\times\cdots\times 2^{10})^2=55^2$
> ㄷ. $\log_2 2^1\times\log_2 2^2\times\log_2 2^3\times\cdots\times\log_2 2^{10}=55$

① ㄱ   ② ㄴ   ③ ㄷ

④ ㄱ, ㄷ   ⑤ ㄱ, ㄴ, ㄷ

100

1보다 큰 두 실수 a, b에 대하여
$$\log_{\sqrt 3} a=\log_9 ab$$
가 성립할 때, $\log_a b$의 값은?

① 1   ② 2   ③ 3

④ 4   ⑤ 5

101

1보다 큰 두 실수 a, b에 대하여
$$\frac{\log_a b}{2a}=\frac{18\log_b a}{b}=\frac{3}{4}$$
이 성립할 때, ab의 값을 구하여라.

102

$3^{\log_n 4}$이 정수가 되도록 하는 모든 자연수 n의 값의 합은?

① 12   ② 14   ③ 16

④ 18   ⑤ 20

103

이차방정식 $2x^2-33x+k=0$의 두 근이 $\log A$의 정수 부분과 소수 부분일 때, 상수 k의 값을 구하여라.

104

10000의 모든 양의 약수의 개수를 m이라 하고, 10000의 모든 양의 약수를 작은 것부터 차례대로 a_1, a_2, a_3, $\cdots$, a_m이라 할 때, $\log a_1+\log a_2+\log a_3+\cdots+\log a_m$의 값을 구하여라.

105

$0<a<1$인 a에 대하여 10^a을 3으로 나누었을 때의 몫이 정수이고 나머지가 2가 되는 모든 실수 a의 값의 합은?

① $3\log 2$ ② $6\log 2$ ③ $1+3\log 2$

④ $1+6\log 2$ ⑤ $2+3\log 2$

106

$\log x$의 정수 부분이 5이고 $\log y$의 정수 부분이 1일 때, $\left(\log \dfrac{x}{y}\right)\left(\log \dfrac{y}{x}\right)$의 값 중에서 정수의 개수는?

① 11   ② 13   ③ 15

④ 17   ⑤ 19

107

$\log_{x-1}(-x^2+4x)$의 값이 존재하도록 하는 자연수 x에 대하여 $\log_2 x$의 정수 부분을 a, 소수 부분을 b라 할 때, 2^{a-b}의 값을 구하여라.

108

$10<x<100$일 때, $\log x$의 소수 부분과 $\log x^2$의 소수 부분의 합이 1인 모든 실수 x의 값의 곱은?

① $10^{\frac{5}{3}}$ ② 10^2 ③ $10^{\frac{8}{3}}$

④ 10^3 ⑤ 10^5

109

자연수 n에 대하여 $\log n$의 소수 부분을 $f(n)$이라 할 때, 집합
$$A=\{f(n)\,|\,1\le n\le 150,\ n \text{은 자연수}\}$$
의 원소의 개수는?

① 131   ② 133   ③ 135

④ 137   ⑤ 139

110

2^{50}은 a자리의 정수이고, 일의 자리의 숫자는 b, 최고 자리의 숫자는 c이다. $a+b+c$의 값을 구하여라.

(단, $\log 2=0.3010$, $\log 3=0.4771$로 계산한다.)

111

전파가 어떤 벽을 투과할 때 전파의 세기가 $A(\mathrm{dB})$에서 $B(\mathrm{dB})$로 바뀌면 그 벽의 전파감쇄비 F는
$$F=10\log \frac{B}{A}(\mathrm{dB})$$
로 정의한다. 전파감쇄비가 $-7(\mathrm{dB})$인 벽을 투과한 전파의 세기는 투과하기 전 세기의 몇 배인가? (단, $10^{\frac{3}{10}}=2$로 계산한다.)

① $\dfrac{1}{10}$ ② $\dfrac{1}{5}$ ③ $\dfrac{3}{10}$

④ $\dfrac{1}{2}$ ⑤ $\dfrac{7}{10}$

112

세 양수 a, b, c에 대하여
$$\begin{cases} \log_2 ab+\log_2 bc=5 \\ \log_2 bc+\log_2 ca=8 \\ \log_2 ca+\log_2 ab=7 \end{cases}$$
이 성립할 때, $a+b+c$의 값을 구하여라.

113

3^n이 10자리의 정수가 되도록 하는 모든 정수 n의 값의 합을 구하여라. (단, $\log 3=0.48$로 계산한다.)

03 지수함수

개념 ① 지수함수

$a>0$, $a\neq1$일 때,
$$y=a^x$$
을 a를 밑으로 하는 지수함수라 한다.

개념 ② 지수함수 $y=a^x$ $(a>0, a\neq1)$의 그래프 〔유형 019~024〕

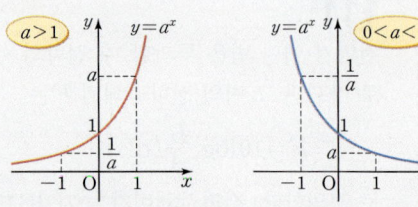

(1) 정의역은 실수 전체의 집합이고, 치역은 양의 실수 전체의 집합이다.
(2) 그래프는 a의 값에 관계없이 항상 점 $(0, 1)$을 지나고, 점근선은 x축이다.
(3) $a>1$일 때, x의 값이 증가하면 y의 값도 증가한다.
    $0<a<1$일 때, x의 값이 증가하면 y의 값은 감소한다.
(4) $y=a^x$의 그래프와 $y=\left(\dfrac{1}{a}\right)^x$의 그래프는 y축에 대하여 대칭이다.

개념 ③ 지수함수의 최대·최소 〔유형 025~026〕

지수함수 $y=a^{f(x)}$ $(a>0, a\neq1)$에서
(1) $a>1$이면 $f(x)$가 최대일 때 y도 최대, $f(x)$가 최소일 때 y도 최소이다.
(2) $0<a<1$이면 $f(x)$가 최대일 때 y는 최소, $f(x)$가 최소일 때 y는 최대이다.

개념 ④ 지수방정식 〔유형 027~028〕

지수에 미지수가 있는 방정식은 다음과 같이 푼다.
(1) 밑을 같게 할 수 있는 경우
    ➡ 밑을 같게 한 다음 지수를 비교한다.
    $$a^{f(x)}=a^{g(x)} \Longleftrightarrow f(x)=g(x) \ (단, a>0, a\neq1)$$
(2) 지수가 같은 경우
    ➡ 밑을 비교하거나 지수가 0임을 이용한다.
    $$a^{f(x)}=b^{f(x)} \Longleftrightarrow a=b \ 또는 \ f(x)=0 \ (단, a>0, a\neq1, b>0, b\neq1)$$
(3) a^x의 꼴이 반복되는 경우
    ➡ $a^x=t$ $(t>0)$로 치환하여 t에 대한 방정식을 푼다.

개념 ⑤ 지수부등식 〔유형 029~030〕

지수에 미지수가 있는 부등식은 다음과 같이 푼다.
(1) 밑을 같게 할 수 있는 경우
    ➡ 밑을 같게 한 다음 지수를 비교한다.
    ① $a>1$일 때, $a^{f(x)}<a^{g(x)} \Longleftrightarrow f(x)<g(x)$
    ② $0<a<1$일 때, $a^{f(x)}<a^{g(x)} \Longleftrightarrow f(x)>g(x)$
(2) a^x의 꼴이 반복되는 경우
    ➡ $a^x=t$ $(t>0)$로 치환하여 t에 대한 부등식을 푼다.

개념 plus

◆ $a>0$, $a\neq1$일 때, 임의의 실수 x에 대하여 a^x의 값은 하나로 정해지므로 $y=a^x$은 x의 함수이다.

㉠ $y=a^x$에서 $a=1$이면 $y=1$이므로 이 함수는 상수함수이다. 따라서 $a=1$인 경우는 지수함수라 하지 않는다.

◆ ① $a>1$일 때, x의 값이 음수이면서 그 절댓값이 커지면 a^x의 값은 양수이면서 한없이 0에 가까워진다.
  ② $0<a<1$일 때, x의 값이 커지면 a^x의 값은 양수이면서 한없이 0에 가까워진다.

◆ 곡선 위의 점이 어떤 직선에 한없이 가까워질 때, 이 직선을 그 곡선의 점근선이라 한다.

◆ ① $a>1$일 때, $x_1<x_2 \Longleftrightarrow a^{x_1}<a^{x_2}$
  ② $0<a<1$일 때, $x_1<x_2 \Longleftrightarrow a^{x_1}>a^{x_2}$

◆ $y=\left(\dfrac{1}{a}\right)^x=a^{-x}$이므로 두 함수 $y=a^x$과 $y=\left(\dfrac{1}{a}\right)^x$의 그래프는 y축에 대하여 대칭이다.

◆ $y=a^{x-m}+n$ $(a>0, a\neq1)$의 그래프
  정의역은 실수 전체의 집합이고, 치역은 $\{y \mid y>n\}$인 실수이며, 점근선은 직선 $y=n$이다.

◆ a^x의 꼴이 반복되는 함수의 최대·최소
  $a^x=t$ $(t>0)$로 치환하여 t의 값의 범위에서 최대·최소를 구한다.

◆ 지수에 미지수가 있는 방정식을 지수방정식이라 하고, 지수에 미지수가 있는 부등식을 지수부등식이라 한다.

◆ 지수방정식과 지수부등식의 풀이에서 양변의 밑이 다른 경우에는 양변의 밑을 같게 한 다음 지수함수의 성질을 이용한다.

◆ a^x의 꼴이 반복되는 지수방정식을 풀 때, 치환한 방정식에서 구한 t의 값을 다시 처음의 변수 x로 바꾸어 해를 구한다.

◆ 지수부등식을 풀 때에는 밑이 1보다 큰지 작은지에 따라 부등호의 방향이 달라진다.

◉ 개념 **콕콕** ◉

1 지수함수

114

〈보기〉에서 지수함수인 것만을 있는 대로 골라라.

> **보기**
> ㄱ. $y=x^2$ ㄴ. $y=\left(\dfrac{1}{3}\right)^x$
> ㄷ. $y=(\sqrt{2})^x$ ㄹ. $y=\dfrac{1}{x}$

115

지수함수 $f(x)=3^x$에 대하여 다음 값을 구하여라.

(1) $f(-2)$ (2) $f(0)$

(3) $f\left(\dfrac{4}{3}\right)$ (4) $f(-1)f(4)$

116

지수함수 $f(x)=\left(\dfrac{1}{4}\right)^x$에 대하여 다음 값을 구하여라.

(1) $f(-1)$ (2) $f(0)$

(3) $f\left(\dfrac{3}{2}\right)$ (4) $f(1)f(2)$

2 지수함수 $y=a^x$ $(a>0, a\neq1)$의 그래프

117

지수함수 $f(x)=a^x$ $(a>0, a\neq1)$에 대한 다음 설명 중 옳은 것에는 ◯를, 옳지 않은 것은 ×를 (   ) 안에 써넣어라.

(1) a의 값에 관계없이 점 $(0, 1)$을 지난다. (   )

(2) $f(x_1)=f(x_2)$이면 $x_1=x_2$이다. (   )

(3) $y=f(x)$의 그래프의 점근선은 y축이다. (   )

(4) $0<a<1$일 때, $x_1<x_2$이면 $f(x_1)<f(x_2)$이다. (   )

(5) $a>1$일 때, $x_1<x_2$이면 $f(x_1)<f(x_2)$이다. (   )

(6) 정의역은 $\{x|x>0\}$이다. (   )

(7) 치역은 양의 실수 전체의 집합이다. (   )

118

함수 $y=2^x$의 그래프를 다음과 같이 평행이동 또는 대칭이동한 그래프의 식을 $y=k\times2^x+m$의 꼴로 나타내어라.

(단, k, m은 상수이다.)

(1) x축의 방향으로 -1만큼, y축의 방향으로 2만큼 평행이동

(2) x축에 대하여 대칭이동

(3) y축에 대하여 대칭이동

(4) 원점에 대하여 대칭이동

119

보충 설명

함수 $y=2^x$의 그래프가 오른쪽 그림과 같을 때, 다음 함수의 그래프를 그려라.

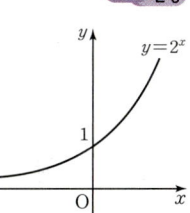

(1) $y=\left(\dfrac{1}{2}\right)^x$

(2) $y=2^{|x|}$

(3) $y=2^{-|x|}$

120

다음 함수의 그래프를 그리고, 점근선의 방정식을 구하여라.

(1) $y=2^{x+1}$

(2) $y=2^x-1$

(3) $y=\left(\dfrac{1}{2}\right)^{x-1}+1$

(4) $y=-2^x+1$

121

지수함수를 이용하여 다음 수의 대소를 비교하여라.

(1) $\sqrt{3^3}$, $\sqrt[3]{3^2}$

(2) $\left(\dfrac{1}{5}\right)^{-2}$, $\left(\dfrac{1}{5}\right)^3$

(3) $\sqrt{2}$, $\sqrt[3]{4}$, $\sqrt{8}$

(4) $\left(\dfrac{1}{3}\right)^{-2}$, $\dfrac{1}{3}$, $\left(\sqrt{\dfrac{1}{3}}\right)^3$

○ 개념 **콕콕** ○

3 지수함수의 최대·최소

122
다음 함수의 최댓값과 최솟값을 각각 구하여라.

(1) 정의역이 $\{x \mid -2 \leq x \leq 2\}$인 함수 $y = 3^x$

(2) 정의역이 $\{x \mid -1 \leq x \leq 3\}$인 함수 $y = 2^{-x}$

(3) 정의역이 $\{x \mid 1 \leq x \leq 4\}$인 함수 $y = 2^{x-1} + 3$

(4) 정의역이 $\{x \mid -2 \leq x \leq -1\}$인 함수 $y = \left(\frac{1}{3}\right)^{x-1} + 2$

4 지수방정식

123
다음 방정식을 풀어라.

(1) $4^x = 64$

(2) $\left(\frac{1}{3}\right)^{1-x} = \sqrt{3}$

(3) $10^x = 0.1^{x-4}$

(4) $4^{2x+1} = 5^{2x+1}$

124
다음은 방정식 $4^{2x} - 2 \times 4^x - 8 = 0$의 해를 구하는 과정이다.

$4^{2x} - 2 \times 4^x - 8 = 0$에서
$(4^x)^2 - 2 \times 4^x - 8 = 0$
$4^x = t$ $(t > 0)$로 놓으면 주어진 방정식은

| (가) |

$\therefore t = $ (나) $(\because t > 0)$
즉, $4^x = $ (나) 이므로 $x = $ (다)

위의 과정에서 (가)~(다)에 알맞은 것을 써넣어라.

125
다음 방정식을 풀어라.

(1) $3^{2x} + 3^x = 2$

(2) $2^{2x} - 6 \times 2^x + 8 = 0$

(3) $2 \times \left(\frac{1}{2}\right)^{2x} + \left(\frac{1}{2}\right)^x - 1 = 0$

5 지수부등식

126
다음 부등식을 풀어라.

(1) $4^{x-1} > 16$

(2) $\left(\frac{1}{3}\right)^{2x-1} \leq \sqrt{3}$

(3) $\left(\frac{1}{10}\right)^{x-2} \geq 0.1^{3x}$

(4) $\left(\frac{3}{2}\right)^x < \left(\frac{2}{3}\right)^{2x-3}$

127
다음은 부등식 $9^x - 12 \times 3^x + 27 \leq 0$의 해를 구하는 과정이다.

$9^x - 12 \times 3^x + 27 \leq 0$에서
$(3^x)^2 - 12 \times 3^x + 27 \leq 0$
$3^x = t$ $(t > 0)$로 놓으면 주어진 부등식은

| (가) |

$\therefore$ (나) $\leq t \leq$ (다)
즉, (나) $\leq 3^x \leq$ (다) 이므로
(라) $\leq x \leq$ (마)

위의 과정에서 (가)~(마)에 알맞은 것을 써넣어라.

128
다음 부등식을 풀어라.

(1) $4^{2x} - 20 \times 4^x + 64 < 0$

(2) $8 \times \left(\frac{1}{2}\right)^{2x} + 2 \times \left(\frac{1}{2}\right)^x - 1 \geq 0$

유형 콕콕

지수함수는 (밑)>1이면 증가하는 함수이고, 0<(밑)<1이면 감소하는 함수이다!

지수함수 $y=a^x$ ($a>0$, $a\neq1$)의 그래프
(1) 정의역은 실수 전체의 집합이고, 치역은 양의 실수 전체의 집합이다.
(2) 그래프는 a의 값에 관계없이 항상 점 $(0, 1)$을 지나고, 점근선은 x축이다.
(3) $a>1$일 때, x의 값이 증가하면 y의 값도 증가한다.
  $0<a<1$일 때, x의 값이 증가하면 y의 값은 감소한다.
(4) $y=a^x$의 그래프와 $y=\left(\dfrac{1}{a}\right)^x$의 그래프는 y축에 대하여 대칭이다.

129 BOB 대표
함수 $y=2^{-x}$에 대한 설명으로 옳지 <u>않은</u> 것은?
① 그래프의 점근선은 x축이다.
② 그래프는 점 $(0, 1)$을 지난다.
③ 그래프는 제1, 2사분면을 지난다.
④ x의 값이 증가하면 y의 값도 증가한다.
⑤ 정의역은 실수 전체의 집합이고, 치역은 양의 실수 전체의 집합이다.

130 하
다음 함수 중 임의의 실수 p, q에 대하여 $p<q$일 때, $f(p)<f(q)$를 만족시키는 것은?
① $f(x)=3^{-x}$　　② $f(x)=(0.1)^x$　　③ $f(x)=\left(\dfrac{1}{5}\right)^{-x}$
④ $f(x)=\left(\dfrac{1}{\sqrt{2}}\right)^x$　　⑤ $f(x)=\left(\dfrac{2}{3}\right)^x$

131 중
함수 $f(x)=a^x$ ($a>0$, $a\neq1$)에 대하여 $f(2)=9$일 때, 〈보기〉에서 옳은 것만을 있는 대로 골라라.

보기
ㄱ. $f(-1)=3$
ㄴ. x의 값이 증가하면 y의 값도 증가한다.
ㄷ. 정의역은 양의 실수 전체의 집합이고, 치역은 실수 전체의 집합이다.

지수함수의 그래프를 평행이동, 대칭이동하였을 때의 성질을 잘 기억해 두자!

지수함수 $y=a^x$ ($a>0$, $a\neq1$)의 그래프를
(1) x축의 방향으로 m만큼, y축의 방향으로 n만큼 평행이동하면 ➡ $y=a^{x-m}+n$
(2) x축에 대하여 대칭이동하면 ➡ $y=-a^x$
(3) y축에 대하여 대칭이동하면 ➡ $y=a^{-x}$
(4) 원점에 대하여 대칭이동하면 ➡ $y=-a^{-x}$

132 BOB 대표
함수 $y=\dfrac{1}{3}\times3^x+1$에 대한 설명으로 옳지 <u>않은</u> 것은?
① 그래프는 점 $(1, 2)$를 지난다.
② 함수 $y=3^x$의 그래프를 x축의 방향으로 1만큼, y축의 방향으로 1만큼 평행이동한 것이다.
③ 그래프의 점근선의 방정식은 $y=1$이다.
④ 그래프는 제1, 2사분면을 지난다.
⑤ 정의역은 실수 전체의 집합이고, 치역은 양의 실수 전체의 집합이다.

133 중
함수 $y=a^x$의 그래프를 y축에 대하여 대칭이동한 후 x축의 방향으로 -1만큼, y축의 방향으로 2만큼 평행이동한 그래프가 점 $(-3, 6)$을 지난다. 양수 a의 값은?
① 2　　　　　② 3　　　　　③ 4
④ 5　　　　　⑤ 6

134 중
〈보기〉에서 함수 $y=a^x$ ($a>0$, $a\neq1$)의 그래프를 평행이동 또는 대칭이동하여 겹쳐질 수 있는 그래프의 식만을 있는 대로 골라라.

보기
ㄱ. $y=-\left(\dfrac{1}{a}\right)^x$　　　　ㄴ. $y=\left(\dfrac{1}{a}\right)^{x+2}$
ㄷ. $y=\sqrt{2}a^x+3$　　　　ㄹ. $y=a^{3x+2}$

유형 021 지수함수의 그래프를 이용한 문제는 지수함수의 그래프의 성질을 기억하자!

함수 $f(x)=a^x$ ($a>0$, $a\neq1$)에 대하여
(1) 정의역은 실수 전체의 집합이고, 치역은 양의 실수 전체의 집합이다.
(2) 그래프의 점근선은 x축 ($y=0$)이다.
(3) 그래프가 점 (m, n)을 지난다. $\Rightarrow n=a^m$

135 BOB 대표
오른쪽 그림은 함수 $y=3^x$의 그래프와 직선 $y=x$를 나타낸 것이다. 실수 a, b에 대하여 b^a의 값을 구하여라.
(단, 점선은 x축 또는 y축에 평행하다.)

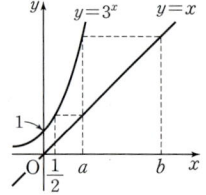

136 중
오른쪽 그림과 같은 함수 $y=\left(\dfrac{1}{3}\right)^x$의 그래프에서 $pq=\dfrac{1}{27}$일 때, 실수 a, b의 합 $a+b$의 값을 구하여라.
(단, 점선은 x축 또는 y축에 평행하다.)

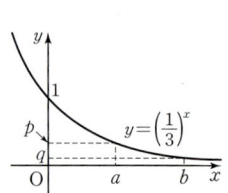

유형 022 지수함수의 그래프에서 넓이를 구할 때에는 좌표축에 평행한 직선 위의 점에 주목하자!

x축 (또는 y축)에 평행한 선분의 길이는
$\Rightarrow$ x좌표 (또는 y좌표)의 차를 이용한다.

137 BOB 대표
오른쪽 그림과 같이 두 함수 $y=2^x$, $y=2^{x-2}$의 그래프와 직선 $y=k$의 교점을 각각 P_k, Q_k라 할 때, 삼각형 P_kOQ_k의 넓이를 A_k라 하자. A_4+A_{10}의 값을 구하여라.
(단, k는 자연수이고, O는 원점이다.)

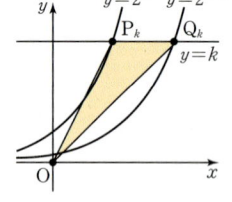

138 중
오른쪽 그림은 함수 $y=3^x$의 그래프와 직선 $y=x$를 나타낸 것이다. 색칠한 도형의 넓이를 구하여라.
(단, 점선은 x축 또는 y축에 평행하다.)

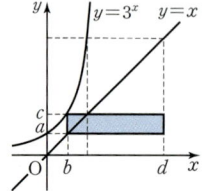

유형 023 절댓값 기호를 포함한 지수함수의 그래프는 경계를 나누어 그리자!

(1) 절댓값 기호 안의 식의 값이 0이 되도록 하는 x의 값을 경계로 구간을 나누어 그래프를 그린다.
(2) 대칭을 이용하여 그래프를 그린다.
함수 $y=a^x$ ($a>0$, $a\neq1$)의 그래프에 대하여
① $y=a^{|x|}$의 그래프 : $x\geq0$인 부분은 그대로, $x<0$인 부분은 $x\geq0$인 부분을 y축에 대하여 대칭으로 그린다.
② $|y|=a^x$의 그래프 : $y\geq0$인 부분은 그대로, $y<0$인 부분은 $y\geq0$인 부분을 x축에 대하여 대칭으로 그린다.

139 BOB 대표
$-2\leq x\leq2$일 때, 함수 $y=3^{|x-1|}-1$의 최댓값과 최솟값의 합은?
① 23   ② 24   ③ 25
④ 26   ⑤ 27

140 하
모든 실수에서 정의된 함수 $y=5^{-|x|}$의 치역을 구하여라.

141 중
오른쪽 그림과 같이 함수 $y=|2^{x-a}-b|$의 그래프가 점 $(\log_2 12, 3)$을 지나고 점근선이 직선 $y=3$일 때, 실수 k의 값은?
(단, a, b는 상수이다.)

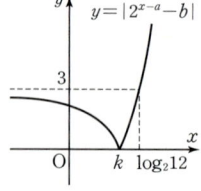

① 1   ② 2
③ $\log_2 5$ ④ $\log_2 6$
⑤ $\log_2 7$

유형 024 지수함수를 이용한 대소 관계는 밑을 같게 한 다음 비교하자!

지수함수 $y=a^x$ $(a>0, a\neq1)$에서
(1) $a>1$일 때, $x_1<x_2 \Longleftrightarrow a^{x_1}<a^{x_2}$
(2) $0<a<1$일 때, $x_1<x_2 \Longleftrightarrow a^{x_1}>a^{x_2}$

142 BOB 대표
$\left(\dfrac{1}{64}\right)^{\frac{1}{4}}$, $\sqrt{\dfrac{1}{32}}$, $4^{\frac{5}{2}}$, $\dfrac{1}{8}$, $0.5^{-\frac{1}{3}}$ 중 가장 큰 수와 가장 작은 수의 곱을 구하여라.

143 중
세 수 $A={}^{n+3}\sqrt{a^{n+2}}$, $B={}^{n+2}\sqrt{a^{n+1}}$, $C={}^{n+1}\sqrt{a^n}$의 대소를 비교하여라. (단, $0<a<1$이고 n은 자연수이다.)

유형 025 a^x의 꼴이 반복되는 지수함수의 최대·최소는 $a^x=t$ $(t>0)$로 치환하자!

(1) 지수함수 $y=a^{f(x)}$ $(a>0, a\neq1)$의 꼴의 최대·최소
　① $a>1$이면 $f(x)$가 **최대**일 때 y도 **최대**, $f(x)$가 **최소**일 때 y도 **최소**이다.
　② $0<a<1$이면 $f(x)$가 **최대**일 때 y는 **최소**, $f(x)$가 **최소**일 때 y는 **최대**이다.
(2) a^x의 꼴이 반복되는 함수의 최대·최소
　$a^x=t$ $(t>0)$로 치환하여 t의 값의 범위에서 함수의 최대·최소를 구한다.

144 BOB 대표
정의역이 $\{x|-1\leq x\leq2\}$인 함수 $y=4^x-2^{x+2}+1$이 $x=a$에서 최솟값 b를 가질 때, $a+b$의 값을 구하여라.

145 중 　　　　　　　　　　　　　서술형
정의역이 $\{x|-2\leq x\leq3\}$인 함수 $y=3^{-2x}-4\times3^{-x}+5$의 최댓값을 M, 최솟값을 m이라 할 때, $M-m$의 값을 구하여라.

146 상
정의역이 $\{x|1\leq x\leq3\}$인 함수 $y=a^{x^2-2x-1}$의 최댓값이 b, 최솟값이 $\dfrac{1}{4}$일 때, b의 값을 구하여라. (단, $0<a<1$이고 상수이다.)

유형 026 a^x+a^{-x}의 꼴이 주어진 지수함수의 최대·최소는 산술평균과 기하평균의 관계를 이용하자!

(1) $a>0$, $a\neq1$일 때, 모든 실수 x에 대하여 $a^x>0$, $a^{-x}>0$ 이므로 산술평균과 기하평균의 관계에 의하여
$$a^x+a^{-x}\geq2\sqrt{a^x\times a^{-x}}=2$$
(단, 등호는 $x=0$일 때 성립한다.)
(2) 주어진 지수함수의 식이 a^x+a^{-x}의 꼴을 공통으로 가지고 있으면 $a^x+a^{-x}=t$ $(t\geq2)$로 치환한다.

147 BOB 대표
함수 $y=3^x+\left(\dfrac{1}{3}\right)^{x-2}$이 $x=a$에서 최솟값 b를 가질 때, $\dfrac{b}{a}$의 값은?

① 6　　　　② $\dfrac{13}{2}$　　　　③ 7

④ $\dfrac{15}{2}$　　　　⑤ 8

148 중
함수 $y=2(3^x+3^{-x})-(9^x+9^{-x})$의 최댓값을 구하여라.

149 중
$2x+y-1=0$을 만족시키는 두 실수 x, y에 대하여 4^x+2^{y+3}의 최솟값은?

① 5　　　　② 6　　　　③ 7

④ 8　　　　⑤ 9

027

지수방정식의 해를 구할 때에는 먼저 밑을 같게 할 수 있는지 확인하자!

(1) 밑을 같게 할 수 있는 경우
➡ 밑을 같게 한 다음 지수를 비교한다.
$a^{f(x)}=a^{g(x)} \Longleftrightarrow f(x)=g(x)$ (단, $a>0$, $a \neq 1$)

(2) 지수가 같은 경우
➡ 밑을 비교하거나 지수가 0임을 이용한다.
$a^{f(x)}=b^{f(x)} \Longleftrightarrow a=b$ 또는 $f(x)=0$
(단, $a>0$, $a \neq 1$, $b>0$, $b \neq 1$)

150 BOB 대표

방정식 $\left(\dfrac{1}{4}\right)^{x^2} \times 8^x = \sqrt{2}$의 모든 근의 곱은?

① $\dfrac{1}{4}$ 　　　② $\dfrac{1}{2}$ 　　　③ 1

④ $\dfrac{3}{2}$ 　　　⑤ 2

151 중

방정식 $\left(\dfrac{3}{4}\right)^{x^2} = \left(\dfrac{4}{3}\right)^{3x-4}$의 모든 근의 합은?

① -3 　　　② -1 　　　③ 1

④ 3 　　　⑤ 5

152 중

방정식 $(x-2)^{x-5} = 5^{x-5}$의 모든 근의 합을 구하여라. (단, $x>2$)

028

a^x의 꼴이 반복되는 지수방정식은 $a^x=t$ $(t>0)$로 치환하자!

$a>0$, $a \neq 1$, p, q, r는 상수일 때,
$$pa^{2x}+qa^x+r=0 \xrightarrow{a^x=t} pt^2+qt+r=0$$

step1 $t>0$에서 방정식 $pt^2+qt+r=0$의 해를 구한다.

step2 step1 에서 구한 해에 t 대신 a^x를 대입하여 x의 값을 구한다.

153 BOB 대표

방정식 $9^x - 4 \times 3^{x+1} + 27 = 0$의 서로 다른 두 실근을 α, β라 할 때, $\alpha\beta$의 값은? (단, $\alpha<\beta$)

① 2 　　　② 3 　　　③ 4

④ 5 　　　⑤ 6

154 중　　　　　　　　　　　　　　서술형

방정식 $5^{2x} - 4 \times 5^x + k = 0$의 서로 다른 두 실근을 α, β라 할 때, $\alpha+\beta=2$이다. 상수 k의 값을 구하여라.

155 중

방정식 $2^{2x+1} - a \times 2^x + 4 = 0$의 서로 다른 두 실근이 -1, b일 때, $a+b$의 값은? (단, a는 상수이다.)

① 5 　　　② 7 　　　③ 9

④ 11 　　　⑤ 13

유형 029 지수부등식은 밑을 같게 한 다음 지수를 비교하자!

(1) 밑을 같게 할 수 있는 경우
→ 밑을 같게 한 다음 지수를 비교한다.
① $a>1$일 때, $a^{f(x)}<a^{g(x)} \Longleftrightarrow f(x)<g(x)$
② $0<a<1$일 때, $a^{f(x)}<a^{g(x)} \Longleftrightarrow f(x)>g(x)$

(2) 밑에 미지수가 포함된 경우
부등식 $x^{f(x)}>x^{g(x)}$ $(x>0)$에서
step1 $x=1$일 때, 주어진 부등식이 성립하지 않음을 보인다.
step2 $x>1$일 때, $f(x)>g(x)$를 만족시키는 x의 값의 범위를 구한다.
step3 $0<x<1$일 때, $f(x)<g(x)$를 만족시키는 x의 값의 범위를 구한다.
step4 **step2**, **step3**에서 구한 해를 합친 범위가 주어진 부등식의 해이다.

156 BOB 대표

부등식 $3^{2x-5}>(\sqrt{3})^{-x}$의 해는?

① $x<-2$ ② $x<-1$ ③ $x<0$
④ $x>1$ ⑤ $x>2$

157 중

부등식 $x^{x^2-3}<x^{2x}$의 해는? (단, $x>1$)

① $1<x<3$ ② $\frac{3}{2}<x<4$
③ $2<x<4$ ④ $3<x<\frac{9}{2}$
⑤ $4<x<7$

158 중 서술형

부등식 $x^{4x-1}>x^{2x+5}$을 만족시키는 x의 값의 범위를 구하여라. (단, $x>0$)

유형 030 a^x의 꼴이 반복되는 지수부등식은 $a^x=t\,(t>0)$로 치환하자!

$a>0$, $a\neq 1$, p, q, r는 상수일 때,
$$pa^{2x}+qa^x+r>0 \xrightarrow{a^x=t} pt^2+qt+r>0$$
step1 $t>0$에서 부등식 $pt^2+qt+r>0$의 해를 구한다.
step2 **step1**에서 구한 해에 t 대신 a^x을 대입하여 x의 값의 범위를 구한다.

159 BOB 대표

부등식 $3^{2x+2}-28\times 3^x+3<0$을 만족시키는 모든 정수 x의 값의 합은?

① -2 ② -1 ③ 0
④ 1 ⑤ 2

160 중

부등식 $\left(\frac{1}{3}\right)^{2x}-\left(\frac{1}{3}\right)^{x+2}<\left(\frac{1}{3}\right)^{x-2}-1$을 만족시키는 정수 x의 개수는?

① 1 ② 2 ③ 3
④ 4 ⑤ 5

161 중

x에 대한 부등식 $a^{2x}-5\times a^x+b<0$의 해가 $0<x<2$일 때, 상수 a, b의 합 $a+b$의 값을 구하여라. (단, $a>1$)

162

함수 $y=a\times 2^x$의 그래프가 두 점 $(0, 4)$, $(b, 16)$을 지날 때, 실수 a, b의 합 $a+b$의 값은?

① 6 　　　　② 7 　　　　③ 8

④ 9 　　　　⑤ 10

163

좌표평면 위에 함수 $y=4^x$의 그래프와 직선 $y=2x$가 있다. 오른쪽 그림과 같이 좌표축에 평행한 직선으로 만들어진 세 직사각형 A, B, C의 넓이의 합을 S라 할 때, $4S^2$의 값을 구하여라. (단, 함수 $y=4^x$의 그래프와 y축이 만나는 점은 직사각형 A의 한 꼭짓점이다.)

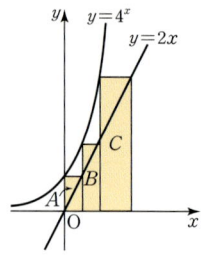

164

점근선의 방정식이 $y=2$인 함수 $y=2^{2x+a}+b$의 그래프를 y축에 대하여 대칭이동시킨 함수 $y=f(x)$의 그래프가 오른쪽 그림과 같다. 함수 $y=f(x)$의 그래프가 점 $(-1, 10)$을 지날 때, 상수 a, b의 합 $a+b$의 값은?

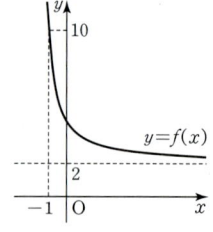

① $\dfrac{5}{2}$ 　　　　② 3 　　　　③ $\dfrac{7}{2}$

④ 4 　　　　⑤ $\dfrac{9}{2}$

165

오른쪽 그림은 두 함수 $y=2^x$과 $y=2^{x-2}$의 그래프이다. x축에 평행한 두 선분 AB, CD와 두 함수 $y=2^x$, $y=2^{x-2}$의 그래프를 둘러싸인 부분의 넓이는?
　　　(단, 두 점 B, C의 x좌표는 같다.)

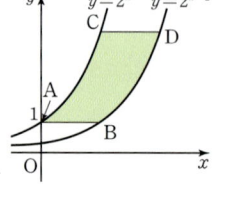

① 2 　　　　② 4 　　　　③ 6

④ 8 　　　　⑤ 10

166

함수 $y=|2^x-4|$의 그래프와 직선 $y=k$가 서로 다른 두 점에서 만나도록 하는 정수 k의 개수는?

① 0 　　　　② 1 　　　　③ 2

④ 3 　　　　⑤ 4

167

$0<x<2$이고 $x\neq 1$일 때, 세 수
$$A=x^x, B=x^{2x}, C=x^{x^x}$$
에 대하여 〈보기〉에서 옳은 것만을 있는 대로 고른 것은?

> **보기**
> ㄱ. $A<B$ 　　　ㄴ. $B<C$ 　　　ㄷ. $A<C$

① ㄱ 　　　　② ㄴ 　　　　③ ㄷ

④ ㄱ, ㄷ 　　　　⑤ ㄴ, ㄷ

168

서로 다른 두 실수 a, b가 $\left(\dfrac{1}{3}\right)^a=\left(\dfrac{1}{4}\right)^b$을 만족시킬 때, 〈보기〉에서 옳은 것만을 있는 대로 고른 것은?

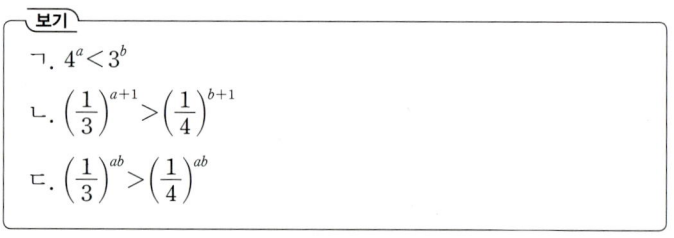

① ㄱ 　　　　② ㄴ 　　　　③ ㄱ, ㄷ

④ ㄴ, ㄷ 　　　　⑤ ㄱ, ㄴ, ㄷ

169

정의역이 $\{x|0\le x\le 2\}$인 함수 $y=a^{2x}-2\times a^{x-1}+5$ $(0<a<1)$의 최솟값이 2일 때, 최댓값은 $\dfrac{q}{p}$이다. $p+q$의 값을 구하여라.
　　　　　　　　(단, p와 q는 서로소인 자연수이다.)

170

두 함수 $f(x)$, $g(x)$를 $f(x)=x^2-6x+3$,
$g(x)=a^x$ $(a>0, a\neq1)$이라 하자. $1\leq x\leq4$에서 함수 $(g\circ f)(x)$
의 최댓값이 27일 때, 최솟값은?

① $\dfrac{1}{27}$ 　　　 ② $\dfrac{1}{3}$ 　　　 ③ $\dfrac{\sqrt{3}}{3}$

④ 3 　　　 ⑤ $3\sqrt{3}$

171

방정식 $81^x-9^{x+2}+49=0$의 두 근을 α, β라 할 때, $3^{\alpha+\beta}$의 값은?

① 3 　　　 ② 4 　　　 ③ 5

④ 6 　　　 ⑤ 7

172

x에 대한 방정식
$$4^x-2^{x+3}+a=0$$
이 서로 다른 두 실근을 갖도록 하는 정수 a의 개수는?

① 15 　　　 ② 16 　　　 ③ 17

④ 18 　　　 ⑤ 19

173

함수 $f(x)=x^2-x-4$에 대하여 부등식
$$4^{f(x)}-2^{1+f(x)}<8$$
을 만족시키는 정수 x의 개수는?

① 1 　　　 ② 2 　　　 ③ 3

④ 4 　　　 ⑤ 5

174

x에 대한 부등식
$$2^{2x+1}-(2n+1)2^x+n\leq0$$
을 만족시키는 정수 x의 개수가 8일 때, 자연수 n의 최댓값을 구하여라.

175

두 집합 $A=\{x\,|\,x<3\}$, $B=\{x\,|\,2^{2x}+3\times2^{x+1}-a<0\}$에 대하여 $A=B$가 되도록 하는 실수 a의 값을 구하여라.

176

두 함수 $y=2^x-3$, $y=2^{-x+2}-24$의 그래프가 x축과 만나는 점을 각각 A, B라 하자. 선분 AB의 길이를 l이라 할 때, 2^l의 값을 구하여라.

177

모든 실수 x에 대하여 부등식 $4^x-2^{x+3}+a>0$이 성립하도록 하는 정수 a의 최솟값을 구하여라.

04 로그함수

개념 ❶ 로그함수

1이 아닌 양수 a에 대하여 $y=a^x \Longleftrightarrow x=\log_a y$가 성립하므로
$x=\log_a y$에서 x와 y를 서로 바꾸면 지수함수 $y=a^x$의 역함수
$$y=\log_a x \ (a>0, \ a\neq1)$$
를 얻을 수 있는데, 이 함수를 a를 밑으로 하는 로그함수라 한다.

개념 ❷ 로그함수 $y=\log_a x \ (a>0, \ a\neq1)$의 그래프 ◆유형 031~037

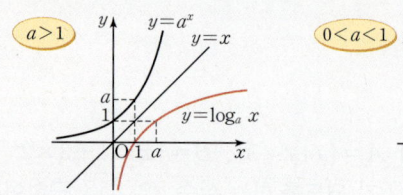

(1) 정의역은 양의 실수 전체의 집합이고, 치역은 실수 전체의 집합이다.
(2) 그래프는 a의 값에 관계없이 항상 점 $(1, 0)$을 지나고, 점근선은 y축이다.
(3) $a>1$일 때, x의 값이 증가하면 y의 값도 증가한다.
 $0<a<1$일 때, x의 값이 증가하면 y의 값은 감소한다.
(4) $y=\log_a x$의 그래프와 $y=\log_{\frac{1}{a}} x$의 그래프는 x축에 대하여 대칭이다.

개념 ❸ 로그함수의 최대·최소 ◆유형 038~039

로그함수 $y=\log_a f(x) \ (a>0, \ a\neq1)$에서
(1) $a>1$이면 $f(x)$가 최대일 때 y도 최대, $f(x)$가 최소일 때 y도 최소이다.
(2) $0<a<1$이면 $f(x)$가 최대일 때 y는 최소, $f(x)$가 최소일 때 y는 최대이다.

개념 ❹ 로그방정식 ◆유형 040~042

로그의 진수 또는 밑에 미지수가 있는 방정식은 다음과 같이 푼다.
(1) $\log_a f(x)=b$의 꼴인 경우
 ➡ $\log_a f(x)=b \Longleftrightarrow f(x)=a^b \ (a>0, \ a\neq1, \ f(x)>0)$임을 이용한다.
(2) 밑을 같게 할 수 있는 경우
 ➡ 밑을 같게 한 다음 진수를 비교한다.
  $\log_a f(x)=\log_a g(x) \Longleftrightarrow f(x)=g(x) \ (단, a>0, a\neq1, f(x)>0, g(x)>0)$
(3) $\log_a f(x)$의 꼴이 반복되는 경우
 ➡ $\log_a f(x)=t$로 치환하여 t에 대한 방정식을 푼다. (단, $f(x)>0$)
(4) 진수가 같은 경우
 ➡ $\log_a f(x)=\log_b f(x)(a>0, a\neq1, b>0, b\neq1, f(x)>0)$이면 $a=b$ 또는 $f(x)=1$
(5) 지수에 로그가 있는 경우 ➡ 양변에 로그를 취하여 푼다.

개념 ❺ 로그부등식 ◆유형 043~045

로그의 진수 또는 밑에 미지수가 있는 부등식은 다음과 같이 푼다.
(1) 밑을 같게 할 수 있는 경우
 ➡ 밑을 같게 한 다음 진수를 비교한다.
  ① $a>1$일 때, $\log_a f(x)<\log_a g(x) \Longleftrightarrow 0<f(x)<g(x)$
  ② $0<a<1$일 때, $\log_a f(x)<\log_a g(x) \Longleftrightarrow f(x)>g(x)>0$
(2) $\log_a x$의 꼴이 반복되는 경우 ➡ $\log_a x=t$로 치환하여 t에 대한 부등식을 푼다.
(3) 지수에 로그가 있는 경우 ➡ 양변에 로그를 취하여 푼다.

개념 plus

● 로그함수 $y=\log_a x$는 지수함수 $y=a^x$의 역함수이므로 다음이 성립한다.
 ① 로그함수의 밑의 조건은 지수함수의 밑의 조건과 같은 $a>0$, $a\neq1$이다.
 ② 로그함수의 정의역은 지수함수의 치역과 같은 양의 실수 전체의 집합이다.
 ③ 로그함수의 치역은 지수함수의 정의역과 같은 실수 전체의 집합이다.

● ① $a>1$일 때,
  $0<x_1<x_2 \Longleftrightarrow \log_a x_1<\log_a x_2$
 ② $0<a<1$일 때,
  $0<x_1<x_2 \Longleftrightarrow \log_a x_1>\log_a x_2$

● 로그함수 $y=\log_a(x-m)+n$
 $(a>0, a\neq1)$의 역함수는 지수함수
 $y=a^{x-n}+m$이다.

● $y=\log_a x$의 그래프는 a의 값에 관계없이 항상 점 $(1, 0)$을 지나므로 $y=\log_a(x-m)+n$의 그래프는 a의 값에 관계없이 항상 점 $(m+1, n)$을 지난다.

● $\log_a x$의 꼴이 반복되는 함수의 최대·최소
 $\log_a x=t$로 치환하여 t의 값의 범위에서 최대·최소를 구한다.
 이때, $a^x=t$로 치환하는 경우에는 $t>0$이지만 $\log_a x=t$로 치환하는 경우에는 t의 값의 범위에 제한이 생기지 않는다.

● $x^{\log x}=100x$와 같이 지수에 로그가 있는 로그방정식은 양변에 로그를 취하여 푼다.
 특히, $a^{f(x)}=b^{g(x)}$과 같이 밑이 다른 지수방정식은 양변에 상용로그를 취하여 푼다.
 즉, $a^{f(x)}=b^{g(x)}$의 양변에 상용로그를 취하면
  $\log a^{f(x)}=\log b^{g(x)}$
  $\therefore f(x)\log a=g(x)\log b$

● 로그부등식을 풀 때에는 밑이 1보다 큰지 작은지에 따라 부등호의 방향이 달라진다.

개념 콕콕

1 로그함수

178

다음 함수의 정의역을 구하여라.

(1) $y = \log_2 (3-x)$

(2) $y = \log_{\frac{1}{3}} 2x$

179

다음 함수의 역함수를 구하여라.

(1) $y = 10^x$

(2) $y = 2^{x-1}$

(3) $y = \log(x-1)$

(4) $y = \log_{\frac{1}{2}} x + 2$

180

로그함수 $f(x) = \log_3 x$에 대하여 다음 값을 구하여라.

(1) $f(1)$ (2) $f(3)$

(3) $f\left(\dfrac{1}{3}\right)$ (4) $f(\sqrt{3})$

2 로그함수 $y = \log_a x \,(a>0,\ a \neq 1)$의 그래프

181

〈보기〉에서 함수 $y = \log_2 x$에 대한 설명으로 옳은 것만을 있는 대로 골라라.

> **보기**
> ㄱ. 정의역은 실수 전체의 집합이다.
> ㄴ. 그래프는 점 $(1, 0)$을 지난다.
> ㄷ. 그래프의 점근선의 방정식은 $x=0$이다.
> ㄹ. x의 값이 증가하면 y의 값은 감소한다.

182

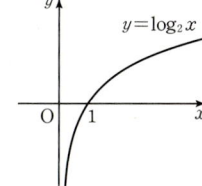

로그함수 $y = \log_2 x$의 그래프가 오른쪽 그림과 같을 때, 다음 함수의 그래프를 그려라.

(1) $y = \log_2 (-x)$

(2) $y = \log_2 |x|$

(3) $y = |\log_2 x|$

183

다음 함수의 그래프를 그리고, 점근선의 방정식을 구하여라.

(1) $y = \log_2 (x+1)$

(2) $y = \log_{\frac{1}{2}} (x-2)$

(3) $y = -\log_3 x + 1$

(4) $y = -\log_3 (3x-2)$

184

로그함수를 이용하여 다음 두 수의 대소를 비교하여라.

(1) $\log_2 7,\ 2\log_2 3$

(2) $\log_{\frac{1}{3}} 4,\ \dfrac{1}{2}\log_{\frac{1}{3}} 9$

3 로그함수의 최대·최소

185

다음 함수의 최댓값과 최솟값을 각각 구하여라.

(1) 정의역이 $\{x \,|\, 1 \leq x \leq 32\}$인 함수 $y = \log_2 x$

(2) 정의역이 $\left\{x \,\middle|\, -\dfrac{1}{2} \leq x \leq 3\right\}$인 함수 $y = \log_{\frac{1}{2}} (x+1)$

(3) 정의역이 $\{x \,|\, 4 \leq x \leq 28\}$인 함수 $y = -\log_3 (x-1) + 2$

4 로그방정식

186
다음 방정식을 풀어라.

(1) $\log_2 (3x-1)=3$

(2) $\log_{\frac{1}{3}} (x-1)=2$

(3) $\log_{4x} 4=2$

(4) $\log_{x+1} 16=2$

187
다음 방정식을 풀어라.

(1) $\log_2 (2x-1)=\log_2 (x+3)$

(2) $\log_4 x+\log_4 (x-3)=1$

(3) $\log (x-1)=1-\log (x+2)$

(4) $2\log_{\frac{1}{3}} (x+1)=\log_{\frac{1}{3}} (x+3)$

188
다음 방정식을 풀어라.

(1) $\log_2 x=\log_4 (2x-1)$

(2) $\log_9 (2x-5)=\log_3 (x-2)$

189
다음 방정식을 풀어라.

(1) $(\log_2 x)^2-2\log_2 x-8=0$

(2) $(\log x+1)(\log x-5)=-8$

5 로그부등식

190
다음 부등식을 풀어라.

(1) $\log_2 (x+3)<2$

(2) $2\log_2 x<4$

(3) $\log_{\frac{1}{2}} (x^2+5x+8)>-3$

(4) $\log_{\frac{1}{3}} (x-1)>2$

191
다음 부등식을 풀어라.

(1) $\log_2 2x<\log_2 (x+1)$

(2) $\log_{\frac{1}{2}} (2x-1)>\log_{\frac{1}{2}} (3x+1)$

(3) $\log_{\frac{1}{3}} x\leq\log_{\frac{1}{3}} (2-x)$

(4) $2\log_3 x\geq\log_3 (4x+5)$

192
다음 부등식을 풀어라.

(1) $\log_2 x+\log_2 (x+2)<3$

(2) $\log (x-1)+\log (x-16)\geq2$

193
다음 부등식을 풀어라.

(1) $(\log_2 x)^2-5\log_2 x>6$

(2) $(\log_5 x)^2-\log_5 x^3\leq0$

◦ 유형 콕콕 ◦

유형

유형 031

로그함수는 (밑)>1이면 증가하는 함수이고,
0<(밑)<1이면 감소하는 함수이다!

로그함수 $y=a^x$ $(a>0, a\neq1)$의 그래프
(1) 정의역은 양의 실수 전체의 집합이고, 치역은 실수 전체의 집합이다.
(2) 그래프는 a의 값에 관계없이 항상 점 $(1, 0)$을 지나고, 점근선은 y축이다.
(3) $a>1$일 때, x의 값이 증가하면 y의 값도 증가한다.
 $0<a<1$일 때, x의 값이 증가하면 y의 값은 감소한다.
(4) $y=\log_a x$의 그래프와 $y=\log_{\frac{1}{a}} x$의 그래프는 x축에 대하여 대칭이다.

194 BOB 대표

함수 $y=\log_a \dfrac{1}{x}$ $(a>1)$에 대한 설명으로 옳지 <u>않은</u> 것은?

① 그래프는 점 $(1, 0)$을 지난다.
② 그래프는 y축을 점근선으로 한다.
③ $x>0$에서 x의 값이 증가하면 y의 값도 증가한다.
④ 함수 $y=\log_{\frac{1}{a}} x$의 그래프와 일치한다.
⑤ 정의역은 양의 실수 전체의 집합이고, 치역은 실수 전체의 집합이다.

195 하

함수 $f(x)=\log_5 x$에 대하여 〈보기〉에서 옳은 것만을 있는 대로 골라라.

보기
ㄱ. $x_1\neq x_2$이면 $f(x_1)\neq f(x_2)$이다.
ㄴ. $x_1<x_2$이면 $f(x_1)<f(x_2)$이다.
ㄷ. 함수 $y=\log_5 x$의 그래프는 함수 $y=\log_{\frac{1}{5}} x$의 그래프와 x축에 대하여 대칭이다.

196 중

〈보기〉에서 두 함수 $y=\left(\dfrac{1}{3}\right)^x$, $y=\log_{\frac{1}{3}} x$의 그래프에 대한 설명으로 옳은 것만을 있는 대로 골라라.

보기
ㄱ. 두 그래프의 교점의 좌표는 $(3, 3)$이다.
ㄴ. 두 그래프는 모두 제2사분면을 지나지 않는다.
ㄷ. 두 그래프는 직선 $y=x$에 대하여 대칭이다.

유형 032

로그함수 $y=\log_a (x-m)+n$의 그래프는 로그함수 $y=\log_a x$의 그래프를 평행이동한 것이다!

로그함수 $y=\log_a x$ $(a>0, a\neq1)$의 그래프를 x축의 방향으로 m만큼, y축의 방향으로 n만큼 평행이동하면 $y=\log_a (x-m)+n$이고 다음과 같은 성질을 가진다.

	$y=\log_a x$	$y=\log_a (x-m)+n$
정의역	$\{x \mid x>0$인 실수$\}$	$\{x \mid x>m$인 실수$\}$
치역	$\{y \mid y$는 모든 실수$\}$	$\{y \mid y$는 모든 실수$\}$
점근선	y축 $(x=0)$	$x=m$

➡ 로그함수 $y=\log_a (x-m)+n$ $(a>0, a\neq1)$의 그래프는 a의 값에 관계없이 항상 점 $(m+1, n)$을 지난다.

197 BOB 대표

함수 $y=\log_3 (3x-6)$의 그래프는 함수 $y=\log_3 x$의 그래프를 x축의 방향으로 m만큼, y축의 방향으로 n만큼 평행이동한 것이다. $m+n$의 값은?

① -1 ② 0 ③ 1
④ 2 ⑤ 3

198 중

〈보기〉에서 함수 $y=\log x$의 그래프를 평행이동 또는 대칭이동하여 겹쳐질 수 있는 그래프의 식만을 있는 대로 골라라.

보기
ㄱ. $y=\log (x-10)$　　ㄴ. $y=\log 10x$
ㄷ. $y=2\log x$　　ㄹ. $y=\log (-x)$

199 중 서술형

함수 $y=\log_3 9x$의 그래프를 y축의 방향으로 -2만큼 평행이동한 다음, x축에 대하여 대칭이동한 그래프가 함수 $y=\log_3 \dfrac{a}{x}$의 그래프와 일치할 때, 상수 a의 값을 구하여라.

유형 033

로그함수의 그래프를 이용한 문제는 **로그함수의 그래프의 성질**을 기억하자!

함수 $y=\log_a x\,(a>0,\ a\neq1)$의 그래프가 점 $(m,\ n)$을 지나면

$\Rightarrow n=\log_a m$ $\therefore a^n=m$

200 BOB 대표

오른쪽 그림은 함수 $y=\log_2 x$의 그래프와 직선 $y=x$를 나타낸 것이다. 실수 a, b에 대하여 $\left(\dfrac{1}{2}\right)^{a-b}$의 값은?

(단, 점선은 x축 또는 y축에 평행하다.)

① $\dfrac{1}{4}$ ② $\dfrac{1}{2}$ ③ 1

④ 2 ⑤ 4

201 중

오른쪽 그림은 함수 $y=\log_2 x$의 그래프이다. $\overline{AB}=4$일 때, 실수 a, b에 대하여 $\dfrac{b}{a}$의 값은?

(단, 점선은 x축 또는 y축에 평행하다.)

① 2 ② 4 ③ 8

④ 16 ⑤ 32

202 중

오른쪽 그림은 세 함수 $y=2^x$, $y=x$, $y=\log_4 x$의 그래프이다. 실수 a, b의 합 $a+b$의 값을 구하여라.

(단, 점선은 x축 또는 y축에 평행하다.)

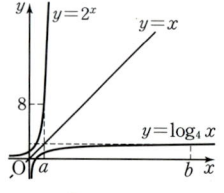

유형 034

절댓값 기호를 포함한 로그함수의 그래프는 경계를 나누어 그리자!

(1) 절댓값 기호 안의 식의 값이 0이 되도록 하는 x의 값을 경계로 구간을 나누어 그래프를 그린다.

(2) 대칭을 이용하여 그래프를 그린다.

함수 $y=\log_a x\,(a>0,\ a\neq1)$의 그래프에 대하여

① $y=|\log_a x|$의 그래프 : $y\geq0$인 부분은 그대로, $y<0$인 부분은 x축에 대하여 대칭으로 그린다.

② $y=\log_a |x|$의 그래프 : $x>0$인 부분은 그대로, $x<0$인 부분은 $x>0$인 부분을 y축에 대하여 대칭으로 그린다.

③ $|y|=\log_a x$의 그래프 : $y\geq0$인 부분은 그대로, $y<0$인 부분은 $y\geq0$인 부분을 x축에 대하여 대칭으로 그린다.

203 BOB 대표

함수 $y=|\log_2 x|$의 그래프에 대하여 〈보기〉에서 옳은 것만을 있는 대로 고른 것은?

보기

ㄱ. x축에 대하여 대칭이다.

ㄴ. 양수 a에 대하여 직선 $y=a$와 서로 다른 두 점에서 만난다.

ㄷ. 함수 $y=\log_2 |x|$의 그래프와 y축에 대하여 대칭이다.

① ㄱ   ② ㄴ   ③ ㄱ, ㄴ

④ ㄴ, ㄷ   ⑤ ㄱ, ㄴ, ㄷ

204 중

두 함수 $y=\log_5 |x-3|$, $y=\log_{\frac{1}{5}} |x+3|$의 그래프 사이의 관계에 대한 설명으로 옳은 것은?

① 두 그래프는 x축에 대하여 대칭이다.

② 두 그래프는 y축에 대하여 대칭이다.

③ 두 그래프는 원점에 대하여 대칭이다.

④ 두 그래프는 직선 $y=x$에 대하여 대칭이다.

⑤ 두 그래프는 직선 $y=-x$에 대하여 대칭이다.

205 중

함수 $y=\left|\log_{\frac{1}{3}} x\right|$의 정의역은 $\{x\,|\,x>a\}$이고, 그래프의 점근선의 방정식은 $x=b$일 때, 상수 a, b의 합 $a+b$의 값을 구하여라.

유형 035

로그함수 $y=\log_a x\ (a>0,\ a\neq1)$의 역함수는 지수함수 $y=a^x$이다!

(1) $a>0,\ a\neq1$일 때, 함수 $f(x)=\log_a x$의 역함수는
$$f^{-1}(x)=a^x$$
(2) $f(m)=n \Longleftrightarrow f^{-1}(n)=m$
(3) 일대일대응인 함수 $y=f(x)$의 역함수는 다음과 같은 순서로 구한다.
step1 $y=f(x)$에서 x를 y에 대한 식, 즉 $x=f^{-1}(y)$의 꼴로 변형한다.
step2 $x=f^{-1}(y)$에서 x와 y를 서로 바꾸어 $y=f^{-1}(x)$로 나타낸다. 이때, f의 정의역은 f^{-1}의 치역이 되고, f의 치역은 f^{-1}의 정의역이 된다.

206 BOB 대표

함수 $y=\log_3(x-2)+1$의 역함수가 $y=3^{ax+b}+c$일 때, 상수 a, b, c의 합 $a+b+c$의 값을 구하여라.

207 중

함수 $f(x)=\log_4 x$의 역함수 $g(x)$에 대하여 $g(\alpha)=\dfrac{1}{3}$, $g(\beta)=\dfrac{1}{2}$일 때, $g(\alpha-\beta)$의 값은?

① $\dfrac{1}{6}$ ② $\dfrac{1}{3}$ ③ $\dfrac{1}{2}$

④ $\dfrac{2}{3}$ ⑤ $\dfrac{3}{2}$

208 중

함수 $f(x)=\dfrac{1}{3}\log_2 x-4$의 역함수를 $g(x)$라 할 때, 함수 $f(2x+1)$의 역함수는 $a\{g(x)+b\}$이다. 상수 a, b의 합 $a+b$의 값을 구하여라.

유형 036

역함수 관계에 있는 로그함수와 지수함수의 그래프는 직선 $y=x$에 대하여 대칭이다!

(1) 두 함수 $y=a^x$, $y=\log_a x$는 서로 역함수 관계이므로 두 그래프는 직선 $y=x$에 대하여 대칭이다.
(2) 직선 $y=x$에 대하여 대칭인 두 함수 $y=a^x$, $y=\log_a x$의 그래프를 각각 x축의 방향으로 m만큼, y축의 방향으로 n만큼 평행이동한 두 함수
$$y=a^{x-m}+n,\ y=\log_a(x-m)+n$$
의 그래프는 직선 $y=x-m+n$에 대하여 대칭이다.

209 BOB 대표

오른쪽 그림과 같이 함수 $y=3^x-1$의 그래프 위의 $A(2, 8)$을 지나고 기울기가 -1인 직선이 함수 $y=\log_3(x+1)$의 그래프와 만나는 점을 B라 하자. 두 점 A, B에서 x축에 내린 수선의 발을 각각 C, D라 할 때, 사각형 ACDB의 넓이는?

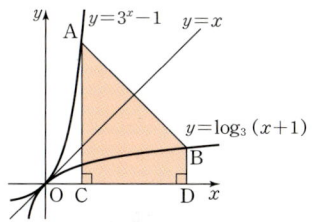

① 10   ② 15   ③ 20
④ 25   ⑤ 30

210 중

오른쪽 그림과 같이 함수 $y=\log_2 x$의 그래프와 직선 $x=2$ 및 x축으로 둘러싸인 도형의 넓이를 A, 함수 $y=2^x$의 그래프와 직선 $x=1$ 및 x축, y축으로 둘러싸인 도형의 넓이를 B라 할 때, $A+B$의 값을 구하여라.

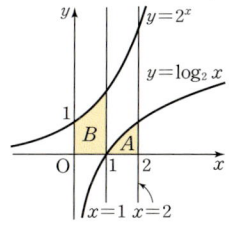

211 중

오른쪽 그림은 두 함수 $y=a^x$, $y=\log_a x$의 그래프이다. 점 $P(a, a)$를 지나고 x축 및 y축에 평행한 직선을 그어 함수 $y=a^x$의 그래프와 만나는 점을 각각 A, B라 하고, 함수 $y=\log_a x$의 그래프와 만나는 점을 각각 C, D라 하자. 삼각형 ADP의 넓이가 $\dfrac{1}{2}$일 때, 삼각형 BPC의 넓이를 구하여라.

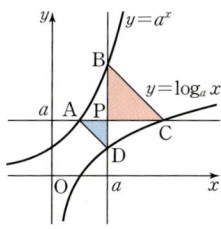

(단, $a>1$)

로그함수를 이용한 대소 관계는 밑을 같게 한 다음 비교하자!

> 로그함수 $y=\log_a x\,(a>0,\ a\neq1)$에서
> (1) $a>1$일 때, $0<x_1<x_2 \iff \log_a x_1 < \log_a x_2$
> (2) $0<a<1$일 때, $0<x_1<x_2 \iff \log_a x_1 > \log_a x_2$

212 BOB 대표

세 수

$$A=3,\ B=\log_4 36,\ C=\frac{1}{2}\log_2 65$$

의 대소 관계를 바르게 나타낸 것은?

① $A<B<C$ ② $B<A<C$ ③ $B<C<A$
④ $C<A<B$ ⑤ $C<B<A$

213 중

세 수

$$A=-\log_9\frac{1}{4},\ B=\log_3\sqrt{3},\ C=\frac{1}{2}\log_3 6$$

의 대소 관계를 바르게 나타낸 것은?

① $C<B<A$ ② $C<A<B$ ③ $A<C<B$
④ $B<A<C$ ⑤ $A<B<C$

214 중   다른 풀이

$1<x<a$일 때, 세 수 $A=\log_a x$, $B=\log_x a$, $C=(\log_a x)^2$의 대소를 비교하여라.

로그함수의 최대·최소를 구할 때에는 밑의 값의 범위에 주의하자!

> 로그함수 $y=\log_a f(x)\,(a>0,\ a\neq1)$의 꼴의 최대·최소
> (1) $a>1$이면 $f(x)$가 최대일 때 y도 최대, $f(x)$가 최소일 때 y도 최소이다.
> (2) $0<a<1$이면 $f(x)$가 최대일 때 y는 최소, $f(x)$가 최소일 때 y는 최대이다.

215 BOB 대표

정의역이 $\{x\,|\,0\le x\le4\}$인 함수 $y=\log_2(-x^2+4x+4)$의 최댓값과 최솟값의 합은?

① 1   ② 2   ③ 3
④ 4   ⑤ 5

216 중

함수 $y=\log_{\frac{1}{2}}(x^2-2x+a)$의 최댓값이 1일 때, 상수 a의 값은?

① $\frac{1}{2}$ ② 1   ③ $\frac{3}{2}$
④ 2   ⑤ $\frac{5}{2}$

217 중

정의역이 $\{x\,|\,-1\le x\le2\}$인 함수 $y=\log_3|x^2-2x-8|$의 최댓값을 구하여라.

유형
039 $\log_a x$의 꼴이 반복되는 **로그함수의 최대·최소**는 $\log_a x=t$로 **치환**하자!

$\log_a x$의 꼴이 반복되는 함수의 최대·최소
➡ $\log_a x=t$로 치환하여 t의 값의 범위에서 함수의 최대·최소를 구한다.

218 BOB 대표
$1 \le x \le 8$에서 정의된 함수 $y=(\log_2 x)^2-2\log_2 x+2$의 최댓값을 M, 최솟값을 m이라 할 때, $M+m$의 값은?

① 3 　　　 ② 4 　　　 ③ 5
④ 6 　　　 ⑤ 7

219 중
함수 $y=(\log_3 x)^2+a\log_9 x^2+b$가 $x=3$에서 최솟값 2를 가질 때, 상수 a, b의 합 $a+b$의 값을 구하여라.

220 중
함수 $y=3^{2\log x}-(x^{\log 3}+3^{\log x})+5$는 $x=a$일 때, 최솟값 b를 가진다. $a+b$의 값은?

① 1 　　　 ② 2 　　　 ③ 3
④ 4 　　　 ⑤ 5

유형
040 **로그방정식의 해**를 구할 때에는 로그의 밑과 진수의 조건을 기억하자!

로그방정식의 해는 다음과 같은 순서로 구한다.
step 1 로그의 밑이 같지 않은 경우에는 로그의 성질이나 밑의 변환 공식을 이용하여 $\log_a f(x)=\log_a g(x)$의 꼴로 변형한 다음
$$\log_a f(x)=\log_a g(x) \iff f(x)=g(x)$$
임을 이용하여 해를 구한다.
step 2 진수의 조건에 의하여 $f(x)>0$, $g(x)>0$을 만족시키는지 확인한다.

221 BOB 대표
방정식 $\log_3 (x+1)=3\log_3 2+\log_3 (2x-1)$의 해는?

① $x=\dfrac{2}{5}$ 　　 ② $x=\dfrac{3}{5}$ 　　 ③ $x=\dfrac{4}{5}$
④ $x=1$ 　　 ⑤ $x=\dfrac{6}{5}$

222 중
방정식 $\log_{x^2+2} (x+1)=\log_{x+4} (x+1)$의 모든 근의 합은?

① -1 　　 ② 0 　　 ③ 1
④ 2 　　 ⑤ 3

223 중
연립방정식 $\begin{cases} \log_2 (x-3)=\log_2 (y+1) \\ x+y-8=0 \end{cases}$의 해를 $x=a$, $y=b$라 할 때, ab의 값을 구하여라.

유형 041 $\log_a x$의 꼴이 반복되는 로그방정식은 $\log_a x = t$ 로 치환하자!

로그방정식 $(\log_a x)^2 + p\log_a x + q = 0$
($a > 0$, $a \neq 1$, p, q는 상수)의 해가 α, β일 때
➡ $\log_a x = t$로 치환하면 이차방정식 $t^2 + pt + q = 0$의 해는
$\log_a \alpha$, $\log_a \beta$이다.

224 BOB 대표
방정식 $(\log_2 x)^2 + 6 = \log_2 x^5$의 해를 구하여라.

225 중
방정식 $(\log_2 x)^2 - k\log_2 x - 8 = 0$의 두 근의 곱이 4일 때, 상수 k의 값을 구하여라.

유형 042 지수에 로그를 포함한 방정식은 양변에 로그를 취하자!

방정식 $a^{f(x)} = b^{g(x)}$ ($a > 0$, $b > 0$, $a \neq b$)의 풀이
➡ 양변에 밑이 c ($c > 0$, $c \neq 1$)인 로그를 취하면
$f(x)\log_c a = g(x)\log_c b$

226 BOB 대표
방정식 $x^{\log_3 x} = 9x$의 모든 근의 곱을 구하여라.

227 중 서술형
방정식 $10x^{1-\log x} = \dfrac{x^2}{10}$의 해를 구하여라.

유형 043 로그부등식에서 (밑)>1이면 부등호의 방향은 그대로이고, $0<$(밑)<1이면 부등호의 방향은 반대이다!

밑을 같게 할 수 있는 로그부등식은 로그의 성질이나 밑의 변환 공식을 이용하여 $\log_a f(x) < \log_a g(x)$의 꼴로 변형하여 진수를 비교한다.
(1) $a > 1$일 때
$$\log_a f(x) < \log_a g(x) \iff 0 < f(x) < g(x)$$
(2) $0 < a < 1$일 때
$$\log_a f(x) < \log_a g(x) \iff f(x) > g(x) > 0$$

228 BOB 대표
부등식 $\log_2 (x-2) + \log_2 (x+1) < 2$의 해가 $\alpha < x < \beta$일 때, $\alpha + \beta$의 값은?

① 1   ② 3   ③ 5
④ 7   ⑤ 9

229 중
부등식 $\log_2 (x+2) + \log_2 (8-x) > a$의 해가 $0 < x < 6$일 때, 상수 a의 값은?

① 1   ② 2   ③ 3
④ 4   ⑤ 5

230 중
연립부등식 $\begin{cases} 2^{x+4} > 8 \\ 2\log (x+2) < \log (6x+12) \end{cases}$ 의 해가 $\alpha < x < \beta$일 때, $\alpha + \beta$의 값을 구하여라.

유형 044 $\log_a x$의 꼴이 반복되는 로그부등식은 $\log_a x = t$로 치환하자!

로그부등식 $(\log_a x)^2 + p\log_a x + q > 0$
($a > 0$, $a \neq 1$, p, q는 상수)에서

➡ $\log_a x = t$로 치환하면 $t^2 + pt + q > 0$이므로
부등식 $t^2 + pt + q > 0$의 해를 구한 다음 t 대신 $\log_a x$를
대입하여 x의 값의 범위를 구한다.

231 BOB 대표
부등식 $(\log_2 x)^2 + 3 \leq \log_2 x^4$의 해가 $\alpha \leq x \leq \beta$일 때, $\alpha + \beta$의 값을 구하여라.

232 중
부등식 $(\log_2 x)^2 + a\log_2 x + b > 0$의 해가 $0 < x < \dfrac{1}{4}$ 또는 $x > 8$일 때, 상수 a, b의 곱 ab의 값을 구하여라.

유형 045 지수에 로그를 포함한 부등식은 양변에 로그를 취하자!

부등식 $a^{f(x)} > b^{g(x)}$ ($a > 0$, $b > 0$, $a \neq b$)의 풀이

➡ 양변에 밑이 c ($c > 1$)인 로그를 취하면
$$f(x)\log_c a > g(x)\log_c b$$
➡ 양변에 밑이 d ($0 < d < 1$)인 로그를 취하면
$$f(x)\log_d a < g(x)\log_d b$$

233 BOB 대표
부등식 $x^{\log_2 x} < 16x^3$의 해는?

① $x < \dfrac{1}{2}$　　② $x > \dfrac{1}{2}$　　③ $\dfrac{1}{2} < x < 16$

④ $x < 16$　　⑤ $x > 16$

234 중
부등식 $(x-1)^{\log_4 (x-1)} + 1 < x$를 만족시키는 모든 정수 x의 값의 합을 구하여라.

유형 046 상용로그를 이용한 실생활에의 활용 문제를 알아보자!

상용로그를 이용한 실생활에의 활용 문제는 다음과 같은 순서로 푼다.

step1 주어진 조건을 이용하여 주어진 관계식에 알맞은 값을 대입하여 식을 세운다.

step2 구하는 것을 확인하여 필요한 식이 나오도록 식을 변형한다.

step3 step2의 식을 이용하여 값 또는 값의 범위를 구한다.

235 BOB 대표
고전 세페이드 변광성의 변광 주기 P(일)와 광도 M(절대 등급)은 다음 식을 만족시킨다고 한다.
$$M = -2.81\log P - 1.43$$
변광 주기가 50일인 고전 세페이드 변광성의 광도를 M_1, 변광 주기가 5일인 고전 세페이드 변광성의 광도를 M_2라 할 때, $M_2 - M_1$의 값은?

① 1.43　　② 2.81　　③ 3.64

④ 4.24　　⑤ 5.62

236 중
농산물 A의 가격은 유통과정을 한 번 거칠 때마다 일정한 비율로 인상된다고 한다. 유통과정을 세 번 거쳐 어떤 소매점에서 판매되는 농산물 A의 소비자 가격은 원산지 가격의 1.52배였다. 유통과정을 한 번만 거친 직거래 장터에서 판매되는 농산물 A의 소비자 가격은 원산지 가격보다 약 몇 % 인상된 것인지 구하여라.
(단, $\log 1.15 = 0.0606$, $\log 1.52 = 0.1818$로 계산한다.)

237 중
어떤 노트북의 가격은 매년 전년도보다 15 %씩 떨어진다고 한다. 올해 100만 원인 노트북의 가격이 처음으로 10만 원 이하가 되는 것은 몇 년 후인가? (단, $\log 8.5 = 0.9294$로 계산한다.)

① 13년 후　　② 14년 후　　③ 15년 후

④ 16년 후　　⑤ 17년 후

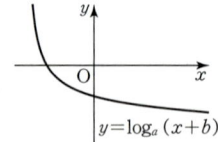
238

함수 $y=\log_a(x+b)$의 그래프가 오른쪽 그림과 같을 때, 함수 $y=\log_b(x+a)$의 그래프로 알맞은 것은?

(단, $a>0$, $a\neq1$, $b>0$, $b\neq1$)

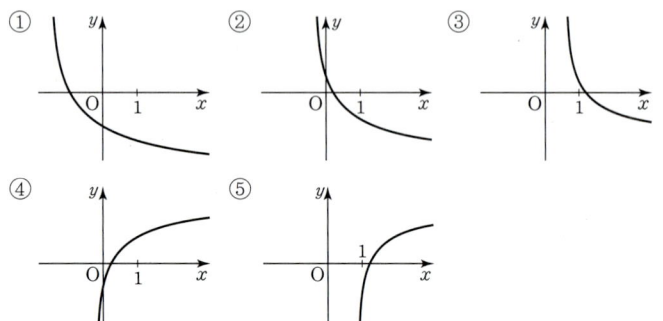

239

오른쪽 그림과 같이 함수 $y=\log_2 x$의 그래프 위의 한 점 A를 지나고 x축 및 y축에 평행한 두 직선이 함수 $y=\log_{\frac{1}{2}}x$의 그래프와 만나는 점을 각각 B, C라 하자. $\overline{AC}=4$일 때, 삼각형 ABC의 넓이는?

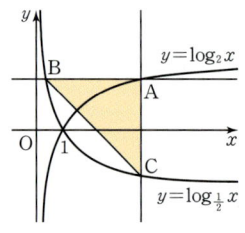

① 7
② $\dfrac{15}{2}$
③ 8

④ $\dfrac{17}{2}$
⑤ 9

240

좌표평면에서 세 점 A$(15, 4)$, B$(15, 1)$, C$(64, 1)$을 꼭짓점으로 하는 삼각형 ABC와 함수 $y=\log_k x$의 그래프가 만나도록 하는 자연수 k의 개수를 구하여라.

241

함수 $f(x)=\log_6(x^5+4)$의 역함수를 $g(x)$라 할 때, $(g\circ g\circ g)(2)$의 값은?

① 1
② 2
③ 4
④ 8
⑤ 16

242

함수 $f(x)=\log_a x+m$의 그래프와 그 역함수의 그래프가 서로 다른 두 점에서 만나고, 두 교점의 x좌표가 1과 3일 때, 상수 a, m의 합 $a+m$의 값은?

① $\sqrt{3}-1$
② 2
③ $\sqrt{3}+1$
④ 3
⑤ $2\sqrt{3}$

243

1이 아닌 세 양수 a, b, c에 대하여 세 함수 $y=\log_a x$, $y=\log_b x$, $y=c^x$의 그래프는 오른쪽 그림과 같다. 세 양수 a, b, c의 대소 관계를 바르게 나타낸 것은?

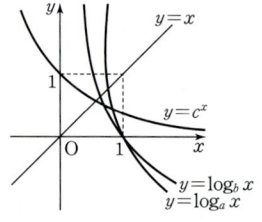

① $c<b<a$
② $c<a<b$
③ $b<c<a$
④ $a<c<b$
⑤ $a<b<c$

244

$0<a<b<1$일 때, 세 수
$$A=\log_a b,\ B=\log_b a,\ C=\log_a \frac{b}{a}$$
의 대소 관계를 바르게 나타낸 것은?

① $A<B<C$
② $A<C<B$
③ $B<A<C$
④ $C<A<B$
⑤ $C<B<A$

245

두 함수 $f(x)=\log_2\dfrac{1}{x}$, $g(x)=x^2-2x+a$ (a는 상수)가 있다.

$0\leq x\leq 3$에서 함수 $(f\circ g)(x)$의 최댓값이 -3일 때, $g(3)$의 값은?

① 8
② 10
③ 12
④ 14
⑤ 16

246

방정식 $(\log_2 9x)(\log_2 x)=2$가 서로 다른 두 실근 α, β를 가질 때, $\alpha\beta$의 값은?

① $\dfrac{1}{16}$　　　　② $\dfrac{1}{9}$　　　　③ $\dfrac{1}{8}$

④ $\dfrac{1}{4}$　　　　⑤ $\dfrac{1}{3}$

247

방정식 $2\log_3 x + 3\log_x 3 - 7 = 0$의 해는?

① $x=\sqrt{3}$ 또는 $x=27$　　② $x=\sqrt{3}$ 또는 $x=9$

③ $x=\sqrt{3}$ 또는 $x=3$　　④ $x=\dfrac{1}{2}$ 또는 $x=9$

⑤ $x=\dfrac{1}{2}$ 또는 $x=3$

248

연립방정식 $\begin{cases} x^2+y^2=25 \\ \log_2 x + \log_2 y = (\log_2 xy)^2 \end{cases}$의 해의 개수는?

① 1　　　　② 2　　　　③ 3
④ 4　　　　⑤ 5

249

부등식 $\log_2 x^2 - \log_2 |x| \le 3$을 만족시키는 정수 x의 개수는?

① 12　　　　② 13　　　　③ 14
④ 15　　　　⑤ 16

250

부등식 $3^{2x} + a \times 3^x + b < 0$의 해가 $1 < x < 2$일 때, 부등식 $(\log_2 x)^2 + a\log_2 x + b < 0$의 해는 $\alpha < x < \beta$이다. $\beta - \alpha$의 값을 구하여라. (단, a, b는 상수이다.)

251

부등식 $\log_5 (x-1) \le \log_5 \left(\dfrac{1}{2}x+k\right)$를 만족시키는 정수 x의 개수가 3일 때, 자연수 k의 값을 구하여라.

252

방정식 $(\log x)^2 - 4\log x + 1 = 0$의 두 근을 α, β라 할 때, 방정식 $(\log x)^2 - a\log x + b = 0$의 두 근은 α^2, β^2이다. 상수 a, b의 합 $a+b$의 값을 구하여라.

253

부등식 $x^{\log_3 x} \ge kx^4$이 모든 양수 x에 대하여 항상 성립하기 위한 양수 k의 최댓값을 구하여라.

II

삼각함수

05 삼각함수

개념 ① 일반각과 호도법 　유형 047~050

(1) 일반각

시초선 OX에 대하여 동경 OP가 나타내는 한 각의 크기를 $a°$라 할 때, 동경 OP가 나타내는 각의 크기는

$$360°×n+a° \ (n은 \ 정수)　㉠$$

와 같이 나타낼 수 있고, 이것을 동경 OP가 나타내는 일반각이라 한다.

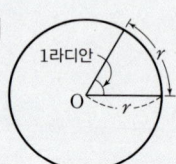

(2) 호도법

① 1라디안 : 반지름의 길이와 호의 길이가 같은 부채꼴의 중심각의 크기

② 호도법 : 라디안을 단위로 하여 각의 크기를 나타내는 방법

③ 1라디안 $= \dfrac{180°}{\pi}$, $1° = \dfrac{\pi}{180}$라디안, π라디안$=180°$

개념 ② 부채꼴의 호의 길이와 넓이 　유형 051

반지름의 길이가 r, 중심각의 크기가 θ(라디안)인 부채꼴에서 호의 길이를 l, 부채꼴의 넓이를 S라 하면

① $l = r\theta$
② $S = \dfrac{1}{2}r^2\theta = \dfrac{1}{2}rl$

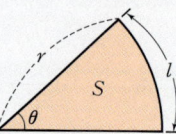

개념 ③ 삼각함수 　유형 052~057

(1) 삼각함수의 정의

동경 OP가 나타내는 한 각의 크기를 θ라 할 때

$$\sin\theta = \dfrac{y}{r}, \ \cos\theta = \dfrac{x}{r}, \ \tan\theta = \dfrac{y}{x} \ (x \neq 0)$$

이들 함수를 차례대로 θ에 대한 사인함수, 코사인함수, 탄젠트함수라 하고, 이 함수들을 통틀어 θ에 대한 삼각함수라 한다.

(2) 삼각함수 사이의 관계

① $\tan\theta = \dfrac{\sin\theta}{\cos\theta}$
② $\sin^2\theta + \cos^2\theta = 1$

개념 ④ 삼각함수의 성질 　유형 058~059

(1) $2n\pi + \theta$의 삼각함수 (단, n은 정수)

$$\sin(2n\pi+\theta) = \sin\theta, \ \cos(2n\pi+\theta) = \cos\theta, \ \tan(2n\pi+\theta) = \tan\theta$$

(2) $-\theta$의 삼각함수

$$\sin(-\theta) = -\sin\theta, \ \cos(-\theta) = \cos\theta, \ \tan(-\theta) = -\tan\theta$$

(3) $\pi \pm \theta$의 삼각함수

$$\sin(\pi\pm\theta) = \mp\sin\theta, \ \cos(\pi\pm\theta) = -\cos\theta, \ \tan(\pi\pm\theta) = \pm\tan\theta \ (복부호동순)$$

(4) $\dfrac{\pi}{2} \pm \theta$의 삼각함수

$$\sin\left(\dfrac{\pi}{2}\pm\theta\right) = \cos\theta, \ \cos\left(\dfrac{\pi}{2}\pm\theta\right) = \mp\sin\theta, \ \tan\left(\dfrac{\pi}{2}\pm\theta\right) = \mp\dfrac{1}{\tan\theta} \ (복부호동순)$$

◆ 평면 위의 두 반직선 OX와 OP에 의하여 정해진 $\angle$XOP의 크기는 반직선 OP가 고정된 반직선 OX의 위치에서 시작하여 점 O를 중심으로 회전한 양으로 정의한다. 이때, 반직선 OX를 시초선, 반직선 OP를 동경이라 한다.

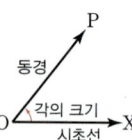

㉠ 일반각으로 나타낼 때, $a°$는 보통 $0° \leq a° < 360°$인 것을 택한다.

◆ 각의 크기를 호도법으로 나타낼 때, 단위인 라디안은 생략하고 1, $\dfrac{\pi}{3}$, π와 같이 쓴다.

◆ (호도법의 각) $=$ (육십분법의 각) $\times \dfrac{\pi}{180°}$

(육십분법의 각) $=$ (호도법의 각) $\times \dfrac{180°}{\pi}$

◆ 부채꼴의 호의 길이와 넓이 공식에서 부채꼴의 중심각의 크기 θ는 호도법으로 나타낸 각이다. 따라서 중심각의 크기가 육십분법으로 주어지면 호도법으로 고쳐서 계산한다.

◆ 각 사분면에서 삼각함수의 값의 부호가 양인 것만을 나타내면 다음 그림과 같다.

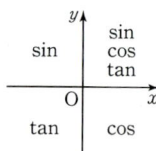

◆ 삼각함수의 변형 방법

(ⅰ) 각을 $\dfrac{n}{2}\pi \pm \theta$ 또는 $90° \times n \pm \theta$ (n은 정수)의 꼴로 고친다.

(ⅱ) n이 짝수이면 ➡ 그대로
($\sin \rightarrow \sin$, $\cos \rightarrow \cos$, $\tan \rightarrow \tan$)
n이 홀수이면 ➡ 바꾼다.
$\left(\sin \rightarrow \cos, \cos \rightarrow \sin, \tan \rightarrow \dfrac{1}{\tan}\right)$

(ⅲ) θ를 예각으로 간주하고 $\dfrac{n}{2}\pi \pm \theta$ 또는 $90° \times n \pm \theta$가 나타내는 동경이 제몇 사분면에 있는지 알아본다. 이때, 그 사분면에서 처음 주어진 삼각함수의 부호가 양이면 '$+$'를, 음이면 '$-$'를 붙인다.

개념 콕콕

1 일반각

254
시초선이 반직선 OX일 때, 크기가 다음과 같은 각을 나타내는 동경 OP의 위치를 그림으로 나타내어라.

(1) $30°$ (2) $480°$

(3) $-225°$ (4) $-390°$

255
다음 그림에서 시초선이 반직선 OX일 때, 동경 OP가 나타내는 일반각을 $360° \times n + α°$의 꼴로 나타내어라.
(단, n은 정수, $0° \leq α° < 360°$)

(1) 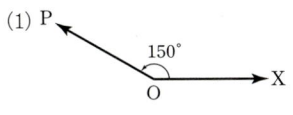   (2)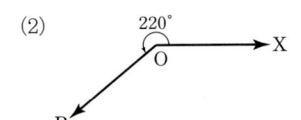

256
반직선 OX를 시초선으로 하여 동경 OP가 나타내는 한 각의 크기가 다음과 같을 때, 동경 OP가 나타내는 일반각을 $360° \times n + α°$의 꼴로 나타내어라. (단, n은 정수, $0° \leq α° < 360°$)

(1) $510°$ (2) $1110°$

(3) $-850°$ (4) $-1320°$

257
크기가 다음과 같은 각은 제몇 사분면의 각인지 구하여라.

(1) $500°$ (2) $-440°$

(3) $1300°$ (4) $-690°$

2 호도법

258
다음 각을 호도법으로 나타내어라.

(1) $135°$ (2) $-150°$

(3) $-240°$ (4) $270°$

259
다음 각을 육십분법으로 나타내어라.

(1) $\dfrac{5}{4}\pi$ (2) $-\dfrac{2}{3}\pi$

(3) $-\dfrac{3}{5}\pi$ (4) $\dfrac{5}{6}\pi$

260
다음 각의 동경이 나타내는 일반각을 $2n\pi + \theta$의 꼴로 나타내어라. (단, n은 정수, $0 \leq \theta < 2\pi$)

(1) $\dfrac{\pi}{3}$ (2) $\dfrac{3}{4}\pi$

3 부채꼴의 호의 길이와 넓이

261
반지름의 길이와 중심각의 크기가 각각 다음과 같은 부채꼴의 호의 길이 l과 넓이 S를 각각 구하여라.

(1) 반지름의 길이 6, 중심각의 크기 $\dfrac{2}{3}\pi$

(2) 반지름의 길이 10, 중심각의 크기 $36°$

262
반지름의 길이가 3, 호의 길이가 $\dfrac{3}{4}\pi$인 부채꼴의 중심각의 크기 θ와 넓이 S를 각각 구하여라.

263
호의 길이가 8, 넓이가 12인 부채꼴의 반지름의 길이 r와 중심각의 크기 θ를 각각 구하여라.

개념 콕콕

4 삼각함수

264

크기가 θ인 각을 나타내는 동경과 원점 O를 중심으로 하는 원의 교점이 $P(-3, 4)$일 때, 다음 삼각함수의 값을 구하여라.

(1) $\sin\theta$ (2) $\cos\theta$ (3) $\tan\theta$

265

각 θ의 크기가 다음과 같을 때, $\sin\theta$, $\cos\theta$, $\tan\theta$의 값을 각각 구하여라.

(1) $\dfrac{5}{6}\pi$ (2) $\dfrac{4}{3}\pi$

5 삼각함수의 값의 부호

266

각 θ의 크기가 다음과 같을 때, $\sin\theta$, $\cos\theta$, $\tan\theta$의 값의 부호를 각각 구하여라.

(1) $400°$ (2) $\dfrac{14}{5}\pi$

(3) $-480°$ (4) $-\dfrac{7}{3}\pi$

267

다음 조건을 만족시키는 각 θ는 제몇 사분면의 각인지 구하여라.

(1) $\sin\theta < 0$, $\cos\theta > 0$

(2) $\sin\theta > 0$, $\tan\theta < 0$

6 삼각함수 사이의 관계

268

θ가 제3사분면의 각이고 $\cos\theta = -\dfrac{3}{5}$일 때, $\sin\theta$, $\tan\theta$의 값을 각각 구하여라.

269

$(1+\tan^2\theta)(1-\sin^2\theta)$을 간단히 하여라.

270

$\dfrac{\cos\theta}{1-\sin\theta} + \dfrac{\cos\theta}{1+\sin\theta}$를 간단히 하여라.

271

θ가 제1사분면의 각이고 $\sin\theta - \cos\theta = \dfrac{1}{\sqrt{3}}$일 때, 다음 식의 값을 구하여라.

(1) $\sin\theta\cos\theta$ (2) $\sin\theta + \cos\theta$

7 삼각함수의 성질

272

다음 삼각함수의 값을 구하여라.

(1) $\sin 750°$ (2) $\cos\dfrac{25}{6}\pi$ (3) $\tan\dfrac{9}{4}\pi$

273

다음 삼각함수의 값을 구하여라.

(1) $\sin\left(-\dfrac{\pi}{3}\right)$ (2) $\cos 315°$ (3) $\tan\dfrac{23}{6}\pi$

274

다음 삼각함수의 값을 구하여라.

(1) $\sin\dfrac{5}{6}\pi$ (2) $\cos\dfrac{5}{4}\pi$ (3) $\tan 240°$

⊕ 유형 콕콕 ⊕

유형 047

일반각 θ가 $\theta=360°\times n+a°$ (n은 정수)이면 각 $a°$와 각 θ를 나타내는 동경이 일치한다!

시초선 OX와 동경 OP가 나타내는 한 각의 크기를 $a°$라 할 때, 동경 OP가 나타내는 일반각 θ는

$$\theta=360°\times n+a° \text{ (단, } n\text{은 정수)}$$

275 BOB 대표

오른쪽 그림과 같이 시초선 OX와 동경 OP의 위치가 주어질 때, 다음 중 동경 OP가 나타내는 각이 될 수 없는 것은?

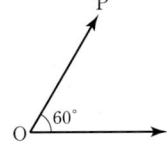

① $420°$ ② $780°$

③ $-300°$ ④ $-420°$

⑤ $-660°$

276 하

〈보기〉에서 각을 나타내는 동경 중 $120°$를 나타내는 동경과 일치하는 것만을 있는 대로 골라라.

보기
ㄱ. $-960°$ ㄴ. $1680°$ ㄷ. $840°$ ㄹ. $-1680°$

유형 048

사분면의 각을 일반각으로 나타내어 계산하자!

(1) θ가 제1사분면의 각

$\Rightarrow 360°\times n<\theta<360°\times n+90°$ (단, n은 정수)

(2) θ가 제2사분면의 각

$\Rightarrow 360°\times n+90°<\theta<360°\times n+180°$ (단, n은 정수)

(3) θ가 제3사분면의 각

$\Rightarrow 360°\times n+180°<\theta<360°\times n+270°$ (단, n은 정수)

(4) θ가 제4사분면의 각

$\Rightarrow 360°\times n+270°<\theta<360°\times n+360°$ (단, n은 정수)

277 BOB 대표

2θ가 제3사분면의 각일 때, θ는 제몇 사분면의 각인지 구하여라.

278 중

θ가 제 2사분면의 각일 때, $\dfrac{\theta}{2}$는 제몇 사분면의 각인지 구하여라.

유형 049

두 동경의 위치 관계는 각의 합 또는 차를 일반각으로 나타내어 구하자!

두 각 α, β를 나타내는 동경이

(1) 일치한다.

$\Rightarrow \alpha-\beta=360°\times n$ (단, n은 정수)

(2) 일직선 위에 있고 방향이 반대이다.

$\Rightarrow \alpha-\beta=360°\times n+180°$ (단, n은 정수)

(3) x축에 대하여 대칭이다.

$\Rightarrow \alpha+\beta=360°\times n$ (단, n은 정수)

(4) y축에 대하여 대칭이다.

$\Rightarrow \alpha+\beta=360°\times n+180°$ (단, n은 정수)

(5) 직선 $y=x$에 대하여 대칭이다.

$\Rightarrow \alpha+\beta=360°\times n+90°$ (단, n은 정수)

279 BOB 대표

각 θ를 나타내는 동경과 각 7θ를 나타내는 동경이 일치할 때, 각 θ의 크기는? (단, $90°<\theta<180°$)

① $95°$ ② $105°$ ③ $120°$

④ $135°$ ⑤ $150°$

280 중

각 θ를 나타내는 동경과 각 5θ를 나타내는 동경이 x축에 대하여 대칭일 때, 각 θ의 크기는? (단, $0°<\theta<90°$)

① $15°$ ② $30°$ ③ $45°$

④ $60°$ ⑤ $75°$

281 중 서술형

각 θ를 나타내는 동경과 각 4θ를 나타내는 동경이 y축에 대하여 대칭일 때, 모든 각 θ의 크기의 합을 구하여라. (단, $0°<\theta<180°$)

유형 050
π 라디안$=180°$임을 이용하여 **육십분법**과 **호도법** 사이의 관계를 알아보자!

(1) 육십분법을 호도법으로 나타낼 때
→ (육십분법의 각) $\times \dfrac{\pi}{180°}$

(2) 호도법을 육십분법으로 나타낼 때
→ (호도법의 각) $\times \dfrac{180°}{\pi}$

282 **BOB 대표**
다음 중 옳지 **않은** 것은?

① $210° = \dfrac{7}{6}\pi$ ② $120° = \dfrac{2}{3}\pi$ ③ $\dfrac{4}{5}\pi = 144°$

④ $\dfrac{7}{12}\pi = 105°$ ⑤ $\dfrac{7}{4}\pi = 305°$

283 하
〈보기〉에서 옳은 것만을 있는 대로 골라라.

보기

ㄱ. $24° = \dfrac{2}{15}\pi$ ㄴ. $\dfrac{4}{9}\pi = 80°$

ㄷ. $\dfrac{2}{3}$ 라디안 $= \dfrac{60°}{\pi}$ ㄹ. 2라디안 $= \dfrac{360°}{\pi}$

유형 051
부채꼴의 호의 길이와 넓이는 중심각의 크기에 정비례한다!

반지름의 길이가 r, 중심각의 크기가 θ(라디안)인 부채꼴에서 호의 길이를 l, 부채꼴의 넓이를 S라 하면

(1) $l = r\theta$, $S = \dfrac{1}{2}r^2\theta = \dfrac{1}{2}rl$

(2) (부채꼴의 둘레의 길이)$= 2r + r\theta$

284 **BOB 대표**
중심각의 크기가 $\dfrac{2}{3}$이고 둘레의 길이가 32인 부채꼴의 넓이를 구하여라.

285 중
중심각의 크기가 $\dfrac{\pi}{6}$이고 호의 길이가 6π인 부채꼴의 반지름의 길이를 a, 넓이를 $b\pi$라 할 때, $a+b$의 값을 구하여라.

유형 052
원점을 중심으로 하는 원과 동경의 교점을 이용하여 **삼각함수**를 정의하자!

동경 OP가 나타내는 한 각의 크기를 θ라 할 때

→ $\sin\theta = \dfrac{y}{r}$, $\cos\theta = \dfrac{x}{r}$,

$\tan\theta = \dfrac{y}{x}$ $(x \neq 0)$

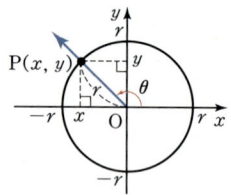

286 **BOB 대표**
원점 O와 점 $P(3, -1)$을 지나는 동경 OP가 나타내는 각의 크기를 θ라 할 때, $\sqrt{10}(\sin\theta + \cos\theta) - 3\tan\theta$의 값은?

① -1 ② 0 ③ 1

④ 2 ⑤ 3

287 하
오른쪽 그림과 같이 제2사분면에 있는 점 $P(-12, a)$에 대하여 $\overline{OP}$를 동경으로 하는 각의 크기를 θ라 하면 $\tan\theta = -\dfrac{3}{4}$이다. $\overline{OP} = r$라 할 때, $a+r$의 값은?
(단, O는 원점이다.)

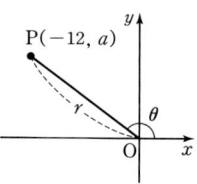

① 12 ② 16 ③ 20

④ 24 ⑤ 28

288 중
오른쪽 그림과 같이 직선 $y = -\sqrt{3}x$가 x축의 양의 방향과 이루는 각의 크기를 θ라 할 때, $2\sin\theta + 4\cos\theta + \tan\theta$의 값을 구하여라.

서술형

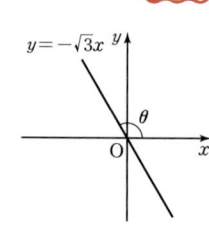

053 삼각함수의 값의 부호는 올, 싸, 탄, 코를 기억하자!

삼각함수의 값의 부호는 각 θ의 동경이 위치하는 사분면에 따라 결정된다.

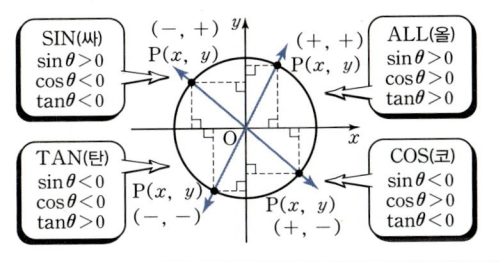

289 BOB 대표

$\sin\theta\cos\theta>0$, $\sin\theta\tan\theta>0$을 동시에 만족시키는 각 θ가 존재하는 사분면은?

① 제1사분면　　　② 제3사분면　　　③ 제1, 3사분면
④ 제2, 4사분면　　　⑤ 제3, 4사분면

290 중

$\dfrac{\pi}{2}<\theta<\pi$일 때,

$$\sqrt{\sin^2\theta}-\sqrt{(1+\sin\theta)^2}+\sqrt{(1-\cos\theta)^2}$$

을 간단히 하면?

① $-\cos\theta$ 　　　　　② $-2+\cos\theta$
③ $2\sin\theta-\cos\theta$ 　　　　④ $-2\sin\theta-\cos\theta$
⑤ $2+2\sin\theta-\cos\theta$

291 중　　　　　　　　　　　　　　　　　서술형

$\sqrt{\sin\theta}\sqrt{\cos\theta}=-\sqrt{\sin\theta\cos\theta}$를 만족시키는 θ의 크기의 범위가 $a<\theta<b$일 때, $a+b$의 값을 구하여라.

(단, $0<\theta<2\pi$, $\sin\theta\cos\theta\neq0$)

---

054 삼각함수 사이의 관계를 이용하여 식을 간단히 하자!

(1) $\tan\theta=\dfrac{\sin\theta}{\cos\theta}$ 　　　　(2) $\sin^2\theta+\cos^2\theta=1$

292 BOB 대표

$\dfrac{\sin\theta}{1+\cos\theta}+\dfrac{1+\cos\theta}{\sin\theta}$ 를 간단히 하면?

① $2\sin\theta$　　　　② $2\cos\theta$　　　　③ $2\tan\theta$
④ $\dfrac{2}{\sin\theta}$　　　　⑤ $\dfrac{2}{\cos\theta}$

293 중

$\sqrt{1+2\sin\theta\cos\theta}-\sqrt{1-2\sin\theta\cos\theta}$ 를 간단히 하면?

(단, $0<\sin\theta<\cos\theta$)

① $-2\sin\theta$　　　② $-2\cos\theta$　　　③ 0
④ $2\sin\theta$　　　⑤ $2\cos\theta$

294 중

〈보기〉에서 옳은 것만을 있는 대로 골라라.

보기
ㄱ. $\cos^4\theta-\sin^4\theta=\cos^2\theta-\sin^2\theta$

ㄴ. $\dfrac{1+2\sin\theta\cos\theta}{\sin^2\theta-\cos^2\theta}+\dfrac{1+\tan\theta}{1-\tan\theta}=0$

ㄷ. $\dfrac{\cos^2\theta-\sin^2\theta}{1+2\sin\theta\cos\theta}+\dfrac{\tan\theta-1}{\tan\theta+1}=1$

유형 055

삼각함수의 값과 삼각함수 사이의 관계를 이용하여 식의 값을 구하자!

(1) $\sin^2\theta + \cos^2\theta = 1$에서
➡ $\cos^2\theta = 1-\sin^2\theta$, $\sin^2\theta = 1-\cos^2\theta$

(2) $\sin^2\theta + \cos^2\theta = 1$에서 양변을 $\cos^2\theta$로 나누면
➡ $\tan^2\theta + 1 = \dfrac{1}{\cos^2\theta}$

(3) $\sin^2\theta + \cos^2\theta = 1$에서 양변을 $\sin^2\theta$로 나누면
➡ $1 + \dfrac{1}{\tan^2\theta} = \dfrac{1}{\sin^2\theta}$

295 BOB 대표

θ가 제3사분면의 각이고 $\cos\theta = -\dfrac{5}{13}$일 때, $\dfrac{1}{\sin\theta} + \dfrac{1}{\tan\theta}$의 값은?

① $-\dfrac{3}{4}$ ② $-\dfrac{2}{3}$ ③ $-\dfrac{1}{2}$

④ $\dfrac{2}{3}$ ⑤ $\dfrac{3}{4}$

296 중

θ가 제1사분면의 각이고 $4\tan\theta = \cos\theta$일 때, $\sin\theta$의 값은?

① $-2+\sqrt{5}$ ② $2-\sqrt{3}$ ③ $-2+\sqrt{6}$
④ $2-\sqrt{2}$ ⑤ $-2+\sqrt{7}$

297 중 서술형

$\pi < \theta < \dfrac{3}{2}\pi$이고 $\dfrac{1}{3+\tan\theta} = 3-2\sqrt{2}$일 때, $\sin\theta - \cos\theta$의 값을 구하여라.

유형 056

$\sin\theta \pm \cos\theta$ 또는 $\sin\theta\cos\theta$의 값이 주어지면 $\sin^2\theta + \cos^2\theta = 1$임을 이용하자!

$\sin\theta \pm \cos\theta$ 또는 $\sin\theta\cos\theta$의 값이 주어지는 경우
➡ $(\sin\theta \pm \cos\theta)^2 = \sin^2\theta \pm 2\sin\theta\cos\theta + \cos^2\theta$
$= 1 \pm 2\sin\theta\cos\theta$ (복부호동순)
임을 이용한다.

298 BOB 대표

$\sin\theta + \cos\theta = \dfrac{4}{3}$일 때, $\sin^3\theta + \cos^3\theta$의 값은?

① $\dfrac{20}{27}$ ② $\dfrac{7}{9}$ ③ $\dfrac{22}{27}$

④ $\dfrac{23}{27}$ ⑤ $\dfrac{8}{9}$

299 하

$\sin\theta\cos\theta = \dfrac{1}{4}$일 때, $\sin\theta - \cos\theta$의 값을 구하여라.

(단, $\sin\theta > \cos\theta$)

유형 057

삼각함수와 이차방정식은 이차방정식의 근과 계수의 관계를 이용한다!

x에 대한 이차방정식 $ax^2 + bx + c = 0$의 두 근이 $\sin\theta$, $\cos\theta$일 때, 근과 계수의 관계에 의하여
➡ $\sin\theta + \cos\theta = -\dfrac{b}{a}$, $\sin\theta\cos\theta = \dfrac{c}{a}$

300 BOB 대표

이차방정식 $4x^2 + 3x + a = 0$의 두 근이 $\sin\theta$, $\cos\theta$일 때, 상수 a의 값은?

① $-\dfrac{7}{8}$ ② $-\dfrac{3}{4}$ ③ $-\dfrac{1}{2}$

④ $\dfrac{2}{3}$ ⑤ $\dfrac{5}{6}$

301 중 서술형

이차방정식 $2x^2 - \sqrt{3}x + k = 0$의 두 근이 $\sin\theta$, $\cos\theta$일 때, $\sin\theta - \cos\theta$의 값을 구하여라.

(단, k는 상수이고, $\sin\theta > \cos\theta$이다.)

유형 058

$\dfrac{n}{2}\pi \pm x$ 또는 $90° \times n \pm x$ (n은 정수)의 삼각함수의 값은 n이 짝수인 경우와 홀수인 경우를 나누어 구한다!

step1 n이 짝수이면 $\sin \rightarrow \sin$, $\cos \rightarrow \cos$, $\tan \rightarrow \tan$

n이 홀수이면 $\sin \rightarrow \cos$, $\cos \rightarrow \sin$, $\tan \rightarrow \dfrac{1}{\tan}$

step2 θ를 예각으로 간주하고 $\dfrac{n}{2}\pi \pm \theta$ 또는 $90° \times n \pm \theta$가 나타내는 동경이 제몇 사분면에 있는지 알아본다. 이때, 그 사분면에서 처음 주어진 삼각함수의 부호가 양이면 '+'를, 음이면 '−'를 붙인다.

302 BOB 대표

$\sin(\pi - \theta)\cos\left(\dfrac{3}{2}\pi + \theta\right) - \sin\left(\dfrac{3}{2}\pi - \theta\right)\cos(\pi - \theta)$를 간단히 하면?

① -1 ② 0 ③ 1
④ $1 - 2\cos^2\theta$ ⑤ $2\cos^2\theta - 1$

303 하

$\dfrac{\sin 150°}{\sin 120° - \sin 135°} + \dfrac{\cos 120°}{\cos 135° + \cos 150°}$의 값은?

① $\dfrac{\sqrt{3}}{3}$ ② $\dfrac{\sqrt{2}}{2}$ ③ $\sqrt{3}$
④ $2\sqrt{2}$ ⑤ $2\sqrt{3}$

304 중

θ가 제3사분면의 각이고 $\tan\theta = \dfrac{3}{4}$일 때,

$\sin\left(\dfrac{\pi}{2} - \theta\right) + \cos\left(\dfrac{\pi}{2} + \theta\right) + \tan\left(\dfrac{3}{2}\pi + \theta\right)$의 값은?

① $-\dfrac{9}{5}$ ② $-\dfrac{23}{15}$ ③ $-\dfrac{17}{15}$
④ $\dfrac{17}{15}$ ⑤ $\dfrac{23}{15}$

유형 059

$\sin^2\theta + \cos^2\theta = 1$을 이용하여 식의 값을 구해 보자!

$\sin(90° - \theta) = \cos\theta$, $\cos(90° - \theta) = \sin\theta$를 이용하여 주어진 식을 $\sin^2\theta + \cos^2\theta = 1$의 형태로 정리하여 식의 값을 구한다.

305 BOB 대표

$0 < \theta < \dfrac{\pi}{4}$일 때,

$$\cos^2\left(\dfrac{\pi}{4} + \theta\right) + \cos^2\left(\dfrac{\pi}{4} - \theta\right)$$

의 값은?

① 0 ② $\dfrac{1}{3}$ ③ $\dfrac{1}{2}$
④ 1 ⑤ 2

306 중

$\sin^2 10° + \sin^2 20° + \sin^2 30° + \cdots + \sin^2 80°$의 값은?

① 1 ② 2 ③ 3
④ 4 ⑤ 5

307 상

$\cos^2 1° + \cos^2 2° + \cos^2 3° + \cdots + \cos^2 88° + \cos^2 89°$의 값을 구하여라.

308

동경 OP가 나타내는 각 θ의 크기 중 하나가 $-200°$일 때, $-450° < \theta < 720°$를 만족시키는 각 θ의 개수는?

① 2   ② 3   ③ 4
④ 5   ⑤ 6

309

오른쪽 그림은 반지름의 길이가 6인 원에서 중심각의 크기가 40°인 부채꼴을 잘라내고 남은 부채꼴이다. 이 부채꼴의 넓이는?

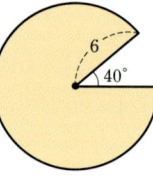

① 24π ② 28π
③ 32π ④ 36π
⑤ 40π

310

반지름의 길이가 3이고 중심각의 크기가 θ인 부채꼴의 넓이를 S라 하자. 반지름의 길이가 $\dfrac{3}{2}$이고 넓이가 $\dfrac{1}{2}S$인 부채꼴의 중심각의 크기는? (단, $0 < \theta < \pi$)

① $\dfrac{\theta}{4}$ ② $\dfrac{\theta}{2}$ ③ θ
④ $\dfrac{3}{2}\theta$ ⑤ 2θ

311

 보충 설명

각 θ를 나타내는 동경과 각 7θ를 나타내는 동경이 x축에 대하여 대칭일 때, $\sin(\theta - \pi)$의 값은? $\left(\text{단, } \pi < \theta < \dfrac{3}{2}\pi\right)$

① -1 ② $-\dfrac{\sqrt{2}}{2}$ ③ $\dfrac{1}{2}$
④ $\dfrac{\sqrt{2}}{2}$ ⑤ $\dfrac{\sqrt{3}}{2}$

312

직선 $x + 3y = 0$이 x축의 양의 방향과 이루는 각의 크기를 θ라 할 때, $\sin\theta + \cos\theta$의 값은?

① $-\dfrac{\sqrt{10}}{5}$ ② $\dfrac{\sqrt{10}}{5}$ ③ $\dfrac{3\sqrt{10}}{5}$
④ $\sqrt{10}$ ⑤ $\dfrac{7\sqrt{10}}{5}$

313

제2사분면의 각 θ에 대하여 〈보기〉에서 옳은 것만을 있는 대로 고른 것은?

> **보기**
>
> ㄱ. $\sqrt{\sin\theta}\,\sqrt{\cos\theta} = -\sqrt{\sin\theta\cos\theta}$
> ㄴ. $\dfrac{\sqrt{\sin\theta}}{\sqrt{\cos\theta}} = -\sqrt{\dfrac{\sin\theta}{\cos\theta}}$
> ㄷ. $\dfrac{\sqrt{\cos\theta}}{\sqrt{\sin\theta}} = \sqrt{\dfrac{\cos\theta}{\sin\theta}}$

① ㄱ   ② ㄴ   ③ ㄷ
④ ㄱ, ㄴ   ⑤ ㄴ, ㄷ

314

$\dfrac{3}{2}\pi < \theta < 2\pi$일 때,

$$\left|\sin\theta - \dfrac{1}{2}\right| - \sqrt{\left(\cos\theta + \dfrac{1}{2}\right)^2} + |\sin\theta - \cos\theta|$$

를 간단히 하면?

① $-2\sin\theta$ ② $2\cos\theta$ ③ $-2\sin\theta + 1$
④ $2\cos\theta - 1$ ⑤ $-2\sin\theta + 2\cos\theta$

315

$0 < \theta < 2\pi$인 각 θ에 대하여 부등식

$$\sin\theta\tan\theta > 0, \quad \cos\theta\tan\theta < 0$$

을 동시에 만족시키는 θ의 크기의 범위는 $a < \theta < b$이다. $a + b$의 값은?

① $\dfrac{\pi}{2}$ ② $\dfrac{3}{2}\pi$ ③ 2π
④ $\dfrac{5}{2}\pi$ ⑤ $\dfrac{7}{2}\pi$

316

$\dfrac{1-\tan\theta}{1+\tan\theta}=2-\sqrt{3}$일 때, $\dfrac{1}{\cos^2\theta}-\dfrac{1}{\sin^2\theta}$의 값을 구하여라.

317

원점 O와 점 $P(-8, 6)$을 지나는 동경 OP가 나타내는 각의 크기를 θ라 할 때, $\sin\theta$, $\cos\theta$를 두 근으로 하는 이차방정식은 $ax^2+5x+b=0$이다. 상수 a, b의 합 $a+b$의 값은?

① 11   ② 13   ③ 15
④ 17   ⑤ 19

318

이차방정식 $4x^2-x+a=0$의 두 근이 $\sin\theta$, $\cos\theta$일 때, $\tan\theta$와 $\dfrac{1}{\tan\theta}$을 두 근으로 하고 x^2의 계수가 15인 이차방정식을 구하여라. (단, a는 상수이다.)

319

$\dfrac{\sin\left(\dfrac{3}{2}\pi-\theta\right)}{\sin^2\left(\dfrac{\pi}{2}+\theta\right)\cos(\pi+\theta)}+\dfrac{\cos(\pi-\theta)\tan^2(\pi-\theta)}{\sin\left(\dfrac{\pi}{2}-\theta\right)}$를 간단히 하면?

① -2 ② -1 ③ 0
④ 1   ⑤ 2

320

삼각형 ABC에서 $\cos\dfrac{C}{2}=\dfrac{1}{3}$일 때,

$$\sin\frac{A+B+\pi}{2}+\cos\frac{A+B-\pi}{2}$$

의 값은?

① $\dfrac{-1-2\sqrt{2}}{3}$ ② $\dfrac{-1-\sqrt{2}}{3}$ ③ $\dfrac{-1+\sqrt{2}}{3}$
④ $\dfrac{1+\sqrt{2}}{3}$ ⑤ $\dfrac{1+2\sqrt{2}}{3}$

321

오른쪽 그림과 같이 좌표평면 위의 단위원을 10등분하여 각 분점을 차례로 P_1, P_2, $\cdots$, P_{10}이라 하자. $P_{10}(1, 0)$, $\angle P_1OP_{10}=\theta$일 때, 다음 중 옳은 것은? (단, O는 원점이다.)

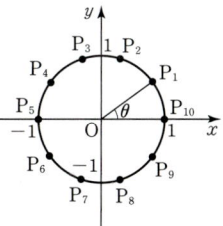

① $\sin\theta+\sin(-5\theta)=0$
② $\cos 2\theta+\cos 4\theta=0$
③ $\sin 2\theta+\sin 7\theta=1$
④ $\cos 4\theta=\cos 6\theta$
⑤ $\sin\theta+\sin 9\theta=1$

322　서술형

둘레의 길이가 16인 부채꼴 중에서 그 넓이가 최대인 것의 중심각의 크기를 구하여라.

323　서술형

오른쪽 그림과 같이 원 $x^2+y^2=4$ 위의 점 $P(a, b)$는 제2사분면 위에 있고, $\overline{OP}$를 동경으로 하는 각의 크기를 θ라 할 때, $\sin\theta=\dfrac{1}{4}$이다. 원 $x^2+y^2=4$ 위의 점 P에서의 접선의 기울기를 구하여라. (단, O는 원점이다.)

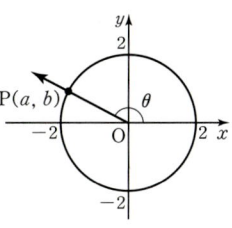

06 삼각함수의 그래프

개념 ① 함수 $y=\sin x$의 그래프 `유형 060~061`

(1) 정의역 : 실수 전체의 집합

(2) 치역 : $\{y \mid -1 \le y \le 1\}$

(3) 주기가 2π인 주기함수이다.

(4) 그래프는 원점에 대하여 대칭이다.

　　즉, $\sin(-x) = -\sin x$

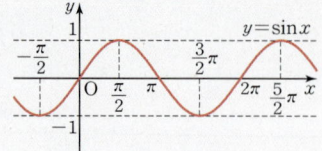

개념 ② 함수 $y=\cos x$의 그래프 `유형 060~061`

(1) 정의역 : 실수 전체의 집합

(2) 치역 : $\{y \mid -1 \le y \le 1\}$

(3) 주기가 2π인 주기함수이다.

(4) 그래프는 y축에 대하여 대칭이다.

　　즉, $\cos(-x) = \cos x$

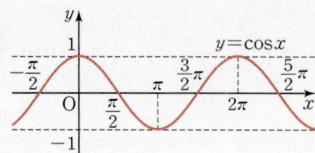

개념 ③ 함수 $y=\tan x$의 그래프 `유형 062`

(1) 정의역 : $x \ne n\pi + \dfrac{\pi}{2}$ (n은 정수)인 실수 전체의 집합

(2) 치역 : 실수 전체의 집합

(3) 주기가 π인 주기함수이다.

(4) 그래프는 원점에 대하여 대칭이다.

　　즉, $\tan(-x) = -\tan x$

(5) 그래프의 점근선은 직선 $x = n\pi + \dfrac{\pi}{2}$ (n은 정수)이다.

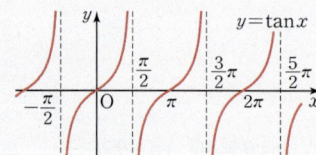

개념 ④ 삼각함수의 최대·최소와 주기 `유형 063~065`

삼각함수	최댓값	최솟값	주기
$y=a\sin(bx+c)+d$	$\lvert a\rvert + d$	$-\lvert a\rvert + d$	$\dfrac{2\pi}{\lvert b\rvert}$
$y=a\cos(bx+c)+d$	$\lvert a\rvert + d$	$-\lvert a\rvert + d$	$\dfrac{2\pi}{\lvert b\rvert}$
$y=a\tan(bx+c)+d$	없다.	없다.	$\dfrac{\pi}{\lvert b\rvert}$

개념 ⑤ 삼각함수를 포함한 방정식과 부등식 `유형 066~069`

(1) 삼각방정식의 풀이

　`step 1` 삼각방정식을 $\sin x = a$ (또는 $\cos x = a$, $\tan x = a$)의 꼴로 변형한다.

　`step 2` 함수 $y=\sin x$ (또는 $y=\cos x$, $y=\tan x$)의 그래프와 직선 $y=a$의 교점의 x좌표를 구한다.

(2) 삼각부등식의 풀이

　`step 1` 부등호를 등호로 바꾸어 삼각방정식을 푼다.

　`step 2` 삼각함수의 그래프를 이용하여 주어진 부등식을 만족시키는 미지수의 값의 범위를 구한다.

＋ 개념 plus

◆ 함수 $f(x)$의 정의역에 속하는 모든 실수 x에 대하여 $f(x+p)=f(x)$를 만족시키는 0이 아닌 실수 p가 존재할 때, 함수 $f(x)$를 주기함수라 하고, 상수 p의 값 중 가장 작은 양수를 그 함수의 주기라 한다.

◆ 함수 $y=\cos x$의 그래프는 함수 $y=\sin x$의 그래프를 x축의 방향으로 $-\dfrac{\pi}{2}$만큼 평행이동한 것과 같다.

　➡ $\sin\left(x+\dfrac{\pi}{2}\right)=\cos x$

◆ 함수 $y=\sin x$, $y=\tan x$는 기함수이고, 함수 $y=\cos x$는 우함수이다.

◆ $y=a\sin(bx+c)+d$
　$=a\sin b\left(x+\dfrac{c}{b}\right)+d$
　의 그래프는 $y=a\sin bx$의 그래프를 x축의 방향으로 $-\dfrac{c}{b}$만큼, y축의 방향으로 d만큼 평행이동한 것이다.

◆ 방정식 $f(x)=g(x)$의 실근은 두 함수 $y=f(x)$, $y=g(x)$의 그래프의 교점의 x좌표이다.

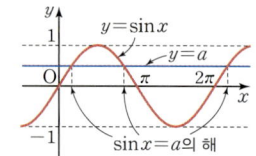

개념 콕콕

1 함수 $y=\sin x$의 성질

324
함수 $y=\sin x$에 대하여 ☐ 안에 알맞은 것을 써넣어라.

(1) 정의역은 [　　　　]이다.

(2) 치역은 [　　　　]이다.

(3) 주기는 [　　　]이다.

(4) 그래프는 [　　　]에 대하여 대칭이다.

325
다음 함수의 그래프를 그리고, 치역과 주기를 각각 구하여라.

(1) $y=\sin 2x$

(2) $y=2\sin x$

(3) $y=3\sin\left(x-\dfrac{\pi}{2}\right)$

(4) $y=\dfrac{1}{3}\sin(2x-\pi)$

2 함수 $y=\cos x$의 성질

326
함수 $y=\cos x$에 대하여 ☐ 안에 알맞은 것을 써넣어라.

(1) 정의역은 [　　　　]이다.

(2) 치역은 [　　　　]이다.

(3) 주기는 [　　　]이다.

(4) 그래프는 [　　　]에 대하여 대칭이다.

327
다음 함수의 그래프를 그리고, 치역과 주기를 각각 구하여라.

(1) $y=\cos\dfrac{x}{2}$

(2) $y=3\cos x$

(3) $y=2\cos\left(x+\dfrac{\pi}{2}\right)$

(4) $y=\cos\left(2x-\dfrac{\pi}{2}\right)$

3 함수 $y=\tan x$의 성질

328
함수 $y=\tan x$에 대하여 ☐ 안에 알맞은 것을 써넣어라.

(1) 정의역은 [　　　　]를 제외한 실수 전체의 집합이다.

(2) 치역은 [　　　　]이다.

(3) 주기는 [　　　]이다.

(4) 그래프는 [　　　]에 대하여 대칭이다.

329
다음 함수의 그래프를 그리고, 치역과 주기를 각각 구하여라.

(1) $y=\tan\dfrac{x}{2}$

(2) $y=\dfrac{1}{3}\tan 4x$

(3) $y=\tan 2x+2$

(4) $y=2\tan\left(x+\dfrac{\pi}{2}\right)+1$

● 개념 콕콕 ●

4 삼각함수의 최대·최소와 주기

330
다음 함수의 최댓값, 최솟값, 주기를 각각 구하여라.

(1) $y = \sin\left(2x - \dfrac{\pi}{3}\right)$

(2) $y = 2\cos\left(4x - \dfrac{\pi}{3}\right) + 1$

(3) $y = \tan 3x - 1$

331
다음 함수의 주기를 구하여라.

(1) $y = |\sin x|$

(2) $y = |\cos x|$

(3) $y = |\tan x|$

5 삼각방정식

332
다음 방정식을 풀어라. (단, $0 \le x < 2\pi$)

(1) $\sin x = \dfrac{1}{2}$

(2) $\cos x = \dfrac{\sqrt{3}}{2}$

(3) $\tan x = 1$

333
다음 방정식을 풀어라. (단, $0 \le x < 2\pi$)

(1) $\sin 2x = \dfrac{1}{2}$

(2) $\cos \dfrac{x}{2} = \dfrac{\sqrt{2}}{2}$

(3) $\tan \dfrac{3}{2}x = \sqrt{3}$

334
다음 방정식을 풀어라. (단, $0 \le x < 2\pi$)

(1) $\sin\left(x - \dfrac{\pi}{4}\right) = -\dfrac{1}{2}$

(2) $\cos\left(x + \dfrac{\pi}{3}\right) = \dfrac{\sqrt{3}}{2}$

(3) $\tan\left(x + \dfrac{\pi}{6}\right) = 1$

6 삼각부등식

335
다음 부등식을 풀어라. (단, $0 \le x < 2\pi$)

(1) $\sin x < -\dfrac{\sqrt{2}}{2}$

(2) $2\cos x \ge 1$

(3) $\tan x > 1$

336
다음 부등식을 풀어라. (단, $0 \le x < 2\pi$)

(1) $\dfrac{1}{2} < \sin x < \dfrac{\sqrt{3}}{2}$

(2) $-\dfrac{1}{2} \le \cos x \le \dfrac{1}{2}$

(3) $1 \le \tan x < \sqrt{3}$

유형 콕콕

$y=a\sin bx$의 그래프는 $y=\sin x$의 그래프를 x축, y축의 방향으로 확대 또는 축소한 것이다!

$y=a\sin bx$ (또는 $y=a\cos bx$)의 그래프는 $y=\sin x$ (또는 $y=\cos x$)의 그래프를 x축의 방향으로 $\left|\dfrac{1}{b}\right|$배, y축의 방향으로 $|a|$배한 것이다.

➡ 최댓값 : $|a|$, 최솟값 : $-|a|$, 주기 : $\dfrac{2\pi}{|b|}$

337 BOB 대표

다음 중 함수 $y=\sin 3x$에 대한 설명으로 옳지 <u>않은</u> 것은?

① 최댓값은 1이다.
② 최솟값은 -1이다.
③ 주기는 $\dfrac{2}{3}\pi$이다.
④ 그래프는 원점에 대하여 대칭이다.
⑤ 그래프는 $y=\sin x$의 그래프를 x축의 방향으로 3배한 것이다.

338 하

〈보기〉에서 함수 $f(x)=3\cos\dfrac{x}{2}$에 대한 설명으로 옳은 것만을 있는 대로 골라라.

보기
ㄱ. 주기는 4π이다.
ㄴ. 최댓값은 3이다.
ㄷ. $y=f(x)$의 그래프는 원점에 대하여 대칭이다.

339 중

함수 $f(x)$가 다음 조건을 모두 만족시킬 때, $f(5)$의 값은?

㈎ 모든 실수 x에 대하여 $f(x-2)=f(x)$
㈏ $-1\le x\le 1$일 때, $f(x)=\sin\pi x$

① -1
② $-\dfrac{1}{2}$
③ 0
④ $\dfrac{1}{2}$
⑤ 1

$y=a\sin(bx+c)+d$의 그래프는 $y=a\sin x$의 그래프를 평행이동한 것이다!

$y=a\sin(bx+c)+d$ (또는 $y=a\cos(bx+c)+d$)의 그래프는 $y=a\sin bx$ (또는 $y=a\cos bx$)의 그래프를 x축의 방향으로 $-\dfrac{c}{b}$만큼, y축의 방향으로 d만큼 평행이동한 것이다.

➡ 최댓값 : $|a|+d$, 최솟값 : $-|a|+d$, 주기 : $\dfrac{2\pi}{|b|}$

340 BOB 대표

다음 중 함수 $f(x)=3\sin\left(2x+\dfrac{\pi}{4}\right)+1$에 대한 설명으로 옳은 것은?

① 주기는 $\dfrac{\pi}{2}$이다.
② $f\left(\dfrac{3}{8}\pi\right)=-1$
③ 최댓값은 4, 최솟값은 2이다.
④ 그래프는 함수 $y=3\sin 2x$의 그래프를 x축의 방향으로 $\dfrac{\pi}{8}$만큼, y축의 방향으로 1만큼 평행이동한 것이다.
⑤ 그래프는 점 $\left(-\dfrac{\pi}{8},\ 1\right)$에 대하여 대칭이다.

341 하

함수 $y=-\dfrac{1}{2}\cos\left(\dfrac{\pi}{2}x-\dfrac{\pi}{6}\right)+1$의 최댓값을 M, 최솟값을 m, 주기를 p라 할 때, Mmp의 값을 구하여라.

342 중

〈보기〉에서 함수 $f(x)=3\cos 2\left(x-\dfrac{\pi}{2}\right)-1$에 대한 설명으로 옳은 것만을 있는 대로 골라라.

보기
ㄱ. 모든 실수 x에 대하여 $f(x+\pi)=f(x)$이다.
ㄴ. 최댓값은 2, 최솟값은 -4이다.
ㄷ. $y=f(x)$의 그래프를 x축의 방향으로 $\dfrac{\pi}{2}$만큼 평행이동하면 $y=-3\cos 2x-1$의 그래프와 일치한다.

유형 062

$y=a\tan(bx+c)+d$의 그래프는 $y=a\tan bx$의 그래프를 평행이동한 것이다!

(1) $y=a\tan bx$의 그래프는 $y=\tan x$의 그래프를 x축의 방향으로 $\left|\dfrac{1}{b}\right|$배, y축의 방향으로 $|a|$배한 것이다.

➡ 최댓값, 최솟값 : 없다, 주기 : $\dfrac{\pi}{|b|}$

점근선의 방정식 : $x=\dfrac{n}{b}\pi+\dfrac{\pi}{2b}$ (단, n은 정수)

(2) $y=a\tan(bx+c)+d$의 그래프는 $y=a\tan bx$의 그래프를 x축의 방향으로 $-\dfrac{c}{b}$만큼, y축의 방향으로 d만큼 평행이동한 것이다.

➡ 최댓값, 최솟값 : 없다, 주기 : $\dfrac{\pi}{|b|}$

343 BOB 대표

다음 중 함수 $y=\tan 2x$에 대한 설명으로 옳지 <u>않은</u> 것은?

① 주기는 $\dfrac{\pi}{2}$이다.

② 그래프의 점근선의 방정식은 $x=\dfrac{n}{2}\pi+\dfrac{\pi}{4}$ (n은 정수)이다.

③ 그래프는 원점에 대하여 대칭이다.

④ 정의역은 $x\neq n\pi+\dfrac{\pi}{4}$ (n은 정수)인 실수 전체의 집합이다.

⑤ 치역은 실수 전체의 집합이다.

344 중

함수 $y=2\tan\left(\pi x+\dfrac{\pi}{4}\right)$의 주기가 p, 점근선의 방정식이 $x=n+q$ (n은 정수)일 때, $p+q$의 값은?

① $\dfrac{1}{4}$ ② $\dfrac{1}{2}$ ③ $\dfrac{3}{4}$

④ 1 ⑤ $\dfrac{5}{4}$

345 중

다음은 함수 $y=3\tan\left(2x-\dfrac{\pi}{3}\right)-1$에 대한 설명이다. (가)~(라)에 알맞은 것을 써넣어라.

- 주기는 (가) 이다.
- 그래프는 $y=3\tan 2x$의 그래프를 x축의 방향으로 (나) 만큼, y축의 방향으로 (다) 만큼 평행이동한 것이다.
- 그래프의 점근선의 방정식은 (라) 이다.

유형 063

삼각함수의 미정계수를 구할 때에는 최댓값, 최솟값, 주기, 평행이동을 이용하자!

(1) $y=a\sin bx+c$ (또는 $y=a\cos bx+c$)에서
➡ a, c : 최댓값, 최솟값 또는 함숫값을 이용하여 결정
   b : 주기를 이용하여 결정

(2) $y=a\tan bx+c$에서
➡ a, c : 함숫값을 이용하여 결정
   b : 주기를 이용하여 결정

346 BOB 대표

오른쪽 그림은 함수 $y=a\cos(bx-c)$의 그래프이다. 상수 a, b, c의 곱 abc의 값은?
(단, $a>0$, $b>0$, $0<c<\pi$)

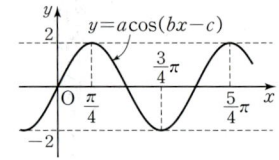

① $\dfrac{\pi}{4}$ ② $\dfrac{\pi}{2}$ ③ π

④ $\dfrac{3}{2}\pi$ ⑤ 2π

347 하

함수 $f(x)=a\tan bx$ ($b>0$)의 주기는 $\dfrac{\pi}{2}$이고 $f\left(\dfrac{\pi}{8}\right)=4$일 때, 상수 a, b의 합 $a+b$의 값은?

① 5 ② 6 ③ 7

④ 8 ⑤ 9

348 중

함수 $f(x)=a\sin bx+c$가 다음 조건을 모두 만족시킬 때, 상수 a, b, c의 합 $a+b+c$의 값을 구하여라. (단, $a>0$, $b>0$)

(가) $f\left(\dfrac{\pi}{12}\right)=\dfrac{5}{2}$

(나) $f(x)$의 최솟값은 -2이다.

(다) 모든 실수 x에 대하여 $f(x+p)=f(x)$를 만족시키는 양수 p의 최솟값은 π이다.

유형 064 절댓값 기호를 포함한 삼각함수의 최댓값, 최솟값, 주기를 구할 때에는 그래프를 이용하자!

(1) $y=f(|x|)$의 그래프
　➡ $y=f(x)$의 그래프에서 $x \geq 0$인 부분만 그린 후 y축에 대하여 대칭이동한다.
(2) $y=|f(x)|$의 그래프
　➡ $y=f(x)$의 그래프에서 $y \geq 0$인 부분은 그대로 두고 $y<0$인 부분을 x축에 대하여 대칭이동한다.

349 BOB 대표

다음 중 함수 $y=\sin|x|$에 대한 설명으로 옳은 것은?

① 주기는 2π이다.
② 최댓값은 1이다.
③ 최솟값은 0이다.
④ 그래프는 점 $\left(\dfrac{3}{2}\pi, 1\right)$을 지난다.
⑤ 그래프는 원점에 대하여 대칭이다.

350 중

〈보기〉에서 두 함수의 그래프가 일치하는 것만을 있는 대로 고른 것은?

보기
ㄱ. $y=\sin|x|$, $y=|\sin x|$
ㄴ. $y=\cos x$, $y=\cos|x|$
ㄷ. $y=\left|\sin\left(x-\dfrac{\pi}{2}\right)\right|$, $y=|\cos(x-\pi)|$

① ㄱ
② ㄴ
③ ㄷ
④ ㄱ, ㄴ
⑤ ㄴ, ㄷ

351 중

함수 $y=|\tan ax|$의 주기와 함수 $y=3\sin 2x$의 주기가 같을 때, 양수 a의 값을 구하여라.

유형 065 삼각함수를 포함한 식의 최대·최소는 먼저 한 종류의 삼각함수로 통일하자!

삼각함수를 포함한 식의 최대·최소는 다음과 같은 방법으로 구한다.

step1 삼각함수 사이의 관계를 이용하여 한 종류의 삼각함수로 통일한다.
step2 삼각함수를 t로 치환한다.
step3 t의 값의 범위를 구한다.
step4 그래프를 이용하여 t의 값의 범위에서 최댓값과 최솟값을 구한다.

352 BOB 대표

함수 $y=1-4\cos^2 x-4\sin x$의 최댓값을 M, 최솟값을 m이라 할 때, $M+m$의 값은?

① -2
② -1
③ 0
④ 1
⑤ 2

353 중

함수 $y=\sin^2 x-6\cos x+k$의 최댓값이 4일 때, 상수 k의 값은?

① -4
② -2
③ 0
④ 2
⑤ 4

354 중 다른 풀이

함수 $y=|2-3\sin x|-1$의 최댓값을 M, 최솟값을 m이라 할 때, $M+m$의 값은?

① 1
② $\dfrac{3}{2}$
③ 2
④ $\dfrac{5}{2}$
⑤ 3

유형 066 삼각방정식은 그래프를 이용하여 교점의 좌표를 구한다!

일차식의 꼴로 주어진 삼각방정식의 해는 다음과 같은 방법으로 구한다.

step 1 주어진 방정식을 $\sin x = k$
(또는 $\cos x = k$, $\tan x = k$)의 꼴로 변형한다.

step 2 함수 $y = \sin x$(또는 $y = \cos x$, $y = \tan x$)의 그래프와 직선 $y = k$의 교점의 x좌표를 구한다.

355 **BOB** 대표

$0 \le x < \pi$일 때, 방정식 $\cos\left(2x - \dfrac{\pi}{3}\right) = -\dfrac{\sqrt{3}}{2}$의 모든 근의 합은?

① $\dfrac{4}{3}\pi$ ② $\dfrac{5}{3}\pi$ ③ 2π

④ $\dfrac{7}{3}\pi$ ⑤ $\dfrac{8}{3}\pi$

356 하

$0 \le x < 2\pi$일 때, 방정식 $\tan\dfrac{1}{2}x = \dfrac{1}{\sqrt{3}}$을 풀면?

① $\dfrac{\pi}{4}$ ② $\dfrac{\pi}{3}$ ③ $\dfrac{\pi}{2}$

④ $\dfrac{2}{3}\pi$ ⑤ $\dfrac{3}{4}\pi$

357 중

$0 \le x < 2\pi$일 때, 방정식 $\sin x = \cos x$의 모든 근의 합을 구하여라.

유형 067 이차식 꼴의 삼각방정식은 먼저 한 종류의 삼각함수로 통일하자!

이차식의 꼴로 주어진 삼각방정식의 해는 다음과 같은 방법으로 구한다.

step 1 삼각함수 사이의 관계를 이용하여 한 종류의 삼각함수로 통일한다.

step 2 삼각함수를 t로 치환하여 t에 대한 이차방정식으로 변형한다.

step 3 **step 2** 의 해를 구한 다음 치환한 식에 대입하여 x의 값을 구한다.

358 **BOB** 대표

$0 \le x < 2\pi$일 때, 방정식 $2\cos^2 x - \sin x - 1 = 0$의 모든 근의 합은?

① 2π ② $\dfrac{5}{2}\pi$ ③ 3π

④ $\dfrac{7}{2}\pi$ ⑤ 4π

359 중

$0 < x < \pi$일 때, 방정식 $\tan x + \dfrac{\sqrt{3}}{\tan x} = 1 + \sqrt{3}$의 모든 근의 합은?

① $\dfrac{5}{12}\pi$ ② $\dfrac{\pi}{2}$ ③ $\dfrac{7}{12}\pi$

④ $\dfrac{2}{3}\pi$ ⑤ $\dfrac{3}{4}\pi$

360 중

$0 \le x < \pi$일 때, 방정식 $\cos^2 x - 1 = \sin x \cos x$의 모든 근의 합을 구하여라.

068 삼각방정식의 실근의 개수는 두 그래프의 교점의 개수이다!

방정식 $f(x)=g(x)$의 실근의 개수
➡ 두 함수 $y=f(x)$, $y=g(x)$의 그래프의 교점의 개수와 같다.

361 BOB 대표

방정식 $3\cos\dfrac{\pi}{2}x=\dfrac{3}{5}x$의 실근의 개수는?

① 3   ② 4   ③ 5
④ 6   ⑤ 7

362 중

방정식 $\sin\pi x=\dfrac{1}{2}x$의 실근의 개수는?

① 1   ② 3   ③ 5
④ 7   ⑤ 9

363 중

$-2\pi \leq x \leq 2\pi$일 때, 방정식 $x\sin x=1$의 실근의 개수를 구하여라.

069 삼각부등식은 그래프를 이용하여 범위를 구한다!

(1) 삼각부등식이 일차식의 꼴인 경우
　① $\sin x>k$ (또는 $\cos x>k$, $\tan x>k$)
　　➡ $y=\sin x$ (또는 $y=\cos x$, $y=\tan x$)의 그래프가 직선 $y=k$보다 위쪽에 있는 x의 값의 범위를 구한다.
　② $\sin x<k$ (또는 $\cos x<k$, $\tan x<k$)
　　➡ $y=\sin x$ (또는 $y=\cos x$, $y=\tan x$)의 그래프가 직선 $y=k$보다 아래쪽에 있는 x의 값의 범위를 구한다.
(2) 삼각부등식이 이차식의 꼴인 경우
　삼각함수 사이의 관계를 이용하여 한 종류의 삼각함수에 대한 삼각부등식으로 고친 후 해를 구한다.

364 BOB 대표

$0 \leq x < 2\pi$일 때, 부등식 $\sin\left(x-\dfrac{\pi}{6}\right) \geq \dfrac{1}{2}$을 풀면?

① $\dfrac{\pi}{6} \leq x \leq \dfrac{2}{3}\pi$ ② $\dfrac{\pi}{3} \leq x \leq \dfrac{2}{3}\pi$

③ $\dfrac{\pi}{3} \leq x \leq \pi$ ④ $\dfrac{\pi}{2} \leq x \leq \dfrac{5}{6}\pi$

⑤ $\dfrac{\pi}{2} \leq x \leq \dfrac{7}{6}\pi$

365 중

$0 \leq x \leq 2\pi$일 때, 부등식 $2\cos^2\left(x-\dfrac{\pi}{3}\right)-1 \geq \cos\left(x-\dfrac{\pi}{3}\right)$의 해를 구하여라.

366 중

모든 실수 x에 대하여 부등식 $x^2+4(\sin\theta+1)x+1>0$이 성립하도록 하는 θ의 크기의 범위가 $\alpha<\theta<\beta$이다. $\alpha+\beta$의 값은?
(단, $0 \leq \theta < 2\pi$)

① π ② 2π ③ 3π
④ 4π ⑤ 5π

367

$0 \le x \le 4\pi$에서 함수 $y = \tan\left(\dfrac{1}{2}x - \dfrac{\pi}{4}\right)$의 그래프와 직선 $x = k$가 만나지 않도록 하는 모든 실수 k의 값의 합은? ($0 \le k \le 4\pi$)

① $\dfrac{7}{2}\pi$ ② 4π ③ $\dfrac{9}{2}\pi$

④ 5π ⑤ $\dfrac{11}{2}\pi$

368

함수 $y = a\sin(bx - 1)$의 최댓값은 4이고 주기는 $\dfrac{\pi}{3}$일 때, 상수 a, b의 합 $a + b$의 값은? (단, $a > 0$, $b > 0$)

① 4 ② 6 ③ 8

④ 10 ⑤ 12

369

오른쪽 그림은 함수 $y = a\sin bx + c$의 그래프이다. 상수 a, b, c에 대하여 $ac + b$의 값은? (단, $a > 0$, $b > 0$)

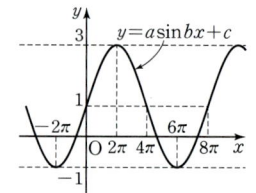

① $\dfrac{9}{4}$ ② $\dfrac{5}{2}$

③ $\dfrac{11}{4}$ ④ 3

⑤ $\dfrac{13}{4}$

370

함수 $y = \tan(ax - b)$의 그래프가 오른쪽 그림과 같을 때, 상수 a, b의 곱 ab의 값은? (단, $a > 0$, $0 < b < \pi$)

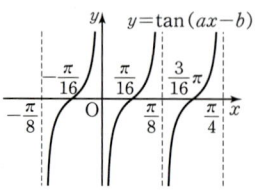

① 2π ② 4π

③ 8π ④ 16π

⑤ 32π

371

함수 $f(x) = 2\cos(\pi - ax) + b$의 주기는 π이고 $f\left(\dfrac{\pi}{2}\right) = 4$일 때, 상수 a, b의 곱 ab의 값은? (단, $a > 0$)

① 2 ② 4 ③ 6

④ 8 ⑤ 10

372

함수 $f(x) = 2\cos\left(\dfrac{2}{3}\pi x - a\right) + 1$에 대하여 $y = f(x)$의 그래프가 오른쪽 그림과 같을 때, 〈보기〉에서 옳은 것만을 있는 대로 고른 것은? (단, $0 < a < \pi$)

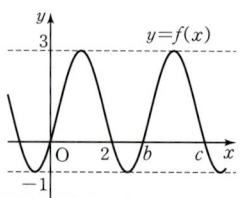

보기

ㄱ. $f(x)$의 주기는 3이다.

ㄴ. $b + c = 8$

ㄷ. $y = f(x)$의 그래프는 $y = 2\cos\dfrac{2}{3}\pi x + 1$의 그래프를 x축의 방향으로 $\dfrac{1}{2}$만큼 평행이동한 것이다.

① ㄱ ② ㄴ ③ ㄱ, ㄴ

④ ㄴ, ㄷ ⑤ ㄱ, ㄴ, ㄷ

373

함수 $y = 3\cos\dfrac{\pi}{2}x$의 그래프를 x축의 방향으로 p만큼, y축의 방향으로 q만큼 평행이동한 함수 $y = f(x)$의 그래프가 오른쪽 그림과 같을 때, pq의 값을 구하여라.

(단, $0 < p < 1$)

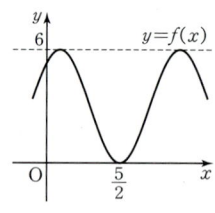

374

함수 $f(x) = a|\cos bx| + c$의 주기가 $\dfrac{\pi}{3}$, 최댓값이 6, $f\left(\dfrac{\pi}{6}\right) = 1$일 때, 상수 a, b, c에 대하여 $a + b - c$의 값을 구하여라.

(단, $a > 0$, $b > 0$)

375

함수 $y=\sin^2\left(\dfrac{\pi}{2}+\theta\right)+2\sin^2\theta-\cos(\pi-\theta)$의 최댓값을 M, 최솟값을 m이라 할 때, $M+m$의 값은?

① $\dfrac{5}{4}$ ② $\dfrac{3}{2}$ ③ $\dfrac{7}{4}$

④ 2 ⑤ $\dfrac{9}{4}$

376

$0\le x<4\pi$에서 방정식 $\sin\dfrac{1}{2}x=k$의 한 근이 $\dfrac{24}{11}\pi$일 때, 다른 한 근은 $\dfrac{n}{11}\pi$이다. 자연수 n의 값은? (단, k는 상수이다.)

① 36 ② 38 ③ 40

④ 42 ⑤ 44

377

$0\le x<3\pi$에서 방정식 $4\sin^2 x-9\sin x+2=0$의 서로 다른 네 실근을 작은 것부터 차례대로 α, β, γ, δ라 할 때, $\alpha+\beta+\gamma+\delta$의 값은?

① 4π ② 5π ③ 6π

④ 7π ⑤ 8π

378

x에 대한 이차방정식 $x^2-2\sqrt{2}x\sin\theta+3\cos\theta=0$이 중근을 갖도록 하는 모든 θ의 크기의 합은? (단, $0\le\theta<2\pi$)

① $\dfrac{3}{2}\pi$ ② 2π ③ $\dfrac{5}{2}\pi$

④ 3π ⑤ $\dfrac{7}{2}\pi$

379

방정식 $\sin|x|=\left|\dfrac{1}{2}x\right|$의 실근의 개수는?

① 1 ② 2 ③ 3

④ 4 ⑤ 5

380

x에 대한 이차방정식 $x^2-2x\cos\theta-2\cos\theta=0$이 허근을 갖도록 하는 θ의 크기의 범위는 $\alpha<\theta<\beta$이다. $\alpha+\beta$의 값은? (단, $0\le\theta<2\pi$)

① $\dfrac{\pi}{2}$ ② π ③ $\dfrac{3}{2}\pi$

④ 2π ⑤ $\dfrac{5}{2}\pi$

381 서술형

함수 $y=-a\cos^2 x+a\sin x+b$의 최댓값이 5, 최솟값이 -4일 때, 상수 a, b의 곱 ab의 값을 구하여라. (단, $a>0$)

382 서술형

모든 실수 x에 대하여 부등식 $x^2-2(2\cos\theta-1)x+4>0$이 성립하도록 하는 θ의 크기의 범위를 구하여라. (단, $0\le\theta<2\pi$)

개념 plus

개념 ① 사인법칙 · 유형 070~072

삼각형 ABC의 외접원의 반지름의 길이를 R라 하면

(1) 사인법칙

$$\frac{a}{\sin A}=\frac{b}{\sin B}=\frac{c}{\sin C}=2R$$

(2) 사인법칙의 변형

① $\sin A=\dfrac{a}{2R}$, $\sin B=\dfrac{b}{2R}$, $\sin C=\dfrac{c}{2R}$

② $a=2R\sin A$, $b=2R\sin B$, $c=2R\sin C$

③ $a:b:c=\sin A:\sin B:\sin C$

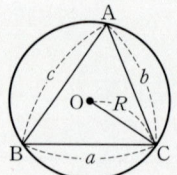

➕ 삼각형 ABC에서 세 각 ∠A, ∠B, ∠C의 크기를 각각 A, B, C로 나타내고, 이들의 대변 BC, CA, AB의 길이를 각각 a, b, c로 나타내기로 한다.

➕ 삼각형 ABC에서 사인법칙에 의하여 $a=2R\sin A$, $b=2R\sin B$, $c=2R\sin C$ 이므로 $a:b:c=\sin A:\sin B:\sin C$가 성립한다.

개념 ② 코사인법칙 · 유형 073~074

삼각형 ABC에서

(1) 코사인법칙

$$a^2=b^2+c^2-2bc\cos A,\quad b^2=c^2+a^2-2ca\cos B,\quad c^2=a^2+b^2-2ab\cos C$$

(2) 코사인법칙의 변형

$$\cos A=\frac{b^2+c^2-a^2}{2bc},\quad \cos B=\frac{c^2+a^2-b^2}{2ca},\quad \cos C=\frac{a^2+b^2-c^2}{2ab}$$

개념 ③ 삼각형의 넓이 · 유형 075~076

(1) 두 변의 길이와 그 끼인각의 크기가 주어진 삼각형 ABC의 넓이 S는

$$S=\frac{1}{2}ab\sin C=\frac{1}{2}bc\sin A=\frac{1}{2}ca\sin B$$

(2) 세 변의 길이 또는 세 각의 크기와 외접원의 반지름의 길이 R가 주어진 삼각형 ABC의 넓이 S는

$$S=\frac{abc}{4R}=2R^2\sin A\sin B\sin C$$

(3) 세 변의 길이와 내접원의 반지름의 길이 r가 주어진 삼각형 ABC의 넓이 S는

$$S=\triangle\text{IBC}+\triangle\text{ICA}+\triangle\text{IAB}$$
$$=\frac{1}{2}ar+\frac{1}{2}br+\frac{1}{2}cr=\frac{1}{2}r(a+b+c)$$

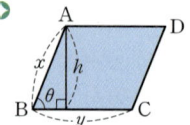

(4) 헤론의 공식 : 세 변의 길이가 주어진 삼각형 ABC의 넓이 S는

$$S=\sqrt{s(s-a)(s-b)(s-c)}\left(\text{단, } s=\frac{a+b+c}{2}\right)$$

➕ $\sin A=\dfrac{a}{2R}$이므로

$$S=\frac{1}{2}bc\sin A=\frac{1}{2}bc\times\frac{a}{2R}=\frac{abc}{4R}$$

개념 ④ 사각형의 넓이 · 유형 077

(1) 평행사변형 ABCD에서 이웃하는 두 변의 길이가 x, y이고 그 끼인각의 크기가 θ일 때, 사각형 ABCD의 넓이 S는

$$S=xy\sin\theta$$

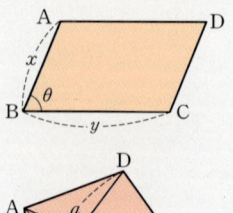

(2) 두 대각선의 길이가 a, b이고, 두 대각선이 이루는 각의 크기가 θ인 사각형 ABCD의 넓이 S는

$$S=\frac{1}{2}ab\sin\theta$$

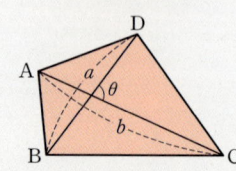

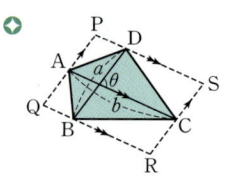

평행사변형의 높이 h는 $h=x\sin\theta$이므로 $S=yh=xy\sin\theta$

$S=\dfrac{1}{2}\square\text{PQRS}=\dfrac{1}{2}ab\sin\theta$

개념 콕콕

1 사인법칙

383

삼각형 ABC에 대하여 다음을 구하여라.

(1) $a=6$, $A=30°$, $C=45°$일 때, c의 값

(2) $c=2$, $B=45°$, $C=60°$일 때, b의 값

(3) $b=12$, $B=120°$, $C=30°$일 때, a의 값

384

삼각형 ABC에 대하여 다음을 구하여라.

(1) $a=2$, $c=2\sqrt{2}$, $C=135°$일 때, $\angle A$의 크기

(2) $a=3\sqrt{3}$, $b=9$, $A=30°$일 때, $\angle B$의 크기

(3) $b=4$, $c=4\sqrt{2}$, $B=30°$일 때, $\angle C$의 크기

385

다음 조건을 만족시키는 삼각형 ABC의 외접원의 반지름의 길이 R의 값을 구하여라.

(1) $a=12$, $A=60°$

(2) $a=3$, $B=60°$, $C=90°$

2 코사인법칙

386

삼각형 ABC에 대하여 다음을 구하여라.

(1) $b=6$, $c=2\sqrt{2}$, $A=45°$일 때, a의 값

(2) $a=5\sqrt{3}$, $c=4$, $B=30°$일 때, b의 값

(3) $a=10$, $b=6$, $C=60°$일 때, c의 값

387

삼각형 ABC에 대하여 다음을 구하여라.

(1) $a=3$, $b=4$, $c=5$일 때, $\cos A$의 값

(2) $a=\sqrt{3}$, $b=\sqrt{21}$, $c=3\sqrt{3}$일 때, $\angle B$의 크기

3 삼각형의 넓이

388

다음 조건을 만족시키는 삼각형 ABC의 넓이를 구하여라.

(1) $a=8$, $c=6$, $B=45°$

(2) $a=4$, $b=3\sqrt{2}$, $C=120°$

389

삼각형 ABC에 대하여 $a=2$, $b=3$, $c=\sqrt{5}$일 때, 다음을 구하여라.

(1) $\cos A$의 값

(2) $\sin A$의 값

(3) 삼각형 ABC의 넓이

390

삼각형 ABC의 세 변의 길이의 합이 18이고, 내접원의 반지름의 길이가 2일 때, 삼각형 ABC의 넓이를 구하여라.

391

다음은 헤론의 공식을 이용하여 세 변의 길이가 5, 6, 7인 삼각형 ABC의 넓이를 구하는 과정이다. (개)~(래)에 알맞은 수를 각각 써넣어라.

헤론의 공식을 적용하면

$$s=\frac{\boxed{(개)}}{2}=\boxed{(나)}$$

따라서 삼각형 ABC의 넓이는

$$\sqrt{s(s-5)\left(s-\boxed{(다)}\right)(s-7)}=\boxed{(래)}$$

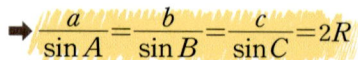

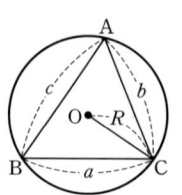

유형 070
한 변의 길이와 두 각의 크기가 주어진 경우 또는 두 변의 길이와 한 각의 크기가 주어진 경우에 **사인법칙**을 이용한다.

삼각형 ABC의 외접원의 반지름의 길이를 R라 하면

$$\to \frac{a}{\sin A} = \frac{b}{\sin B} = \frac{c}{\sin C} = 2R$$

392 BOB 대표
삼각형 ABC에서 $B=30°$, $\overline{AB}=2\sqrt{3}$, $\overline{AC}=2$일 때, $\overline{BC}$의 길이는? (단, $\overline{BC}>3$)

① $\dfrac{7}{2}$　　　② 4　　　③ $\dfrac{9}{2}$

④ 5　　　⑤ $\dfrac{11}{2}$

393 중
삼각형 ABC에서 $\overline{AB}=8$이고 $\cos B=\dfrac{\sqrt{3}}{2}$, $\cos C=\dfrac{\sqrt{3}}{3}$일 때, $\overline{AC}$의 길이는?

① $2\sqrt{6}$　　　② $3\sqrt{6}$　　　③ $4\sqrt{6}$

④ $5\sqrt{6}$　　　⑤ $6\sqrt{6}$

394 중 / 서술형
오른쪽 그림과 같이 $\overline{AB}=4$인 직각이등변삼각형 ABC에서 변 BC의 중점을 D라 할 때, 삼각형 ADC의 외접원의 반지름의 길이를 구하여라.

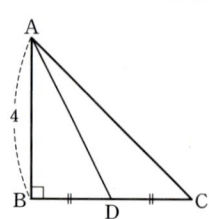

유형 071
사인법칙을 **변형**하여 구하는 식을 유도해 본다!

삼각형 ABC의 외접원의 반지름의 길이를 R라 하면 다음이 성립한다.

(1) $\sin A=\dfrac{a}{2R}$, $\sin B=\dfrac{b}{2R}$, $\sin C=\dfrac{c}{2R}$

(2) $a=2R\sin A$, $b=2R\sin B$, $c=2R\sin C$

(3) $a:b:c=\sin A:\sin B:\sin C$

395 BOB 대표
오른쪽 그림과 같이 반지름의 길이가 4인 원 O에 내접하는 삼각형 ABC에서 $A=75°$, $B=60°$일 때, $\overline{AB}+\overline{AC}$의 값은?

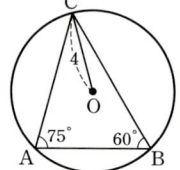

① $\sqrt{2}+\sqrt{3}$　　　② $2(\sqrt{2}+\sqrt{3})$
③ $3(\sqrt{2}+\sqrt{3})$　　　④ $4(\sqrt{2}+\sqrt{3})$
⑤ $5(\sqrt{2}+\sqrt{3})$

396 하
삼각형 ABC의 세 변의 길이의 합이 15이고, 외접원의 반지름의 길이가 5일 때, $\sin A+\sin B+\sin C$의 값은?

① $\dfrac{1}{2}$　　　② 1　　　③ $\dfrac{3}{2}$

④ 2　　　⑤ $\dfrac{5}{2}$

397 중
삼각형 ABC에서 $\dfrac{a+b}{5}=\dfrac{b+c}{7}=\dfrac{c+a}{6}$일 때, $\sin A:\sin B:\sin C$는?

① $2:3:4$　　　② $2:3:5$　　　③ $3:4:5$
④ $3:4:7$　　　⑤ $5:6:7$

072 실생활에서 사인법칙을 이용해 보자!

주어진 상황에서 삼각형의 외접원의 반지름(또는 지름)의 길이를 알아내어 사인법칙을 이용한다.

398 BOB 대표

원 모양의 운동장의 지름의 길이를 구하기 위하여 오른쪽 그림과 같이 운동장의 세 지점 A, B, C를 잡아 두 지점 B, C 사이의 거리와 $\angle B$, $\angle C$의 크기를 측정하였더니 $\overline{BC}=60\,\text{m}$, $B=105°$, $C=45°$이었다. 이 운동장의 지름의 길이는?

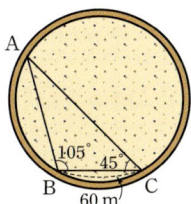

① 100 m ② 110 m ③ 120 m
④ 130 m ⑤ 140 m

399 중

오른쪽 그림과 같이 높이가 4 cm인 원기둥 모양의 약통이 있다. 밑면인 원의 둘레 위의 세 점 A, B, C를 꼭짓점으로 하는 삼각형 ABC에 대하여 $\overline{BC}=4\,\text{cm}$, $B=65°$, $C=85°$일 때, 이 약통의 부피를 구하여라.

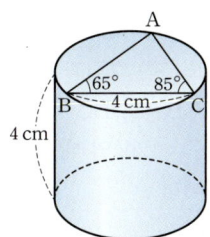

400 중

 서술형

오른쪽 그림과 같이 지면 위의 두 지점 A, B에서 나무를 올려다 본 각의 크기가 각각 75°, 30°이고 두 지점 A, B 사이의 거리가 30 m일 때, 이 나무의 높이를 구하여라.

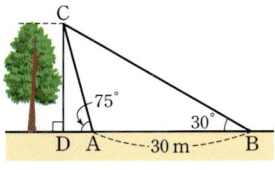

$\left(\text{단, } \sin 75°=\dfrac{9}{10}\text{로 계산한다.}\right)$

073 두 변의 길이와 그 끼인각의 크기가 주어진 경우 또는 세 변의 길이가 주어진 경우에 코사인법칙을 이용한다!

(1) 삼각형 ABC에서 두 변의 길이와 그 끼인각의 크기가 주어질 때, 코사인법칙을 이용하여 나머지 한 변의 길이를 구할 수 있다.

➡ $a^2=b^2+c^2-2bc\cos A$
$b^2=c^2+a^2-2ca\cos B$
$c^2=a^2+b^2-2ab\cos C$

(2) 삼각형 ABC에서 세 변의 길이가 주어지면 코사인법칙의 변형을 이용하여 세 각의 크기를 구할 수 있다.

➡ $\cos A=\dfrac{b^2+c^2-a^2}{2bc}$

$\cos B=\dfrac{c^2+a^2-b^2}{2ca}$

$\cos C=\dfrac{a^2+b^2-c^2}{2ab}$

401 BOB 대표

오른쪽 그림과 같이 $\overline{AB}=4$, $\overline{AC}=3$, $A=60°$인 삼각형 ABC의 외접원의 반지름의 길이는?

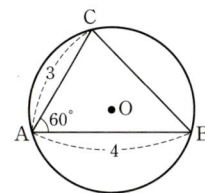

① $\dfrac{\sqrt{35}}{3}$ ② $\dfrac{\sqrt{37}}{3}$

③ $\dfrac{\sqrt{39}}{3}$ ④ $\dfrac{\sqrt{41}}{3}$

⑤ $\dfrac{\sqrt{43}}{3}$

402 중

오른쪽 그림과 같이 원에 내접하는 사각형 ABCD에 대하여 $\overline{AD}=2\sqrt{2}$, $\overline{CD}=3$, $\cos B=\dfrac{\sqrt{2}}{3}$일 때, $\overline{AC}$의 길이는?

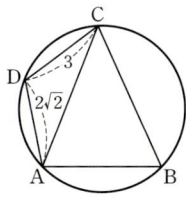

① $2\sqrt{3}$ ② 4
③ $3\sqrt{2}$ ④ $2\sqrt{5}$
⑤ 5

403 중

삼각형 ABC에 대하여 $\overline{AC}=2\overline{BC}$, $C=60°$일 때, $\cos A$의 값을 구하여라.

유형 074 실생활에서 코사인법칙을 이용해 보자!

주어진 상황에서 삼각형의 각의 크기, 변의 길이 등을 알아내어 코사인법칙을 이용하여 구한다.

404 BOB 대표

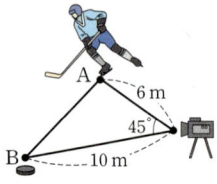

오른쪽 그림과 같이 경기장 밖의 중계용 카메라에서 6 m 떨어진 A지점에서 한 하키 선수가 공을 잡기 위하여 중계용 카메라에서 10 m 떨어진 B지점까지 일직선으로 달려가고 있다. 하키 선수가 공을 잡을 때까지 중계용 카메라가 회전한 각의 크기가 45°일 때, 이 하키 선수가 달려간 거리의 제곱은?

① $2(34-15\sqrt{2})$ m
② $3(34-15\sqrt{2})$ m
③ $4(34-15\sqrt{2})$ m
④ $5(34-15\sqrt{2})$ m
⑤ $6(34-15\sqrt{2})$ m

405 중

오른쪽 그림과 같은 대형 시계의 긴 바늘의 길이는 3 m, 짧은 바늘의 길이는 2 m이다. 이 시계가 오후 2시를 가리킬 때, 두 바늘 끝 사이의 거리는?

① 2 m
② $\sqrt{5}$ m
③ $\sqrt{6}$ m
④ $\sqrt{7}$ m
⑤ 3 m

406 상

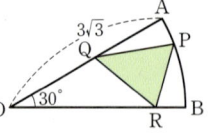

오른쪽 그림과 같이 반지름의 길이가 $3\sqrt{3}$이고 중심각의 크기가 30°인 부채꼴 AOB에서 호 AB 위에 한 점 P를 잡고, 두 선분 OA, OB 위에 각각 두 점 Q, R를 잡을 때, 삼각형 PQR의 둘레의 길이의 최솟값은?

① $3\sqrt{3}$
② 6
③ $3\sqrt{5}$
④ $3\sqrt{6}$
⑤ 8

유형 075 두 변의 길이와 그 끼인각의 크기가 주어진 경우 또는 세 변의 길이가 주어진 경우에 삼각형의 넓이 구하기!

(1) 두 변의 길이와 그 끼인각의 크기가 주어진 삼각형 ABC의 넓이 S는

➡ $S=\dfrac{1}{2}ab\sin C=\dfrac{1}{2}bc\sin A=\dfrac{1}{2}ca\sin B$

(2) 헤론의 공식

세 변의 길이가 주어진 삼각형 ABC의 넓이 S는

➡ $S=\sqrt{s(s-a)(s-b)(s-c)}$ (단, $s=\dfrac{a+b+c}{2}$)

407 BOB 대표

$\overline{BC}=6$, $\overline{AC}=8$인 삼각형 ABC의 넓이가 $12\sqrt{3}$일 때, $\overline{AB}$의 길이는? (단, $90°<C<180°$)

① $2\sqrt{33}$
② $2\sqrt{34}$
③ $2\sqrt{35}$
④ 12
⑤ $2\sqrt{37}$

408 중 서술형

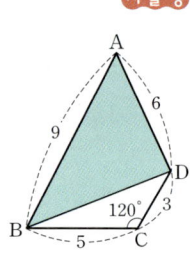

오른쪽 그림과 같은 사각형 ABCD에서 $\overline{AB}=9$, $\overline{BC}=5$, $\overline{CD}=3$, $\overline{DA}=6$, $C=120°$일 때, 삼각형 ABD의 넓이를 구하여라.

409 중

반지름의 길이가 3인 원에 내접하는 삼각형 ABC에서 $\sin A : \sin B : \sin C = 5 : 3 : 4$일 때, 삼각형 ABC의 넓이는? (단, $0°<A\leq 90°$)

① $\dfrac{201}{25}$
② $\dfrac{204}{25}$
③ $\dfrac{208}{25}$
④ $\dfrac{212}{25}$
⑤ $\dfrac{216}{25}$

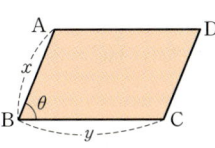

유형 076

삼각형의 **외접원의 반지름의 길이** 또는 **내접원의 반지름의 길이**가 주어진 경우 **삼각형의 넓이** 구하기!

(1) 세 변의 길이 또는 세 각의 크기와 외접원의 반지름의 길이 R가 주어진 삼각형 ABC의 넓이 S는

➡ $S = \dfrac{abc}{4R} = 2R^2 \sin A \sin B \sin C$

(2) 세 변의 길이와 내접원의 반지름의 길이 r가 주어진 삼각형 ABC의 넓이 S는

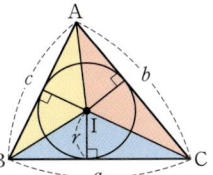

➡ $S = \triangle IBC + \triangle ICA + \triangle IAB$

$\quad = \dfrac{1}{2}ar + \dfrac{1}{2}br + \dfrac{1}{2}cr$

$\quad = \dfrac{1}{2}r(a+b+c)$

410 BOB 대표

삼각형 ABC의 외접원의 반지름의 길이가 8, 내접원의 반지름의 길이가 4일 때, $\dfrac{1}{ab} + \dfrac{1}{bc} + \dfrac{1}{ca}$의 값은?

① $\dfrac{1}{56}$ ② $\dfrac{1}{60}$ ③ $\dfrac{1}{64}$

④ $\dfrac{1}{68}$ ⑤ $\dfrac{1}{72}$

411 중

반지름의 길이가 6인 원에 내접하고 $\sin A + \sin B + \sin C = \dfrac{5}{3}$ 인 삼각형 ABC의 내접원의 반지름의 길이가 $\dfrac{5}{2}$일 때, 삼각형 ABC의 넓이를 구하여라.

412 상   서술형

오른쪽 그림과 같이 $C = 90°$인 직각삼각형 ABC의 외접원과 내접원의 반지름의 길이가 각각 $\dfrac{5}{2}$, 1일 때, 삼각형 ABC의 넓이를 구하여라.

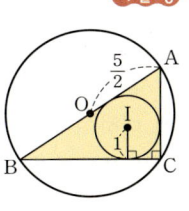

유형 077

평행사변형의 넓이와 **사각형의 넓이** 구하기!

(1) 평행사변형 ABCD에서 이웃하는 두 변의 길이가 x, y이고 그 끼인각의 크기가 θ일 때, 사각형 ABCD의 넓이 S는

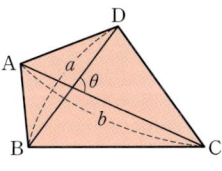

➡ $S = xy \sin \theta$

(2) 두 대각선의 길이가 a, b이고 두 대각선이 이루는 각의 크기가 θ인 사각형 ABCD의 넓이 S는

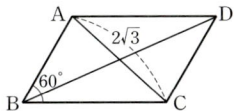

➡ $S = \dfrac{1}{2}ab \sin \theta$

413 BOB 대표

오른쪽 그림과 같이 $B = 60°$, $\overline{AC} = 2\sqrt{3}$인 평행사변형 ABCD의 넓이가 $6\sqrt{3}$일 때, $\overline{AB} + \overline{BC}$의 값은?

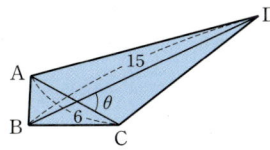

① $\sqrt{3}$ ② $2\sqrt{3}$ ③ $3\sqrt{3}$

④ $4\sqrt{3}$ ⑤ $5\sqrt{3}$

414 하

두 대각선의 길이가 각각 6, 15이고 두 대각선이 이루는 각의 크기가 θ인 사각형 ABCD에서 $\cos\theta = \dfrac{4}{5}$일 때, 사각형 ABCD의 넓이는?

① 25 ② 27 ③ 32

④ 36 ⑤ 64

415 하

오른쪽 그림과 같이 $\overline{AB} = 5$, $\overline{BC} = 6$인 평행사변형 ABCD의 넓이가 $15\sqrt{3}$일 때, C의 크기를 구하여라. (단, $90° < C < 180°$)

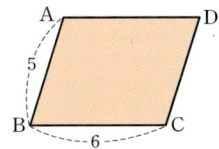

416

오른쪽 그림과 같은 삼각형 ABC에서
$\overline{AB}=3\sqrt{3}$, $\overline{BC}=3$, $C=120°$일 때,
$\cos B$의 값은?

① $\dfrac{\sqrt{3}}{4}$ ② $\dfrac{1}{2}$

③ $\dfrac{\sqrt{3}}{3}$ ④ $\dfrac{2}{3}$

⑤ $\dfrac{\sqrt{3}}{2}$

417

오른쪽 그림과 같이 반지름의 길이가 2인 원에 내접하는 삼각형 ABC에 대하여
$4\cos A \cos(B+C)+1=0$이 성립할 때,
$\overline{BC}$의 길이는?

① $\sqrt{3}$ ② 2

③ 3 ④ $2\sqrt{3}$

⑤ 4

418

오른쪽 그림과 같이 $\overline{AB}=12$, $\overline{AC}=9$
인 삼각형 ABC에서 변 BC의 중점 M
에 대하여 $\angle BAM=\alpha$, $\angle CAM=\beta$라
할 때, $\dfrac{\sin\beta}{\sin\alpha}$의 값을 구하여라.

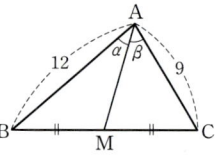

419

반지름의 길이가 3인 원에 내접하는 삼각형 ABC에 대하여
$a+b+c=5$일 때, $\sin A+\sin B+\sin C$의 값은?

① $\dfrac{3}{4}$ ② $\dfrac{5}{6}$ ③ $\dfrac{11}{12}$

④ 1 ⑤ $\dfrac{7}{6}$

420

x에 대한 이차방정식
$$x^2\sin B-2x(\sin A+\sin B)+2(\sin A+\sin B)=0$$
이 중근을 가질 때, 삼각형 ABC는 어떤 삼각형인가?

① $a=b$인 이등변삼각형 ② $b=c$인 이등변삼각형

③ $a=c$인 이등변삼각형 ④ $A=90°$인 직각삼각형

⑤ $B=90°$인 직각삼각형

421

오른쪽 그림과 같이 한 변의 길이가 4인
정사각형 ABCD의 두 변 BC, CD의 사
등분점 중 두 점 B, D에 가장 가까운 점을
각각 E, F라 하자. $\angle EAF=\theta$라 할 때,
$\cos\theta$의 값은?

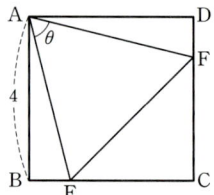

① $\dfrac{5}{17}$ ② $\dfrac{6}{17}$ ③ $\dfrac{7}{17}$

④ $\dfrac{8}{17}$ ⑤ $\dfrac{9}{17}$

422

오른쪽 그림과 같은 삼각형 ABC에서
$\overline{AB}=2\sqrt{2}$, $\overline{AC}=\sqrt{6}$, $\overline{BD}=1$, $\overline{DC}=2$
일 때, $\overline{AD}$의 길이는?

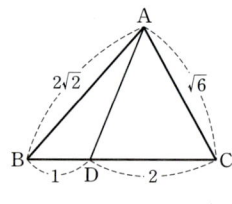

① $\dfrac{2\sqrt{3}}{3}$ ② $\dfrac{\sqrt{5}}{2}$

③ $\sqrt{3}$ ④ $\sqrt{5}$

⑤ $\dfrac{4\sqrt{3}}{3}$

423

오른쪽 그림과 같이 한 변의 길이가 2인
정사각형 ABCD에서 변 CD의 중점 M
에 대하여 $\angle DBM=\theta$라 할 때, $\sin\theta$의
값을 구하여라.

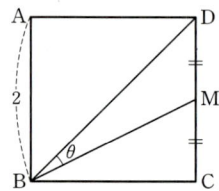

424
오른쪽 그림과 같이 한 변의 길이가 4인 정사각형 ABCD에서 점 M은 변 CD의 중점이고, 점 N은 변 DA를 1 : 3으로 내분하는 점이다. 삼각형 BMN의 외접원의 반지름의 길이는?

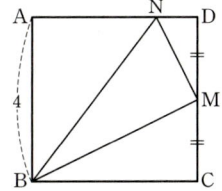

① $\dfrac{3}{2}$ ② 2

③ $\dfrac{5}{2}$ ④ 3

⑤ $\dfrac{7}{2}$

425
오른쪽 그림과 같이 밑면인 원의 반지름의 길이가 $\dfrac{8}{3}$이고, 모선의 길이가 8인 원뿔이 있다. 모선 OB 위의 한 점 P가 $\overline{OB}$의 중점일 때, 원뿔의 옆면을 따라 두 점 A, P를 잇는 선의 최단거리를 구하여라. (단, 두 점 A, B는 원뿔의 밑면인 원의 지름의 양 끝 점이다.)

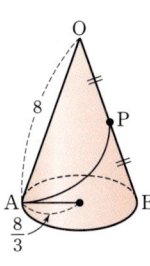

426
어느 오래된 도시에서 공사를 하던 중 오른쪽 그림과 같은 원형 경기장 터의 일부가 발견되었다. 이 원형 경기장 둘레의 세 지점을 연결하여 만든 삼각형의 세 변의 길이가 각각 7 m, 8 m, 13 m일 때, 완전한 원형이었다고 알려져 있는 이 경기장의 넓이는?

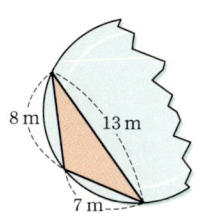

① $\dfrac{121}{3}\pi$ m²   ② 48π m²   ③ $\dfrac{169}{3}\pi$ m²

④ $\dfrac{196}{3}\pi$ m²   ⑤ 75π m²

427
오른쪽 그림과 같이 $\overline{AB}=8$, $\overline{BC}=6$, $B=120°$인 삼각형 ABC에서 ∠B의 이등분선이 선분 AC와 만나는 점을 D라 할 때, 선분 BD의 길이는?

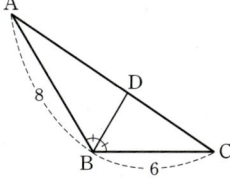

① $\dfrac{22}{7}$ ② $\dfrac{23}{7}$

③ $\dfrac{24}{7}$ ④ $\dfrac{25}{7}$

⑤ $\dfrac{26}{7}$

428
오른쪽 그림과 같이 반지름의 길이가 4인 원 O에 $A=120°$인 이등변삼각형 ABC가 내접하고 있다. 삼각형 ABC의 넓이는?

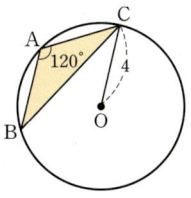

① $3\sqrt{3}$ ② $4\sqrt{2}$

③ 6   ④ $4\sqrt{3}$

⑤ 8

429
세 변의 길이가 4, 6, 6인 삼각형의 내접원의 넓이를 구하여라.

430
서술형

오른쪽 그림과 같이 $\overline{AB}=3$, $\overline{BC}=\overline{CD}=4$, $B=D=60°$인 사각형 ABCD의 넓이를 구하여라.

(단, $\overline{AD}\geq3$)

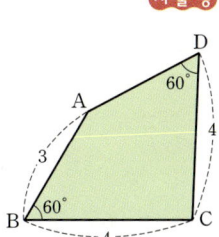

431
서술형

오른쪽 그림과 같이 밑면이 정사각형이고 $\overline{OA}=\overline{OB}=\overline{OC}=\overline{OD}=4$, $\angle AOB=\angle BOC=\angle COD=\angle DOA=30°$인 정사각뿔이 있다. 점 P, R는 각각 $\overline{OB}$, $\overline{OD}$ 위의 점이고, 점 Q는 $\overline{OC}$를 3 : 1로 내분하는 점이고, 점 S는 $\overline{OA}$의 중점이다.
점 A를 출발하여 점 P, Q, R를 거쳐 점 S에 이르는 최단거리가 $\sqrt{a}+\sqrt{b}$일 때, 두 자연수 a, b의 합 $a+b$의 값을 구하여라.

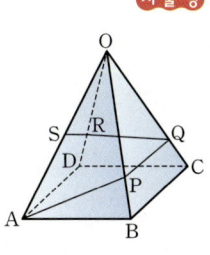

Ⅲ

수열

개념 ① 수열

(1) 수열 : 차례대로 나열된 수의 열

(2) 항 : 수열을 이루고 있는 각 수

(3) 일반항 : 수열을 나타낼 때에는 $a_1, a_2, \cdots, a_n, \cdots$과 같이 나타내고, 수열에서 제$n$항 a_n을 수열의 일반항이라고 하며, 일반항이 a_n인 수열을 간단히 $\{a_n\}$과 같이 나타낸다.

수열 $\{a_n\}$과 함수

수열 $\{a_n\}$은 자연수 $1, 2, 3, \cdots, n, \cdots$에 수열의 각 항 $a_1, a_2, a_3, \cdots, a_n, \cdots$을 차례대로 대응시킨 것이므로 자연수 전체의 집합 N을 정의역, 실수 전체의 집합 R를 공역으로 하는 함수로 생각할 수 있다.

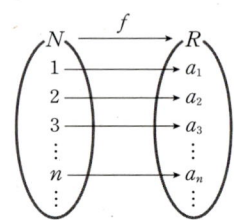

즉, 함수 $f : N \longrightarrow R$의 함숫값을 차례대로 나열한 $f(1), f(2), f(3), \cdots, f(n), \cdots$은 수열이 되고, $f(n) = a_n$으로 나타내면

$$f(1), f(2), f(3), \cdots, f(n), \cdots$$
$$\Downarrow \quad \Downarrow \quad \Downarrow \quad\quad \Downarrow$$
$$a_1, \quad a_2, \quad a_3, \cdots, a_n, \cdots$$

따라서 일반항 a_n이 n에 대한 식 $f(n)$으로 주어지면 n에 $1, 2, 3, \cdots$을 차례대로 대입하여 수열 $\{a_n\}$의 각 항을 구할 수 있다.

개념 ② 등차수열 〔유형 078~082〕

(1) 등차수열

① 수열 $\{a_n\}$이 등차수열

$\iff \{a_n\}$은 첫째항부터 차례대로 일정한 수를 더하여 만들어지는 수열

$\iff a_{n+1} - a_n = d$ (단, d는 상수)

② 공차 : 등차수열에서 일정하게 더해지는 수

③ 첫째항이 a, 공차가 d인 등차수열의 일반항 a_n은

$$a_n = a + (n-1)d \ (단, n = 1, 2, 3, \cdots)$$

(2) 등차중항

세 수 a, b, c가 이 순서대로 등차수열을 이룰 때, b를 a와 c의 등차중항이라 하고

$$b = \frac{a+c}{2}$$

가 성립한다.

(3) 등차수열을 이루는 수의 표현

① 세 수가 등차수열을 이룰 때 : $a-d, a, a+d$

② 네 수가 등차수열을 이룰 때 : $a-3d, a-d, a+d, a+3d$

③ 다섯 수가 등차수열을 이룰 때 : $a-2d, a-d, a, a+d, a+2d$

개념 ③ 등차수열의 합 〔유형 083~086〕

등차수열의 첫째항부터 제n항까지의 합을 S_n이라 하면

(1) 첫째항 a와 제n항 l이 주어질 때,

$2S_n = n(a+l)$이므로

$$S_n = \frac{n(a+l)}{2}$$

(2) 첫째항 a와 공차 d가 주어질 때,

(1)에서 $l = a + (n-1)d$이므로

$$S_n = \frac{n\{2a+(n-1)d\}}{2}$$

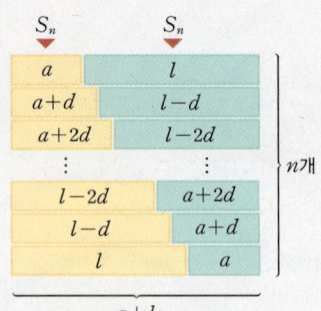

개념 ④ 수열의 합 S_n과 일반항 a_n 사이의 관계 〔유형 087〕

수열 $\{a_n\}$의 첫째항부터 제n항까지의 합을 S_n이라 하면

$a_1 = S_1$,

$a_n = S_n - S_{n-1}$ (단, $n \geq 2$)

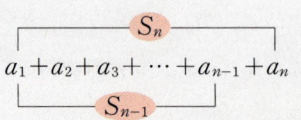

개념 콕콕

1 수열

432
수열 $\{a_n\}$의 일반항이 다음과 같을 때, 첫째항부터 제5항까지 차례대로 나열하여라.

(1) $a_n = 4n - 3$

(2) $a_n = \dfrac{n-1}{3n}$

433
다음 수열 $\{a_n\}$의 일반항을 구하여라.

(1) $1, -2, 3, -4, \cdots$

(2) $\dfrac{1}{11}, \dfrac{2}{12}, \dfrac{3}{13}, \dfrac{4}{14}, \cdots$

2 등차수열

434
다음 수열이 등차수열을 이루도록 $\Box$ 안에 알맞은 수를 써넣어라.

(1) $-2, 0, \Box, 4, \Box, \cdots$

(2) $100, \Box, 62, 43, \Box, 5, \cdots$

435
다음과 같은 등차수열 $\{a_n\}$의 일반항을 구하여라.

(1) 첫째항 1, 공차 5

(2) $101, 99, 97, 95, 93, \cdots$

436
등차수열 $\{a_n\}$이 다음과 같을 때, a_{10}의 값을 구하여라.

(1) $19, 28, 37, 46, 55, \cdots$

(2) $\dfrac{1}{12}, \dfrac{1}{6}, \dfrac{1}{4}, \dfrac{1}{3}, \dfrac{5}{12}, \cdots$

(3) $9\pi - 1, 8\pi, 7\pi + 1, 6\pi + 2, 5\pi + 3, \cdots$

437
다음 수열 $\{a_n\}$이 등차수열일 때, 공차를 구하여라.

(1) $a_1 = 1$, $a_5 = 9$

(2) $a_1 = -3$, $a_{11} = -13$

438
세 수 $8, a, -4$가 이 순서대로 등차수열을 이룰 때, a의 값을 구하여라.

3 등차수열의 합

439
다음을 구하여라.

(1) 첫째항이 3, 끝항이 25, 항의 개수가 10인 등차수열의 합

(2) 첫째항이 100, 공차가 -5인 등차수열의 첫째항부터 제10항까지의 합

(3) 등차수열 $5, 6, 7, 8, 9, \cdots$의 첫째항부터 제11항까지의 합

440
다음 등차수열의 합을 구하여라.

(1) $-3 + 3 + 9 + \cdots + 69$

(2) $36 + 29 + 22 + \cdots + (-13)$

4 수열의 합 S_n과 일반항 a_n 사이의 관계

441
수열 $\{a_n\}$의 첫째항부터 제n항까지의 합 S_n이 다음과 같을 때, 일반항 a_n을 구하여라.

(1) $S_n = -2n^2 + 2n$

(2) $S_n = n^2 - n - 1$

442

수열 $\{a_n\}$의 첫째항부터 제n항까지의 합 S_n이 $S_n = n^2$일 때, a_{20}의 값을 구하여라.

유형 078 등차수열은 첫째항 a와 공차 d로 표현하자!

(1) 첫째항이 a, 공차가 d인 등차수열의 일반항 a_n은
➡ $a_n = a + (n-1)d$ (단, $n = 1, 2, 3, \cdots$)
(2) 등차수열에서 특정한 항 찾기
주어진 조건을 첫째항 a와 공차 d로 표현한 후, 두 식을 연립하여 a와 d의 값을 구한다.

443 BOB 대표

등차수열 $\{a_n\}$에서 $a_7 = 13$, $a_{13} = 25$일 때, a_{10}의 값은?

① 18 　　② 19 　　③ 20
④ 21 　　⑤ 22

444 중 다른 풀이

등차수열 $\{a_n\}$에서 $a_7 = 4a_2$, $a_3 + a_5 + a_7 = 42$일 때, a_{11}의 값은?

① 30 　　② 31 　　③ 32
④ 33 　　⑤ 34

445 중

등차수열 $\{a_n\}$에서 제3항과 제7항의 절댓값이 같고 부호가 반대이며, 제4항은 3이다. 이 등차수열의 제10항을 구하여라.

유형 079 등차수열에서 처음으로 양수가 나오는 항을 구할 때에는 $a_n > 0$을 이용하자!

첫째항이 a, 공차가 d인 등차수열 $\{a_n\}$에서
(1) 처음으로 양수가 되는 항
➡ $a_n = a + (n-1)d > 0$을 만족시키는 자연수 n의 최솟값을 구한다.
(2) 처음으로 음수가 되는 항
➡ $a_n = a + (n-1)d < 0$을 만족시키는 자연수 n의 최솟값을 구한다.
(3) $a_n = p$를 만족시키는 항
➡ $a_n = a + (n-1)d = p$를 만족시키는 자연수 n의 값을 구한다.

446 BOB 대표

첫째항이 57, 제6항이 37인 등차수열 $\{a_n\}$에서 처음으로 음수가 나오는 항은 제몇 항인가?

① 제16항 　　② 제17항 　　③ 제18항
④ 제19항 　　⑤ 제20항

447 중

제6항이 -5, 제21항이 4인 등차수열 $\{a_n\}$에서 처음으로 양수가 나오는 항은 제몇 항인가?

① 제11항 　　② 제12항 　　③ 제13항
④ 제14항 　　⑤ 제15항

448 중

등차수열 $\{a_n\}$에서 $a_3 = 4$이고 $a_5 : a_{10} = 2 : 5$일 때, 22는 제몇 항인지 구하여라.

유형 080

두 수 사이에 수를 넣어서 만든 **등차수열**이 주어지면 전체 항의 개수에 주목하자!

두 수 x, y 사이에 n개의 수 a_1, a_2, a_3, $\cdots$, a_n을 넣어서 만든 수열이 등차수열을 이룰 때, 다음이 성립한다.

➡ x, a_1, a_2, a_3, $\cdots$, a_n, y

(1) 항의 개수 : $n+2$

(2) 첫째항 : x,   제$(n+2)$항 : $y=x+(n+1)d$

(단, d는 공차)

(3) 공차 : $d = \dfrac{y-x}{n+1}$

449 BOB 대표

 다른 풀이

두 수 5와 29 사이에 5개의 수 a_1, a_2, a_3, a_4, a_5를 넣어서 만든 수열 5, a_1, a_2, a_3, a_4, a_5, 29가 이 순서대로 등차수열을 이룰 때, a_3의 값은?

① 11   ② 13   ③ 15

④ 17   ⑤ 19

450 중

등차수열 -12, x_1, x_2, x_3, $\cdots$, x_{99}, 70의 공차는?

① $\dfrac{39}{50}$ ② $\dfrac{41}{50}$ ③ $\dfrac{43}{50}$

④ $\dfrac{9}{10}$ ⑤ $\dfrac{47}{50}$

451 중

서술형

두 수 3과 13 사이에 m개의 수, 두 수 13과 33 사이에 n개의 수를 넣어서 등차수열

$$3, a_1, a_2, \cdots, a_m, 13, b_1, b_2, \cdots, b_n, 33$$

을 만들었다. 자연수 m, n에 대하여 $n-2m$의 값을 구하여라.

유형 081

b가 a와 c의 **등차중항**이면 $b = \dfrac{a+c}{2}$이다!

(1) b가 a와 c의 등차중항이면

➡ $b = \dfrac{a+c}{2}$

(2) a, b, c가 이 순서대로 등차수열을 이룰 때

➡ $2b = a+c$

(3) a, b, c, d가 이 순서대로 등차수열을 이룰 때

➡ $2b = a+c$, $2c = b+d$

(4) a, b, c, d, e가 이 순서대로 등차수열을 이룰 때

➡ $2c = a+e$, $2c = b+d$

452 BOB 대표

세 수 $2a-15$, a^2-3a, $6a-5$가 이 순서대로 등차수열을 이루도록 하는 모든 실수 a의 값의 합은?

① 6   ② 7   ③ 8

④ 9   ⑤ 10

453 중

 다른 풀이

등차수열 $\{a_n\}$에서 $a_1+a_3+a_5=30$, $a_2+a_4+a_6=51$일 때, 공차는?

① 4   ② 5   ③ 6

④ 7   ⑤ 8

454 중

서술형

직각삼각형의 세 변의 길이가 작은 것부터 순서대로 a, b, 4이고, 이 순서대로 등차수열을 이룰 때, 이 직각삼각형의 넓이는 S이다. $25S$의 값을 구하여라.

유형 082 · 세 수가 등차수열을 이루면 $a-d$, a, $a+d$로 놓고 해결하자!

(1) 세 수가 등차수열을 이룰 때
→ $a-d$, a, $a+d$
(2) 네 수가 등차수열을 이룰 때
→ $a-3d$, $a-d$, $a+d$, $a+3d$
(3) 다섯 수가 등차수열을 이룰 때
→ $a-2d$, $a-d$, a, $a+d$, $a+2d$
로 놓고 식을 세운 후, 연립하여 a와 d의 값을 구한다.

455 BOB 대표 · 다른 풀이

삼차방정식 $x^3-6x^2+4x+k=0$의 세 실근이 등차수열을 이룰 때, 상수 k의 값은?

① 6 ② 7 ③ 8
④ 9 ⑤ 10

456 중

등차수열을 이루는 네 개의 수가 있다. 네 수의 합이 16이고 가장 작은 수와 가장 큰 수의 곱이 -128일 때, 네 수 중 가장 큰 수는?

① 12 ② 13 ③ 14
④ 15 ⑤ 16

457 중

직각삼각형의 세 변의 길이가 등차수열을 이루고, 직각삼각형의 넓이가 216일 때, 이 직각삼각형의 빗변의 길이를 구하여라.

유형 083 · 첫째항과 제n항 또는 공차를 알면 등차수열의 합을 구할 수 있다!

등차수열 $\{a_n\}$의 첫째항이 a, 공차가 d, 제n항이 l일 때, 첫째항부터 제n항까지의 합을 S_n이라 하면
(1) $l=a+(n-1)d$
(2) $S_n=\dfrac{n(a+l)}{2}=\dfrac{n\{2a+(n-1)d\}}{2}$

458 BOB 대표

등차수열 $\{a_n\}$의 첫째항부터 제n항까지의 합을 S_n이라 할 때, $a_4=11$, $a_{12}=35$이다. S_{15}의 값을 구하여라.

459 중 · 다른 풀이

n개의 항으로 이루어진 등차수열 a_1, a_2, a_3, $\cdots$, a_n이 다음 조건을 만족시킬 때, 자연수 n의 값을 구하여라.

(가) $a_1+a_2=13$
(나) $a_{n-1}+a_n=67$
(다) $a_1+a_2+a_3+\cdots+a_n=280$

유형 084 · 두 수 사이에 수를 넣어서 만든 등차수열의 합이 주어지면 전체 항의 개수에 주목하자!

두 수 x, y 사이에 n개의 수를 넣어서 만든 등차수열의 합을 S_m이라 하면 S_m은 첫째항이 x, 끝항이 y, 항의 개수가 $n+2$인 등차수열의 합이다.
→ $S_m=\dfrac{(n+2)(x+y)}{2}$

460 BOB 대표

등차수열 3, a_1, a_2, a_3, $\cdots$, a_n, 33의 합이 216일 때, 자연수 n과 공차 d에 대하여 $n+11d$의 값을 구하여라.

461 중 · 서술형

두 수 -5와 25 사이에 n개의 수를 넣어서 만든 수열 -5, a_1, a_2, a_3, $\cdots$, a_n, 25가 이 순서대로 등차수열을 이루고 그 합이 160일 때, 자연수 n과 공차 d에 대하여 $n+d$의 값을 구하여라.

유형 085

등차수열의 합의 최대 · 최소는 부호가 바뀌는 항에 주목하자!

등차수열 $\{a_n\}$의 첫째항을 a, 공차를 d, 첫째항부터 제n항까지의 합을 S_n이라 할 때

(1) $d<0$, $a>0$, $a_k>0$, $a_{k+1}<0$이면 S_n의 최댓값은 S_k이다.

(2) $d>0$, $a<0$, $a_k<0$, $a_{k+1}>0$이면 S_n의 최솟값은 S_k이다.

462 BOB 대표

다른 풀이

첫째항이 14, 공차가 -4인 등차수열에서 첫째항부터 제n항까지의 합을 S_n이라 할 때, S_n의 최댓값을 구하여라.

463 중

다른 풀이

첫째항이 26인 등차수열 $\{a_n\}$의 첫째항부터 제n까지의 합을 S_n이라 하면 $S_4=S_{10}$일 때, S_n이 최대가 되도록 하는 자연수 n의 값을 구하여라.

유형 086

부분의 합이 주어진 등차수열의 합은 식을 세운 후 연립하여 a, d의 값을 구한다!

첫째항이 a, 공차가 d인 등차수열 $\{a_n\}$의 첫째항부터 제n항까지의 합을 S_n이라 하면

$$S_n=\frac{n\{2a+(n-1)d\}}{2}, \quad S_{2n}=\frac{2n\{2a+(2n-1)d\}}{2}$$

➡ 두 식을 연립하여 a, d의 값을 구한다.

464 BOB 대표

등차수열 $\{a_n\}$의 첫째항부터 제10항까지의 합이 100, 제11항부터 제20항까지의 합이 300이다. 제21항부터 제30항까지의 합을 구하여라.

465 중

등차수열 $\{a_n\}$의 첫째항부터 제n까지의 합을 S_n이라 할 때, $S_5=80$, $S_{10}=235$이다. S_{15}의 값은?

① 425   ② 435   ③ 445

④ 455   ⑤ 465

유형 087

수열의 합 S_n을 이용하여 일반항 a_n을 구할 수 있다!

수열 $\{a_n\}$의 첫째항부터 제n항까지의 합을 S_n이라 하면

$$a_1=S_1, \quad a_n=S_n-S_{n-1} \ (n\geq2)$$

이때, $a_n=S_n-S_{n-1} \ (n\geq2)$임을 이용하여 구한 일반항 a_n에 $n=1$을 대입하여 얻은 값이 S_1의 값과 같은지 꼭 확인해야 한다.

466 BOB 대표

다른 풀이

수열 $\{a_n\}$의 첫째항부터 제n항까지의 합 S_n이 $S_n=3n^2-n+1$일 때, a_1+a_5의 값은?

① 25   ② 27   ③ 29

④ 31   ⑤ 33

467 중

서술형

수열 $\{a_n\}$의 첫째항부터 제n항까지의 합 S_n이 $S_n=n^2-an+b$이고 $a_1=4$, $a_{15}=30$일 때, 상수 a, b의 곱 ab의 값을 구하여라.

468 중

수열 $\{a_n\}$의 첫째항부터 제n항까지의 합 S_n이 $S_n=n^2+3n$이고, $a_1+a_3+a_5+\cdots+a_{2n-1}=480$일 때, 자연수 n의 값을 구하여라.

469

공차가 6인 등차수열 $\{a_n\}$에서 $|a_2-3|=|a_3-3|$일 때, a_5의 값은?

① 15　　　　② 18　　　　③ 21
④ 24　　　　⑤ 27

470

 다른 풀이

두 수열 $\{a_n\}$, $\{b_n\}$이 다음과 같이 정의되어 있다.

$$a_n=2n+1, \ b_n=3n+3 \ (단, \ n=1, 2, 3, \cdots)$$

두 수열 $\{a_n\}$, $\{b_n\}$에서 공통인 항을 작은 것부터 순서대로 나열한 수열을 $\{c_n\}$이라 할 때, c_{30}의 값을 구하여라.

471

등차수열 $\{a_n\}$에서 $a_3+a_5=36$, $a_2a_4=180$일 때, $a_n<100$을 만족시키는 자연수 n의 최댓값을 구하여라.

472

첫째항이 $-\dfrac{2}{3}$이고, 공차가 $\dfrac{2}{9}$인 등차수열에서 처음으로 자연수가 나오는 항은 제몇 항인가?

① 제11항　　② 제12항　　③ 제13항
④ 제14항　　⑤ 제15항

473

다섯 개의 수 1, p, q, r, s가 이 순서대로 등차수열을 이루고 $s-p=9$일 때, r의 값은?

① 4　　　　② 6　　　　③ 8
④ 10　　　　⑤ 12

474

 다른 풀이

다섯 개의 수 1, a, b, c, 13이 이 순서대로 등차수열을 이룰 때, $a+b+c$의 값을 구하여라.

475

등차수열 $\{a_n\}$에 대하여 $a_1=5$, $a_6=-5$일 때,
$|a_1+a_2|+|a_2+a_3|+|a_3+a_4|+\cdots+|a_{10}+a_{11}|$의 값은?

① 112　　　　② 116　　　　③ 120
④ 124　　　　⑤ 128

476

등차수열 a_1, a_2, a_3, $\cdots$, a_n이 다음 조건을 만족시킬 때, 자연수 n의 값을 구하여라.

> (개) 처음 4개의 항의 합은 26이다.
> (내) 마지막 4개의 항의 합은 134이다.
> (대) 모든 항의 합은 260이다.

477

양의 실수로 이루어진 등차수열 a_1, a_2, a_3, $\cdots$, a_{21}에서 홀수 번째 항의 합을 S, 짝수 번째 항의 합을 T라 할 때, $S : T$는?

① $10 : 11$ ② $11 : 10$ ③ $11 : 21$

④ $20 : 21$ ⑤ $21 : 20$

478

첫째항이 m, 공차가 1인 등차수열의 첫째항부터 제n항까지의 합이 50일 때, $m+n$의 값은? (단, m은 $m \leq 10$인 자연수이다.)

① 9   ② 11   ③ 13

④ 15   ⑤ 17

479

등차수열 $\{a_n\}$의 첫째항부터 제n항까지의 합을 S_n이라 할 때, $S_8=12$, $S_{15}=-30$이다. S_n의 최댓값을 구하여라.

480

등차수열 $\{a_n\}$에서 $a_3=40$, $a_8=30$일 때,
$$|a_2+a_4+\cdots+a_{2n}|$$
의 값이 최소가 되도록 하는 자연수 n의 값을 구하여라.

481

두 수열 $\{a_n\}$, $\{b_n\}$의 첫째항부터 제n항까지의 합을 각각 S_n, T_n이라 할 때,
$$S_n=2n^2+3kn, \quad T_n=k^2n^2-12n$$
이다. $a_5=b_5$일 때, 양수 k의 값을 구하여라.

482

공차가 d_1, d_2인 두 등차수열 $\{a_n\}$, $\{b_n\}$의 첫째항부터 제n항까지의 합을 각각 S_n, T_n이라 하자.
$$S_n T_n = n^2(n^2-1)$$
일 때, 〈보기〉에서 옳은 것만을 있는 대로 고른 것은?

보기
ㄱ. $a_n=n$이면 $b_n=4n-4$이다.
ㄴ. $d_1 d_2=4$
ㄷ. $a_1 \neq 0$이면 $a_n=n$이다.

① ㄱ   ② ㄴ   ③ ㄱ, ㄴ

④ ㄴ, ㄷ   ⑤ ㄱ, ㄴ, ㄷ

483

등차수열 $\{a_n\}$에서
$$a_1=6, \quad a_{10}=-12$$
일 때, $|a_1|+|a_2|+|a_3|+\cdots+|a_{20}|$의 값을 구하여라.

484

수열 $\{a_n\}$의 첫째항부터 제n항까지의 합 S_n이 다항식 $2x^2+x+1$을 $x-n$으로 나눈 나머지라 할 때, a_1+a_{10}의 값을 구하여라.

개념 plus

개념 ① 등비수열   유형 088~092

(1) 등비수열

  ① 등비수열 : 첫째항부터 차례대로 일정한 수를 곱하여 만들어지는 수열

  ② 공비 : 등비수열에서 일정하게 곱해지는 수

  ③ 공비가 r인 등비수열 $\{a_n\}$에 대하여 다음이 성립한다.

$$a_{n+1}=ra_n \text{ 또는 } \frac{a_{n+1}}{a_n}=r \ (\text{단, } n=1, 2, 3, \cdots)$$

  ④ 첫째항이 a, 공비가 r인 등비수열의 일반항 a_n은

$$a_n=ar^{n-1} \ (\text{단, } n=1, 2, 3, \cdots)$$
        ⓐ

(2) 등비중항

  ① 0이 아닌 세 수 a, b, c가 이 순서대로 등비수열을 이룰 때, b를 a와 c의 등비중항이라 하고

$$b^2=ac$$
        ⓑ

    가 성립한다.

  ② 등비수열을 이루는 세 수는 a, ar, ar^2 $(ar\neq0)$으로 놓는다.

ⓐ 일반적으로 $a\neq0$, $r\neq0$으로 생각한다.

➕ 등차중항과 등비중항

세 수 a, x, b에 대하여 a와 b가 양수일 때,

$x=\dfrac{a+b}{2}$, $x=\sqrt{ab}$를 각각 a와 b의 등차중항, 등비중항이라 하면 두 수 $\dfrac{a+b}{2}$,

$\sqrt{ab}$는 각각 두 양수 a, b의 산술평균, 기하평균이므로 다음이 성립한다.

$$\frac{a+b}{2}\geq\sqrt{ab}$$

(단, 등호는 $a=b$일 때 성립한다.)

ⓑ $a>0$, $c>0$이면 $b^2=ac$에서 $b=\sqrt{ac}$이고, b는 a와 c의 기하평균이다.

개념 ② 등비수열의 합   유형 093~095

첫째항이 a, 공비가 r인 등비수열의 첫째항부터 제n항까지의 합을 S_n이라 하면

(1) $r\neq1$일 때, $S_n=\dfrac{a(1-r^n)}{1-r}=\dfrac{a(r^n-1)}{r-1}$

(2) $r=1$일 때, $S_n=na$

➕ 공비 r의 크기에 따라

  (ⅰ) $r<1$일 때

$$S_n=\frac{a(1-r^n)}{1-r}$$

  (ⅱ) $r>1$일 때

$$S_n=\frac{a(r^n-1)}{r-1}$$

을 이용하면 편리하다.

개념 ③ 원리합계   유형 096

(1) 원리합계

  원금 a원을 연(월)이율 r로 n년(월) 동안 예금했을 때의 원리합계를 S_n이라 하면

  ① 단리로 예금할 때, $S_n=a(1+rn)$(원)

  ② 복리로 예금할 때, $S_n=a(1+r)^n$(원)

(2) 복리법에 의한 적립금의 원리합계

  ① 연이율이 r, 1년마다의 복리로 매년 초에 a원씩 적립할 때, n년 말의 적립금의 원리합계 S_n은

$$S_n=\frac{a(1+r)\{(1+r)^n-1\}}{r}(\text{원})$$

  ② 연이율이 r, 1년마다의 복리로 매년 말에 a원씩 적립할 때, n년 말의 적립금의 원리합계 S_n은

$$S_n=\frac{a\{(1+r)^n-1\}}{r}(\text{원})$$

➕ 예금의 원리합계

원금 a원을 연이율 r로 예금할 때, 1년, 2년, $\cdots$, n년 후의 원리합계를 단리법과 복리법으로 구하면 다음과 같다.

① 단리법

1년 후	$a+ar=a(1+r)$
2년 후	$a+ar+ar=a(1+2r)$
⋮	⋮
n년 후	$a+ar+\cdots+ar=a(1+nr)$

② 복리법

1년 후	$a+ar=a(1+r)$
2년 후	$a(1+r)+a(1+r)r$ $=a(1+r)(1+r)$ $=a(1+r)^2$
⋮	⋮
n년 후	$a(1+r)(1+r)\times\cdots\times(1+r)$ $=a(1+r)^n$

◆ 개념 콕콕 ◆

1 등비수열

485

다음 수열이 등비수열을 이루도록 ☐ 안에 알맞은 수를 써넣어라.

(1) ☐, 2, ☐, 8, 16, ⋯

(2) ☐, 3, −6, ☐, −24, ⋯

(3) 16, ☐, ☐, $-\dfrac{1}{4}$, $\dfrac{1}{16}$, ⋯

486

다음과 같은 등비수열 $\{a_n\}$의 일반항을 구하여라.

(1) 첫째항 7, 공비 2

(2) 8, 12, 18, 27, $\dfrac{81}{2}$, ⋯

(3) -1, $\sqrt{2}$, -2, $2\sqrt{2}$, -4, ⋯

487

등비수열 $\{a_n\}$이 다음과 같을 때, a_{10}의 값을 구하여라.

(1) 0.25, 0.5, 1, 2, 4, ⋯

(2) 81, 27, 9, 3, 1, ⋯

(3) -1536, 768, -384, 192, -96, ⋯

488

다음 수열 $\{a_n\}$이 등비수열일 때, 공비를 구하여라.
(단, 공비는 실수이다.)

(1) $a_1=8$, $a_4=1$

(2) $a_1=5$, $a_5=80$

(3) $a_2=54$, $a_5=-2$

489

세 수 $\dfrac{7}{2}$, a, 14가 이 순서대로 등비수열을 이룰 때, 실수 a의 값을 구하여라.

490

세 수 $\dfrac{x}{2}$, -4, $\dfrac{4}{3}y$가 이 순서대로 등비수열을 이룰 때, xy의 값을 구하여라. (단, x, y는 실수이다.)

2 등비수열의 합

491

다음을 구하여라.

(1) 첫째항이 1, 공비가 $\dfrac{1}{2}$인 등비수열의 첫째항부터 제5항까지의 합

(2) 첫째항이 4, 공비가 -3인 등비수열의 첫째항부터 제6항까지의 합

492

다음 등비수열의 합을 구하여라.

(1) $\dfrac{1}{2}+1+2+\cdots+16$

(2) $0.1+0.01+0.001+\cdots+0.1^{10}$

(3) $1-3+9-27+\cdots+(-3)^n$

493

수열 $\{a_n\}$의 첫째항부터 제n항까지의 합 S_n이 다음과 같을 때, 일반항 a_n을 구하여라.

(1) $S_n=2\times3^n-2$

(2) $S_n=2^{n+3}-8$

유형 콕콕

유형 088
등비수열은 첫째항 a와 공비 r로 표현하자!

(1) 첫째항이 a, 공비가 r인 등비수열의 일반항 a_n은
➡ $a_n = ar^{n-1}$ (단, $n=1, 2, 3, \cdots$)
(2) 등비수열에서 특정한 항 찾기
주어진 조건을 첫째항 a와 공비 r로 표현한 후, 두 식을 연립하여 a와 r의 값을 구한다.

494 ＢＯＢ 대표
공비가 양수인 등비수열 $\{a_n\}$에서 $a_2=64$, $a_3+a_4=48$일 때, a_7의 값을 구하여라.

495 중 　　　　　　　　　　　　　　서술형
각 항이 실수인 등비수열 $\{a_n\}$에서 $a_1+a_2+a_3=112$, $a_4+a_5+a_6=14$일 때, a_7의 값을 구하여라.

유형 089
등비수열에서 처음으로 p보다 커지는 항을 구할 때에는 $a_n > p$를 이용하자!

첫째항이 a, 공비가 r인 등비수열 $\{a_n\}$에서
(1) 처음으로 p보다 커지는 항
➡ $a_n = ar^{n-1} > p$를 만족시키는 자연수 n의 최솟값을 구한다.
(2) 처음으로 p보다 작아지는 항
➡ $a_n = ar^{n-1} < p$를 만족시키는 자연수 n의 최솟값을 구한다.
(3) $a_n = p$를 만족시키는 항
➡ $a_n = ar^{n-1} = p$를 만족시키는 자연수 n의 값을 구한다.

496 ＢＯＢ 대표
첫째항이 4, 공비가 3인 등비수열 $\{a_n\}$에서 처음으로 1000보다 커지는 항은 제몇 항인지 구하여라.

497 중
각 항이 실수인 등비수열 $\{a_n\}$에서 $a_3=96$, $a_6=12$일 때, 처음으로 1보다 작아지는 항은 제몇 항인지 구하여라.

유형 090
두 수 사이에 수를 넣어서 만든 등비수열이 주어지면 전체 항의 개수에 주목하자!

두 수 x, y 사이에 n개의 수 $a_1, a_2, a_3, \cdots, a_n$을 넣어서 만든 수열이 등비수열을 이룰 때, 다음이 성립한다.
➡ $x, a_1, a_2, a_3, \cdots, a_n, y$
(1) 항의 개수 : $n+2$
(2) 첫째항 : x, 제$(n+2)$항 : $y=xr^{n+1}$ (단, r는 공비)

498 ＢＯＢ 대표
두 수 2와 50 사이에 9개의 양수 $a_1, a_2, a_3, \cdots, a_9$를 넣어서 만든 수열 2, $a_1, a_2, a_3, \cdots, a_9$, 50이 이 순서대로 등비수열을 이룰 때, $a_1 a_5 a_9$의 값을 구하여라.

499 중
두 수 3과 768 사이에 세 수 x_1, x_2, x_3을 넣어서 만든 수열 3, x_1, x_2, x_3, 768이 이 순서대로 등비수열을 이룰 때, x_2의 값은?
(단, 공비는 실수이다.)

① 36　　　　　② 42　　　　　③ 48
④ 54　　　　　⑤ 60

500 중
두 수 6과 96 사이에 세 양수 a, b, c를 넣어서 만든 수열 6, a, b, c, 96이 이 순서대로 등비수열을 이룰 때, $a+b+c$의 값은?

① 60　　　　　② 66　　　　　③ 72
④ 78　　　　　⑤ 84

유형 091
b가 a와 c의 등비중항이면 $b^2=ac$이다!

0이 아닌 세 수 a, b, c가 이 순서대로 등비수열을 이룰 때, b를 a와 c의 등비중항이라 한다.

이때, $\dfrac{b}{a}=\dfrac{c}{b}$이므로 $b^2=ac$가 성립한다.

501 BOB 대표
세 수 a, $a+3b$, $a+5b$가 이 순서대로 공비가 1이 아닌 등비수열을 이루고, 세 수 a, $a+3b$, $a+5b$의 합이 57이다. 실수 a, b의 합 $a+b$의 값은?

① 8   ② 12   ③ 16
④ 20   ⑤ 24

502 하
세 수 $a-2$, $a-1$, $a+1$이 이 순서대로 등비수열을 이룰 때, 실수 a의 값은?

① 1   ② 2   ③ 3
④ 4   ⑤ 5

503 중
공차가 6인 등차수열 $\{a_n\}$에 대하여 세 항 a_2, a_4, a_8이 이 순서대로 등비수열을 이룰 때, a_{11}의 값을 구하여라.

유형 092
세 수가 등비수열을 이루면 a, ar, ar^2으로 놓고 해결하자!

세 수가 등비수열을 이룰 때
➡ 세 수를 a, ar, ar^2으로 놓고 식을 세운 후, 연립하여 a와 r의 값을 구한다.

504 BOB 대표   다른 풀이
등비수열을 이루는 세 실수의 합이 21이고 곱이 216일 때, 세 수 중 가장 작은 수는?

① 2   ② 3   ③ 4
④ 5   ⑤ 6

505 중
삼차방정식 $x^3-7x^2-21x+k=0$의 세 실근이 등비수열을 이룰 때, 상수 k의 값은?

① -27 ② -9 ③ 0
④ 9   ⑤ 27

506 중
두 곡선 $y=x^3+kx-8$, $y=-3x^2+10x$가 서로 다른 세 점에서 만나고, 두 곡선의 교점의 x좌표 α, β, γ가 이 순서대로 등비수열을 이룰 때, 상수 k의 값을 구하여라. (단, $|\alpha|<|\beta|<|\gamma|$)

유형
093
첫째항과 공비를 알면 **등비수열의 합**을 구할 수 있
다!

첫째항이 a, 공비가 r인 등비수열 $\{a_n\}$의 첫째항부터 제 n항
까지의 합을 S_n이라 하면

(1) $r \neq 1$일 때, $S_n = \dfrac{a(1-r^n)}{1-r} = \dfrac{a(r^n-1)}{r-1}$

(2) $r = 1$일 때, $S_n = na$

507 BOB 대표

공비가 양수인 등비수열 $\{a_n\}$에 대하여 $a_4 + a_6 = 30$,
$a_6 + a_8 = 120$일 때, 등비수열 $\{a_n\}$의 첫째항부터 제8항까지의
합은?

① $\dfrac{381}{2}$ ② $\dfrac{763}{4}$ ③ 191

④ $\dfrac{765}{4}$ ⑤ $\dfrac{383}{2}$

508 중

첫째항이 5, 공비가 2인 등비수열 $\{a_n\}$의 첫째항부터 제 n항까지
의 합이 처음으로 1000보다 커질 때, 자연수 n의 값은?

① 6   ② 7   ③ 8
④ 9   ⑤ 10

509 중 서술형

등비수열 $2, 1, \dfrac{1}{2}, \dfrac{1}{4}, \cdots$에서 첫째항부터 제 n항까지의 합을 S_n
이라 할 때, $|S_n - 4| < 0.01$을 만족시키는 자연수 n의 최솟값을
구하여라.

유형
094
부분의 합이 주어진 등비수열의 합이 주어지면 식을
세운 후 연립하여 a, r의 값을 구한다!

첫째항이 a, 공비가 r인 등비수열 $\{a_n\}$의 첫째항부터 제 n항
까지의 합을 S_n이라 하면

$$S_n = \dfrac{a(r^n-1)}{r-1}, \quad S_{2n} = \dfrac{a(r^{2n}-1)}{r-1} = \dfrac{a(r^n-1)(r^n+1)}{r-1}$$

➡ $S_{2n} \div S_n = r^n + 1$

510 BOB 대표

각 항이 실수인 등비수열 $\{a_n\}$에서 첫째항부터 제20항까지의 합
이 3, 제11항부터 제30항까지의 합이 15일 때, 제31항부터 제40
항까지의 합은?

① $\dfrac{125}{4}$ ② $\dfrac{125}{2}$ ③ 125

④ 250   ⑤ 500

511 하

각 항이 실수인 등비수열 $\{a_n\}$에 대하여

$$a_1 + a_2 + a_3 + \cdots + a_{12} = 6, \quad a_1 + a_3 + a_5 + \cdots + a_{11} = 4$$

일 때, 수열 $\{a_n\}$의 공비는?

① $\dfrac{1}{6}$ ② $\dfrac{1}{5}$ ③ $\dfrac{1}{4}$

④ $\dfrac{1}{3}$ ⑤ $\dfrac{1}{2}$

512 중

각 항이 실수인 등비수열 $\{a_n\}$의 첫째항부터 제5항까지의 합이
-22이고, 첫째항부터 제10항까지의 합이 682일 때, a_{10}의 값을
구하여라.

095 수열의 합 S_n을 이용하여 일반항 a_n을 구할 수 있다!

수열 $\{a_n\}$의 첫째항부터 제n항까지의 합을 S_n이라 하면
$$a_1 = S_1, \quad a_n = S_n - S_{n-1} \; (n \geq 2)$$
이때, $a_n = S_n - S_{n-1} \; (n \geq 2)$임을 이용하여 구한 일반항 a_n에 $n=1$을 대입하여 얻은 값이 S_1의 값과 같은지 꼭 확인해야 한다.

513 BOB 대표

수열 $\{a_n\}$의 첫째항부터 제n항까지의 합 S_n이 $S_n = 3^n + 2$일 때, $a_1 + a_5$의 값을 구하여라.

514 중 서술형

수열 $\{a_n\}$의 첫째항부터 제n항까지의 합을 S_n이라 하면
$\log(S_n + 100) = n + 2$를 만족시킨다. 수열 $\{a_n\}$의 일반항이
$a_n = p \times q^{n+1}$일 때, 실수 p, q의 합 $p+q$의 값을 구하여라.

515 중

수열 $\{a_n\}$의 첫째항부터 제n항까지의 합을 S_n이라 하면
$S_n = k \times 4^n - 2$가 성립한다. 수열 $\{a_n\}$이 첫째항부터 등비수열을 이루도록 하는 상수 k의 값은?

① 1   ② 2   ③ 3
④ 4   ⑤ 5

096 복리로 계산되는 원리합계 문제는 등비수열을 이용하여 구할 수 있다!

(1) (원리합계) = (원금) + (이자)
(2) 원금 a원을 연(월)이율 r로 n년(월) 동안 예금할 때의 원리합계를 S_n이라 하면
  ① 단리로 예금할 때, $S_n = a(1+nr)$ (원)
  ② 복리로 예금할 때, $S_n = a(1+r)^n$ (원)
(3) 복리로 계산되는 적립금 문제
  주어진 문제 상황을 그림으로 표현한 후, 각 시점에서의 가치를 특정 시점에서의 가치로 환산하여 더한다.

516 BOB 대표

다음은 연이율이 10 %이고 1년마다의 복리로 매년 초에 30만 원씩 적립할 때, 10년 말의 원리합계를 구하는 과정이다.

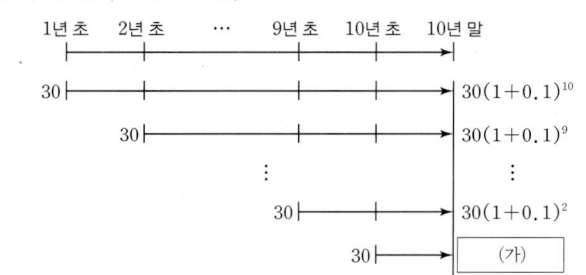

매년 초에 적립하는 30만 원의 원리합계를 그림으로 나타내면 다음과 같다. (단위 : 만 원)

10년 말의 원리합계를 S라 하면
$$S = \boxed{(가)} + 30(1+0.1)^2 + \cdots + 30(1+0.1)^9 + 30(1+0.1)^{10}$$
$$= \frac{\boxed{(가)}\{(\boxed{(나)})^{10} - 1\}}{(\boxed{(나)}) - 1} = \boxed{(다)} \text{ (만 원)}$$
따라서 10년 말의 원리합계는 $\boxed{(다)}$ 만 원이다.

위의 ㈎, ㈏, ㈐에 알맞은 것을 써넣어라.
(단, $1.1^{10} = 2.6$으로 계산한다.)

517 중

연이율이 5 %이고 1년마다의 복리로 매년 말에 20만 원씩 적립할 때, 10년 말의 원리합계는? (단, $1.05^{10} = 1.63$으로 계산한다.)

① 238만 원   ② 245만 원   ③ 252만 원
④ 260만 원   ⑤ 268만 원

518

등비수열 $\{a_n\}$에서
$$a_1+a_3+a_5=63, \quad a_2+a_4+a_6=126$$
일 때, a_9의 값은?

① 708　　　　② 728　　　　③ 748

④ 768　　　　⑤ 788

519

첫째항이 1이고 공비가 2인 등비수열 $\{a_n\}$에 대하여
$$b_n=(a_{n+1})^2-(a_n)^2$$
일 때, $\dfrac{b_6}{b_3}$의 값은?

① 56　　　　② 58　　　　③ 60

④ 62　　　　⑤ 64

520

첫째항이 a, 공비가 r인 등비수열 $\{a_n\}$에서
$$\frac{a_{10}}{a_1}+\frac{a_{11}}{a_2}+\frac{a_{12}}{a_3}+\frac{a_{13}}{a_4}=36$$
일 때, $\dfrac{a_{30}}{a_3}$의 값은?

① 9　　　　② 27　　　　③ 81

④ 243　　　⑤ 729

521

공비가 r이고 $a_2=1$인 등비수열 $\{a_n\}$에서 첫째항부터 제10항까지의 곱을 $\omega=a_1a_2a_3\times\cdots\times a_{10}$이라 할 때, $\log_r\omega$의 값을 구하여라. (단, $r>0$이고 $r\neq1$이다.)

522

네 실수 a, x, y, b가 이 순서대로 등차수열을 이루고, 네 실수 a, p, q, b가 이 순서대로 등비수열을 이룬다. $x+y=5$, $pq=4$일 때, $a-b$의 값은? (단, $a>b$)

① 1　　　　② 2　　　　③ 3

④ 4　　　　⑤ 5

523

등차수열 $\{a_n\}$과 공비가 1보다 작은 양수인 등비수열 $\{b_n\}$이
$$a_1+a_8=8, \quad b_2b_7=12, \quad a_4=b_4, \quad a_5=b_5$$
를 모두 만족시킬 때, a_1의 값을 구하여라.

524

세 실수 a, b, c가 이 순서대로 등비수열을 이루고
$$a+b+c=3, \quad ab+bc+ca=-6$$
일 때, abc의 값은?

① -8　　　　② -6　　　　③ -4

④ 6　　　　⑤ 8

525

삼차식 $x^3-2x^2+11x+a$를 일차식 x, $x-1$, $x-2$로 나누었을 때의 나머지가 각각 α, β, γ이다. 세 수 α, β, γ가 이 순서대로 등비수열을 이룰 때, 상수 a의 값을 구하여라.

526

수열 $\{a_n\}$에 대하여 $b_n=a_{n+1}-a_n$이라 할 때, 〈보기〉에서 옳은 것만을 있는 대로 고른 것은? (단, $a_n b_n \neq 0$)

보기
ㄱ. 수열 $\{a_n\}$이 등비수열이면 수열 $\{b_n\}$도 등비수열이다.
ㄴ. 수열 $\{b_n\}$이 등비수열이면 수열 $\{a_n\}$도 등비수열이다.
ㄷ. 수열 $\{a_n\}$이 등비수열이면 수열 $\{a_n b_n\}$도 등비수열이다.

① ㄱ ② ㄴ ③ ㄱ, ㄴ
④ ㄱ, ㄷ ⑤ ㄴ, ㄷ

527

첫째항이 1이고 공비가 2인 등비수열 $\{a_n\}$에서
$$\frac{a_2+a_4+a_6+\cdots+a_{2n}}{a_1+a_2+a_3+\cdots+a_n}=342$$
를 만족시키는 자연수 n의 값을 구하여라.

528

각 항이 실수인 등비수열 $\{a_n\}$에서 $a_2=6$, $a_5=162$일 때,
$$a_1+a_2+a_3+\cdots+a_n \geq 1000$$
을 만족시키는 자연수 n의 최솟값은?

① 6 ② 7 ③ 8
④ 9 ⑤ 10

529

공비가 양수인 등비수열 $\{a_n\}$의 첫째항부터 제n항까지의 합을 S_n이라 하자.
$$S_6-S_3=6, \quad S_{12}-S_6=72$$
일 때, $a_{10}+a_{11}+a_{12}$의 값을 구하여라.

530

등비수열 $\{a_n\}$에서
$$a_1+a_2+a_3+\cdots+a_{10}=16,$$
$$\frac{1}{a_1}+\frac{1}{a_2}+\frac{1}{a_3}+\cdots+\frac{1}{a_{10}}=4$$
일 때, $a_4 a_5 a_6 a_7$의 값은?

① 4 ② 8 ③ 16
④ 27 ⑤ 81

531

원금 a원을 연이율 7 %, 1년마다의 복리로 예금할 때, 몇 년 후에 원리합계가 원금의 2배를 넘는가?
(단, $\log 2=0.30$, $\log 1.07=0.029$로 계산한다.)

① 8년 후 ② 9년 후 ③ 10년 후
④ 11년 후 ⑤ 12년 후

532

등비수열을 이루는 세 실수의 합이 13이고 곱이 27일 때, 세 실수 중 가장 큰 수를 구하여라.

533

등비수열 $\{a_n\}$의 첫째항부터 제n항까지의 합을 S_n이라 하자. $S_{10}=27$, $S_{20}=45$일 때, S_{40}의 값을 구하여라.

개념 plus

$$\displaystyle\sum_{k=1}^{n} a_k = \sum_{i=1}^{n} a_i = \sum_{j=1}^{n} a_j$$

$$\displaystyle\sum_{k=m}^{n} a_k = a_m + a_{m+1} + a_{m+2} + \cdots + a_n$$
$$= \sum_{k=1}^{n} a_k - \sum_{k=1}^{m-1} a_k \ (단,\ 1 < m < n)$$

$\sum$가 포함된 식의 계산에서 다음과 같은 등식은 성립하지 않음에 주의한다.

① $\displaystyle\sum_{k=1}^{n} a_k b_k \neq \sum_{k=1}^{n} a_k \sum_{k=1}^{n} b_k$

② $\displaystyle\sum_{k=1}^{n} \frac{a_k}{b_k} \neq \frac{\sum_{k=1}^{n} a_k}{\sum_{k=1}^{n} b_k}$

③ $\displaystyle\sum_{k=1}^{n} a_k^2 \neq \left(\sum_{k=1}^{n} a_k\right)^2$

④ $\displaystyle\sum_{k=1}^{2n} a_k \neq \sum_{k=1}^{n} a_{2k}$

개념 ❶ 합의 기호 $\sum$ ▸유형 097~101

(1) 합의 기호 $\sum$의 뜻

수열 $\{a_n\}$의 첫째항부터 제n항까지의 합은 합의 기호 $\sum$를 사용하여 다음과 같이 나타낸다.

$$a_1 + a_2 + a_3 + \cdots + a_n = \sum_{k=1}^{n} a_k$$

(2) 합의 기호 $\sum$의 성질

① $\displaystyle\sum_{k=1}^{n}(a_k + b_k) = \sum_{k=1}^{n} a_k + \sum_{k=1}^{n} b_k$

② $\displaystyle\sum_{k=1}^{n}(a_k - b_k) = \sum_{k=1}^{n} a_k - \sum_{k=1}^{n} b_k$

③ $\displaystyle\sum_{k=1}^{n} ca_k = c\sum_{k=1}^{n} a_k$ (단, c는 상수이다.)

④ $\displaystyle\sum_{k=1}^{n} c = cn$ (단, c는 상수이다.)

(3) 자연수의 거듭제곱의 합

① $\displaystyle\sum_{k=1}^{n} k = 1 + 2 + 3 + \cdots + n = \frac{n(n+1)}{2}$

② $\displaystyle\sum_{k=1}^{n} k^2 = 1^2 + 2^2 + 3^2 + \cdots + n^2 = \frac{n(n+1)(2n+1)}{6}$

③ $\displaystyle\sum_{k=1}^{n} k^3 = 1^3 + 2^3 + 3^3 + \cdots + n^3 = \left\{\frac{n(n+1)}{2}\right\}^2$

수열의 규칙성이 보이지 않을 때

➡ 이웃한 항의 차를 살펴본다.

$a_{n+1} - a_n = b_n$이라 하면

$$\boxed{\begin{array}{c} a_1,\ a_2,\ a_3,\ a_4,\ \cdots,\ a_n,\ a_{n+1},\ \cdots \\ \\ b_1,\ b_2,\ b_3,\ \cdots,\ \quad b_n,\ \cdots \end{array}}$$

$$\therefore a_n = a_1 + \sum_{k=1}^{n-1} b_k \ (단,\ n \geq 2)$$

군수열: 어떤 수열을 특정한 규칙에 의하여 몇 개의 항들의 묶음인 군으로 나눌 수 있는 수열

군수열은 일반적으로 다음과 같은 과정을 통하여 일반항을 파악할 수 있다.

step1 각 군에 속한 항들이 같은 규칙을 갖도록 주어진 수열을 군으로 나눈다.

step2 제 m 군의 항의 개수를 구한다.

step3 제 m 군의 첫째항 또는 끝항을 구한다.

step4 제 m 군의 k번째 항을 구한다.

개념 ❷ 여러 가지 수열의 합 ▸유형 102~104

(1) 분수 꼴로 주어진 수열의 합

분수 꼴로 주어진 수열의 합은 $\dfrac{1}{AB} = \dfrac{1}{B-A}\left(\dfrac{1}{A} - \dfrac{1}{B}\right)$임을 이용하여 부분분수로 변형한 다음 연쇄적으로 항을 소거하여 구한다.

① $\displaystyle\sum_{k=1}^{n} \frac{1}{k(k+1)} = \sum_{k=1}^{n}\left(\frac{1}{k} - \frac{1}{k+1}\right)$

② $\displaystyle\sum_{k=1}^{n} \frac{1}{k(k+d)} = \frac{1}{d}\sum_{k=1}^{n}\left(\frac{1}{k} - \frac{1}{k+d}\right)$ (단, $d \neq 0$)

③ $\displaystyle\sum_{k=1}^{n} \frac{1}{(k+a)(k+b)} = \frac{1}{b-a}\sum_{k=1}^{n}\left(\frac{1}{k+a} - \frac{1}{k+b}\right)$ (단, $a \neq b$)

(2) 근호가 포함된 수열의 합

분모에 근호가 포함된 수열의 합은 분모를 유리화하여 두 무리식의 차의 꼴로 변형한 다음 연쇄적으로 항을 소거하여 구한다.

① $\displaystyle\sum_{k=1}^{n} \frac{1}{\sqrt{k+1}+\sqrt{k}} = \sum_{k=1}^{n}(\sqrt{k+1} - \sqrt{k})$

② $\displaystyle\sum_{k=1}^{n} \frac{1}{\sqrt{k+d}+\sqrt{k}} = \frac{1}{d}\sum_{k=1}^{n}(\sqrt{k+d} - \sqrt{k})$ (단, $d \neq 0$)

개념 콕콕

1 합의 기호 $\sum$의 뜻

534
다음을 합의 꼴로 나타내어라.

(1) $\displaystyle\sum_{k=1}^{4} 6k$ (2) $\displaystyle\sum_{n=1}^{5} 3^n$

(3) $\displaystyle\sum_{m=1}^{n} (7m-2)$ (4) $\displaystyle\sum_{i=1}^{n} i(i+5)$

535
다음을 합의 기호 $\sum$를 사용하여 나타내어라.

(1) $5+5^2+5^3+\cdots+5^{17}$

(2) $2+5+8+\cdots+(3n-1)$

(3) $1+\dfrac{1}{3}+\dfrac{1}{9}+\cdots+\left(\dfrac{1}{3}\right)^{n-1}$

(4) $3+7+11+\cdots+31$

2 $\sum$의 성질

536
$\displaystyle\sum_{k=1}^{8} a_k=6$, $\displaystyle\sum_{k=1}^{8} b_k=9$일 때, 다음 값을 구하여라.

(1) $\displaystyle\sum_{k=1}^{8} (2a_k-b_k)$ (2) $\displaystyle\sum_{k=1}^{8} (2a_k+3b_k+4)$

537
다음을 계산하여라.

(1) $\displaystyle\sum_{k=1}^{10} (3k-2)+\sum_{k=1}^{10} (-3k+4)$

(2) $\displaystyle\sum_{k=1}^{n} (2k-1)^2-\sum_{k=1}^{n} (4k^2-4k)$

3 자연수의 거듭제곱의 합

538
다음을 계산하여라.

(1) $\displaystyle\sum_{k=1}^{20} (3k-1)$ (2) $\displaystyle\sum_{k=1}^{20} (2k^2+2k-5)$

(3) $\displaystyle\sum_{k=1}^{20} (k^3-4k^2)$ (4) $\displaystyle\sum_{k=1}^{20} (3k+1)(2k-3)$

539
다음 수열의 합을 구하여라.

(1) $3+4+5+\cdots+19$

(2) $3^2+4^2+5^2+\cdots+19^2$

(3) $3^3+4^3+5^3+\cdots+19^3$

540
다음 수열의 합을 구하여라.

(1) $1\times2+2\times3+3\times4+\cdots+9\times10$

(2) $1^2+3^2+5^2+\cdots+15^2$

4 분수 꼴로 주어진 수열의 합

541
다음 수열의 합을 구하여라.

(1) $\dfrac{1}{1\times2}+\dfrac{1}{2\times3}+\dfrac{1}{3\times4}+\cdots+\dfrac{1}{10\times11}$

(2) $\dfrac{1}{1\times3}+\dfrac{1}{2\times4}+\dfrac{1}{3\times5}+\cdots+\dfrac{1}{10\times12}$

(3) $\displaystyle\sum_{k=1}^{n} \dfrac{1}{(2k-1)(2k+1)}$

5 근호가 포함된 수열의 합

542
다음을 계산하여라.

(1) $\dfrac{1}{1+\sqrt{2}}+\dfrac{1}{\sqrt{2}+\sqrt{3}}+\dfrac{1}{\sqrt{3}+\sqrt{4}}+\cdots+\dfrac{1}{\sqrt{10}+\sqrt{11}}$

(2) $\dfrac{1}{1+\sqrt{3}}+\dfrac{1}{\sqrt{2}+\sqrt{4}}+\dfrac{1}{\sqrt{3}+\sqrt{5}}+\cdots+\dfrac{1}{\sqrt{10}+\sqrt{12}}$

(3) $\displaystyle\sum_{k=1}^{n} \dfrac{1}{\sqrt{k-1}+\sqrt{k}}$

097

Σ의 뜻과 기본 성질을 정확하게 알아 두고 이용하자!

(1) $\displaystyle\sum_{k=1}^{n} a_k = a_1 + a_2 + a_3 + \cdots + a_n$

(2) $\displaystyle\sum_{k=1}^{n} (a_k \pm b_k) = \sum_{k=1}^{n} a_k \pm \sum_{k=1}^{n} b_k$ (복부호동순)

(3) $\displaystyle\sum_{k=1}^{n} ca_k = c \sum_{k=1}^{n} a_k$ (단, c는 상수이다.)

(4) $\displaystyle\sum_{k=1}^{n} c = cn$ (단, c는 상수이다.)

543 BOB 대표

$\displaystyle\sum_{n=1}^{10} a_n = 20$, $\displaystyle\sum_{n=1}^{10} a_n^2 = 70$일 때, $\displaystyle\sum_{n=1}^{10} (a_n+1)(a_n-3)$의 값은?

① 0   ② 5   ③ 10

④ 15   ⑤ 20

544 중

$\displaystyle\sum_{n=1}^{20} a_n = 5$, $\displaystyle\sum_{n=1}^{20} b_n = 10$일 때, $\displaystyle\sum_{n=1}^{20} (3a_n - 2b_n + 1)$의 값은?

① 5   ② 10   ③ 15

④ 20   ⑤ 25

545 중

x에 대한 이차방정식 $x^2 + 2kx + 2k^2 - 1 = 0$의 두 근을 α_k, β_k라 할 때, $\displaystyle\sum_{k=1}^{10} (\alpha_k^2 + \beta_k^2)$의 값을 구하여라. (단, k는 상수이다.)

098

Σ로 이루어진 식을 변형하여 계산해 보자!

(1) $\displaystyle\sum_{k=1}^{n} a_k = \sum_{i=1}^{n} a_i = \sum_{m=1}^{n} a_m$

(2) $\displaystyle\sum_{k=m}^{n} a_k = (a_1 + a_2 + \cdots + a_{m-1} + a_m + \cdots + a_n)$
$- (a_1 + a_2 + \cdots + a_{m-1})$
$= \displaystyle\sum_{k=1}^{n} a_k - \sum_{k=1}^{m-1} a_k$ (단, $1 < m < n$)

546 BOB 대표

$\displaystyle\sum_{k=1}^{10} (k+2)^2 - \sum_{k=3}^{12} (k-2)^2$의 값은?

① 250   ② 255   ③ 260

④ 265   ⑤ 270

547 중

$\displaystyle\sum_{k=3}^{10} (k^3 - k) - \sum_{m=1}^{9} (m^3 - m)$의 값은?

① 984   ② 988   ③ 992

④ 996   ⑤ 1000

548 중

$\displaystyle\sum_{k=3}^{15} (a_{2k-1} + a_{2k}) = \sum_{k=a}^{b} a_k$일 때, 자연수 a, b의 합 $a+b$의 값을 구하여라.

유형
099 자연수의 거듭제곱의 합을 이용하면 복잡한 수열의 합을 구할 수 있다!

(1) $1+2+3+\cdots+n=\displaystyle\sum_{k=1}^{n}k=\dfrac{n(n+1)}{2}$

(2) $1^2+2^2+3^2+\cdots+n^2=\displaystyle\sum_{k=1}^{n}k^2=\dfrac{n(n+1)(2n+1)}{6}$

(3) $1^3+2^3+3^3+\cdots+n^3=\displaystyle\sum_{k=1}^{n}k^3=\left\{\dfrac{n(n+1)}{2}\right\}^2$

549 BOB 대표

$1^2+4^2+7^2+10^2+\cdots+25^2$의 값은?

① 2061   ② 2062   ③ 2063

④ 2064   ⑤ 2065

550 중

수열 $1+2$, $1+2+3$, $1+2+3+4$, $\cdots$의 첫째항부터 제 n항까지의 합을 S_n이라 할 때, S_9의 값은?

① 119   ② 149   ③ 164

④ 179   ⑤ 219

551 중

$\displaystyle\sum_{k=1}^{12}k+\sum_{k=2}^{12}k+\sum_{k=3}^{12}k+\cdots+\sum_{k=11}^{12}k+\sum_{k=12}^{12}k$의 값을 구하여라.

유형
100 수열의 합 $\displaystyle\sum_{k=1}^{n}a_k$를 이용하면 일반항 a_n을 구할 수 있다!

수열 $\{a_n\}$의 첫째항부터 제 n항까지의 합을 S_n이라 하면

① $S_n=\displaystyle\sum_{k=1}^{n}a_k$

② $a_1=S_1$, $a_n=S_n-S_{n-1}$ (단, $n\geq2$)

552 BOB 대표

수열 $\{a_n\}$에 대하여 $\displaystyle\sum_{k=1}^{n}a_k=n^2+2n$일 때, $\displaystyle\sum_{k=1}^{10}a_{2k-1}$의 값은?

① 190   ② 200   ③ 210

④ 220   ⑤ 230

553 중

수열 $\{a_n\}$에 대하여 $\displaystyle\sum_{k=1}^{n}a_k=2^{n+1}-2$일 때, $\displaystyle\sum_{k=1}^{4}a_k{}^2$의 값은?

① 310   ② 320   ③ 330

④ 340   ⑤ 350

554 중   서술형

수열 $\{a_n\}$에 대하여 $\displaystyle\sum_{k=1}^{n}ka_k=n^3+2n^2+n-8$일 때, a_{10}의 값을 구여라.

유형
101
수열의 규칙성이 보이지 않을 때에는 이웃한 항의 차를 살펴보자!

수열 $\{a_n\}$에 대하여 $a_{n+1}-a_n=b_n$이라 하고, n 대신 $1, 2, 3, \cdots, n-1$을 각각 대입하면

$$a_2-a_1=b_1$$
$$a_3-a_2=b_2$$
$$\vdots$$
$$a_{n-1}-a_{n-2}=b_{n-2}$$
$$+)\ \underline{a_n-a_{n-1}=b_{n-1}}$$
$$a_n-a_1=b_1+b_2+b_3+\cdots+b_{n-1}$$
$$=\sum_{k=1}^{n-1}b_k$$

$$\therefore a_n=a_1+\sum_{k=1}^{n-1}b_k\ (단,\ n\geq 2)$$

555 BOB 대표
수열 $2, 6, 12, 20, 30, \cdots$에서 272는 제몇 항인가?

① 제12항   ② 제13항   ③ 제14항
④ 제15항   ⑤ 제16항

556 중
수열 $-2, 1, 7, 19, 43, \cdots$에서 1531은 제몇 항인가?

① 제7항   ② 제8항   ③ 제9항
④ 제10항   ⑤ 제11항

557 중
수열 $\{a_n\}$이

$$3, 5, 9, 17, 33, \cdots$$

일 때, 일반항 a_n과 첫째항부터 제n항까지의 합 S_n을 각각 구하여라.

유형
102
분수 꼴로 주어진 수열의 합은 부분분수를 이용하여 이웃한 항끼리 소거하자!

step 1 분수 꼴로 주어진 수열의 합은

$$\frac{1}{AB}=\frac{1}{B-A}\left(\frac{1}{A}-\frac{1}{B}\right)$$

임을 이용하여 부분분수로 변형한다.

step 2 주어진 수열의 합을 전개한 식에서 연쇄적으로 항을 소거하여 합을 구한다. 이때, 소거되는 항들은 대칭적으로 소거된다.

(1) $\displaystyle\sum_{k=1}^{n}\frac{1}{k(k+1)}=\sum_{k=1}^{n}\left(\frac{1}{k}-\frac{1}{k+1}\right)$

(2) $\displaystyle\sum_{k=1}^{n}\frac{1}{k(k+d)}=\frac{1}{d}\sum_{k=1}^{n}\left(\frac{1}{k}-\frac{1}{k+d}\right)$ (단, $d\neq 0$)

(3) $\displaystyle\sum_{k=1}^{n}\frac{1}{(k+a)(k+b)}=\frac{1}{b-a}\sum_{k=1}^{n}\left(\frac{1}{k+a}-\frac{1}{k+b}\right)$
(단, $a\neq b$)

558 BOB 대표
$1+\dfrac{1}{1+2}+\dfrac{1}{1+2+3}+\cdots+\dfrac{1}{1+2+3+\cdots+2010}$의 값은?

① $\dfrac{4019}{2010}$ ② $\dfrac{4020}{2010}$ ③ $\dfrac{4021}{2010}$
④ $\dfrac{4020}{2011}$ ⑤ $\dfrac{4021}{2011}$

559 하
$\displaystyle\sum_{k=1}^{30}\frac{1}{(2k-1)(2k+1)}=\frac{q}{p}$ 일 때, $p+q$의 값은?
(단, p와 q는 서로소인 자연수이다.)

① 90   ② 91   ③ 92
④ 93   ⑤ 94

560 중
다음 수열의 합을 구하여라.

$$\frac{1}{9-1}+\frac{1}{16-1}+\frac{1}{25-1}+\cdots+\frac{1}{100-1}$$

유형
103
근호가 포함된 수열의 합은 유리화하여 이웃한 항끼리 소거하자!

step 1 근호가 포함된 수열의 일반항을 유리화한다.

step 2 주어진 수열의 합을 전개한 식에서 연쇄적으로 항을 소거하여 합을 구한다. 이때, 소거되는 항들은 대칭적으로 소거된다.

(1) $\displaystyle\sum_{k=1}^{n} \frac{1}{\sqrt{k+1}+\sqrt{k}} = \sum_{k=1}^{n}(\sqrt{k+1}-\sqrt{k})$

(2) $\displaystyle\sum_{k=1}^{n} \frac{1}{\sqrt{k+d}+\sqrt{k}} = \frac{1}{d}\sum_{k=1}^{n}(\sqrt{k+d}-\sqrt{k})$ (단, $d \neq 0$)

561 BOB 대표

$\dfrac{1}{\sqrt{2}+\sqrt{3}} + \dfrac{1}{\sqrt{3}+\sqrt{4}} + \dfrac{1}{\sqrt{4}+\sqrt{5}} + \cdots + \dfrac{1}{\sqrt{63}+\sqrt{64}}$ 의 값은?

① $7-\sqrt{2}$ ② $8-\sqrt{2}$ ③ 7

④ 8   ⑤ $8+\sqrt{2}$

562 중   서술형

$\displaystyle\sum_{k=1}^{22} \frac{1}{\sqrt{k+2}+\sqrt{k+3}} = a+b\sqrt{3}$ 을 만족시키는 정수 a, b의 합 $a+b$의 값을 구하여라.

563 중

자연수 n에 대하여 $f(n) = \dfrac{1}{\sqrt{n}+\sqrt{n+1}}$ 일 때, $\displaystyle\sum_{k=4}^{99} f(k)$의 값을 구하여라.

유형
104
나머지로 정의된 수열은 그 규칙성을 찾는다!

자연수를 거듭제곱하면 일의 자리의 숫자는 반복된다.

(1) $\{2^n\}$: 2, 4, 8, 16, 32, 64, 128, 256, $\cdots$
➡ 일의 자리의 숫자는 2, 4, 8, 6이 반복

(2) $\{3^n\}$: 3, 9, 27, 81, 243, 729, 2187, 6561, $\cdots$
➡ 일의 자리의 숫자는 3, 9, 7, 1이 반복

(3) $\{4^n\}$: 4, 16, 64, 256, 1024, 4096, $\cdots$
➡ 일의 자리의 숫자는 4, 6이 반복

564 BOB 대표

자연수 n에 대하여 7^n을 10으로 나눈 나머지를 $f(n)$, 8^n을 10으로 나눈 나머지를 $g(n)$이라 하자. 수열 $\{a_n\}$을 $a_n = f(n) - g(n)$으로 정의할 때, $\displaystyle\sum_{n=1}^{998} a_n$의 값은?

① 4   ② 5   ③ 6

④ 7   ⑤ 8

565 중

자연수 n에 대하여 $3^n + 8^n$의 일의 자리의 숫자를 a_n이라 할 때, $\displaystyle\sum_{n=1}^{46} a_n$의 값은?

① 222   ② 224   ③ 226

④ 228   ⑤ 230

566 중

자연수 n에 대하여 n^2을 3으로 나눈 나머지를 a_n이라 할 때, $a_1 + a_2 + a_3 + \cdots + a_{20}$의 값을 구하여라.

567

수열 $\{a_n\}$에서 $a_n = 2^n + (-1)^n$일 때, $a_1 + a_2 + a_3 + \cdots + a_9$의 값은?

① $2^{10} - 3$ ② $2^{10} - 1$ ③ 2^{10}
④ $2^{10} + 1$ ⑤ $2^{10} + 3$

568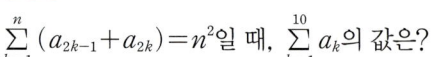

$\displaystyle\sum_{k=1}^{n} (a_{2k-1} + a_{2k}) = n^2$일 때, $\displaystyle\sum_{k=1}^{10} a_k$의 값은?

① 25   ② 30   ③ 35
④ 40   ⑤ 45

569

$\displaystyle\sum_{k=1}^{20} |k-9| - \sum_{k=1}^{20} (k-9)$의 값은?

① 60   ② 64   ③ 68
④ 72   ⑤ 76

570

$\displaystyle\sum_{i=1}^{n} \left(\sum_{k=1}^{i} k \right) = 35$를 만족시키는 자연수 n의 값은?

① 4   ② 5   ③ 6
④ 7   ⑤ 8

571

$\displaystyle\sum_{k=1}^{20} (-1)^k \times (k+1)^2$의 값은?

① 229   ② 230   ③ 231
④ 232   ⑤ 233

572

n이 자연수일 때, x에 대한 이차방정식 $x^2 - 4nx + n^2 = 0$의 두 근을 a_n, b_n이라 하자. $\displaystyle\sum_{k=1}^{10} (3-a_k)(3-b_k)$의 값을 구하여라.

573

수열

$$1, \ \frac{1+2}{2}, \ \frac{1+2+3}{3}, \ \cdots, \ \frac{1+2+3+\cdots+20}{20}$$

의 합은?

① 100   ② 105   ③ 110
④ 115   ⑤ 120

574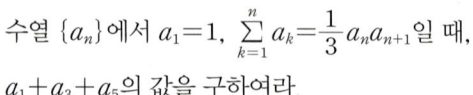

수열 $\{a_n\}$에서 $a_1 = 1$, $\displaystyle\sum_{k=1}^{n} a_k = \frac{1}{3} a_n a_{n+1}$일 때, $a_1 + a_3 + a_5$의 값을 구하여라.

575
수열 $\{a_n\}$이
$$-3, \ -2, \ 0, \ 3, \ 7, \ \cdots$$
일 때, $a_m = 63$을 만족시키는 자연수 m의 값을 구하여라.

576
수열 $\{a_n\}$에 대하여 $a_n = 4n^2 - 1$일 때, $\displaystyle\sum_{k=1}^{10} \frac{1}{a_k}$의 값은?

① $\dfrac{1}{3}$ ② $\dfrac{8}{21}$ ③ $\dfrac{3}{7}$

④ $\dfrac{10}{21}$ ⑤ $\dfrac{11}{21}$

577
수열 $\{a_n\}$에 대하여
$$a_n = (-1)^n \frac{2n+1}{n(n+1)} \ (n=1, \ 2, \ 3, \ \cdots)$$
이고, 수열 $\{a_n\}$의 첫째항부터 제n항까지의 합을 S_n이라 할 때, S_{99}의 값은?

① $-\dfrac{101}{99}$ ② $-\dfrac{101}{100}$ ③ $-\dfrac{100}{101}$

④ $-\dfrac{99}{100}$ ⑤ $-\dfrac{99}{101}$

578
$\displaystyle\sum_{k=1}^{99} \frac{2}{\sqrt{k-1}+\sqrt{k+1}} = a + b\sqrt{11}$일 때, 정수 a, b의 합 $a+b$의 값을 구하여라.

579
자연수 n에 대하여 $\dfrac{n(n+1)}{2}$을 3으로 나눈 나머지를 a_n이라 할 때, $\displaystyle\sum_{n=1}^{1000} a_n$의 값은?

① 330   ② 332   ③ 334

④ 336   ⑤ 338

580 보충 설명
수열 $\{a_n\}$에 대하여
$$a_n = n - 4\left[\frac{n}{4}\right]$$
일 때, $\displaystyle\sum_{n=1}^{25} a_n$의 값을 구하여라.

(단, $[x]$는 x보다 크지 않은 최대의 정수이다.)

581 서술형
자연수 n에 대하여 x에 대한 이차식 $x^2 - (n+1)x + 2n + 1$을 $x-n$으로 나눈 나머지를 a_n이라 할 때, $\displaystyle\sum_{k=1}^{10} a_k$의 값을 구하여라.

582 서술형
수열 9, 99, 999, 9999, $\cdots$의 첫째항부터 제20항까지의 합은 $\dfrac{10^m - n}{9}$이다. 자연수 m, n의 합 $m+n$의 값을 구하여라.

11 수학적 귀납법

개념 ❶ 수열의 귀납적 정의 ◆ 유형 105~111

(1) 수열의 귀납적 정의

수열 $\{a_n\}$에서

① 첫째항 a_1의 값

② 두 항 a_n, a_{n+1} $(n=1, 2, 3, \cdots)$ 사이의 관계식

과 같이 첫째항과 이웃하는 항들 사이의 관계식으로 수열을 정의하는 것을 수열의 귀납적 정의라 하고, 그 관계식을 점화식이라 한다.

(2) 등차수열과 등비수열의 점화식

수열 $\{a_n\}$에 대하여 $n=1, 2, 3, \cdots$일 때

① $a_{n+1}-a_n=d$ (일정) $\Longleftrightarrow$ 수열 $\{a_n\}$은 공차가 d인 등차수열

② $a_{n+1}\div a_n=r$ (일정) $\Longleftrightarrow$ 수열 $\{a_n\}$은 공비가 r인 등비수열

③ $2a_{n+1}=a_n+a_{n+2}$, 즉 $a_{n+1}-a_n=a_{n+2}-a_{n+1}$ $\Longleftrightarrow$ 수열 $\{a_n\}$은 등차수열

④ $a_{n+1}^{\ 2}=a_n a_{n+2}$, 즉 $a_{n+1}\div a_n=a_{n+2}\div a_{n+1}$ $\Longleftrightarrow$ 수열 $\{a_n\}$은 등비수열

(3) 여러 가지 점화식

① $a_{n+1}=a_n+f(n)$의 꼴

점화식의 n에 1, 2, 3, $\cdots$, $n-1$을 차례대로 대입하여 변끼리 더하면

$$a_n=a_1+\sum_{k=1}^{n-1}f(k) \ (\text{단, } n=2, 3, 4, \cdots)$$

② $a_{n+1}=f(n)\times a_n \ (a_n\neq 0)$의 꼴

점화식의 n에 1, 2, 3, $\cdots$, $n-1$을 차례대로 대입하여 변끼리 곱하면

$$a_n=f(1)f(2)\cdots f(n-1)a_1 \ (\text{단, } n=2, 3, 4, \cdots)$$

◆ S_n이 포함된 점화식

S_n이 포함된 점화식은 수열의 합과 일반항 사이의 관계, 즉

$a_n=S_n-S_{n-1} \ (n\geq 2)$

을 이용하여 수열 $\{a_n\}$의 일반항을 구한다.

◆ 일반항을 찾기 어려운 꼴의 점화식

일반항을 찾기 어려운 꼴의 점화식은 점화식의 n에 1, 2, 3, …을 차례대로 대입하여 수열의 규칙성을 찾는다.

◆ 피보나치수열

연속한 두 항의 합을 나열하여 얻어지는 수열을 피보나치수열이라 하며, 그 점화식은 다음과 같다.

$a_1=1$, $a_2=1$,

$a_{n+2}=a_{n+1}+a_n$ (단, $n=1, 2, 3, \cdots$)

개념 ❷ 수학적 귀납법 ◆ 유형 112~113

(1) 자연수 n에 대한 명제 $p(n)$이 모든 자연수 n에 대하여 성립하는 것을 증명하려면 다음 두 가지를 보이면 된다.

> (ⅰ) $n=1$일 때, 명제 $p(n)$이 성립한다.
> (ⅱ) $n=k$일 때, 명제 $p(n)$이 성립한다고 가정하면 $n=k+1$일 때에도 명제 $p(n)$이 성립한다.

(2) 자연수 n에 대한 명제 $p(n)$이 $n\geq m(m$은 자연수)인 모든 자연수 n에 대하여 성립함을 증명하려면 다음 두 가지를 보이면 된다.

> (ⅰ) $n=m$일 때, 명제 $p(n)$이 성립한다.
> (ⅱ) $n=k(k\geq m)$일 때, 명제 $p(n)$이 성립한다고 가정하면 $n=k+1$일 때에도 명제 $p(n)$이 성립한다.

이와 같은 방법으로 자연수 n에 대한 명제 $p(n)$이 성립함을 증명하는 것을 수학적 귀납법이라 한다.

개념 콕콕

1 수열의 귀납적 정의

583
다음과 같이 정의된 수열 $\{a_n\}$의 제5항을 구하여라.

(단, $n=1, 2, 3, \cdots$)

(1) $a_1=1$, $a_{n+1}=a_n+3$

(2) $a_1=1$, $a_{n+1}=a_n+2^n$

(3) $a_1=2$, $a_{n+1}=a_n+(n+1)^2$

(4) $a_1=1$, $a_2=2$, $a_{n+2}=a_n+a_{n+1}$

2 등차수열과 등비수열의 귀납적 정의

584
다음 수열을 $\{a_n\}$이라 할 때, 수열 $\{a_n\}$을 귀납적으로 정의하여라.

(1) $2, 4, 6, 8, 10, \cdots$

(2) $3, 0, -3, -6, -9, \cdots$

(3) $1, 2, 4, 8, 16, \cdots$

(4) $8, -12, 18, -27, \dfrac{81}{2}, \cdots$

3 등차수열과 등비수열의 점화식

585
다음과 같이 정의된 수열 $\{a_n\}$의 일반항 a_n을 구하여라.

(단, $n=1, 2, 3, \cdots$)

(1) $a_1=5$, $a_{n+1}=a_n+2$

(2) $a_1=-4$, $a_2=-8$, $2a_{n+1}=a_n+a_{n+2}$

(3) $a_1=4$, $a_{n+1}=\dfrac{1}{2}a_n$

(4) $a_1=2$, $a_2=-4$, $a_{n+1}^2=a_na_{n+2}$

4 여러 가지 점화식

586
다음과 같이 정의된 수열 $\{a_n\}$의 일반항 a_n을 구하여라.

(단, $n=1, 2, 3, \cdots$)

(1) $a_1=5$, $a_{n+1}-a_n=2n$

(2) $a_1=3$, $a_{n+1}-a_n=2^n$

(3) $a_1=1$, $a_{n+1}=\dfrac{n+1}{n}a_n$

(4) $a_1=1$, $a_{n+1}=9^na_n$

5 수학적 귀납법

587
다음은 모든 자연수 n에 대하여 등식

$$1+2+3+\cdots+n=\frac{n(n+1)}{2}$$

이 성립함을 수학적 귀납법으로 증명한 것이다.

(i) $n=1$일 때

$$(\text{좌변})=1, \ (\text{우변})=\frac{1\times(1+1)}{2}=1$$

따라서 주어진 등식이 성립한다.

(ii) $n=k$일 때

주어진 등식이 성립한다고 가정하면

$$1+2+3+\cdots+k=\frac{k(k+1)}{2}$$

위의 식의 양변에 $k+1$을 더하면

$$1+2+3+\cdots+k+(k+1)$$
$$=\frac{k(k+1)}{2}+(k+1)$$
$$=\frac{\boxed{}}{2}$$

따라서 $n=k+1$일 때에도 주어진 등식이 성립한다.

(i), (ii)에 의하여 모든 자연수 n에 대하여 주어진 등식이 성립한다.

위의 과정에서 □ 안에 알맞은 것을 써넣어라.

588
모든 자연수 n에 대하여 등식

$$2+4+6+\cdots+2n=n(n+1)$$

이 성립함을 수학적 귀납법으로 증명하려고 한다.

(1) $n=1$일 때, 주어진 등식이 성립함을 보여라.

(2) $n=k$일 때, 주어진 등식이 성립하면 $n=k+1$일 때에도 주어진 등식이 성립함을 보여라.

유형 105 $a_{n+1}-a_n=$(일정)하면 수열 $\{a_n\}$은 등차수열임을 의미한다!

수열 $\{a_n\}$에 대하여 $n=1, 2, 3, \cdots$일 때
① $a_{n+1}-a_n=d$ (일정) ➡ 수열 $\{a_n\}$은 공차가 d인 등차수열
② $a_{n+2}-a_{n+1}=a_{n+1}-a_n$ ➡ 수열 $\{a_n\}$은 등차수열
③ $2a_{n+1}=a_n+a_{n+2}$ ➡ 수열 $\{a_n\}$은 등차수열

589 BOB 대표  다른 풀이

수열 $\{a_n\}$이
$$a_{n+2}-a_{n+1}=a_{n+1}-a_n \ (n=1, 2, 3, \cdots)$$
으로 정의되고 $a_2=10$, $a_9=24$일 때, a_{16}의 값은?

① 35　　　② 36　　　③ 37
④ 38　　　⑤ 39

590 하

수열 $\{a_n\}$이
$$a_1=120, \ a_{n+1}=a_n-4 \ (n=1, 2, 3, \cdots)$$
로 정의될 때, $a_k=8$을 만족시키는 자연수 k의 값은?

① 28　　　② 29　　　③ 30
④ 31　　　⑤ 32

591 중 서술형

수열 $\{a_n\}$이
$$a_1=2, \ a_2=4, \ 2a_{n+1}=a_n+a_{n+2} \ (n=1, 2, 3, \cdots)$$
로 정의되고 $\displaystyle\sum_{k=1}^{10}\dfrac{1}{a_k a_{k+1}}=\dfrac{q}{p}$일 때, $p+q$의 값을 구하여라.

(단, p와 q는 서로소인 자연수이다.)

유형 106 $a_{n+1}\div a_n=$(일정)하면 수열 $\{a_n\}$은 등비수열임을 의미한다!

수열 $\{a_n\}$에 대하여 $n=1, 2, 3, \cdots$일 때
① $a_{n+1}\div a_n=r$ (일정) ➡ 수열 $\{a_n\}$은 공비가 r인 등비수열
② $a_{n+2}\div a_{n+1}=a_{n+1}\div a_n$ ➡ 수열 $\{a_n\}$은 등비수열
③ $a_{n+1}{}^2=a_n a_{n+2}$ ➡ 수열 $\{a_n\}$은 등비수열

592 BOB 대표

수열 $\{a_n\}$이
$$a_1=2, \ a_2=4, \ a_{n+1}{}^2=a_n a_{n+2} \ (n=1, 2, 3, \cdots)$$
로 정의될 때, a_9의 값은?

① 64　　　② 128　　　③ 256
④ 512　　　⑤ 1024

593 하

수열 $\{a_n\}$이
$$a_2=9, \ a_n=3a_{n+1} \ (n=1, 2, 3, \cdots)$$
로 정의될 때, $a_7=\dfrac{1}{3^k}$을 만족시키는 자연수 k의 값은?

① 1　　　② 2　　　③ 3
④ 4　　　⑤ 5

594 중 서술형

$\dfrac{a_{n+2}}{a_{n+1}}=\dfrac{a_{n+1}}{a_n} \ (n=1, 2, 3, \cdots)$을 만족시키는 수열 $\{a_n\}$의 첫째 항부터 제n항까지의 합을 S_n이라 할 때, $S_4=90$, $S_8=1530$이다. S_{10}의 값을 구하여라. (단, $a_n>0$)

$a_{n+1}=a_n+f(n)$의 꼴의 점화식에서 일반항 a_n을 구할 때

step 1 n에 1, 2, 3, $\cdots$, $n-1$을 차례대로 대입하여 변끼리 더한다.

step 2 $a_n=a_1+\sum_{k=1}^{n-1}f(k)$

(단, $n=2, 3, 4, \cdots$)

$a_{n+1}=a_n+f(n)$에서

$a_2=a_1+f(1)$

$a_3=a_2+f(2)$

$a_4=a_3+f(3)$

$\vdots$

$+)\ a_n=a_{n-1}+f(n-1)$

$a_n=a_1+\sum_{k=1}^{n-1}f(k)$

---

595 BOB 대표

수열 $\{a_n\}$이

$$a_1=3,\ a_{n+1}=a_n+2n^2\ (n=1, 2, 3, \cdots)$$

으로 정의될 때, a_8의 값은?

① 280　　　② 283　　　③ 286

④ 289　　　⑤ 292

---

596 중

수열 $\{a_n\}$이

$$a_1=3,\ a_n=a_{n-1}+3^{n-1}\ (n=2, 3, 4, \cdots)$$

으로 정의될 때, $a_k=366$을 만족시키는 자연수 k의 값은?

① 6　　　② 7　　　③ 8

④ 9　　　⑤ 10

---

597 중 ‧ 서술형

$a_1=1,\ a_{n+1}=a_n+f(n)(n=1, 2, 3, \cdots)$으로 정의된 수열 $\{a_n\}$에 대하여 $\sum_{k=1}^{n}f(k)=n^2+2n$일 때, a_{15}의 값을 구하여라.

$a_{n+1}=f(n)\times a_n$의 꼴의 점화식에서 일반항 a_n을 구할 때

step 1 n에 1, 2, 3, $\cdots$, $n-1$을 차례대로 대입하여 변끼리 곱한다.

step 2 $a_n=f(1)f(2)$ $\cdots f(n-1)a_1$ (단, $n=2, 3, 4, \cdots$)

$a_{n+1}=f(n)\times a_n$에서

$a_2=f(1)\times a_1$

$a_3=f(2)\times a_2$

$a_4=f(3)\times a_3$

$\vdots$

$\times)\ a_n=f(n-1)\times a_{n-1}$

$a_n=f(1)f(2)\cdots f(n-1)a_1$

---

598 BOB 대표

수열 $\{a_n\}$이

$$a_1=3,\ a_{n+1}=\frac{n+3}{n+1}a_n\ (n=1, 2, 3, \cdots)$$

으로 정의될 때, $\sum_{k=1}^{30}\frac{1}{a_k}$의 값은?

① $\dfrac{9}{16}$　　　② $\dfrac{11}{16}$　　　③ $\dfrac{13}{16}$

④ $\dfrac{15}{16}$　　　⑤ $\dfrac{17}{16}$

---

599 중

수열 $\{a_n\}$이

$$a_1=1,\ a_{n+1}=\left(1+\frac{1}{n}\right)a_n\ (n=1, 2, 3, \cdots)$$

으로 정의될 때, $\sum_{k=1}^{12}a_k$의 값은?

① 65　　　② 78　　　③ 91

④ 104　　　⑤ 119

---

600 중

수열 $\{a_n\}$이

$$a_1=3,\ a_{n+1}=5^n a_n\ (n=1, 2, 3, \cdots)$$

으로 정의될 때, $a_k=3\times 5^{55}$을 만족시키는 자연수 k의 값을 구하여라.

유형 109 같은 것이 반복되는 점화식은 직접 항들을 나열하여 규칙성을 찾는다!

처음 보는 수열은 $n=1, 2, 3, \cdots$을 차례대로 대입하여 주어진 수열의 규칙을 찾는다.

601 BOB 대표

수열 $\{a_n\}$이 $a_1=1, a_2=2$이고
$$a_{n+2}+a_n=-a_{n+1} \ (n=1, 2, 3, \cdots)$$
로 정의될 때, 제100항을 구하여라.

602 중

수열 $\{a_n\}$이
$$a_1=15, \ a_{n+1}=\begin{cases} \dfrac{1}{2}a_n & (a_n \text{은 짝수}) \\ a_n+3 & (a_n \text{은 홀수}) \end{cases} (n=1, 2, 3, \cdots)$$
으로 정의될 때, a_{124}의 값은?

① 2   ② 3   ③ 4
④ 5   ⑤ 6

유형 110 S_n이 포함된 점화식은 $S_{n+1}-S_n=a_{n+1}$을 이용하자!

수열 $\{a_n\}$의 첫째항부터 제n항까지의 합 S_n에 대하여 S_n이 포함된 점화식에서 일반항 a_n을 구할 때
step1 주어진 점화식에 n 대신 $n+1$을 대입하여 변끼리 뺀다.
step2 $S_{n+1}-S_n=a_{n+1}$임을 이용하여 주어진 점화식을 a_n 또는 S_n에 대한 식으로 변형한다.

603 BOB 대표

수열 $\{a_n\}$의 첫째항부터 제n항까지의 합을 S_n이라 하면
$$a_1=-2, \ S_n=2a_n+2n \ (n=1, 2, 3, \cdots)$$
이 성립한다. a_5의 값은?

① -68 ② -65 ③ -62
④ -58 ⑤ -54

604 중

수열 $\{a_n\}$의 첫째항부터 제n항까지의 합을 S_n이라 하면
$$S_1=4, \ S_{n+1}=2S_n-1 \ (n=1, 2, 3, \cdots)$$
이 성립한다. a_{11}의 값을 구하여라.

유형 111 수열의 귀납적 정의를 활용하자!

step1 자연수 n과 관련된 미지수를 일반항 a_n으로 놓는다.
step2 첫째항 a_1을 구한다.
step3 주어진 조건을 이용하여 a_n과 a_{n+1} 사이의 관계식을 구한다.
step4 점화식을 풀어 a_n을 구한 다음 구하려는 미지수의 값을 구한다.

605 BOB 대표

어떤 통에 물 45 L가 들어 있다. 장윤이는 이 통의 물의 $\dfrac{1}{3}$을 퍼내고 6 L의 물을 새로 넣는다. 또 다시 통의 물의 $\dfrac{1}{3}$을 퍼내고 6 L의 물을 새로 넣는다. 이와 같은 시행을 n번 반복한 후 통에 남아 있는 물의 양을 a_n L라 할 때, 다음 물음에 답하여라.

(1) a_1의 값을 구하여라.
(2) a_n과 a_{n+1} 사이의 관계식을 구하여라.
(3) (1), (2)를 이용하여 a_5의 값을 구하여라.

606 중

서인이네 가족은 여름방학 중에 자전거 여행을 가기로 하였다. 여행 첫째 날은 30 km를 이동하고 다음 날부터는 매일 전날 이동한 거리의 $\dfrac{1}{2}$에 7 km를 더 이동한다. 여행 n번째 날 이동한 거리를 a_n km라 할 때, 다음 물음에 답하여라.

(1) a_1의 값을 구하여라.
(2) a_n과 a_{n+1} 사이의 관계식을 구하여라.
(3) (1), (2)를 이용하여 일반항 a_n을 구하여라.
(4) 여행 첫째 날부터 5일째까지 이동한 총 거리를 구하여라.

607 중

어떤 세포는 1시간마다 3개씩 죽고, 나머지는 각각 2개로 분열한다고 한다. 처음 세포의 수는 10이고 n시간 후에 살아 있는 세포의 수를 a_n이라 할 때, 6시간 후에 살아 있는 세포의 수를 구하여라.

112 자연수 n에 대한 등식의 증명은 수학적 귀납법을 이용한다!

자연수 n에 대한 명제 $p(n)$이 모든 자연수 n에 대하여 성립하는 것을 증명하려면 다음 두 가지를 보이면 된다.

(i) $n=1$일 때, 명제 $p(n)$이 성립한다.

(ii) $n=k$일 때, 명제 $p(n)$이 성립한다고 가정하면 $n=k+1$일 때에도 명제 $p(n)$이 성립한다.

608 BOB 대표

다음은 모든 자연수 n에 대하여 등식

$$1^2+2^2+3^2+\cdots+n^2=\frac{1}{6}n(n+1)(2n+1)$$

이 성립함을 수학적 귀납법으로 증명한 것이다.

(i) $n=1$일 때

$$(\text{좌변})=1^2=1, \quad (\text{우변})=\frac{1}{6}\times 1\times 2\times 3=1$$

따라서 주어진 등식이 성립한다.

(ii) $n=k$일 때, 주어진 등식이 성립한다고 가정하면

$$1^2+2^2+3^2+\cdots+k^2=\frac{1}{6}k(k+1)(2k+1)$$

위의 등식의 양변에 $\boxed{\text{(가)}}$ 을(를) 더하면

$$1^2+2^2+3^2+\cdots+k^2+\boxed{\text{(가)}}$$

$$=\frac{1}{6}k(k+1)(2k+1)+\boxed{\text{(가)}}$$

$$=\frac{1}{6}(k+1)\{2k^2+k+(\boxed{\text{(나)}})\}$$

$$=\frac{1}{6}(k+1)(k+2)(\boxed{\text{(다)}})$$

따라서 $n=k+1$일 때에도 주어진 등식이 성립한다.

(i), (ii)에 의하여 모든 자연수 n에 대하여 주어진 등식이 성립한다.

위의 (가), (나), (다)에 알맞은 식을 각각 $f(k)$, $g(k)$, $h(k)$라 할 때, $\dfrac{g(1)h(1)}{f(1)}$의 값을 구하여라.

609 중

모든 자연수 n에 대하여

$$1\times 2+2\times 3+3\times 4+\cdots+n(n+1)=\frac{n(n+1)(n+2)}{3}$$

가 성립함을 수학적 귀납법으로 증명하려고 한다. 다음 물음에 답하여라.

(1) $n=1$일 때, 주어진 등식이 성립함을 보여라.

(2) $n=k$일 때, 주어진 등식이 성립하면 $n=k+1$일 때에도 등식이 성립함을 보여라.

113 자연수 n에 대한 부등식의 증명은 수학적 귀납법을 이용한다!

자연수 n에 대한 명제 $p(n)$이 $n\geq m$ (m은 자연수)인 모든 자연수 n에 대하여 성립함을 증명하려면 다음 두 가지를 보이면 된다.

(i) $n=m$일 때, 명제 $p(n)$이 성립한다.

(ii) $n=k(k\geq m)$일 때, 명제 $p(n)$이 성립한다고 가정하면 $n=k+1$일 때에도 명제 $p(n)$이 성립한다.

610 BOB 대표

다음은 $n\geq 4$인 모든 자연수 n에 대하여 부등식

$$1\times 2\times 3\times\cdots\times n>2^n$$

이 성립함을 수학적 귀납법으로 증명한 것이다.

(i) $n=4$일 때

$$(\text{좌변})=1\times 2\times 3\times 4=24, \quad (\text{우변})=2^4=16$$

따라서 주어진 부등식이 성립한다.

(ii) $n=k(k\geq 4)$일 때, 주어진 부등식이 성립한다고 가정하면

$$1\times 2\times 3\times\cdots\times k>2^k$$

위의 부등식의 양변에 $\boxed{\text{(가)}}$ 을(를) 곱하면

$$1\times 2\times 3\times\cdots\times k\times(\boxed{\text{(가)}})>2^k\times(\boxed{\text{(가)}})$$

이때, $k\geq 4$이므로 위의 식의 우변에서

$$2^k\times(\boxed{\text{(가)}})>\boxed{\text{(나)}}$$

$$\therefore 1\times 2\times 3\times\cdots\times k\times(\boxed{\text{(가)}})>\boxed{\text{(나)}}$$

따라서 $n=k+1$일 때에도 주어진 부등식이 성립한다.

(i), (ii)에 의하여 $n\geq 4$인 자연수 n에 대하여 주어진 부등식이 성립한다.

위의 (가), (나)에 알맞은 식을 각각 $f(k)$, $g(k)$라 할 때, $\dfrac{g(7)}{f(15)}$의 값을 구하여라.

611 중

$n\geq 2$인 모든 자연수 n에 대하여 부등식

$$(1+h)^n>1+nh$$

가 성립함을 수학적 귀납법으로 증명하려고 한다. 다음 물음에 답하여라. (단, $h>0$)

(1) $n=2$일 때, 주어진 부등식이 성립함을 보여라.

(2) $n=k(k\geq 2)$일 때, 주어진 부등식이 성립하면 $n=k+1$일 때에도 부등식이 성립함을 보여라.

612

수열 $\{a_n\}$에서 모든 자연수 n에 대하여 세 항 a_{2n-1}, a_{2n}, a_{2n+1}은 이 순서대로 등차수열을 이루고, 세 항 a_{2n}, a_{2n+1}, a_{2n+2}는 이 순서대로 등비수열을 이룬다. $a_1=1$, $a_2=2$일 때, a_{15}의 값은?

① 30   ② 32   ③ 34

④ 36   ⑤ 38

613

수열 $\{a_n\}$이

$$a_1=1,\ a_{n+1}=a_n+(-2)^n\ (n=1,\,2,\,3,\,\cdots)$$

으로 정의될 때, $\sum\limits_{k=1}^{5} a_k$의 값을 구하여라.

614

$a_1=16$, $a_{n+1}=\sqrt{a_n}\,(n=1,\,2,\,3,\,\cdots)$으로 정의된 수열 $\{a_n\}$에 대하여 $\log_2 a_9$의 값은?

① $\dfrac{1}{256}$ ② $\dfrac{1}{128}$ ③ $\dfrac{1}{64}$

④ $\dfrac{1}{32}$ ⑤ $\dfrac{1}{16}$

615

수열 $\{a_n\}$이

$$a_1=5,\ a_{n+1}=\frac{1}{2}a_n+2\ (n=1,\,2,\,3,\,\cdots)$$

로 정의될 때, $\sum\limits_{k=1}^{20}(a_k-4)=p-2\times\left(\dfrac{1}{2}\right)^q$을 만족시키는 자연수 p, q의 합 $p+q$의 값을 구하여라.

616

수열 $\{a_n\}$이

$$a_1=1,\ a_{n+1}=\frac{a_n}{1+na_n}\ (n=1,\,2,\,3,\,\cdots)$$

으로 정의될 때, $\dfrac{1}{a_{10}}$의 값은?

① 44   ② 46   ③ 48

④ 50   ⑤ 52

617

수열 $\{a_n\}$은

$$a_1=1,\ a_{n+1}=\frac{3a_n-1}{4a_n-1}\ (n\ge 1)$$

을 만족시킨다. 다음은 일반항 a_n을 구하는 과정이다.

모든 자연수 n에 대하여

$$4a_{n+1}-1=4\times\frac{3a_n-1}{4a_n-1}-1=2-\frac{1}{4a_n-1}$$

이다. 수열 $\{b_n\}$을

$$b_1=1,\ b_{n+1}=(4a_n-1)b_n\ (n\ge 1)\qquad\cdots\cdots\ (\ast)$$

이라 하면

$$b_{n+2}-b_{n+1}=b_{n+1}-b_n$$

이다.

즉, 수열 $\{b_n\}$은 등차수열이므로

$$b_n=\boxed{\text{(가)}}$$

$(\ast)$에 의하여

$$a_n=\boxed{\text{(나)}}$$

위의 (가), (나)에 알맞은 식을 각각 $f(n)$, $g(n)$이라 할 때, $f(14)g(5)$의 값을 구하여라.

618

수열 $\{a_n\}$이

$$a_1=1,\ a_{n+1}-a_n=(-1)^{n+1}\times n\ (n=1,\,2,\,3,\,\cdots)$$

으로 정의될 때, a_{100}의 값은?

① -51 ② -49 ③ -47

④ 49   ⑤ 51

619

수열 $\{a_n\}$이

$$a_1=1,\ a_{n+1}+a_n=n\ (n=1,\ 2,\ 3,\ \cdots)$$

으로 정의될 때, a_{30}의 값을 구하여라.

620

두 수열 $\{a_n\}$, $\{b_n\}$에 대하여

$$a_1=b_1,\ a_{10}+b_{10}=30,$$
$$a_{n+1}+a_n=b_{n+1}-b_n\ (n=1,\ 2,\ 3,\ \cdots)$$

이 성립할 때, $\sum\limits_{k=1}^{10} a_k$의 값을 구하여라.

621

수열 $\{a_n\}$이

$$a_1=1,\ a_n=\left(1-\frac{1}{n^2}\right)a_{n-1}\ (n=2,\ 3,\ 4,\ \cdots)$$

로 정의될 때, $a_k=\dfrac{51}{100}$을 만족시키는 자연수 k의 값을 구하여라.

622

$a_1=1$, $a_{n+1}=3^n a_n\ (n=1,\ 2,\ 3,\ \cdots)$으로 정의된 수열 $\{a_n\}$에서 $a_k=3^{55}$일 때, k의 값은?

① 10   ② 11   ③ 12
④ 13   ⑤ 14

623

수열 $\{a_n\}$이

$$a_1=1,\ a_2=2,\ a_{n+2}=\frac{a_{n+1}+1}{a_n}\ (n=1,\ 2,\ 3,\ \cdots)$$

로 정의될 때, $\sum\limits_{k=1}^{100} a_k$의 값은?

① 160   ② 170   ③ 180
④ 190   ⑤ 200

624

수열 $\{a_n\}$이

$$\begin{cases} a_1=a_2=1 \\ a_{n+2}=(-1)^n a_n a_{n+1}\ (n=1,\ 2,\ 3,\ \cdots) \end{cases}$$

로 정의될 때, $\sum\limits_{k=1}^{1004} a_k$의 값은?

① -2 ② -1 ③ 0
④ 1 ⑤ 2

625

수열 $\{a_n\}$의 첫째항부터 제n항까지의 합을 S_n이라 하면

$$a_1=2,\ a_{n+1}=S_n+2\ (n=1,\ 2,\ 3,\ \cdots)$$

가 성립한다. S_8의 값은?

① 510   ② 512   ③ 514
④ 516   ⑤ 518

626

n이 자연수일 때, $2^{n+1}+3^{2n-1}$이 7의 배수임을 수학적 귀납법으로 증명하여라.

627

$n \geq 2$인 모든 자연수 n에 대하여 다음 부등식이 성립함을 수학적 귀납법으로 증명하여라.

$$\frac{1}{\sqrt{1}}+\frac{1}{\sqrt{2}}+\frac{1}{\sqrt{3}}+\cdots+\frac{1}{\sqrt{n}}>\sqrt{n}$$

상용로그표

수	0	1	2	3	4	5	6	7	8	9
1.1	.0414	.0453	.0492	.0531	.0569	.0607	.0645	.0682	.0719	.0755
1.2	.0792	.0828	.0864	.0899	.0934	.0969	.1004	.1038	.1072	.1106
1.3	.1139	.1173	.1206	.1239	.1271	.1303	.1335	.1367	.1399	.1430
1.4	.1461	.1492	.1523	.1553	.1584	.1614	.1644	.1673	.1703	.1732
1.5	.1761	.1790	.1818	.1847	.1875	.1903	.1931	.1959	.1987	.2014
1.6	.2041	.2068	.2095	.2122	.2148	.2175	.2201	.2227	.2253	.2279
1.7	.2304	.2330	.2355	.2380	.2405	.2430	.2455	.2480	.2504	.2529
1.8	.2553	.2577	.2601	.2625	.2648	.2672	.2695	.2718	.2742	.2765
1.9	.2788	.2810	.2833	.2856	.2878	.2900	.2923	.2945	.2967	.2989
2.0	.3010	.3032	.3054	.3075	.3096	.3118	.3139	.3160	.3181	.3201
2.1	.3222	.3243	.3263	.3284	.3304	.3324	.3345	.3365	.3385	.3404
2.2	.3424	.3444	.3464	.3483	.3502	.3522	.3541	.3560	.3579	.3598
2.3	.3617	.3636	.3655	.3674	.3692	.3711	.3729	.3747	.3766	.3784
2.4	.3802	.3820	.3838	.3856	.3874	.3892	.3909	.3927	.3945	.3962
2.5	.3979	.3997	.4014	.4031	.4048	.4065	.4082	.4099	.4116	.4133
2.6	.4150	.4166	.4183	.4200	.4216	.4232	.4249	.4265	.4281	.4298
2.7	.4314	.4330	.4346	.4362	.4378	.4393	.4409	.4425	.4440	.4456
2.8	.4472	.4487	.4502	.4518	.4533	.4548	.4564	.4579	.4594	.4609
2.9	.4624	.4639	.4654	.4669	.4683	.4698	.4713	.4728	.4742	.4757
3.0	.4771	.4786	.4800	.4814	.4829	.4843	.4857	.4871	.4886	.4900
3.1	.4914	.4928	.4942	.4955	.4969	.4983	.4997	.5011	.5024	.5038
3.2	.5051	.5065	.5079	.5092	.5105	.5119	.5132	.5145	.5159	.5172
3.3	.5185	.5198	.5211	.5224	.5237	.5250	.5263	.5276	.5289	.5302
3.4	.5315	.5328	.5340	.5353	.5366	.5378	.5391	.5403	.5416	.5428
3.5	.5441	.5453	.5465	.5478	.5490	.5502	.5514	.5527	.5539	.5551
3.6	.5563	.5575	.5587	.5599	.5611	.5623	.5635	.5647	.5658	.5670
3.7	.5682	.5694	.5705	.5717	.5729	.5740	.5752	.5763	.5775	.5786
3.8	.5798	.5809	.5821	.5832	.5843	.5855	.5866	.5877	.5888	.5899
3.9	.5911	.5922	.5933	.5944	.5955	.5966	.5977	.5988	.5999	.6010
4.0	.6021	.6031	.6042	.6053	.6064	.6075	.6085	.6096	.6107	.6117
4.1	.6128	.6138	.6149	.6160	.6170	.6180	.6191	.6201	.6212	.6222
4.2	.6232	.6243	.6253	.6263	.6274	.6284	.6294	.6304	.6314	.6325
4.3	.6335	.6345	.6355	.6365	.6375	.6385	.6395	.6405	.6415	.6425
4.4	.6435	.6444	.6454	.6464	.6474	.6484	.6493	.6503	.6513	.6522
4.5	.6532	.6542	.6551	.6561	.6571	.6580	.6590	.6599	.6609	.6618
4.6	.6628	.6637	.6646	.6656	.6665	.6675	.6684	.6693	.6702	.6712
4.7	.6721	.6730	.6739	.6749	.6758	.6767	.6776	.6785	.6794	.6803
4.8	.6812	.6821	.6830	.6839	.6848	.6857	.6866	.6875	.6884	.6893
4.9	.6902	.6911	.6920	.6928	.6937	.6946	.6955	.6964	.6972	.6981
5.0	.6990	.6998	.7007	.7016	.7024	.7033	.7042	.7050	.7059	.7067
5.1	.7076	.7084	.7093	.7101	.7110	.7118	.7126	.7135	.7143	.7152
5.2	.7160	.7168	.7177	.7185	.7193	.7202	.7210	.7218	.7226	.7235
5.3	.7243	.7251	.7259	.7267	.7275	.7284	.7292	.7300	.7308	.7316
5.4	.7324	.7332	.7340	.7348	.7356	.7364	.7372	.7380	.7388	.7396

수	0	1	2	3	4	5	6	7	8	9
5.5	.7404	.7412	.7419	.7427	.7435	.7443	.7451	.7459	.7466	.7474
5.6	.7482	.7490	.7497	.7505	.7513	.7520	.7528	.7536	.7543	.7551
5.7	.7559	.7566	.7574	.7582	.7589	.7597	.7604	.7612	.7619	.7627
5.8	.7634	.7642	.7649	.7657	.7664	.7672	.7679	.7686	.7694	.7701
5.9	.7709	.7716	.7723	.7731	.7738	.7745	.7752	.7760	.7767	.7774
6.0	.7782	.7789	.7796	.7803	.7810	.7818	.7825	.7832	.7839	.7846
6.1	.7853	.7860	.7868	.7875	.7882	.7889	.7896	.7903	.7910	.7917
6.2	.7924	.7931	.7938	.7945	.7952	.7959	.7966	.7973	.7980	.7987
6.3	.7993	.8000	.8007	.8014	.8021	.8028	.8035	.8041	.8048	.8055
6.4	.8062	.8069	.8075	.8082	.8089	.8096	.8102	.8109	.8116	.8122
6.5	.8129	.8136	.8142	.8149	.8156	.8162	.8169	.8176	.8182	.8189
6.6	.8195	.8202	.8209	.8215	.8222	.8228	.8235	.8241	.8248	.8254
6.7	.8261	.8267	.8274	.8280	.8287	.8293	.8299	.8306	.8312	.8319
6.8	.8325	.8331	.8338	.8344	.8351	.8357	.8363	.8370	.8376	.8382
6.9	.8388	.8395	.8401	.8407	.8414	.8420	.8426	.8432	.8439	.8445
7.0	.8451	.8457	.8463	.8470	.8476	.8482	.8488	.8494	.8500	.8506
7.1	.8513	.8519	.8525	.8531	.8537	.8543	.8549	.8555	.8561	.8567
7.2	.8573	.8579	.8585	.8591	.8597	.8603	.8609	.8615	.8621	.8627
7.3	.8633	.8639	.8645	.8651	.8657	.8663	.8669	.8675	.8681	.8686
7.4	.8692	.8698	.8704	.8710	.8716	.8722	.8727	.8733	.8739	.8745
7.5	.8751	.8756	.8762	.8768	.8774	.8779	.8785	.8791	.8797	.8802
7.6	.8808	.8814	.8820	.8825	.8831	.8837	.8842	.8848	.8854	.8859
7.7	.8865	.8871	.8876	.8882	.8887	.8893	.8899	.8904	.8910	.8915
7.8	.8921	.8927	.8932	.8938	.8943	.8949	.8954	.8960	.8965	.8971
7.9	.8976	.8982	.8987	.8993	.8998	.9004	.9009	.9015	.9020	.9025
8.0	.9031	.9036	.9042	.9047	.9053	.9058	.9063	.9069	.9074	.9079
8.1	.9085	.9090	.9096	.9101	.9106	.9112	.9117	.9122	.9128	.9133
8.2	.9138	.9143	.9149	.9154	.9159	.9165	.9170	.9175	.9180	.9186
8.3	.9191	.9196	.9201	.9206	.9212	.9217	.9222	.9227	.9232	.9238
8.4	.9243	.9248	.9253	.9258	.9263	.9269	.9274	.9279	.9284	.9289
8.5	.9294	.9299	.9304	.9309	.9315	.9320	.9325	.9330	.9335	.9340
8.6	.9345	.9350	.9355	.9360	.9365	.9370	.9375	.9380	.9385	.9390
8.7	.9395	.9400	.9405	.9410	.9415	.9420	.9425	.9430	.9435	.9440
8.8	.9445	.9450	.9455	.9460	.9465	.9469	.9474	.9479	.9484	.9489
8.9	.9494	.9499	.9504	.9509	.9513	.9518	.9523	.9528	.9533	.9538
9.0	.9542	.9547	.9552	.9557	.9562	.9566	.9571	.9576	.9581	.9586
9.1	.9590	.9595	.9600	.9605	.9609	.9614	.9619	.9624	.9628	.9633
9.2	.9638	.9643	.9647	.9652	.9657	.9661	.9666	.9671	.9675	.9680
9.3	.9685	.9689	.9694	.9699	.9703	.9708	.9713	.9717	.9722	.9727
9.4	.9731	.9736	.9741	.9745	.9750	.9754	.9759	.9763	.9768	.9773
9.5	.9777	.9782	.9786	.9791	.9795	.9800	.9805	.9809	.9814	.9818
9.6	.9823	.9827	.9832	.9836	.9841	.9845	.9850	.9854	.9859	.9863
9.7	.9868	.9872	.9877	.9881	.9886	.9890	.9894	.9899	.9903	.9908
9.8	.9912	.9917	.9921	.9926	.9930	.9934	.9939	.9943	.9948	.9952
9.9	.9956	.9961	.9965	.9969	.9974	.9978	.9983	.9987	.9991	.9996

각(θ)	sin θ	cos θ	tan θ
0°	0.0000	1.0000	0.0000
1°	0.0175	0.9998	0.0175
2°	0.0349	0.9994	0.0349
3°	0.0523	0.9986	0.0524
4°	0.0698	0.9976	0.0699
5°	0.0872	0.9962	0.0875
6°	0.1045	0.9945	0.1051
7°	0.1219	0.9925	0.1228
8°	0.1392	0.9903	0.1405
9°	0.1564	0.9877	0.1584
10°	0.1736	0.9848	0.1763
11°	0.1908	0.9816	0.1944
12°	0.2079	0.9781	0.2126
13°	0.2250	0.9744	0.2309
14°	0.2419	0.9703	0.2493
15°	0.2588	0.9659	0.2679
16°	0.2756	0.9613	0.2867
17°	0.2924	0.9563	0.3057
18°	0.3090	0.9511	0.3249
19°	0.3256	0.9455	0.3443
20°	0.3420	0.9397	0.3640
21°	0.3584	0.9336	0.3839
22°	0.3746	0.9272	0.4040
23°	0.3907	0.9205	0.4245
24°	0.4067	0.9135	0.4452
25°	0.4226	0.9063	0.4663
26°	0.4384	0.8988	0.4877
27°	0.4540	0.8910	0.5095
28°	0.4695	0.8829	0.5317
29°	0.4848	0.8746	0.5543
30°	0.5000	0.8660	0.5774
31°	0.5150	0.8572	0.6009
32°	0.5299	0.8480	0.6249
33°	0.5446	0.8387	0.6494
34°	0.5592	0.8290	0.6745
35°	0.5736	0.8192	0.7002
36°	0.5878	0.8090	0.7265
37°	0.6018	0.7986	0.7536
38°	0.6157	0.7880	0.7813
39°	0.6293	0.7771	0.8098
40°	0.6428	0.7660	0.8391
41°	0.6561	0.7547	0.8693
42°	0.6691	0.7431	0.9004
43°	0.6820	0.7314	0.9325
44°	0.6947	0.7193	0.9657
45°	0.7071	0.7071	1.0000

각(θ)	sin θ	cos θ	tan θ
45°	0.7071	0.7071	1.0000
46°	0.7193	0.6947	1.0355
47°	0.7314	0.6820	1.0724
48°	0.7431	0.6691	1.1106
49°	0.7547	0.6561	1.1504
50°	0.7660	0.6428	1.1918
51°	0.7771	0.6293	1.2349
52°	0.7880	0.6157	1.2799
53°	0.7986	0.6018	1.3270
54°	0.8090	0.5878	1.3764
55°	0.8192	0.5736	1.4281
56°	0.8290	0.5592	1.4826
57°	0.8387	0.5446	1.5399
58°	0.8480	0.5299	1.6003
59°	0.8572	0.5150	1.6643
60°	0.8660	0.5000	1.7321
61°	0.8746	0.4848	1.8040
62°	0.8829	0.4695	1.8807
63°	0.8910	0.4540	1.9626
64°	0.8988	0.4384	2.0503
65°	0.9063	0.4226	2.1445
66°	0.9135	0.4067	2.2460
67°	0.9205	0.3907	2.3559
68°	0.9272	0.3746	2.4751
69°	0.9336	0.3584	2.6051
70°	0.9397	0.3420	2.7475
71°	0.9455	0.3256	2.9042
72°	0.9511	0.3090	3.0777
73°	0.9563	0.2924	3.2709
74°	0.9613	0.2756	3.4874
75°	0.9659	0.2588	3.7321
76°	0.9703	0.2419	4.0108
77°	0.9744	0.2250	4.3315
78°	0.9781	0.2079	4.7046
79°	0.9816	0.1908	5.1446
80°	0.9848	0.1736	5.6713
81°	0.9877	0.1564	6.3138
82°	0.9903	0.1392	7.1154
83°	0.9925	0.1219	8.1443
84°	0.9945	0.1045	9.5144
85°	0.9962	0.0872	11.4301
86°	0.9976	0.0698	14.3007
87°	0.9986	0.0523	19.0811
88°	0.9994	0.0349	28.6363
89°	0.9998	0.0175	57.2900
90°	1.0000	0.0000	

MEMO

MEMO

MEMO

MEMO

MEMO

MEMO

新 수학의 바이블 유형서

B O B _밥

新수학의 바이블 BOB(밥)은 Best of the 수학의 Bible의 약자로,
新수학의 바이블의 대표 예제와 고등 수학에서 꼭 알아야 할
필수 유형만 선정하여 수록한 유형서입니다.

113개 필수 유형
내신과 수능에 꼭 필요한 113개 유형만 수록

콕콕 시스템
3단계로 유형을 완성하는 개념(개념 확인) ▶ 유형(유형 파악) ▶ 실력(해결력 강화) 콕콕 시스템

학습 지원 서비스
QR코드를 통한 新수학의 바이블과의 연계 학습

新 수학의 바이블 유형서

新 수학의 바이블 유형서

BOB 밥

수학의 🍚과 같은 존재,
유형!

이창희·민경도·김덕환 지음

수학 Ⅰ

정답과 풀이

내신&수능에 출제되는 **필수 유형만 수록** | 개념 ▶ 유형 ▶ 실력 3단계 콕콕 시스템

이투스북

新 수학의 바이블 유형서

BOB 밥

수학 Ⅰ

정답과 풀이

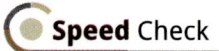

I. 지수함수와 로그함수

01 지수

본문 p.9~15

001 (1) $2, -1\pm\sqrt{3}i$ (2) $\pm2, \pm2i$　**002** (1) 2 (2) $2, -2$ (3) -3 (4) $\frac{2}{3}, -\frac{2}{3}$　　**003** (1) 2 (2) -5 (3) $-\frac{2}{3}$ (4) 3

004 (1) 2 (2) 3 (3) 3 (4) 2　　**005** (1) 1 (2) 1 (3) $\frac{1}{9}$ (4) 25　　**006** (1) $\frac{1}{3}$ (2) $\frac{5}{6}$ (3) $-\frac{1}{2}$ (4) $\frac{1}{3}$

007 (1) $\sqrt{10}$ (2) $9\sqrt{3}$ (3) $\frac{\sqrt{2}}{2}$ (4) $\sqrt[3]{3}$　**008** (1) 27 (2) 4 (3) a^5b^6 (4) ab^2　**009** (1) $3^{4\sqrt{2}}$ (2) $5^{6\sqrt{3}}$ (3) a^6 (4) ab^3　**010** ②　　**011** ㄷ

012 3　　**013** ④　　**014** ⑤　　**015** 1　　**016** ②　　**017** ①　　**018** $\frac{5}{2}$　　**019** ⑤

020 ②　　**021** 18　　**022** ①　　**023** ①　　**024** 6　　**025** ⑤　　**026** ④　　**027** $\frac{3}{2}$

028 ②　　**029** 4　　**030** $\frac{8}{3}$　　**031** ②　　**032** ③　　**033** $A<B<C$　　**034** 276　　**035** 24

036 ③　　**037** ④　　**038** ④　　**039** 78　　**040** ⑤　　**041** ⑤　　**042** ②　　**043** ①

044 ④　　**045** (1) $2^{\frac{5}{4}}$ (2) 8　**046** ③　　**047** 30　　**048** -4　　**049** $4\sqrt{3}$

02 로그

본문 p.17~25

050 (1) $2=\log_7 49$ (2) $-1=\log_2 0.5$ (3) $\frac{1}{3}=\log_{1000} 10$ (4) $0=\log_4 1$　**051** (1) $3^4=81$ (2) $\left(\frac{1}{2}\right)^{-5}=32$ (3) $(\sqrt{5})^4=25$ (4) $9^{-\frac{3}{2}}=\frac{1}{27}$

052 (1) $x>2$ (2) $0<x<5$ (3) $5<x<6$ 또는 $x>6$ (4) $-3<x<-2$ 또는 $-2<x<4$ 또는 $x>4$

053 (1) $\frac{1}{16}$ (2) 9 (3) $2^{\frac{6}{5}}$ (4) $\frac{\sqrt{3}}{3}$　　**054** (1) 1 (2) $\frac{13}{2}$ (3) 6 (4) 0　　　**055** (1) $3a+2b$ (2) $4a-3b$ (3) $1-a$

056 (1) $\frac{b}{a}$ (2) $\frac{4a+2b}{a+b}$ (3) $\frac{2b+1}{a}$　**057** (1) 2 (2) 1　**058** (1) $-\frac{2}{3}$ (2) $-\frac{1}{2}$ (3) 2 (4) $\sqrt{2}$　**059** (1) 2 (2) $\frac{4}{5}$ (3) $-\frac{2}{3}$ (4) -3

060 (1) 0.4048 (2) 2.6712 (3) -0.2336 (4) -2.9031　　**061** (1) 1.5527 (2) 4.5527 (3) -0.4473 (4) -2.5527

062 (1) 정수 부분 : 1, 소수 부분 : 0.4983 (2) 정수 부분 : -3, 소수 부분 : 0.1703 (3) 정수 부분 : -5, 소수 부분 : 0.6201

063 (1) 0 (2) -3 (3) 5 (4) -2　　**064** (1) 정수 부분 : 4, 소수 부분 : 0.8657 (2) 정수 부분 : -2, 소수 부분 : 0.8657

065 (1) 200 (2) 0.5 (3) 0.02　　**066** (1) 258 (2) 0.258　　**067** ②　　**068** ③　　**069** 9　　**070** ③

071 (1) -7 (2) $\frac{7}{2}$ (3) 1　　**072** ①　　**073** ④　　**074** ③　　**075** 12　　**076** -1　　**077** ⑤

078 (1) 27 (2) 4　**079** ③　　**080** ④　　**081** ④　　**082** $\frac{a(b+2)}{a+3}$　**083** ①　　**084** ④　　**085** 36

086 ④　　**087** 1　　**088** 16　　**089** ④　　**090** ③　　**091** ④　　**092** ④　　**093** ②

094 90000　　**095** ③　　**096** 0.0753　　**097** 2　　**098** ①　　**099** ①　　**100** ③　　**101** 16

102 ④　　**103** 16　　**104** 50　　**105** ③　　**106** ③　　**107** $\frac{4}{3}$　　**108** ④　　**109** ③

110 21　　**111** ②　　**112** 13　　**113** 39

03 지수함수

114 ㄴ, ㄷ **115** (1) $\frac{1}{9}$ (2) 1 (3) $3\sqrt[3]{3}$ (4) 27 **116** (1) 4 (2) 1 (3) $\frac{1}{8}$ (4) $\frac{1}{64}$

117 (1) ◯ (2) ◯ (3) × (4) × (5) ◯ (6) × (7) ◯ **118** (1) $y=2\times2^x+2$ (2) $y=-2^x$ (3) $y=2^{-x}$ (4) $y=-2^{-x}$

119 풀이 참조 **120** 풀이 참조 **121** (1) $\sqrt{3^3}>\sqrt[3]{3^2}$ (2) $\left(\frac{1}{5}\right)^{-2}>\left(\frac{1}{5}\right)^3$ (3) $\sqrt{2}<\sqrt[3]{4}<\sqrt{8}$ (4) $\left(\sqrt{\frac{1}{3}}\right)^3<\frac{1}{3}<\left(\frac{1}{3}\right)^{-2}$

122 (1) 최댓값 : 9, 최솟값 : $\frac{1}{9}$ (2) 최댓값 : 2, 최솟값 : $\frac{1}{8}$ (3) 최댓값 : 11, 최솟값 : 4 (4) 최댓값 : 29, 최솟값 : 11

123 (1) $x=3$ (2) $x=\frac{3}{2}$ (3) $x=2$ (4) $x=-\frac{1}{2}$ **124** (가) $t^2-2t-8=0$ (나) 4 (다) 1 **125** (1) $x=0$ (2) $x=1$ 또는 $x=2$ (3) $x=1$

126 (1) $x>3$ (2) $x\geq\frac{1}{4}$ (3) $x\geq-1$ (4) $x<1$ **127** (가) $t^2-12t+27\leq0$ (나) 3 (다) 9 (라) 1 (마) 2 **128** (1) $1<x<2$ (2) $x\leq2$

129 ④ **130** ③ **131** ㄴ **132** ⑤ **133** ① **134** ㄱ, ㄴ, ㄷ **135** 27 **136** 3

137 14 **138** 52 **139** ④ **140** $\{y\,|\,0<y\leq1\}$ **141** ④ **142** 4 **143** $A<B<C$ **144** -2

145 49 **146** 4 **147** ① **148** 2 **149** ④ **150** ① **151** ① **152** 12

153 ① **154** 25 **155** ④ **156** ⑤ **157** ① **158** $0<x<1$ 또는 $x>3$ **159** ②

160 ③ **161** 6 **162** ① **163** 121 **164** ② **165** ③ **166** ④ **167** ③

168 ④ **169** 81 **170** ④ **171** ⑤ **172** ① **173** ④ **174** 127 **175** 112

176 18 **177** 17

04 로그함수

178 (1) $\{x\,|\,x<3\}$ (2) $\{x\,|\,x>0\}$ **179** (1) $y=\log x\ (x>0)$ (2) $y=\log_2 x+1\ (x>0)$ (3) $y=10^x+1$ (4) $y=\left(\frac{1}{2}\right)^{x-2}$

180 (1) 0 (2) 1 (3) -1 (4) $\frac{1}{2}$ **181** ㄴ, ㄷ **182** 풀이 참조 **183** 풀이 참조

184 (1) $\log_2 7<2\log_2 3$ (2) $\log_{\frac{1}{3}}4<\frac{1}{2}\log_{\frac{1}{3}}9$

185 (1) 최댓값 : 5, 최솟값 : 0 (2) 최댓값 : 1, 최솟값 : -2 (3) 최댓값 : 1 최솟값 : -1 **186** (1) $x=3$ (2) $x=\frac{10}{9}$ (3) $x=\frac{1}{2}$ (4) $x=3$

187 (1) $x=4$ (2) $x=4$ (3) $x=3$ (4) $x=1$ **188** (1) $x=1$ (2) $x=3$

189 (1) $x=\frac{1}{4}$ 또는 $x=16$ (2) $x=10$ 또는 $x=1000$ **190** (1) $-3<x<1$ (2) $0<x<4$ (3) $-5<x<0$ (4) $1<x<\frac{10}{9}$

191 (1) $0<x<1$ (2) $x>\frac{1}{2}$ (3) $1\leq x<2$ (4) $x\geq5$ **192** (1) $0<x<2$ (2) $x\geq21$

193 (1) $0<x<\frac{1}{2}$ 또는 $x>64$ (2) $1\leq x\leq125$ **194** ③ **195** ㄱ, ㄴ, ㄷ **196** ㄷ **197** ⑤

198 ㄱ, ㄴ, ㄹ **199** 1 **200** ⑤ **201** ④ **202** 67 **203** ② **204** ③ **205** 0

206 2 **207** ④ **208** $-\frac{1}{2}$ **209** ⑤ **210** 2 **211** 2 **212** ② **213** ④

214 $C<A<B$ **215** ⑤ **216** ③ **217** 2 **218** ④ **219** 1 **220** ⑤ **221** ②

222 ④ **223** 12 **224** $x=4$ 또는 $x=8$ **225** 2 **226** 3 **227** $x=\frac{1}{100}$ 또는 $x=10$

228 ③ **229** ④ **230** 3 **231** 10 **232** 6 **233** ③ **234** 7 **235** ②

236 15 % **237** ③ **238** ④ **239** ② **240** 63 **241** ② **242** ③ **243** ①

244 ④ **245** ③ **246** ② **247** ① **248** ④ **249** ⑤ **250** 504 **251** 1

252 12 **253** $\dfrac{1}{81}$

Ⅱ. 삼각함수

 **삼각함수**   본문 p.51~59

254 (1)

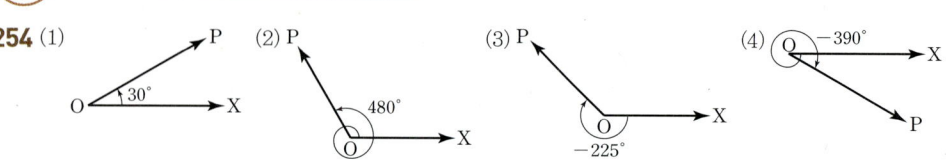

(2) P   (3) P   (4)

255 (1) $360°\times n+150°$ (n은 정수) (2) $360°\times n+220°$ (n은 정수)

256 (1) $360°\times n+150°$ (n은 정수) (2) $360°\times n+30°$ (n은 정수) (3) $360°\times n+230°$ (n은 정수) (4) $360°\times n+120°$ (n은 정수)

257 (1) 제2사분면 (2) 제4사분면 (3) 제3사분면 (4) 제1사분면   **258** (1) $\dfrac{3}{4}\pi$ (2) $-\dfrac{5}{6}\pi$ (3) $-\dfrac{4}{3}\pi$ (4) $\dfrac{3}{2}\pi$

259 (1) $225°$ (2) $-120°$ (3) $-108°$ (4) $150°$ **260** (1) $2n\pi+\dfrac{\pi}{3}$ (n은 정수) (2) $2n\pi+\dfrac{3}{4}\pi$ (n은 정수)

261 (1) $l=4\pi$, $S=12\pi$ (2) $l=2\pi$, $S=10\pi$ **262** $\theta=\dfrac{\pi}{4}$, $S=\dfrac{9}{8}\pi$ **263** $r=3$, $\theta=\dfrac{8}{3}$

264 (1) $\dfrac{4}{5}$ (2) $-\dfrac{3}{5}$ (3) $-\dfrac{4}{3}$ **265** (1) $\sin\theta=\dfrac{1}{2}$, $\cos\theta=-\dfrac{\sqrt{3}}{2}$, $\tan\theta=-\dfrac{\sqrt{3}}{3}$ (2) $\sin\theta=-\dfrac{\sqrt{3}}{2}$, $\cos\theta=-\dfrac{1}{2}$, $\tan\theta=\sqrt{3}$

266 (1) $\sin\theta>0$, $\cos\theta>0$, $\tan\theta>0$ (2) $\sin\theta>0$, $\cos\theta<0$, $\tan\theta<0$ (3) $\sin\theta<0$, $\cos\theta<0$, $\tan\theta>0$

(4) $\sin\theta<0$, $\cos\theta>0$, $\tan\theta<0$

267 (1) 제4사분면 (2) 제2사분면   **268** $\sin\theta=-\dfrac{4}{5}$, $\tan\theta=\dfrac{4}{3}$ **269** 1   **270** $\dfrac{2}{\cos\theta}$ **271** (1) $\dfrac{1}{3}$ (2) $\dfrac{\sqrt{15}}{3}$

272 (1) $\dfrac{1}{2}$ (2) $\dfrac{\sqrt{3}}{2}$ (3) 1   **273** (1) $-\dfrac{\sqrt{3}}{2}$ (2) $\dfrac{\sqrt{2}}{2}$ (3) $-\dfrac{\sqrt{3}}{3}$ **274** (1) $\dfrac{1}{2}$ (2) $-\dfrac{\sqrt{2}}{2}$ (3) $\sqrt{3}$ **275** ④

276 ㄱ, ㄷ, ㄹ   **277** 제2사분면 또는 제4사분면   **278** 제1사분면 또는 제3사분면   **279** ③   **280** ④

281 $144°$ **282** ⑤   **283** ㄱ, ㄴ, ㄹ **284** 48   **285** 144   **286** ⑤   **287** ④   **288** -2

289 ①   **290** ①   **291** $\dfrac{5}{2}\pi$ **292** ④   **293** ④   **294** ㄱ, ㄴ   **295** ②   **296** ①

297 $\dfrac{1-2\sqrt{2}}{3}$ **298** ③   **299** $\dfrac{\sqrt{2}}{2}$ **300** ①   **301** $\dfrac{\sqrt{5}}{2}$ **302** ④   **303** ⑤   **304** ②

305 ④   **306** ④   **307** $\dfrac{89}{2}$ **308** ②   **309** ③   **310** ⑤   **311** ④   **312** ①

313 ⑤   **314** ①   **315** ⑤   **316** $-\dfrac{8}{3}$ **317** ②   **318** $15x^2+32x+15=0$ **319** ④

320 ⑤   **321** ④   **322** 2   **323** $\sqrt{15}$

06 삼각함수의 그래프

324 (1) 실수 전체의 집합 (2) $\{y \mid -1 \leq y \leq 1\}$ (3) 2π (4) 원점　　**325** 풀이 참조

326 (1) 실수 전체의 집합 (2) $\{y \mid -1 \leq y \leq 1\}$ (3) 2π (4) y축　　**327** 풀이 참조

328 (1) $x = n\pi + \dfrac{\pi}{2}$ (n은 정수) (2) 실수 전체의 집합 (3) π (4) 원점　　**329** 풀이 참조

330 (1) 최댓값 : 1, 최솟값 : -1, 주기 : π (2) 최댓값 : 3, 최솟값 : -1, 주기 : $\dfrac{\pi}{2}$ (3) 최댓값, 최솟값 : 없다, 주기 : $\dfrac{\pi}{3}$

331 (1) π (2) π (3) π　　**332** (1) $x = \dfrac{\pi}{6}$ 또는 $x = \dfrac{5}{6}\pi$ (2) $x = \dfrac{\pi}{6}$ 또는 $x = \dfrac{11}{6}\pi$ (3) $x = \dfrac{\pi}{4}$ 또는 $x = \dfrac{5}{4}\pi$

333 (1) $x = \dfrac{\pi}{12}$ 또는 $x = \dfrac{5}{12}\pi$ 또는 $x = \dfrac{13}{12}\pi$ 또는 $x = \dfrac{17}{12}\pi$ (2) $x = \dfrac{\pi}{2}$ (3) $x = \dfrac{2}{9}\pi$ 또는 $x = \dfrac{8}{9}\pi$ 또는 $x = \dfrac{14}{9}\pi$

334 (1) $x = \dfrac{\pi}{12}$ 또는 $x = \dfrac{17}{12}\pi$ (2) $x = \dfrac{3}{2}\pi$ 또는 $x = \dfrac{11}{6}\pi$ (3) $x = \dfrac{\pi}{12}$ 또는 $x = \dfrac{13}{12}\pi$

335 (1) $\dfrac{5}{4}\pi < x < \dfrac{7}{4}\pi$ (2) $0 \leq x \leq \dfrac{\pi}{3}$ 또는 $\dfrac{5}{3}\pi \leq x < 2\pi$ (3) $\dfrac{\pi}{4} < x < \dfrac{\pi}{2}$ 또는 $\dfrac{5}{4}\pi < x < \dfrac{3}{2}\pi$

336 (1) $\dfrac{\pi}{6} < x < \dfrac{\pi}{3}$ 또는 $\dfrac{2}{3}\pi < x < \dfrac{5}{6}\pi$ (2) $\dfrac{\pi}{3} \leq x \leq \dfrac{2}{3}\pi$ 또는 $\dfrac{4}{3}\pi \leq x \leq \dfrac{5}{3}\pi$ (3) $\dfrac{\pi}{4} \leq x < \dfrac{\pi}{3}$ 또는 $\dfrac{5}{4}\pi \leq x < \dfrac{4}{3}\pi$　　**337** ⑤

338 ㄱ, ㄴ　　**339** ③　　**340** ⑤　　**341** 3　　**342** ㄱ, ㄴ　　**343** ④　　**344** ⑤

345 (가) $\dfrac{\pi}{2}$ (나) $\dfrac{\pi}{6}$ (다) -1 (라) $x = \dfrac{n}{2}\pi + \dfrac{5}{12}\pi$ (n은 정수)　　**346** ⑤　　**347** ②　　**348** 6　　**349** ②

350 ⑤　　**351** 1　　**352** ④　　**353** ②　　**354** ⑤　　**355** ①　　**356** ②　　**357** $\dfrac{3}{2}\pi$

358 ②　　**359** ③　　**360** $\dfrac{3}{4}\pi$　　**361** ③　　**362** ②　　**363** 4　　**364** ③

365 $x = \dfrac{\pi}{3}$ 또는 $\pi \leq x \leq \dfrac{5}{3}\pi$　　**366** ③　　**367** ④　　**368** ④　　**369** ①　　**370** ②　　**371** ②

372 ③　　**373** $\dfrac{3}{2}$　　**374** 7　　**375** ⑤　　**376** ④　　**377** ③　　**378** ②　　**379** ③

380 ④　　**381** 4　　**382** $0 \leq \theta < \dfrac{2}{3}\pi$ 또는 $\dfrac{4}{3}\pi < \theta < 2\pi$

07 사인법칙과 코사인법칙

383 (1) $6\sqrt{2}$ (2) $\dfrac{2\sqrt{6}}{3}$ (3) $4\sqrt{3}$　　**384** (1) $30°$ (2) $60°$ 또는 $120°$ (3) $45°$ 또는 $135°$　　**385** (1) $4\sqrt{3}$ (2) 3

386 (1) $2\sqrt{5}$ (2) $\sqrt{31}$ (3) $2\sqrt{19}$　　**387** (1) $\dfrac{4}{5}$ (2) $60°$　　**388** (1) $12\sqrt{2}$ (2) $3\sqrt{6}$　　**389** (1) $\dfrac{\sqrt{5}}{3}$ (2) $\dfrac{2}{3}$ (3) $\sqrt{5}$

390 18　　**391** (가) 18 (나) 9 (다) 6 (라) $6\sqrt{6}$　　**392** ②　　**393** ①　　**394** $\sqrt{10}$　　**395** ④　　**396** ③

397 ①　　**398** ③　　**399** 64π cm³　　**400** $\dfrac{27\sqrt{2}}{2}$ m　　**401** ③　　**402** ⑤　　**403** $\dfrac{\sqrt{3}}{2}$　　**404** ③

405 ④　　**406** ①　　**407** ⑤　　**408** $2\sqrt{110}$　　**409** ⑤　　**410** ③　　**411** 25　　**412** 6

413 ④   **414** ②   **415** 120°   **416** ⑤   **417** ④   **418** $\dfrac{4}{3}$ **419** ②   **420** ①

421 ④   **422** ⑤   **423** $\dfrac{\sqrt{10}}{10}$ **424** ③   **425** $4\sqrt{3}$ **426** ③   **427** ③   **428** ④

429 2π **430** $6\sqrt{3}$ **431** 20

Ⅲ. 수열

 **등차수열**

본문 p.81~87

432 (1) 1, 5, 9, 13, 17   (2) 0, $\dfrac{1}{6}$, $\dfrac{2}{9}$, $\dfrac{1}{4}$, $\dfrac{4}{15}$ **433** (1) $a_n=(-1)^{n+1}\times n$ (2) $a_n=\dfrac{n}{n+10}$ **434** (1) 2, 6   (2) 81, 24

435 (1) $a_n=5n-4$ (2) $a_n=-2n+103$ **436** (1) 100   (2) $\dfrac{5}{6}$ (3) 8   **437** (1) 2   (2) -1 **438** 2

439 (1) 140   (2) 775   (3) 110   **440** (1) 429   (2) 92   **441** (1) $a_n=-4n+4$ (2) $a_1=-1$, $a_n=2n-2$ $(n\geq2)$

442 39   **443** ②   **444** ③   **445** -15 **446** ①   **447** ⑤   **448** 제9항   **449** ④

450 ②   **451** 1   **452** ②   **453** ④   **454** 96   **455** ③   **456** ⑤   **457** 30

458 345   **459** 14   **460** 40   **461** 16   **462** 32   **463** 7   **464** 500   **465** ⑤

466 ③   **467** -2 **468** 15   **469** ②   **470** 183   **471** 24   **472** ③   **473** ④

474 21   **475** ④   **476** 13   **477** ②   **478** ③   **479** 15   **480** 22   **481** 2

482 ③   **483** 284   **484** 43

09 **등비수열**

본문 p.89~95

485 (1) 1, 4   (2) $-\dfrac{3}{2}$, 12   (3) -4, 1   **486** (1) $a_n=7\times2^{n-1}$ (2) $a_n=8\times\left(\dfrac{3}{2}\right)^{n-1}$ (3) $a_n=-(-\sqrt{2})^{n-1}$

487 (1) 128   (2) $\dfrac{1}{243}$ (3) 3   **488** (1) $\dfrac{1}{2}$ (2) -2 또는 2   (3) $-\dfrac{1}{3}$ **489** -7 또는 7   **490** 24   **491** (1) $\dfrac{31}{16}$ (2) -728

492 (1) $\dfrac{63}{2}$ (2) $\dfrac{1}{9}(1-0.1^{10})$ (3) $\dfrac{1}{4}\{1-(-3)^{n+1}\}$ **493** (1) $a_n=4\times3^{n-1}$ (2) $a_n=2^{n+2}$ **494** 2   **495** 1

496 제7항   **497** 제10항   **498** 1000   **499** ③   **500** ⑤   **501** ⑤   **502** ③   **503** 66

504 ②   **505** ⑤   **506** 4   **507** ④   **508** ③   **509** 9   **510** ②   **511** ⑤

512 1024   **513** 167   **514** 19   **515** ②   **516** (가) $30(1+0.1)$ (나) $1+0.1$ (다) 528   **517** ③

518 ④   **519** ⑤   **520** ⑤   **521** 35   **522** ③   **523** 18   **524** ①   **525** 50

526 ④   **527** 9   **528** ②   **529** 54   **530** ③   **531** ④   **532** 9   **533** 65

10 합의 기호 $\sum$와 여러 가지 수열

534 풀이 참조　**535** (1) $\sum\limits_{k=1}^{17} 5^k$　(2) $\sum\limits_{k=1}^{n} (3k-1)$　(3) $\sum\limits_{k=1}^{n} \left(\dfrac{1}{3}\right)^{k-1}$　(4) $\sum\limits_{k=1}^{8} (4k-1)$　**536** (1) 3　(2) 71　**537** (1) 20　(2) n

538 (1) 610　(2) 6060　(3) 32620　(4) 15690　**539** (1) 187　(2) 2465　(3) 36091　**540** (1) 330　(2) 680

541 (1) $\dfrac{10}{11}$　(2) $\dfrac{175}{264}$　(3) $\dfrac{n}{2n+1}$　**542** (1) $\sqrt{11}-1$　(2) $\sqrt{3}+\dfrac{\sqrt{11}}{2}-\dfrac{\sqrt{2}}{2}-\dfrac{1}{2}$　(3) $\sqrt{n}$　**543** ①　**544** ③　**545** 20

546 ③　**547** ①　**548** 35　**549** ①　**550** ⑤　**551** 650　**552** ③　**553** ④

554 31　**555** ⑤　**556** ④　**557** $a_n=2^n+1,\ S_n=2^{n+1}+n-2$　**558** ④　**559** ②

560 $\dfrac{53}{165}$　**561** ②　**562** 4　**563** 8　**564** ①　**565** ②　**566** 14　**567** ①

568 ①　**569** ④　**570** ②　**571** ②　**572** -185　**573** ④　**574** 12　**575** 12

576 ④　**577** ②　**578** 12　**579** ③　**580** 37　**581** 65　**582** 211

11 수학적 귀납법

583 (1) 13　(2) 31　(3) 56　(4) 8

584 (1) $a_1=2,\ a_{n+1}=a_n+2$ (단, $n=1, 2, 3, \cdots$)　(2) $a_1=3,\ a_{n+1}=a_n-3$ (단, $n=1, 2, 3, \cdots$)

　　　(3) $a_1=1,\ a_{n+1}=2a_n$ (단, $n=1, 2, 3, \cdots$)　(4) $a_1=8,\ a_{n+1}=-\dfrac{3}{2}a_n$ (단, $n=1, 2, 3, \cdots$)

585 (1) $a_n=2n+3$　(2) $a_n=-4n$　(3) $a_n=\left(\dfrac{1}{2}\right)^{n-3}$　(4) $a_n=2\times(-2)^{n-1}$

586 (1) $a_n=n^2-n+5$　(2) $a_n=2^n+1$　(3) $a_n=n$　(4) $a_n=9^{\frac{n(n-1)}{2}}$　**587** $(k+1)(k+2)$

588 (1) 풀이 참조 (2) 풀이 참조　**589** ④　**590** ②　**591** 27　**592** ④　**593** ③

594 6138　**595** ②　**596** ①　**597** 225　**598** ④　**599** ②　**600** 11　**601** 1

602 ②　**603** ③　**604** 1536　**605** (1) 36 (2) $a_{n+1}=\dfrac{2}{3}a_n+6$ ($n=1, 2, 3, \cdots$) (3) $\dfrac{194}{9}$

606 (1) 30 (2) $a_{n+1}=\dfrac{1}{2}a_n+7$ ($n=1, 2, 3, \cdots$) (3) $a_n=\left(\dfrac{1}{2}\right)^{n-5}+14$ (4) 101 km　**607** 262　**608** 15

609 (1) 풀이 참조 (2) 풀이 참조　**610** 16　**611** (1) 풀이 참조 (2) 풀이 참조　**612** ④　**613** 9　**614** ③

615 22　**616** ②　**617** 15　**618** ⑤　**619** 14　**620** 15　**621** 50　**622** ②

623 ③　**624** ⑤　**625** ①　**626** 풀이 참조　**627** 풀이 참조

01 지수

◉ 개념 콕콕 ◉　　　　　　　　　　　　　　　본문 p.9

001

(1) 8의 세제곱근은 세제곱해서 8이 되는 수이므로 방정식 $x^3=8$의 근이다.

　$x^3-8=0$에서 $(x-2)(x^2+2x+4)=0$

　$\therefore x=2$ 또는 $x=-1\pm\sqrt{3}i$

(2) 16의 네제곱근은 네제곱해서 16이 되는 수이므로 방정식 $x^4=16$의 근이다.

　$x^4-16=0$에서 $(x^2-4)(x^2+4)=0$

　$(x-2)(x+2)(x^2+4)=0$

　$\therefore x=\pm2$ 또는 $x=\pm2i$

답 (1) $2,\ -1\pm\sqrt{3}i$　(2) $\pm2,\ \pm2i$

002

(1) 8의 세제곱근을 x라 하면 $x^3=8$이므로

　$x^3-8=0,\ (x-2)(x^2+2x+4)=0$

　$\therefore x=2$ 또는 $x=-1\pm\sqrt{3}i$

　따라서 8의 세제곱근 중 실수인 것은 2이다.

(2) 16의 네제곱근을 x라 하면 $x^4=16$이므로

　$x^4-16=0,\ (x^2-4)(x^2+4)=0$

　$(x-2)(x+2)(x^2+4)=0$

　$\therefore x=\pm2$ 또는 $x=\pm2i$

　따라서 16의 네제곱근 중 실수인 것은 $2,\ -2$이다.

(3) -27의 세제곱근을 x라 하면 $x^3=-27$이므로

　$x^3+27=0,\ (x+3)(x^2-3x+9)=0$

　$\therefore x=-3$ 또는 $x=\dfrac{3\pm3\sqrt{3}i}{2}$

　따라서 -27의 세제곱근 중 실수인 것은 -3이다.

(4) $\dfrac{16}{81}$의 네제곱근을 x라 하면 $x^4=\dfrac{16}{81}$이므로

　$81x^4-16=0,\ (9x^2-4)(9x^2+4)=0$

　$(3x-2)(3x+2)(9x^2+4)=0$

　$\therefore x=\pm\dfrac{2}{3}$ 또는 $x=\pm\dfrac{2}{3}i$

　따라서 $\dfrac{16}{81}$의 네제곱근 중 실수인 것은 $\dfrac{2}{3},\ -\dfrac{2}{3}$이다.

다른 풀이

실수 a의 n제곱근 중 실수인 것은 다음과 같다.

n＼a	$a>0$	$a=0$	$a<0$
n이 짝수	$\sqrt[n]{a},\ -\sqrt[n]{a}$	0	없다.
n이 홀수	$\sqrt[n]{a}$	0	$\sqrt[n]{a}$

(1) 8의 세제곱근 중 실수인 것은 $\sqrt[3]{8}=\sqrt[3]{2^3}=2$

(2) 16의 네제곱근 중 실수인 것은 $\pm\sqrt[4]{16}=\pm\sqrt[4]{2^4}=\pm2$

(3) -27의 세제곱근 중 실수인 것은 $\sqrt[3]{-27}=\sqrt[3]{(-3)^3}=-3$

(4) $\dfrac{16}{81}$의 네제곱근 중 실수인 것은 $\pm\sqrt[4]{\dfrac{16}{81}}=\pm\sqrt[4]{\left(\dfrac{2}{3}\right)^4}=\pm\dfrac{2}{3}$

답 (1) 2　(2) $2,\ -2$　(3) -3　(4) $\dfrac{2}{3},\ -\dfrac{2}{3}$

003

(1) $\sqrt[5]{32}=\sqrt[5]{2^5}=2$

(2) $\sqrt[3]{(-5)^3}=-5$

(3) $\sqrt[3]{-\dfrac{8}{27}}=\sqrt[3]{\left(-\dfrac{2}{3}\right)^3}=-\dfrac{2}{3}$

(4) $\sqrt[6]{(-3)^6}=\sqrt[6]{3^6}=3$

답 (1) 2　(2) -5　(3) $-\dfrac{2}{3}$　(4) 3

004

(1) $\sqrt[5]{4}\times\sqrt[5]{8}=\sqrt[5]{4\times8}=\sqrt[5]{32}=\sqrt[5]{2^5}=2$

(2) $\dfrac{\sqrt[4]{243}}{\sqrt[4]{3}}=\sqrt[4]{\dfrac{243}{3}}=\sqrt[4]{81}=\sqrt[4]{3^4}=3$

(3) $(\sqrt[12]{27})^4=\sqrt[12]{27^4}=\sqrt[12]{(3^3)^4}=\sqrt[12]{3^{12}}=3$

(4) $\sqrt{\sqrt[3]{64}}=\sqrt[6]{64}=\sqrt[6]{2^6}=2$

답 (1) 2　(2) 3　(3) 3　(4) 2

005

(1) $(-3)^0=1$

(2) $\left(\dfrac{1}{2}\right)^0=1$

(3) $3^{-2}=\dfrac{1}{3^2}=\dfrac{1}{9}$

(4) $\left(-\dfrac{1}{5}\right)^{-2}=\dfrac{1}{\left(-\dfrac{1}{5}\right)^2}=\dfrac{1}{\dfrac{1}{25}}=25$

답 (1) 1　(2) 1　(3) $\dfrac{1}{9}$　(4) 25

006

(1) $\sqrt[3]{a}=a^{\boxed{\frac{1}{3}}}$

(2) $\sqrt[6]{a^5}=a^{\boxed{\frac{5}{6}}}$

(3) $\dfrac{1}{\sqrt{a}}=\dfrac{1}{a^{\frac{1}{2}}}=a^{\boxed{-\frac{1}{2}}}$

(4) $\dfrac{1}{\sqrt[12]{a^{-4}}}=\dfrac{1}{a^{-\frac{4}{12}}}=\dfrac{1}{a^{-\frac{1}{3}}}=a^{\boxed{\frac{1}{3}}}$

답 (1) $\dfrac{1}{3}$　(2) $\dfrac{5}{6}$　(3) $-\dfrac{1}{2}$　(4) $\dfrac{1}{3}$

007

(1) $10000^{0.125}=(10^4)^{\frac{1}{8}}=10^{\frac{1}{2}}=\sqrt{10}$

(2) $27^{\frac{5}{6}}=(3^3)^{\frac{5}{6}}=3^{\frac{5}{2}}=3^{2+\frac{1}{2}}=3^2\times3^{\frac{1}{2}}=9\sqrt{3}$

(3) $8^{-\frac{1}{6}}=(2^3)^{-\frac{1}{6}}=2^{-\frac{1}{2}}=\dfrac{1}{2^{\frac{1}{2}}}=\dfrac{1}{\sqrt{2}}=\dfrac{\sqrt{2}}{2}$

(4) $\left(\dfrac{1}{27}\right)^{-\frac{1}{9}}=(3^{-3})^{-\frac{1}{9}}=3^{\frac{1}{3}}=\sqrt[3]{3}$

답 (1) $\sqrt{10}$　(2) $9\sqrt{3}$　(3) $\dfrac{\sqrt{2}}{2}$　(4) $\sqrt[3]{3}$

008

(1) $(3^{\frac{5}{6}})^3\times3^{\frac{1}{2}}=3^{\frac{5}{2}}\times3^{\frac{1}{2}}=3^{\frac{5}{2}+\frac{1}{2}}=3^3=27$

(2) $(4^{\frac{2}{9}})^3\div\sqrt[3]{4}\times(4^{\frac{1}{3}})^2=4^{\frac{2}{3}}\div4^{\frac{1}{3}}\times4^{\frac{2}{3}}$

　$\qquad\qquad=4^{\frac{2}{3}-\frac{1}{3}+\frac{2}{3}}=4^1=4$

(3) $(\sqrt[4]{a^2}\times\sqrt[5]{b^3})^{10}=(\sqrt{a}\times\sqrt[5]{b^3})^{10}$

　$\qquad\qquad=(a^{\frac{1}{2}}\times b^{\frac{3}{5}})^{10}=a^5b^6$

(4) $(a^3b^4)^{\frac{1}{12}} \times (a^{\frac{1}{4}}b^{\frac{5}{9}})^3 = a^{\frac{1}{4}}b^{\frac{1}{3}} \times a^{\frac{3}{4}}b^{\frac{5}{3}}$
$= a^{\frac{1}{4}+\frac{3}{4}}b^{\frac{1}{3}+\frac{5}{3}} = ab^2$

답 (1) 27 (2) 4 (3) a^5b^6 (4) ab^2

009

(1) $3^{\sqrt{18}} \times 3^{\sqrt{2}} = 3^{\sqrt{18}+\sqrt{2}} = 3^{4\sqrt{2}}$

(2) $5^{\sqrt{75}} \div 5^{\sqrt{27}} \times 5^{\sqrt{48}} = 5^{5\sqrt{3}-3\sqrt{3}+4\sqrt{3}} = 5^{6\sqrt{3}}$

(3) $(a^{\sqrt{3}})^{\sqrt{12}} = a^{\sqrt{36}} = a^6$

(4) $(a^{\frac{1}{\sqrt{15}}} \times b^{\sqrt{\frac{3}{5}}})^{\sqrt{15}} = (a^{\frac{1}{\sqrt{15}}} \times b^{\frac{\sqrt{3}}{\sqrt{5}}})^{\sqrt{15}} = ab^3$

답 (1) $3^{4\sqrt{2}}$ (2) $5^{6\sqrt{3}}$ (3) a^6 (4) ab^3

유형 콕콕   본문 p.10~13

010 ②	**011** ㄷ	**012** 3	**013** ④	**014** ⑤	**015** 1
016 ②	**017** ①	**018** $\frac{5}{2}$	**019** ⑤	**020** ②	**021** 18
022 ①	**023** ①	**024** 6	**025** ⑤	**026** ④	**027** $\frac{3}{2}$
028 ②	**029** 4	**030** $\frac{8}{3}$	**031** ②	**032** ③	

033 $A < B < C$

010

① 집합 $\{x \mid x$는 8의 세제곱근$\}$은 방정식 $x^3=8$의 근의 모임이므로 원소의 개수는 3이다.

② 집합 $\{x \mid x$는 5의 네제곱근$\}$은 방정식 $x^4=5$의 근의 모임이므로 원소의 개수는 4이다.

③ 집합 $\{x \mid x$는 -6의 세제곱근$\}$은 방정식 $x^3=-6$의 근의 모임이므로 원소의 개수는 3이다.

④ 집합 $\{x \mid x$는 10의 네제곱근, x는 실수$\}$는 10의 네제곱근 중 실수인 것의 모임이므로 $\{\sqrt[4]{10}, -\sqrt[4]{10}\}$이다.
즉, 원소의 개수는 2이다.

⑤ 집합 $\{x \mid x$는 12의 세제곱근, x는 실수$\}$는 12의 세제곱근 중 실수인 것의 모임이므로 $\{\sqrt[3]{12}\}$이다.
즉, 원소의 개수는 1이다.

따라서 원소의 개수가 가장 많은 집합은 ②이다. **답** ②

011

ㄱ. 제곱근 9는 $\sqrt{9}=3$이다. (거짓)

ㄴ. $(-2)^2$의 제곱근은 $\pm\sqrt{(-2)^2}=\pm\sqrt{4}=\pm 2$이다. (거짓)

ㄷ. n이 홀수일 때, 2의 n제곱근 중 실수인 것은 $\sqrt[n]{2}$뿐이다. (참)

ㄹ. n이 짝수일 때, -3의 n제곱근 중 실수인 것은 존재하지 않는다. (거짓)

따라서 옳은 것은 ㄷ뿐이다. **답** ㄷ

012

-5의 제곱근 중 실수인 것은 존재하지 않으므로
$R(-5, 2)=0$
-6의 세제곱근 중 실수인 것은 $\sqrt[3]{-6}$뿐이므로
$R(-6, 3)=1$

7의 네제곱근 중 실수인 것은 $\sqrt[4]{7}$, $-\sqrt[4]{7}$의 2개이므로
$R(7, 4)=2$
$\therefore R(-5, 2)+R(-6, 3)+R(7, 4)=0+1+2=3$ **답** 3

013

$$\sqrt[4]{3a^2b} \times \sqrt[12]{3a^8b^5} \div \sqrt[6]{3a^3b^2} = \frac{\sqrt[12]{3^3a^6b^3} \times \sqrt[12]{3a^8b^5}}{\sqrt[12]{3^2a^6b^4}}$$
$$= \frac{\sqrt[12]{3^4a^{14}b^8}}{\sqrt[12]{3^2a^6b^4}}$$
$$= \sqrt[12]{\frac{3^4a^{14}b^8}{3^2a^6b^4}}$$
$$= \sqrt[12]{3^2a^8b^4}$$
$$= \sqrt[12]{(3a^4b^2)^2}$$
$$= \sqrt[6]{3a^4b^2}$$

답 ④

014

① $\sqrt{7} \times \sqrt[3]{7} = \sqrt[6]{7^3} \times \sqrt[6]{7^2} = \sqrt[6]{7^3 \times 7^2} = \sqrt[6]{7^{3+2}} = \sqrt[6]{7^5}$

② $\sqrt[3]{-\sqrt{729}} = \sqrt[3]{-\sqrt{3^6}} = \sqrt[3]{-3^3} = \sqrt[3]{(-3)^3} = -3$

③ $\sqrt[4]{\sqrt[3]{16}} = \sqrt[12]{2^4} = \sqrt[3]{2}$

④ $\frac{\sqrt[3]{-27}}{\sqrt[3]{8}} = \frac{\sqrt[3]{(-3)^3}}{\sqrt[3]{2^3}} = \frac{-3}{2} = -\frac{3}{2}$, $\sqrt[3]{-\frac{27}{8}} = \sqrt[3]{\left(-\frac{3}{2}\right)^3} = -\frac{3}{2}$

$\therefore \frac{\sqrt[3]{-27}}{\sqrt[3]{8}} = \sqrt[3]{-\frac{27}{8}}$

⑤ $\left(\sqrt{3} \times \frac{1}{\sqrt[3]{5}}\right)^6 = (\sqrt{3})^6 \times \frac{1}{(\sqrt[3]{5})^6} = \sqrt{(3)^2} \times \frac{1}{\sqrt[3]{(5^2)^3}}$
$= 3^3 \times \frac{1}{5^2} = \frac{27}{25}$

답 ⑤

015

$$\sqrt{\frac{\sqrt[4]{a}}{\sqrt[3]{a}}} \times \sqrt[3]{\frac{\sqrt{a}}{\sqrt[4]{a}}} \times \sqrt[4]{\frac{\sqrt[3]{a}}{\sqrt{a}}} = \frac{\sqrt{\sqrt[4]{a}}}{\sqrt{\sqrt[3]{a}}} \times \frac{\sqrt[3]{\sqrt{a}}}{\sqrt[3]{\sqrt[4]{a}}} \times \frac{\sqrt[4]{\sqrt[3]{a}}}{\sqrt[4]{\sqrt{a}}}$$
$$= \frac{\sqrt[8]{a}}{\sqrt[6]{a}} \times \frac{\sqrt[6]{a}}{\sqrt[12]{a}} \times \frac{\sqrt[12]{a}}{\sqrt[8]{a}} = 1$$

답 1

016

$a^2+a^{-2}=3$이므로
$(a+a^{-1})^2 = a^2+2aa^{-1}+a^{-2}$
$= a^2+a^{-2}+2 = 3+2 = 5$
$\therefore a+a^{-1}=\sqrt{5}$ ($\because a>0$)
$\therefore a^3+a^{-3} = (a+a^{-1})^3 - 3aa^{-1}(a+a^{-1})$
$= (\sqrt{5})^3 - 3\sqrt{5}$
$= 5\sqrt{5} - 3\sqrt{5} = 2\sqrt{5}$

답 ②

017

$$\frac{a^{-1}+a^{-2}+a^{-3}+a^{-4}}{a+a^2+a^3+a^4} = \frac{\frac{1}{a}+\frac{1}{a^2}+\frac{1}{a^3}+\frac{1}{a^4}}{a+a^2+a^3+a^4} = \frac{\frac{a^3+a^2+a+1}{a^4}}{a(1+a+a^2+a^3)}$$
$$= \frac{a^3+a^2+a+1}{a^5(1+a+a^2+a^3)} = \frac{1}{a^5}$$
$$= \frac{1}{(\sqrt[5]{2})^5} = \frac{1}{2}$$

답 ①

018

$$\frac{1}{3^{-4}+1}+\frac{1}{3^4+1}=\frac{(3^4+1)+(3^{-4}+1)}{(3^{-4}+1)(3^4+1)}$$

$$=\frac{3^4+1+3^{-4}+1}{1+3^{-4}+3^4+1}=1$$

$$\frac{1}{3^{-2}+1}+\frac{1}{3^2+1}=\frac{(3^2+1)+(3^{-2}+1)}{(3^{-2}+1)(3^2+1)}$$

$$=\frac{3^2+1+3^{-2}+1}{1+3^{-2}+3^2+1}=1$$

$$\therefore (주어진\ 식)=1+\frac{1}{3^0+1}+1$$

$$=2+\frac{1}{1+1}=\frac{5}{2}$$

다른 풀이

$$\frac{1}{3^{-4}+1}+\frac{1}{3^{-2}+1}+\frac{1}{3^0+1}+\frac{1}{3^2+1}+\frac{1}{3^4+1}$$

$$=\frac{3^4}{3^4(3^{-4}+1)}+\frac{3^2}{3^2(3^{-2}+1)}+\frac{1}{3^0+1}+\frac{1}{3^2+1}+\frac{1}{3^4+1}$$

$$=\frac{3^4}{1+3^4}+\frac{3^2}{1+3^2}+\frac{1}{1+1}+\frac{1}{3^2+1}+\frac{1}{3^4+1}$$

$$=\left(\frac{3^4}{3^4+1}+\frac{1}{3^4+1}\right)+\left(\frac{3^2}{3^2+1}+\frac{1}{3^2+1}\right)+\frac{1}{2}$$

$$=\frac{3^4+1}{3^4+1}+\frac{3^2+1}{3^2+1}+\frac{1}{2}$$

$$=1+1+\frac{1}{2}=\frac{5}{2}$$

답 $\frac{5}{2}$

019

$$\left\{\left(\frac{27}{125}\right)^{-\frac{1}{3}}\right\}^{\frac{3}{2}}\times\left(\frac{5}{27}\right)^{-\frac{1}{2}}=\left[\left\{\left(\frac{3}{5}\right)^3\right\}^{-\frac{1}{3}}\right]^{\frac{3}{2}}\times\left(\frac{27}{5}\right)^{\frac{1}{2}}$$

$$=\left\{\left(\frac{3}{5}\right)^{-1}\right\}^{\frac{3}{2}}\times\left(\frac{27}{5}\right)^{\frac{1}{2}}=\left(\frac{5}{3}\right)^{\frac{3}{2}}\times\left(\frac{3^3}{5}\right)^{\frac{1}{2}}$$

$$=\frac{5^{\frac{3}{2}}}{3^{\frac{3}{2}}}\times\frac{3^{\frac{3}{2}}}{5^{\frac{1}{2}}}=5^{\frac{3}{2}-\frac{1}{2}}=5$$

답 ⑤

020

ㄱ. $3^{\frac{1}{6}}\times3^{\frac{1}{3}}=3^{\frac{1}{6}+\frac{1}{3}}=3^{\frac{1}{2}}=\sqrt{3}$ (참)

ㄴ. $(16^{-2})^{\frac{1}{4}}=(2^{-8})^{\frac{1}{4}}=2^{-2}=\frac{1}{4}$ (참)

ㄷ. $\{(-5)^2\}^{\frac{3}{2}}=(5^2)^{\frac{3}{2}}=5^3=125$ (거짓)

ㄹ. $(\sqrt{6})^{2\sqrt{2}}=\{(\sqrt{6})^2\}^{\sqrt{2}}=6^{\sqrt{2}}$ (거짓)

따라서 옳은 것은 ㄱ, ㄴ이다.

답 ②

021

$$(\sqrt[5]{a^2})^2=(a^{\frac{2}{5}})^2=a^{\frac{4}{5}}$$

$$\sqrt{a^3\sqrt[3]{a^k}}=\sqrt{a}\times\sqrt{\sqrt[3]{a^k}}=\sqrt{a}\times\sqrt[6]{a^k}$$

$$=a^{\frac{1}{2}}\times a^{\frac{k}{6}}=a^{\frac{3+k}{6}}$$

⟶ **가**

따라서 $a^{\frac{4}{5}}=a^{\frac{3+k}{6}}$이고 $a>0$이므로

$$\frac{4}{5}=\frac{3+k}{6},\ 24=15+5k,\ 5k=9$$

$$\therefore k=\frac{9}{5}$$

⟶ **나**

$$\therefore 10k=10\times\frac{9}{5}=18$$

⟶ **다**

단계	채점 요소	비율
가	주어진 식을 a^r의 꼴로 나타내기	60%
나	유리수 k의 값 구하기	30%
다	$10k$의 값 구하기	10%

답 18

022

$$(a^{\frac{1}{8}}-b^{\frac{1}{8}})(a^{\frac{1}{8}}+b^{\frac{1}{8}})(a^{\frac{1}{4}}+b^{\frac{1}{4}})(a^{\frac{1}{2}}+b^{\frac{1}{2}})(a+b)$$

$$=\{(a^{\frac{1}{8}})^2-(b^{\frac{1}{8}})^2\}(a^{\frac{1}{4}}+b^{\frac{1}{4}})(a^{\frac{1}{2}}+b^{\frac{1}{2}})(a+b)$$

$$=(a^{\frac{1}{4}}-b^{\frac{1}{4}})(a^{\frac{1}{4}}+b^{\frac{1}{4}})(a^{\frac{1}{2}}+b^{\frac{1}{2}})(a+b)$$

$$=\{(a^{\frac{1}{4}})^2-(b^{\frac{1}{4}})^2\}(a^{\frac{1}{2}}+b^{\frac{1}{2}})(a+b)$$

$$=(a^{\frac{1}{2}}-b^{\frac{1}{2}})(a^{\frac{1}{2}}+b^{\frac{1}{2}})(a+b)$$

$$=\{(a^{\frac{1}{2}})^2-(b^{\frac{1}{2}})^2\}(a+b)$$

$$=(a-b)(a+b)$$

$$=a^2-b^2$$

$$=(\sqrt{2})^2-(\sqrt{3})^2=2-3=-1$$

답 ①

023

$a^{\frac{1}{2}}=x,\ a^{-\frac{1}{2}}=y$로 놓으면

$x+y=a^{\frac{1}{2}}+a^{-\frac{1}{2}}=5,\ xy=a^{\frac{1}{2}}a^{-\frac{1}{2}}=1$이므로

$$a^{\frac{3}{2}}+a^{-\frac{3}{2}}=x^3+y^3$$

$$=(x+y)^3-3xy(x+y)$$

$$=5^3-3\times1\times5=110$$

다른 풀이

$a^{\frac{1}{2}}+a^{-\frac{1}{2}}=5$의 양변을 세제곱하면

$$(a^{\frac{1}{2}}+a^{-\frac{1}{2}})^3=(a^{\frac{1}{2}})^3+(a^{-\frac{1}{2}})^3+3a^{\frac{1}{2}}a^{-\frac{1}{2}}(a^{\frac{1}{2}}+a^{-\frac{1}{2}})$$

$$=a^{\frac{3}{2}}+a^{-\frac{3}{2}}+3\times1\times5=125$$

$$\therefore a^{\frac{3}{2}}+a^{-\frac{3}{2}}=125-15=110$$

답 ①

024

$a=2^{\frac{1}{3}}-2^{-\frac{1}{3}}$의 양변을 세제곱하면

$$a^3=(2^{\frac{1}{3}})^3-(2^{-\frac{1}{3}})^3-3\times2^{\frac{1}{3}}\times2^{-\frac{1}{3}}(2^{\frac{1}{3}}-2^{-\frac{1}{3}})$$

$$=2-\frac{1}{2}-3(2^{\frac{1}{3}}-2^{-\frac{1}{3}})=\frac{3}{2}-3a$$

즉, $a^3+3a=\frac{3}{2}$이므로 $2a^3+6a-3=0$

$$\therefore 2a^4+2a^3+6a^2+3a+3=a(2a^3+6a-3)+2a^3+6a+3$$

$$=6$$

답 6

025

$a^{8x}=4$에서 $(a^{4x})^2=4$

$a>0$이므로 $a^{4x}>0$ $\therefore a^{4x}=2$

주어진 식의 분모, 분자에 a^{2x}을 곱하면

$$\frac{a^{6x}-a^{-6x}}{a^{2x}+a^{-2x}}=\frac{a^{2x}(a^{6x}-a^{-6x})}{a^{2x}(a^{2x}+a^{-2x})}$$

$$=\frac{a^{8x}-a^{-4x}}{a^{4x}+1}$$

$$=\frac{(a^{4x})^2-\dfrac{1}{a^{4x}}}{a^{4x}+1}$$

$$=\frac{4-\dfrac{1}{2}}{2+1}\ (\because\ a^{4x}=2)$$

$$=\frac{\dfrac{7}{2}}{3}=\frac{7}{6}$$

답 ⑤

026

주어진 식의 분모, 분자에 2^x을 곱하면

$$\frac{2^{3x}+2^{-3x}}{2^x+2^{-x}}=\frac{2^x(2^{3x}+2^{-3x})}{2^x(2^x+2^{-x})}=\frac{2^{4x}+2^{-2x}}{2^{2x}+1}$$

$$=\frac{(2^{2x})^2+\dfrac{1}{2^{2x}}}{2^{2x}+1}=\frac{3^2+\dfrac{1}{3}}{3+1}\ (\because\ 2^{2x}=3)$$

$$=\frac{\dfrac{28}{3}}{4}=\frac{7}{3}$$

답 ④

027

$\dfrac{2^x-2^{-x}}{2^x+2^{-x}}=\dfrac{1}{3}$의 좌변의 분모, 분자에 2^x을 곱하면

$$\frac{2^x(2^x-2^{-x})}{2^x(2^x+2^{-x})}=\frac{1}{3},\ \frac{2^{2x}-1}{2^{2x}+1}=\frac{1}{3}$$

······ 가

$$3\times2^{2x}-3=2^{2x}+1$$
$$2\times2^{2x}=4,\ 2^{2x}=2$$
$$\therefore\ 4^x=2$$

······ 나

$$\therefore\ 4^x-4^{-x}=4^x-\frac{1}{4^x}=2-\frac{1}{2}=\frac{3}{2}$$

······ 다

단계	채점 요소	비율
가	주어진 식의 좌변의 분모, 분자에 2^x을 곱하여 정리하기	40%
나	4^x의 값 구하기	30%
다	4^x-4^{-x}의 값 구하기	30%

답 $\dfrac{3}{2}$

028

$7^x=27$에서 $7=27^{\frac{1}{x}}=(3^3)^{\frac{1}{x}}=3^{\frac{3}{x}}$ ······ ㉠

$21^y=9$에서 $21=9^{\frac{1}{y}}=(3^2)^{\frac{1}{y}}=3^{\frac{2}{y}}$ ······ ㉡

㉠÷㉡을 하면

$$\frac{7}{21}=3^{\frac{3}{x}}\div3^{\frac{2}{y}},\ \frac{1}{3}=3^{-1}=3^{\frac{3}{x}-\frac{2}{y}}$$

$$\therefore\ \frac{3}{x}-\frac{2}{y}=-1$$

답 ②

029

$a^x=8$에서 $a=8^{\frac{1}{x}}$ ······ ㉠

$b^y=8$에서 $b=8^{\frac{1}{y}}$ ······ ㉡

$c^z=8$에서 $c=8^{\frac{1}{z}}$ ······ ㉢

······ 가

㉠÷㉡×㉢을 하면

$$\frac{ac}{b}=8^{\frac{1}{x}}\div8^{\frac{1}{y}}\times8^{\frac{1}{z}}=8^{\frac{1}{x}-\frac{1}{y}+\frac{1}{z}}$$

······ 나

$$\therefore\ \frac{ac}{b}=8^{\frac{2}{3}}=(2^3)^{\frac{2}{3}}=2^2=4$$

······ 다

단계	채점 요소	비율
가	$a,\ b,\ c$를 각각 8^r의 꼴로 나타내기	50%
나	$\dfrac{ac}{b}$를 8^s의 꼴로 나타내기	30%
다	$\dfrac{ac}{b}$의 값 구하기	20%

답 4

030

$8^x=9^y=12^z=k\ (k>0)$로 놓으면 $xyz\neq0$에서 $k\neq1$

$8^x=2^{3x}=k$에서 $2^3=k^{\frac{1}{x}}$

$9^y=3^{2y}=k$에서 $3^2=k^{\frac{1}{y}}$

$12^z=(2^2\times3)^z=k$에서 $2^2\times3=k^{\frac{1}{z}}$

이때, $\dfrac{a}{x}+\dfrac{2}{y}=\dfrac{4}{z}$이므로 $k^{\frac{a}{x}}k^{\frac{2}{y}}=k^{\frac{4}{z}}$

즉, $(k^{\frac{1}{x}})^a\times(k^{\frac{1}{y}})^2=(k^{\frac{1}{z}})^4$에서

$(2^3)^a\times(3^2)^2=(2^2\times3)^4,\ 2^{3a}\times3^4=2^8\times3^4$

따라서 $3a=8$이므로

$$a=\frac{8}{3}$$

답 $\dfrac{8}{3}$

031

$A,\ B,\ C$를 각각 12제곱하면

$A^{12}=(\sqrt[3]{3\sqrt{2}})^{12}=(\sqrt[3]{3}\times\sqrt[3]{\sqrt{2}})^{12}=(3^{\frac{1}{3}}\times2^{\frac{1}{6}})^{12}=3^4\times2^2=324$

$B^{12}=(\sqrt{2\sqrt[3]{5}})^{12}=(\sqrt{2}\times\sqrt{\sqrt[3]{5}})^{12}=(2^{\frac{1}{2}}\times5^{\frac{1}{6}})^{12}=2^6\times5^2=1600$

$C^{12}=(\sqrt{2\sqrt{2}})^{12}=(\sqrt{\sqrt{2^2\times2}})^{12}=(2^{\frac{3}{4}})^{12}=2^9=512$

따라서 $A^{12}<C^{12}<B^{12}$이므로

$A<C<B$

다른 풀이

거듭제곱근의 성질에 의하여

$A=\sqrt[3]{3\sqrt{2}}=\sqrt[3]{\sqrt{3^2\times2}}=\sqrt[6]{18}=\sqrt[12]{18^2}=\sqrt[12]{324}$

$B=\sqrt{2\sqrt[3]{5}}=\sqrt[3]{\sqrt{2^3\times5}}=\sqrt[6]{40}=\sqrt[12]{40^2}=\sqrt[12]{1600}$

$C=\sqrt{2\sqrt{2}}=\sqrt{\sqrt{2^2\times2}}=\sqrt[4]{8}=\sqrt[12]{8^3}=\sqrt[12]{512}$

$\therefore\ A<C<B$

답 ②

032

$A,\ B,\ C$를 각각 6제곱하면

$A^6=\{(\sqrt{2})^3\}^6=2^{\frac{3}{2}\times6}=2^9=512$

$B^6=\{(0.5)^{\frac{3}{2}}\}^6=\left\{\left(\dfrac{1}{2}\right)^{\frac{3}{2}}\right\}^6=\left(\dfrac{1}{2}\right)^{\frac{3}{2}\times6}=\left(\dfrac{1}{2}\right)^9=\dfrac{1}{512}$

$C^6=(\sqrt[3]{4})^6=(2^{\frac{2}{3}})^6=2^{\frac{2}{3}\times6}=2^4=16$

따라서 $B^6<C^6<A^6$이므로

$B<C<A$

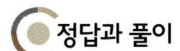

거듭제곱근의 성질에 의하여

$A=(\sqrt{2})^3=\sqrt{2^3}=\sqrt[6]{2^{3\times3}}=\sqrt[6]{2^9}=\sqrt[6]{512}$

$B=0.5^{\frac{3}{2}}=\left(\dfrac{1}{2}\right)^{\frac{3}{2}}=\dfrac{1}{\sqrt{2^3}}=\dfrac{1}{\sqrt[6]{2^{3\times3}}}=\dfrac{1}{\sqrt[6]{2^9}}=\dfrac{1}{\sqrt[6]{512}}$

$C=\sqrt[3]{4}=\sqrt[6]{4^2}=\sqrt[6]{16}$

$\therefore B<C<A$ 답 ③

033

$A=2^{60}$, $B=3^{50}$, $C=5^{40}$에서 지수 60, 50, 40의 최대공약수가 10이므로 지수를 10으로 같게 변형하면

$A=2^{60}=(2^6)^{10}=64^{10}$

$B=3^{50}=(3^5)^{10}=243^{10}$

$C=5^{40}=(5^4)^{10}=625^{10}$

따라서 지수가 모두 10으로 같고 $64<243<625$이므로

$64^{10}<243^{10}<625^{10}$

$\therefore A<B<C$ 답 $A<B<C$

034 276	**035** 24	**036** ③	**037** ④	**038** ④	**039** 78
040 ⑤	**041** ⑤	**042** ②	**043** ①	**044** ④	
045 (1) $2^{\frac{5}{4}}$ (2) 8		**046** ③	**047** 30	**048** -4	
049 $4\sqrt{3}$					

034

x는 2의 여섯제곱근 중 양의 실수인 것이므로

$x=\sqrt[6]{2}=2^{\frac{1}{6}}$ $\therefore x^n=2^{\frac{n}{6}}$

x^n이 네 자리의 자연수가 되려면

$2^{\frac{n}{6}}=2^{10}$ 또는 $2^{\frac{n}{6}}=2^{11}$ 또는 $2^{\frac{n}{6}}=2^{12}$ 또는 $2^{\frac{n}{6}}=2^{13}$

이어야 하므로

$\dfrac{n}{6}=10$ 또는 $\dfrac{n}{6}=11$ 또는 $\dfrac{n}{6}=12$ 또는 $\dfrac{n}{6}=13$

$\therefore n=60$ 또는 $n=66$ 또는 $n=72$ 또는 $n=78$

따라서 구하는 모든 자연수 n의 값의 합은

$60+66+72+78=276$ 답 276

035

실수 a의 n제곱근은 방정식 $x^n=a$의 근이므로 복소수의 범위에서 n개이다.

$\therefore p=n(A)+n(B)+n(C)=6+7+8=21$

한편, 집합 A에서 $(-3)^4>0$이므로 $(-3)^4$의 여섯제곱근 중 실수인 것은 $\sqrt[6]{(-3)^4}$, $-\sqrt[6]{(-3)^4}$의 2개이고, 집합 B에서 $(-3)^5<0$이므로 $(-3)^5$의 일곱제곱근 중 실수인 것은 $\sqrt[7]{(-3)^5}$의 1개 뿐이다.

또한 집합 C에서 $(-3)^9<0$이므로 $(-3)^9$의 여덟제곱근 중 실수인 것은 존재하지 않는다.

$\therefore q=2+1+0=3$

$\therefore p+q=21+3=24$ 답 24

036

$(\sqrt[3]{6^5})^{\frac{1}{2}}$이 자연수 N의 n제곱근이라 하면

$\left\{(\sqrt[3]{6^5})^{\frac{1}{2}}\right\}^n=\left(6^{\frac{5}{3}}\right)^{\frac{n}{2}}=6^{\frac{5n}{6}}=N$

따라서 $6^{\frac{5n}{6}}$이 자연수가 되려면 $5n$은 6의 배수이어야 하고, 5와 6은 서로소이므로 n이 6의 배수이어야 한다.

이때, $10\le n\le99$이므로 구하는 n은 12, 18, 24, $\cdots$, 96의 15개이다.   답 ③

037

$\sqrt[4]{81}=\sqrt[4]{3^4}=3$, $\sqrt[4]{256}=\sqrt[4]{4^4}=4$에서 $[\sqrt[4]{100}]=3$이므로

$[\sqrt[3]{a}]+[\sqrt{15-a}]=3$

이때, a는 자연수이므로 $\sqrt[3]{a}\ge1$, 즉 $[\sqrt[3]{a}]=1, 2, 3, \cdots$

(i) $[\sqrt[3]{a}]=1$, $[\sqrt{15-a}]=2$일 때

  $[\sqrt[3]{a}]=1$에서 $1\le\sqrt[3]{a}<2$

  $\therefore 1\le a<8$ …… ㉠

  $[\sqrt{15-a}]=2$에서 $2\le\sqrt{15-a}<3$, $4\le15-a<9$

  $\therefore 6<a\le11$ …… ㉡

  ㉠, ㉡에서 $6<a<8$이므로 주어진 등식을 만족시키는 자연수 a는 7 뿐이다.

(ii) $[\sqrt[3]{a}]=2$, $[\sqrt{15-a}]=1$일 때

  $[\sqrt[3]{a}]=2$에서 $2\le\sqrt[3]{a}<3$

  $\therefore 8\le a<27$ …… ㉢

  $[\sqrt{15-a}]=1$에서 $1\le\sqrt{15-a}<2$, $1\le15-a<4$

  $\therefore 11<a\le14$ …… ㉣

  ㉢, ㉣에서 $11<a\le14$이므로 주어진 등식을 만족시키는 자연수 a는 12, 13, 14이다.

(iii) $[\sqrt[3]{a}]=3$, $[\sqrt{15-a}]=0$일 때

  $[\sqrt[3]{a}]=3$에서 $3\le\sqrt[3]{a}<4$

  $\therefore 27\le a<64$ …… ㉤

  $[\sqrt{15-a}]=0$에서 $0\le\sqrt{15-a}<1$, $0\le15-a<1$

  $\therefore 14<a\le15$ …… ㉥

  ㉤, ㉥에서 주어진 등식을 만족시키는 자연수 a는 없다.

(i)~(iii)에서 구하는 모든 자연수 a의 값의 합은

$7+12+13+14=46$ 답 ④

038

$\dfrac{\sqrt{a\sqrt[3]{a\sqrt[4]{a}}}}{\sqrt[4]{a\sqrt[3]{a\sqrt{a}}}}=\dfrac{\sqrt{a}\times\sqrt[6]{a}\times\sqrt[24]{a}}{\sqrt[4]{a}\times\sqrt[12]{a}\times\sqrt[24]{a}}$

$=\dfrac{\sqrt[24]{a^{12}\times a^4\times a}}{\sqrt[24]{a^6\times a^2\times a}}$

$=\dfrac{\sqrt[24]{a^{17}}}{\sqrt[24]{a^9}}=\sqrt[24]{\dfrac{a^{17}}{a^9}}$

$=\sqrt[24]{a^8}=\sqrt[3]{a}$

따라서 $m=3$, $n=1$이므로

$m+n=3+1=4$ 답 ④

039

$$\sqrt[3n]{\frac{2^{21}(3^4+3^2+1)}{3^6-1}}=\sqrt[3n]{\frac{2^{21}(3^4+3^2+1)}{(3^2-1)(3^4+3^2+1)}}$$

$$=\left(\frac{2^{21}}{3^2-1}\right)^{\frac{1}{3n}}=\left(\frac{2^{21}}{2^3}\right)^{\frac{1}{3n}}$$

$$=(2^{18})^{\frac{1}{3n}}=2^{\frac{6}{n}}=x$$

이때, x가 자연수가 되도록 하는 자연수 n은

$n=1,\ 2,\ 3,\ 6$

즉, $A=\{2^6,\ 2^3,\ 2^2,\ 2^1\}=\{2,\ 4,\ 8,\ 64\}$

따라서 구하는 집합 A의 모든 원소의 합은

$2+4+8+64=78$ 답 78

040

$3^{2x+y}=a$, $3^{x-y}=b$에서

$3^{3x}=3^{2x+y}\times3^{x-y}=ab$ $\therefore 3^x=\sqrt[3]{ab}$

또한 $3^{2x+y}=a$, $3^{2x-2y}=b^2$에서

$3^{3y}=3^{2x+y}\div3^{2x-2y}=\dfrac{a}{b^2}$ $\therefore 3^y=\sqrt[3]{\dfrac{a}{b^2}}$

$\therefore 3^{x+y}=3^x\times3^y=\sqrt[3]{ab}\times\sqrt[3]{\dfrac{a}{b^2}}=\sqrt[3]{ab\times\dfrac{a}{b^2}}=\sqrt[3]{\dfrac{a^2}{b}}$ 답 ⑤

041

$a*b=a^b b^{-\frac{a}{2}}$에서

$(2*4)*x=(2^4\times4^{-\frac{2}{2}})*x=4*x=4^x\times x^{-\frac{4}{2}}=4^x\times x^{-2}$

즉, $4^x\times x^{-2}=8x^{-2}$이므로

$4^x=8$ $\therefore 2^{2x}=2^3$

따라서 $2x=3$이므로 $x=\dfrac{3}{2}$ 답 ⑤

042

$\left(\dfrac{1}{64}\right)^{\frac{1}{n}}=(2^{-6})^{\frac{1}{n}}=2^{-\frac{6}{n}}$이 자연수가 되도록 하는 정수 n은 6의 음의 약수이다.

$\therefore n=-1,\ -2,\ -3,\ -6$

$\therefore x=2^6,\ 2^3,\ 2^2,\ 2^1$

따라서 집합 A의 모든 원소의 곱은

$2^6\times2^3\times2^2\times2^1=2^{6+3+2+1}=2^{12}$ 답 ②

043

(i) $\sqrt{\dfrac{2^a\times5^b}{2}}=2^{\frac{a-1}{2}}\times5^{\frac{b}{2}}$이 자연수이므로

$a-1=2m$ (m은 음이 아닌 정수)

즉, $a=2m+1$이므로 $a=1,\ 3,\ 5,\ \cdots$

또한 $b=2n$(n은 자연수)이므로

$b=2,\ 4,\ 6,\ \cdots$

(ii) $\sqrt[3]{\dfrac{3^b}{2^{a+1}}}=\dfrac{3^{\frac{b}{3}}}{2^{\frac{a+1}{3}}}$이 유리수이므로

$a+1=3k$ (k는 자연수)

즉, $a=3k-1$이므로 $a=2,\ 5,\ 8,\ \cdots$

또한 $b=3l$ (l은 자연수)이므로 $b=3,\ 6,\ 9,\ \cdots$

(i), (ii)에서 a의 최솟값은 5, b의 최솟값은 6이므로 $a+b$의 최솟값은

$5+6=11$ 답 ①

044

$3^x+3^{-x}=3$이므로

$3^{2x}+3^{-2x}=(3^x+3^{-x})^2-2\times3^x3^{-x}$

$=3^2-2=7$

이고

$3^{4x}+3^{-4x}=(3^{2x}+3^{-2x})^2-2\times3^{2x}3^{-2x}$

$=7^2-2=47$

$\therefore \dfrac{3^{4x}+3^{-4x}+1}{3^{2x}+3^{-2x}+1}=\dfrac{47+1}{7+1}=6$ 답 ④

045

(1) $x^2=(2^{\frac{1}{4}}+2^{-\frac{1}{4}})^2=2^{\frac{1}{2}}+2^{-\frac{1}{2}}+2$이므로

$x^2-4=2^{\frac{1}{2}}+2^{-\frac{1}{2}}-2=(2^{\frac{1}{4}}-2^{-\frac{1}{4}})^2$

$\therefore \sqrt{x^2-4}=2^{\frac{1}{4}}-2^{-\frac{1}{4}}$ $(\because \sqrt{x^2-4}>0)$

$\therefore \sqrt{x^2-4}+x=(2^{\frac{1}{4}}-2^{-\frac{1}{4}})+(2^{\frac{1}{4}}+2^{-\frac{1}{4}})=2\times2^{\frac{1}{4}}=2^{\frac{5}{4}}$

(2) $x=2^{\frac{1}{2}}-2^{-\frac{1}{2}}=\sqrt{2}-\dfrac{1}{\sqrt{2}}$이므로

$x+\sqrt{x^2+4}=\sqrt{2}-\dfrac{1}{\sqrt{2}}+\sqrt{\left(\sqrt{2}-\dfrac{1}{\sqrt{2}}\right)^2+4}$

$=\sqrt{2}-\dfrac{1}{\sqrt{2}}+\sqrt{2}+\dfrac{1}{\sqrt{2}}=2\sqrt{2}$

$\therefore (x+\sqrt{x^2+4})^2=(2\sqrt{2})^2=8$

다른 풀이

(2) $x^2=(2^{\frac{1}{2}}-2^{-\frac{1}{2}})^2=2+2^{-1}-2=\dfrac{1}{2}$이므로

$\sqrt{x^2+4}=\sqrt{\dfrac{1}{2}+4}=\sqrt{\dfrac{9}{2}}=\dfrac{3}{\sqrt{2}}$

$x=2^{\frac{1}{2}}-2^{-\frac{1}{2}}=\sqrt{2}-\dfrac{1}{\sqrt{2}}$이므로

$(x+\sqrt{x^2+4})^2=\left(\sqrt{2}-\dfrac{1}{\sqrt{2}}+\dfrac{3}{\sqrt{2}}\right)^2=(2\sqrt{2})^2=8$

답 (1) $2^{\frac{5}{4}}$ (2) 8

046

$a^x=7$에서 $a=7^{\frac{1}{x}}$ $\therefore a^6=7^{\frac{6}{x}}$ ...... ㉠

$b^{2y}=7$에서 $b=7^{\frac{1}{2y}}$ $\therefore b^6=7^{\frac{3}{y}}$ ...... ㉡

$c^{3z}=7$에서 $c=7^{\frac{1}{3z}}$ $\therefore c^6=7^{\frac{2}{z}}$ ...... ㉢

㉠×㉡×㉢을 하면

$a^6\times b^6\times c^6=7^{\frac{6}{x}}\times7^{\frac{3}{y}}\times7^{\frac{2}{z}}$

$(abc)^6=7^{\frac{6}{x}+\frac{3}{y}+\frac{2}{z}}$

이때, $abc=49$이므로 $(abc)^6=49^6=(7^2)^6=7^{12}$

$\therefore \dfrac{6}{x}+\dfrac{3}{y}+\dfrac{2}{z}=12$

다른 풀이

$a^x=b^{2y}=c^{3z}=7$에서

$a^{6xyz}=7^{6yz}$, $b^{6xyz}=7^{3xz}$, $c^{6xyz}=7^{2xy}$

$\therefore (abc)^{6xyz}=a^{6xyz}\times b^{6xyz}\times c^{6xyz}$

$=7^{6yz}\times7^{3xz}\times7^{2xy}$

$=7^{6yz+3xz+2xy}$

이때, $abc=49$이므로

$49^{6xyz}=7^{12xyz}=7^{6yz+3xz+2xy}$

$\therefore 12xyz=6yz+3xz+2xy$

위의 식의 양변을 xyz로 나누면

$12=\dfrac{6}{x}+\dfrac{3}{y}+\dfrac{2}{z}$

$\therefore \dfrac{6}{x}+\dfrac{3}{y}+\dfrac{2}{z}=12$ 답 ③

047

$a^6=3$에서 $a=3^{\frac{1}{6}}$ ...... ㉠

$b^5=5$에서 $b=5^{\frac{1}{5}}$ ...... ㉡

$c^2=7$에서 $c=7^{\frac{1}{2}}$ ...... ㉢

㉠, ㉡, ㉢에서

$(abc)^n=(3^{\frac{1}{6}}\times 5^{\frac{1}{5}}\times 7^{\frac{1}{2}})^n=3^{\frac{n}{6}}\times 5^{\frac{n}{5}}\times 7^{\frac{n}{2}}$

이때, $(abc)^n$이 자연수이려면 3, 5, 7이 서로소이므로 $\dfrac{n}{6}$, $\dfrac{n}{5}$, $\dfrac{n}{2}$이 모두 자연수이어야 한다.

따라서 구하는 자연수 n의 최솟값은 6, 5, 2의 최소공배수인 30이다.

답 30

048

$(x^{\frac{1}{4}}+x^{-\frac{1}{4}})(x^{\frac{1}{4}}-x^{-\frac{1}{4}})(x^{\frac{1}{2}}+x^{-\frac{1}{2}})$

$=\{(x^{\frac{1}{4}})^2-(x^{-\frac{1}{4}})^2\}(x^{\frac{1}{2}}+x^{-\frac{1}{2}})$

$=(x^{\frac{1}{2}}-x^{-\frac{1}{2}})(x^{\frac{1}{2}}+x^{-\frac{1}{2}})$

$=(x^{\frac{1}{2}})^2-(x^{-\frac{1}{2}})^2$

$=x-x^{-1}$ ······ 가

이때, $x+x^{-1}=2\sqrt{5}$이므로

$(x-x^{-1})^2=(x+x^{-1})^2-4xx^{-1}$

$=(2\sqrt{5})^2-4=16$ ······ 나

그런데 $0<x<1$일 때 $x^{-1}>1$, 즉 $x<x^{-1}$이므로

$x-x^{-1}<0$

$\therefore$ (주어진 식)$=x-x^{-1}=-4$ ······ 다

단계	채점 요소	비율
가	주어진 식을 간단히 하기	40%
나	곱셈 공식의 변형을 이용하여 $(x-x^{-1})^2$의 값 구하기	30%
다	주어진 식의 값 구하기	30%

답 -4

049

$f(x)=\dfrac{1}{2}(a^x-a^{-x})$에서 $f(p)=\sqrt{3}$이므로

$\dfrac{1}{2}(a^p-a^{-p})=\sqrt{3}$, $a^p-a^{-p}=2\sqrt{3}$

$\therefore (a^p+a^{-p})^2=(a^p-a^{-p})^2+4a^pa^{-p}$

$=(2\sqrt{3})^2+4=16$ ······ 가

이때, $a^p+a^{-p}>0$이므로

$a^p+a^{-p}=4$ ······ 나

$\therefore f(2p)=\dfrac{1}{2}(a^{2p}-a^{-2p})$

$=\dfrac{1}{2}(a^p+a^{-p})(a^p-a^{-p})$

$=\dfrac{1}{2}\times 4\times 2\sqrt{3}=4\sqrt{3}$ ······ 다

단계	채점 요소	비율
가	곱셈 공식의 변형을 이용하여 $(a^p+a^{-p})^2$의 값 구하기	40%
나	a^p+a^{-p}의 값 구하기	20%
다	$f(2p)$의 값 구하기	40%

답 $4\sqrt{3}$

02 로그

본문 p.17~18

050

답 (1) $2=\log_7 49$ (2) $-1=\log_2 0.5$

(3) $\dfrac{1}{3}=\log_{1000} 10$ (4) $0=\log_4 1$

051

답 (1) $3^4=81$ (2) $\left(\dfrac{1}{2}\right)^{-5}=32$ (3) $(\sqrt{5})^4=25$ (4) $9^{-\frac{3}{2}}=\dfrac{1}{27}$

052

(1) 진수의 조건에서 $x-2>0$ ∴ $x>2$

(2) 진수의 조건에서 $-x^2+5x>0$이므로

$x^2-5x<0$, $x(x-5)<0$ ∴ $0<x<5$

(3) 밑의 조건에서 $x-5>0$, $x-5\neq1$이므로 $x>5$, $x\neq6$

∴ $5<x<6$ 또는 $x>6$

(4) 밑의 조건에서 $x+3>0$, $x+3\neq1$이므로 $x>-3$, $x\neq-2$

∴ $-3<x<-2$ 또는 $x>-2$ ...... ㉠

진수의 조건에서 $(x-4)^2>0$ ∴ $x\neq4$ ...... ㉡

㉠, ㉡의 공통 범위를 구하면

$-3<x<-2$ 또는 $-2<x<4$ 또는 $x>4$

답 (1) $x>2$ (2) $0<x<5$ (3) $5<x<6$ 또는 $x>6$

(4) $-3<x<-2$ 또는 $-2<x<4$ 또는 $x>4$

053

(1) $\log_2 x=-4$에서 $2^{-4}=x$ ∴ $x=\dfrac{1}{16}$

(2) $\log_{\sqrt{3}} x=4$에서 $(\sqrt{3})^4=x$ ∴ $x=9$

(3) $\log_x 64=5$에서 $x^5=64$ ∴ $x=\sqrt[5]{64}=2^{\frac{6}{5}}$

(4) $\log_x \dfrac{1}{3}=2$에서 $x^2=\dfrac{1}{3}$

이때, 밑의 조건에서 $x>0$, $x\neq1$이므로

$x=\sqrt{\dfrac{1}{3}}=\dfrac{\sqrt{3}}{3}$

답 (1) $\dfrac{1}{16}$ (2) 9 (3) $2^{\frac{6}{5}}$ (4) $\dfrac{\sqrt{3}}{3}$

054

(1) $\log_3 3+\log_5 1=1+0=1$

(2) $\log_2 16+\log_3 27-\log_5 \sqrt{5}=\log_2 2^4+\log_3 3^3-\log_5 5^{\frac{1}{2}}$

$=4\log_2 2+3\log_3 3-\dfrac{1}{2}\log_5 5$

$=4+3-\dfrac{1}{2}=\dfrac{13}{2}$

(3) $\log_2 9+2\log_2 \dfrac{8}{3}=\log_2 3^2+2(\log_2 8-\log_2 3)$

$=2\log_2 3+2(\log_2 2^3-\log_2 3)$

$=2\log_2 3+2(3\log_2 2-\log_2 3)$

$=2\log_2 3+2\times3-2\log_2 3=6$

(4) $\dfrac{1}{4}\log_2 81+\log_2 \dfrac{1}{3}=\dfrac{1}{4}\log_2 3^4+\log_2 3^{-1}$

$=\dfrac{1}{4}\times4\log_2 3+(-\log_2 3)$

$=\log_2 3-\log_2 3=0$

답 (1) 1 (2) $\dfrac{13}{2}$ (3) 6 (4) 0

055

(1) $\log_{10} 72=\log_{10}(2^3\times3^2)=\log_{10} 2^3+\log_{10} 3^2$

$=3\log_{10} 2+2\log_{10} 3=3a+2b$

(2) $\log_{10} \dfrac{16}{27}=\log_{10} \dfrac{2^4}{3^3}=\log_{10} 2^4-\log_{10} 3^3$

$=4\log_{10} 2-3\log_{10} 3=4a-3b$

(3) $\log_{10} 5=\log_{10} \dfrac{10}{2}=\log_{10} 10-\log_{10} 2=1-a$

답 (1) $3a+2b$ (2) $4a-3b$ (3) $1-a$

056

(1) $\log_2 3=\dfrac{\log_5 3}{\log_5 2}=\dfrac{b}{a}$

(2) $\log_6 144=\dfrac{\log_5 144}{\log_5 6}=\dfrac{\log_5(2^4\times3^2)}{\log_5(2\times3)}$

$=\dfrac{4\log_5 2+2\log_5 3}{\log_5 2+\log_5 3}=\dfrac{4a+2b}{a+b}$

(3) $\log_2 45=\dfrac{\log_5 45}{\log_5 2}=\dfrac{\log_5(3^2\times5)}{\log_5 2}$

$=\dfrac{2\log_5 3+\log_5 5}{\log_5 2}=\dfrac{2b+1}{a}$

답 (1) $\dfrac{b}{a}$ (2) $\dfrac{4a+2b}{a+b}$ (3) $\dfrac{2b+1}{a}$

057

(1) $\log_5 9\times\log_3 5=2\log_5 3\times\dfrac{1}{\log_5 3}=2$

(2) $\log_2 3\times\log_3 5\times\log_5 2=\dfrac{\log_{10} 3}{\log_{10} 2}\times\dfrac{\log_{10} 5}{\log_{10} 3}\times\dfrac{\log_{10} 2}{\log_{10} 5}=1$

답 (1) 2 (2) 1

058

(1) $\log_8 0.25=\log_8 \dfrac{1}{4}=\log_{2^3} 2^{-2}=-\dfrac{2}{3}\log_2 2=-\dfrac{2}{3}$

(2) $\log_7 \dfrac{1}{\sqrt{7}}=\log_7 7^{-\frac{1}{2}}=-\dfrac{1}{2}\log_7 7=-\dfrac{1}{2}$

(3) $3^{\log_3 2}=2$

(4) $5^{\log_{25} 2}=2^{\log_{25} 5}=2^{\log_{5^2} 5}=2^{\frac{1}{2}\log_5 5}=2^{\frac{1}{2}}=\sqrt{2}$

답 (1) $-\dfrac{2}{3}$ (2) $-\dfrac{1}{2}$ (3) 2 (4) $\sqrt{2}$

059

(1) $\log 100=\log 10^2=2$

(2) $\log \sqrt[5]{10000}=\log \sqrt[5]{10^4}=\log 10^{\frac{4}{5}}=\dfrac{4}{5}$

(3) $\log \dfrac{1}{\sqrt[3]{100}}=\log \dfrac{1}{\sqrt[3]{10^2}}=\log 10^{-\frac{2}{3}}=-\dfrac{2}{3}$

(4) $\log \dfrac{1}{40}+\log \dfrac{1}{25}=\log\left(\dfrac{1}{40}\times\dfrac{1}{25}\right)=\log \dfrac{1}{1000}=\log 10^{-3}=-3$

답 (1) 2 (2) $\dfrac{4}{5}$ (3) $-\dfrac{2}{3}$ (4) -3

060

(1) $\log 2.54 = 0.4048$

(2) $\log 469 = \log(4.69 \times 10^2) = \log 4.69 + \log 10^2$
$= 0.6712 + 2$
$= 2.6712$

(3) $\log 0.584 = \log(5.84 \times 10^{-1}) = \log 5.84 + \log 10^{-1}$
$= 0.7664 - 1$
$= -0.2336$

(4) $\log 0.00125 = \log(1.25 \times 10^{-3}) = \log 1.25 + \log 10^{-3}$
$= 0.0969 - 3$
$= -2.9031$

답 (1) 0.4048 (2) 2.6712 (3) -0.2336 (4) -2.9031

061

(1) $\log 35.7 = \log(3.57 \times 10) = \log 3.57 + \log 10$
$= 0.5527 + 1$
$= 1.5527$

(2) $\log 35700 = \log(3.57 \times 10^4) = \log 3.57 + \log 10^4$
$= 0.5527 + 4$
$= 4.5527$

(3) $\log 0.357 = \log(3.57 \times 10^{-1}) = \log 3.57 + \log 10^{-1}$
$= 0.5527 - 1$
$= -0.4473$

(4) $\log \dfrac{1}{357} = \log(3.57 \times 10^2)^{-1} = -(\log 3.57 + \log 10^2)$
$= -(0.5527 + 2)$
$= -2.5527$

답 (1) 1.5527 (2) 4.5527 (3) -0.4473 (4) -2.5527

062

(1) $1.4983 = 1 + 0.4983$이므로 정수 부분은 1, 소수 부분은 0.4983이다.

(2) $-2.8297 = -2 - 0.8297$
$= (-2 - 1) + (1 - 0.8297)$
$= -3 + 0.1703$
이므로 정수 부분은 -3, 소수 부분은 0.1703이다.

(3) $-4.3799 = -4 - 0.3799$
$= (-4 - 1) + (1 - 0.3799)$
$= -5 + 0.6201$
이므로 정수 부분은 -5, 소수 부분은 0.6201이다.

답 (1) 정수 부분 : 1, 소수 부분 : 0.4983
(2) 정수 부분 : -3, 소수 부분 : 0.1703
(3) 정수 부분 : -5, 소수 부분 : 0.6201

063

(1) 5.13의 정수 부분은 5이고 한 자리의 수이므로 $\log 5.13$의 정수 부분은 0이다.

(2) 0.00513은 소수점 아래 셋째 자리에서 처음으로 0이 아닌 숫자가 나타나므로 $\log 0.00513$의 정수 부분은 -3이다.

(3) 369000은 여섯 자리의 정수이므로 $\log 369000$의 정수 부분은 5이다.

(4) 0.0369는 소수점 아래 둘째 자리에서 처음으로 0이 아닌 숫자가 나타나므로 $\log 0.0369$의 정수 부분은 -2이다.

다른 풀이

(1) $10^0 < 5.13 < 10^1 \iff 0 < \log 5.13 < 1$
따라서 $\log 5.13$의 정수 부분은 0이다.

(2) $0.001 < 0.00513 < 0.01 \iff 10^{-3} < 0.00513 < 10^{-2}$
$\iff -3 < \log 0.00513 < -2$
따라서 $\log 0.00513$의 정수 부분은 -3이다.

(3) $10^5 < 369000 < 10^6 \iff 5 < \log 369000 < 6$
따라서 $\log 369000$의 정수 부분은 5이다.

(4) $0.01 < 0.0369 < 0.1 \iff 10^{-2} < 0.0369 < 10^{-1}$
$\iff -2 < \log 0.0369 < -1$
따라서 $\log 0.0369$의 정수 부분은 -2이다.

답 (1) 0 (2) -3 (3) 5 (4) -2

064

(1) $\log 73400 = \log(7.34 \times 10^4)$
$= \log 7.34 + \log 10^4 = 4 + 0.8657$
이므로 정수 부분은 4, 소수 부분은 0.8657이다.

(2) $\log 0.0734 = \log(7.34 \times 10^{-2})$
$= \log 7.34 + \log 10^{-2} = -2 + 0.8657$
이므로 정수 부분은 -2, 소수 부분은 0.8657이다.

답 (1) 정수 부분 : 4, 소수 부분 : 0.8657
(2) 정수 부분 : -2, 소수 부분 : 0.8657

065

(1) $\log x = 2.3010$에서 $\log 2$와 소수 부분이 같으므로 x는 2와 숫자 배열이 같고, $\log x$의 정수 부분이 2이므로 x는 세 자리의 정수이다.
$\therefore x = 200$

(2) $\log x = -0.3010 = -1 + 0.6990$에서 $\log 5$와 소수 부분이 같으므로 x는 5와 숫자 배열이 같고, $\log x$의 정수 부분이 -1이므로 x는 소수점 아래 첫째 자리에서 처음으로 0이 아닌 숫자가 나타난다.
$\therefore x = 0.5$

(3) $\log x = -1.6990 = -2 + 0.3010$에서 $\log 2$와 소수 부분이 같으므로 x는 2와 숫자 배열이 같고, $\log x$의 정수 부분이 -2이므로 x는 소수점 아래 둘째 자리에서 처음으로 0이 아닌 숫자가 나타난다.
$\therefore x = 0.02$

답 (1) 200 (2) 0.5 (3) 0.02

066

(1) $\log x = 2.4116$에서 $\log 2.58$과 소수 부분이 같으므로 x는 2.58과 숫자 배열이 같고, $\log x$의 정수 부분이 2이므로 x는 세 자리의 정수이다.
$\therefore x = 258$

(2) $\log x = -0.5884 = -1 + 0.4116$에서 $\log 2.58$과 소수 부분이 같으므로 x는 2.58과 숫자 배열이 같고, $\log x$의 정수 부분이 -1이므로 x는 소수점 아래 첫째 자리에서 처음으로 0이 아닌 숫자가 나타난다.
$\therefore x = 0.258$

답 (1) 258 (2) 0.258

067 ②	**068** ③	**069** 9	**070** ③
071 (1) -7 (2) $\dfrac{7}{2}$ (3) 1		**072** ①	**073** ④ **074** ③
075 12	**076** -1	**077** ⑤	**078** (1) 27 (2) 4 **079** ④
080 ④	**081** ④	**082** $\dfrac{a(b+2)}{a+3}$	**083** ① **084** ④
085 36	**086** ④	**087** 1	**088** 16 **089** ④ **090** ②
091 ③	**092** ④	**093** ②	**094** 90000 **095** ③
096 0.0753		**097** 2	

067

밑의 조건에서 $x-2>0$, $x-2\neq1$이므로

$x>2$, $x\neq3$

$\therefore 2<x<3$ 또는 $x>3$ ...... ㉠

진수의 조건에서 $-x^2+5x+6>0$이므로

$x^2-5x-6<0$, $(x+1)(x-6)<0$

$\therefore -1<x<6$ ...... ㉡

㉠, ㉡의 공통 범위를 구하면

$2<x<3$ 또는 $3<x<6$

따라서 구하는 정수 x는 4, 5의 2개이다.　　　**답** ②

068

$\log_{\sqrt{2}}a=6$에서 $a=(\sqrt{2})^6=2^3=8$

$\log_{\frac{1}{3}}27=b$에서 $\left(\dfrac{1}{3}\right)^b=27$, $3^{-b}=3^3$　　$\therefore b=-3$

$\log_c25=2$에서 $c^2=25$, $c=\pm5$　　$\therefore c=5\ (\because c>0)$

$\therefore a+b+c=8+(-3)+5=10$　　**답** ③

069

밑의 조건에서 $a-1>0$, $a-1\neq1$이므로

$a>1$, $a\neq2$

$\therefore 1<a<2$ 또는 $a>2$ ...... ㉠　　**가**

진수의 조건에서 모든 실수 x에 대하여 $x^2+ax+3a>0$이어야 하므로

이차방정식 $x^2+ax+3a=0$의 판별식을 D라 하면

$D=a^2-4\times3a<0$, $a(a-12)<0$

$\therefore 0<a<12$ ...... ㉡　　**나**

㉠, ㉡의 공통 범위를 구하면

$1<a<2$ 또는 $2<a<12$　　**다**

따라서 구하는 정수 a는 3, 4, 5, ⋯, 11의 9개이다.　　**라**

단계	채점 요소	비율
가	로그의 밑의 조건을 이용하여 a의 값의 범위 구하기	40%
나	로그의 진수의 조건을 이용하여 a의 값의 범위 구하기	40%
다	**가**, **나**에서 a의 공통 범위 구하기	10%
라	정수 a의 개수 구하기	10%

답 9

070

$\dfrac{1}{2}\log_2 3-\log_2 6+\log_2\sqrt{12}=\log_2 3^{\frac{1}{2}}-\log_2 6+\log_2 2\sqrt{3}$

$=\log_2\dfrac{\sqrt{3}\times2\sqrt{3}}{6}$

$=\log_2 1=0$　　**답** ③

071

(1) $3\log_5 3-2\log_5 75-\log_5 375$

$=3\log_5 3-2\log_5(5^2\times3)-\log_5(5^3\times3)$

$=3\log_5 3-2(2\log_5 5+\log_5 3)-(3\log_5 5+\log_5 3)$

$=3\log_5 3-2\times2-2\log_5 3-3-\log_5 3$

$=-4-3=-7$

(2) $\dfrac{3}{2}\log_2 6-\log_2\sqrt{54}+\log_2\sqrt{32}$

$=\dfrac{3}{2}\log_2 6-\log_2 54^{\frac{1}{2}}+\log_2 32^{\frac{1}{2}}$

$=\dfrac{3}{2}\log_2(2\times3)-\dfrac{1}{2}\log_2(2\times3^3)+\dfrac{1}{2}\log_2 2^5$

$=\dfrac{3}{2}(\log_2 2+\log_2 3)-\dfrac{1}{2}(\log_2 2+3\log_2 3)+\dfrac{5}{2}\log_2 2$

$=\dfrac{3}{2}+\dfrac{3}{2}\log_2 3-\dfrac{1}{2}-\dfrac{3}{2}\log_2 3+\dfrac{5}{2}=\dfrac{7}{2}$

(3) $(\log_6 2)^2+2\log_6 2\times\log_6 3+(\log_6 3)^2$

$=(\log_6 2+\log_6 3)^2=(\log_6 6)^2=1$

답 (1) -7 (2) $\dfrac{7}{2}$ (3) 1

072

$\log_3\left(1-\dfrac{2}{3}\right)+\log_3\left(1-\dfrac{1}{4}\right)+\log_3\left(1-\dfrac{1}{5}\right)+\cdots+\log_3\left(1-\dfrac{1}{27}\right)$

$=\log_3\left(\dfrac{1}{3}\times\dfrac{3}{4}\times\dfrac{4}{5}\times\cdots\times\dfrac{26}{27}\right)$

$=\log_3\dfrac{1}{27}=\log_3 3^{-3}$

$=-3$　　**답** ①

073

$\dfrac{1}{\log_2 x}+\dfrac{1}{\log_3 x}+\dfrac{1}{\log_4 x}=\log_x 2+\log_x 3+\log_x 4$

$=\log_x(2\times3\times4)$

$=\log_x 24$

또한 $\dfrac{1}{\log_a x}=\log_x a$이므로

$\log_x 24=\log_x a$

$\therefore a=24$　　**답** ④

074

$\dfrac{\log_3 4\sqrt{2}+\log_3 2\sqrt{3}-\log_3\sqrt{6}}{\log_3 2}=\dfrac{\log_3\dfrac{4\sqrt{2}\times2\sqrt{3}}{\sqrt{6}}}{\log_3 2}$

$=\dfrac{\log_3 8}{\log_3 2}$

$=\log_2 8=\log_2 2^3=3$　　**답** ③

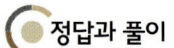

075

$\log_2 x = \dfrac{1}{\log_{3\sqrt{3}} 3}$에서 $\log_2 x = \log_3 3\sqrt{3} = \log_3 3^{\frac{3}{2}}$

$\therefore \log_2 x = \dfrac{3}{2}$ ...... ㉠

────────────────────────── 가

$\log_2 \sqrt[3]{y} = \dfrac{1}{\log_{64} 2}$에서 $\log_2 y^{\frac{1}{3}} = \log_2 64 = \log_2 2^6$

$\dfrac{1}{3}\log_2 y = 6$ $\therefore \log_2 y = 18$ ...... ㉡

────────────────────────── 나

㉠, ㉡에서

$\log_x y = \dfrac{\log_2 y}{\log_2 x} = \dfrac{18}{\dfrac{3}{2}} = 12$

────────────────────────── 다

단계	채점 요소	비율
가	$\log_2 x$의 값 구하기	30%
나	$\log_2 y$의 값 구하기	30%
다	$\log_x y$의 값 구하기	40%

답 12

076

$\log_6 (\log_3 2) + \log_6 (\log_4 3) + \log_6 (\log_5 4) + \cdots + \log_6 (\log_{64} 63)$

$= \log_6 (\log_3 2 \times \log_4 3 \times \log_5 4 \times \cdots \times \log_{64} 63)$

$= \log_6 \left(\log_3 2 \times \dfrac{\log_3 3}{\log_3 4} \times \dfrac{\log_3 4}{\log_3 5} \times \cdots \times \dfrac{\log_3 63}{\log_3 64} \right)$

$= \log_6 \left(\dfrac{\log_3 2}{\log_3 64} \right) = \log_6 (\log_{64} 2)$

$= \log_6 (\log_{2^6} 2) = \log_6 \dfrac{1}{6}$

$= \log_6 6^{-1} = -1$

답 -1

077

$(\log_3 \sqrt{5} - \log_{\frac{1}{9}} 125) \times \log_5 3 = (\log_3 5^{\frac{1}{2}} - \log_{3^{-2}} 5^3) \times \log_5 3$

$= \left(\dfrac{1}{2}\log_3 5 + \dfrac{3}{2}\log_3 5 \right) \times \log_5 3$

$= 2\log_3 5 \times \log_5 3$

$= 2 \times 1 = 2$

답 ⑤

078

(1) $5^{\log_5 2} + 9^{\log_3 5} = 2 + 5^{\log_3 9} = 2 + 5^{\log_3 3^2}$

$= 2 + 5^2 = 27$

(2) $9^{2\log_3 5 + 3\log_3 2 - 2\log_3 10} = 9^{\log_3 5^2 + \log_3 2^3 - \log_3 10^2} = 9^{\log_3 \frac{25 \times 8}{100}}$

$= 9^{\log_3 2} = 2^{\log_3 9}$

$= 2^{\log_3 3^2} = 2^2 = 4$

답 (1) 27 (2) 4

079

$\log_3 8 + \log_3 2 = \log_3 (8 \times 2) = \log_3 2^4 = 4\log_3 2$이므로

$(3^{\log_3 8 + \log_3 2})^2 + (2^{\log_3 2 + \log_3 8})^{\log_2 3} = (3^{4\log_3 2})^2 + (2^{4\log_3 2})^{\log_2 3}$

$= (2^4)^2 + 2^{4\log_3 2 \times \log_2 3}$

$= (2^4)^2 + 2^4 = 2^8 + 2^4 = 272$

답 ③

080

$\log_{\sqrt{12}} \sqrt[6]{54} = \dfrac{\log_7 \sqrt[6]{54}}{\log_7 \sqrt{12}}$에서

$\log_7 \sqrt[6]{54} = \log_7 54^{\frac{1}{6}} = \dfrac{1}{6}\log_7 54$

$\qquad = \dfrac{1}{6}\log_7 (2 \times 3^3) = \dfrac{1}{6}(\log_7 2 + 3\log_7 3)$

$\qquad = \dfrac{1}{6}(a + 3b)$

$\log_7 \sqrt{12} = \log_7 12^{\frac{1}{2}} = \dfrac{1}{2}\log_7 12$

$\qquad = \dfrac{1}{2}\log_7 (2^2 \times 3) = \dfrac{1}{2}(2\log_7 2 + \log_7 3)$

$\qquad = \dfrac{1}{2}(2a + b)$

$\therefore \log_{\sqrt{12}} \sqrt[6]{54} = \dfrac{\dfrac{1}{6}(a+3b)}{\dfrac{1}{2}(2a+b)} = \dfrac{a+3b}{3(2a+b)}$

답 ④

081

$10^a = 3$, $10^b = 5$에서 로그의 정의에 의하여

$\log_{10} 3 = a$, $\log_{10} 5 = b$

이때, $\log_{10} 2 = \log_{10} \dfrac{10}{5} = \log_{10} 10 - \log_{10} 5 = 1 - b$이므로

$\log_5 \sqrt{6} = \log_5 6^{\frac{1}{2}} = \dfrac{1}{2}\log_5 6$

$\qquad = \dfrac{1}{2} \times \dfrac{\log_{10} 6}{\log_{10} 5} = \dfrac{\log_{10} (2 \times 3)}{2\log_{10} 5}$

$\qquad = \dfrac{\log_{10} 2 + \log_{10} 3}{2\log_{10} 5}$

$\qquad = \dfrac{1 - b + a}{2b} = \dfrac{1 + a - b}{2b}$

답 ④

082

$\log_2 27 = \log_2 3^3 = 3\log_2 3 = a$, $\log_2 3 = \dfrac{a}{3}$

$\therefore \log_3 2 = \dfrac{3}{a}$

따라서 $\log_3 2 = \dfrac{3}{a}$, $\log_3 5 = b$이므로

$\log_6 45 = \dfrac{\log_3 45}{\log_3 6} = \dfrac{\log_3 (3^2 \times 5)}{\log_3 (2 \times 3)}$

$\qquad = \dfrac{2 + \log_3 5}{\log_3 2 + 1}$

$\qquad = \dfrac{2 + b}{\dfrac{3}{a} + 1} = \dfrac{a(b+2)}{a+3}$

답 $\dfrac{a(b+2)}{a+3}$

083

$2^x = 3^y = \sqrt{6^z} = k$ $(k \neq 1)$라 하면

$2^x = k$에서 $x = \log_2 k$ $\therefore \dfrac{1}{x} = \log_k 2$

$3^y = k$에서 $y = \log_3 k$ $\therefore \dfrac{1}{y} = \log_k 3$

$\sqrt{6^z} = 6^{\frac{z}{2}} = k$에서 $\dfrac{z}{2} = \log_6 k$ $\therefore \dfrac{2}{z} = \log_k 6$

$$\therefore \frac{1}{x}+\frac{1}{y}-\frac{2}{z}=\log_k 2+\log_k 3-\log_k 6$$
$$=\log_k \frac{2\times 3}{6}=\log_k 1=0$$

다른 풀이

$2^x=3^y=\sqrt{6^z}=k \ (k\neq 1)$라 하면

$2^x=k$에서 $2=k^{\frac{1}{x}}$ $\quad \therefore k^{\frac{1}{x}}=2$ $\qquad \cdots\cdots$ ㉠

$3^y=k$에서 $3=k^{\frac{1}{y}}$ $\quad \therefore k^{\frac{1}{y}}=3$ $\qquad \cdots\cdots$ ㉡

$\sqrt{6^z}=6^{\frac{z}{2}}=k$에서 $6=k^{\frac{2}{z}}$ $\quad \therefore k^{\frac{2}{z}}=6$ $\qquad \cdots\cdots$ ㉢

㉠$\times$㉡$\div$㉢을 하면

$k^{\frac{1}{x}}\times k^{\frac{1}{y}}\div k^{\frac{2}{z}}=k^{\frac{1}{x}+\frac{1}{y}-\frac{2}{z}}=1$

$\therefore \frac{1}{x}+\frac{1}{y}-\frac{2}{z}=0 \ (\because k\neq 1)$ **답** ①

084

$16^x=144$에서 $x=\log_{16} 144=\log_{2^4} 12^2=\frac{1}{2}\log_2 12$

$\therefore \frac{1}{x}=2\log_{12} 2$

$27^y=144$에서 $y=\log_{27} 144=\log_{3^3} 12^2=\frac{2}{3}\log_3 12$

$\therefore \frac{1}{y}=\frac{3}{2}\log_{12} 3$

$\therefore \frac{3}{x}+\frac{2}{y}=6\log_{12} 2+3\log_{12} 3$

$\qquad =\log_{12} 2^6+\log_{12} 3^3$

$\qquad =\log_{12}(2^6\times 3^3)=\log_{12}(2^2\times 3)^3$

$\qquad =\log_{12} 12^3=3$

다른 풀이 1

$16^x=27^y=144$의 각 변에 밑이 12인 로그를 취하면

$\log_{12} 16^x=\log_{12} 27^y=\log_{12} 144$

$x\log_{12} 2^4=y\log_{12} 3^3=\log_{12} 12^2$

$4x\log_{12} 2=2, \ 3y\log_{12} 3=2$

$\therefore \frac{1}{x}=2\log_{12} 2, \ \frac{2}{y}=3\log_{12} 3$

$\therefore \frac{3}{x}+\frac{2}{y}=6\log_{12} 2+3\log_{12} 3$

$\qquad =\log_{12} 2^6+\log_{12} 3^3$

$\qquad =\log_{12}(2^6\times 3^3)=\log_{12}(2^2\times 3)^3$

$\qquad =\log_{12} 12^3=3$

다른 풀이 2

$16^x=144$에서 $16=144^{\frac{1}{x}}, \ 2^4=12^{\frac{2}{x}}$

$(2^4)^{\frac{3}{2}}=(12^{\frac{2}{x}})^{\frac{3}{2}}$

$\therefore 12^{\frac{3}{x}}=2^6$ $\qquad\qquad \cdots\cdots$ ㉠

$27^y=144$에서 $27=144^{\frac{1}{y}}$

$\therefore 12^{\frac{2}{y}}=3^3$ $\qquad\qquad \cdots\cdots$ ㉡

㉠$\times$㉡을 하면

$12^{\frac{3}{x}}\times 12^{\frac{2}{y}}=2^6\times 3^3, \ 12^{\frac{3}{x}+\frac{2}{y}}=(2^2\times 3)^3=12^3$

$\therefore \frac{3}{x}+\frac{2}{y}=3$ **답** ④

085

$a^4=b^5$의 양변에 밑이 a인 로그를 취하면

$\log_a a^4=\log_a b^5, \ 4=5\log_a b$

$$\therefore \log_a b=\frac{4}{5}$$

$$\therefore 20\log_a ab=20(1+\log_a b)=20\left(1+\frac{4}{5}\right)=36$$ **답** 36

086

이차방정식의 근과 계수의 관계에 의하여

$\log_2 a+\log_2 b=8, \ \log_2 a\times\log_2 b=8$

$\therefore \log_a b+\log_b a=\frac{\log_2 b}{\log_2 a}+\frac{\log_2 a}{\log_2 b}$

$\qquad =\frac{(\log_2 a)^2+(\log_2 b)^2}{\log_2 a\times\log_2 b}$

$\qquad =\frac{(\log_2 a+\log_2 b)^2-2\log_2 a\times\log_2 b}{\log_2 a\times\log_2 b}$

$\qquad =\frac{8^2-2\times 8}{8}=6$ **답** ④

087

방정식 $(\log_3 x)^2+a\log_3 x-b=0$의 두 근을 α, β라 하면

$\alpha\beta=9$

이때, $\log_3 x=X$로 놓으면 $X^2+aX-b=0$의 두 근이 $\log_3 \alpha, \log_3 \beta$이므로 이차방정식의 근과 계수의 관계에 의하여

$\log_3 \alpha+\log_3 \beta=-a$

$\therefore a=-(\log_3 \alpha+\log_3 \beta)=-\log_3 \alpha\beta$

$\qquad =-\log_3 9=-\log_3 3^2=-2$ ⑦

이차방정식 $x^2+ax+b=0$, 즉 $x^2-2x+b=0$의 두 근의 곱이 3이므로 이차방정식의 근과 계수의 관계에 의하여 $b=3$ ⓝ

$\therefore a+b=-2+3=1$ ⓒ

단계	채점 요소	비율
⑦	a의 값 구하기	50%
ⓝ	b의 값 구하기	30%
ⓒ	$a+b$의 값 구하기	20%

답 1

088

이차방정식의 근과 계수의 관계에 의하여

$\log_{10} \alpha+\log_{10} \beta=6, \ \log_{10} \alpha\times\log_{10} \beta=4$

$\therefore \log_\alpha \alpha\beta^2+\log_\beta \alpha^2\beta$

$\quad =\frac{\log_{10} \alpha\beta^2}{\log_{10} \alpha}+\frac{\log_{10} \alpha^2\beta}{\log_{10} \beta}$

$\quad =\frac{\log_{10} \alpha+2\log_{10} \beta}{\log_{10} \alpha}+\frac{2\log_{10} \alpha+\log_{10} \beta}{\log_{10} \beta}$

$\quad =\frac{2\log_{10} \beta}{\log_{10} \alpha}+\frac{2\log_{10} \alpha}{\log_{10} \beta}+2$

$\quad =2\times\frac{(\log_{10} \alpha)^2+(\log_{10} \beta)^2}{\log_{10} \alpha\times\log_{10} \beta}+2$

$\quad =2\times\frac{(\log_{10} \alpha+\log_{10} \beta)^2-2\log_{10} \alpha\times\log_{10} \beta}{\log_{10} \alpha\times\log_{10} \beta}+2$

$\quad =2\times\frac{6^2-2\times 4}{4}+2=16$

다른 풀이

이차방정식의 근과 계수의 관계에 의하여

$\log_{10} \alpha + \log_{10} \beta = 6$, $\log_{10} \alpha \times \log_{10} \beta = 4$

$\therefore \log_\alpha \alpha\beta^2 + \log_\beta \alpha^2\beta$

$\quad = (\log_\alpha \alpha + \log_\alpha \beta^2) + (\log_\beta \alpha^2 + \log_\beta \beta)$

$\quad = (1 + 2\log_\alpha \beta) + (2\log_\beta \alpha + 1)$

$\quad = 2(\log_\alpha \beta + \log_\beta \alpha) + 2$

$\quad = 2\left(\dfrac{\log_{10} \beta}{\log_{10} \alpha} + \dfrac{\log_{10} \alpha}{\log_{10} \beta} \right) + 2$

$\quad = 2 \times \dfrac{(\log_{10} \alpha)^2 + (\log_{10} \beta)^2}{\log_{10} \alpha \times \log_{10} \beta} + 2$

$\quad = 2 \times \dfrac{(\log_{10} \alpha + \log_{10} \beta)^2 - 2\log_{10} \alpha \times \log_{10} \beta}{\log_{10} \alpha \times \log_{10} \beta} + 2$

$\quad = 2 \times \dfrac{6^2 - 2 \times 4}{4} + 2 = 16$

답 16

089

$\log_3 9 < \log_3 10 < \log_3 27$이므로

$2 < \log_3 10 < 3$

따라서 $\log_3 10$의 정수 부분은 2이므로 $a = 2$

소수 부분은 $b = \log_3 10 - 2 = \log_3 10 - \log_3 3^2 = \log_3 \dfrac{10}{9}$

$\therefore 2^a + 3^b = 2^2 + 3^{\log_3 \frac{10}{9}} = 4 + \dfrac{10}{9} = \dfrac{46}{9}$

답 ④

090

$\log_2 8 < \log_2 10 < \log_2 16$이므로

$3 < \log_2 10 < 4$

따라서 $\log_2 10$의 정수 부분은 3이므로 $a = 3$

소수 부분은 $b = \log_2 10 - 3 = \log_2 10 - \log_2 8 = \log_2 \dfrac{10}{8} = \log_2 \dfrac{5}{4}$

$\therefore \dfrac{2^b - 2^{-b}}{2^a - 2^{-a}} = \dfrac{2^{\log_2 \frac{5}{4}} - 2^{-\log_2 \frac{5}{4}}}{2^3 - 2^{-3}} = \dfrac{2^{\log_2 \frac{5}{4}} - 2^{\log_2 \frac{4}{5}}}{2^3 - 2^{-3}}$

$\qquad = \dfrac{\frac{5}{4} - \frac{4}{5}}{8 - \frac{1}{8}} = \dfrac{\frac{9}{20}}{\frac{63}{8}} = \dfrac{2}{35}$

답 ②

091

ㄱ. $\log 321 = \log(3.21 \times 10^2)$

$\qquad = \log 3.21 + \log 10^2 = 2 + 0.5065$

이므로 정수 부분은 2이다. (참)

ㄴ. $\log 0.0321 = \log(3.21 \times 10^{-2})$

$\qquad = \log 3.21 + \log 10^{-2} = -2 + 0.5065$

이므로 소수 부분은 0.5065이다. (거짓)

ㄷ. $\log 12.84 = \log(2^2 \times 3.21)$

$\qquad = 2\log 2 + \log 3.21$

$\qquad = 2 \times 0.3010 + 0.5065$

$\qquad = 1.1085 = 1 + 0.1085$

이므로 소수 부분은 0.1085이다. (참)

따라서 옳은 것은 ㄱ, ㄷ이다.

답 ③

092

5^{20}에 상용로그를 취하면

$\log 5^{20} = 20\log 5 = 20\log \dfrac{10}{2}$

$\qquad = 20(\log 10 - \log 2)$

$\qquad = 20(1 - 0.3010)$

$\qquad = 20 \times 0.6990 = 13.98$

$\log 5^{20}$의 정수 부분이 13이므로 5^{20}은 14자리의 정수이다.

$\therefore m = 14$

$\left(\dfrac{1}{3} \right)^{10}$에 상용로그를 취하면

$\log \left(\dfrac{1}{3} \right)^{10} = \log 3^{-10} = -10\log 3$

$\qquad = -10 \times 0.4771 = -4.771$

$\qquad = -4 - 0.771$

$\qquad = -4 - 1 + (1 - 0.771)$

$\qquad = -5 + 0.229$

$\log \left(\dfrac{1}{3} \right)^{10}$의 정수 부분이 -5이므로 $\left(\dfrac{1}{3} \right)^{10}$은 소수점 아래 다섯째 자리에서 처음으로 0이 아닌 숫자가 나타난다.

$\therefore n = 5$

$\therefore m + n = 14 + 5 = 19$

답 ④

093

A^{100}이 234자리의 정수이므로 $\log A^{100}$의 정수 부분은 233이다.

즉, $233 \leq \log A^{100} < 234$이므로

$233 \leq 100\log A < 234$

$2.33 \leq \log A < 2.34$, $46.6 \leq 20\log A < 46.8$

$\therefore 46.6 \leq \log A^{20} < 46.8$

따라서 $\log A^{20}$의 정수 부분이 46이므로 A^{20}은 47자리의 정수이다.

답 ②

094

$\dfrac{1}{N}$은 소수점 아래 다섯째 자리에서 처음으로 0이 아닌 숫자가 나타나므로 $\log \dfrac{1}{N}$의 정수 부분은 -5이다.

즉, $-5 \leq \log \dfrac{1}{N} < -4$이므로

$-5 \leq -\log N < -4$

$4 < \log N \leq 5$, $\log 10^4 < \log N \leq \log 10^5$

$\therefore 10^4 < N \leq 10^5$ ······ ㉮

따라서 구하는 자연수 N의 개수는

$10^5 - 10^4 = 10^4(10 - 1) = 90000$ ······ ㉯

단계	채점 요소	비율
㉮	N의 값의 범위 구하기	70%
㉯	자연수 N의 개수 구하기	30%

답 90000

095

$\log 0.02 = \log(2 \times 10^{-2}) = -2 + \log 2$이므로

$f(0.02) = \log 2$

한편, 0.02, 20, 2000은 숫자의 배열이 같고 소수점의 위치만 다르므로 상용로그의 소수 부분이 같다.

즉, $f(0.02)=f(20)=f(2000)=\log 2$

$\therefore f(0.02)+f(20)+f(2000)=\log 2+\log 2+\log 2$
$=3\log 2$ ③

096

$\log A=-1.1232$
$=-1-0.1232$
$=(-1-1)+(1-0.1232)$
$=-2+0.8768$

즉, $\log A$와 $\log 7.53$의 소수 부분이 같으므로 A는 7.53과 숫자 배열이 같고, $\log A$의 정수 부분이 -2이므로 A는 소수점 아래 둘째 자리에서 처음으로 0이 아닌 숫자가 나타난다.

$\therefore A=0.0753$ 답 0.0753

097

$x=\log 369+\log 3690-k\log 36.9$에서

369, 3690은 각각 세 자리의 정수, 네 자리의 정수, 36.9는 정수 부분이 두 자리인 소수이므로 $\log 369$, $\log 3690$, $\log 36.9$의 정수 부분은 각각 2, 3, 1이다.

한편, 369, 3690, 36.9는 숫자의 배열이 같고 소수점의 위치만 다르므로 상용로그의 소수 부분이 $\log 3.69$로 같다.

이때, $a=\log 3.69$로 놓으면

$x=\log 369+\log 3690-k\log 36.9$
$=(2+a)+(3+a)-k(1+a)$
$=(5-k)+(2-k)a$ (단, $0<a<1$)

따라서 x가 정수가 되려면 $2-k=0$

$\therefore k=2$ 답 2

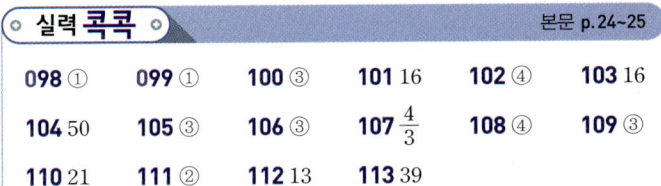

098

로그가 정의되려면 (밑)>0, (밑)$\neq1$, (진수)>0이어야 한다.

ㄱ. (밑)$=a^2-a+2=\left(a-\frac{1}{2}\right)^2+\frac{7}{4}>1$

(진수)$=a^2+1\geq1$

즉, 실수 a의 값에 관계없이 밑과 진수의 조건을 만족시키므로 실수 a의 값에 관계없이 $\log_{a^2-a+2}(a^2+1)$이 정의된다.

ㄴ. [반례] $a=0$이면 (밑)$=2|a|+1=1$이므로 로그가 정의되지 않는다.

ㄷ. [반례] $a=1$이면 (진수)$=a^2-2a+1=0$이므로 로그가 정의되지 않는다.

따라서 실수 a의 값에 관계없이 로그가 정의되는 것은 ㄱ뿐이다.

답 ①

099

ㄱ. $2^{\log_2 1+\log_2 2+\log_2 3+\cdots+\log_2 10}=2^{\log_2(1\times2\times3\times\cdots\times10)}$
$=2^{\log_2 10!}$
$=(10!)^{\log_2 2}$
$=10!$ (참)

ㄴ. $\log_2(2^1\times2^2\times2^3\times\cdots\times2^{10})^2=\log_2(2^{1+2+\cdots+10})^2$
$=\log_2 2^{55\times2}$
$=\log_2 2^{110}$
$=110$ (거짓)

ㄷ. $\log_2 2^1\times\log_2 2^2\times\log_2 2^3\times\cdots\times\log_2 2^{10}$
$=\log_2 2\times2\log_2 2\times3\log_2 2\times\cdots\times10\log_2 2$
$=1\times2\times3\times\cdots\times10$
$=10!$ (거짓)

따라서 옳은 것은 ㄱ뿐이다.

보충 설명

ㄴ. $1+2+3+\cdots+10=55$는 직접 계산할 수도 있지만
p.99 유형 99의 자연수의 거듭제곱의 합을 이용하면
$1+2+3+\cdots+10=\dfrac{10(1+10)}{2}=55$로 보다 쉽게 계산할 수 있다.

답 ①

100

$\log_{\sqrt{3}}a=\log_{3^{\frac{1}{2}}}a=2\log_3 a$

$\log_9 ab=\log_{3^2}ab=\frac{1}{2}\log_3 ab$

즉, $2\log_3 a=\frac{1}{2}\log_3 ab$이므로

$4\log_3 a=\log_3 ab$, $\log_3 a^4=\log_3 ab$, $a^4=ab$

$\therefore a(a^3-b)=0$

$\therefore b=a^3$ ($\because a>1$)

$\therefore \log_a b=\log_a a^3=3$ 답 ③

101

$\dfrac{\log_a b}{2a}=\dfrac{3}{4}$에서 $\log_a b=\dfrac{3a}{2}$

$\dfrac{18\log_b a}{b}=\dfrac{3}{4}$에서 $\log_b a=\dfrac{b}{24}$

$\log_a b\times\log_b a=1$이므로 $1=\dfrac{3a}{2}\times\dfrac{b}{24}$, $1=\dfrac{ab}{16}$

$\therefore ab=16$ 답 16

102

$3^{\log_n 4}$에서 로그의 밑의 조건에서 $n>0$, $n\neq1$이다.

$3^{\log_n 4}$이 정수가 되려면 $\log_n 4$가 자연수이어야 한다.

(i) $\log_n 4=1$일 때, $n=4$이므로
$3^{\log_n 4}=3^1=3$

(ii) $\log_n 4=2$일 때, $n^2=4$에서 $n=2$이므로
$3^{\log_n 4}=3^2=9$

한편, $\log_n 4=3$일 때, $n^3=4$를 만족시키는 자연수 n은 존재하지 않는다.

또한 $3^{\log_n 4}=4^{\log_n 3}=2^{2\log_n 3}$에서 $3^{\log_n 4}$이 정수가 되려면 $2\log_n 3$이 자연수이어야 한다.

(iii) $2\log_n 3=1$, 즉 $\log_n 3=\frac{1}{2}$일 때, $n^{\frac{1}{2}}=3$에서 $n=9$이므로
$2^{2\log_n 3}=2^1=2$

(iv) $2\log_n 3 = 2$, 즉 $\log_n 3 = 1$일 때, $n = 3$이므로
$$2^{2\log_n 3} = 2^2 = 4$$
한편, $2\log_n 3 = 3$일 때, $n^{\frac{3}{2}} = 3$을 만족시키는 자연수 n은 존재하지 않는다.
(i)~(iv)에서 구하는 모든 자연수 n의 값의 합은
$$4 + 2 + 9 + 3 = 18$$
답 ④

103

$\log A$의 정수 부분과 소수 부분을 각각 n, α (n은 정수, $0 \le \alpha < 1$)로 놓으면
$$\log A = n + \alpha$$
이때, 이차방정식 $2x^2 - 33x + k = 0$의 두 근이 n, α이므로 근과 계수의 관계에 의하여
$$n + \alpha = \frac{33}{2} = 16 + \frac{1}{2} \qquad \cdots\cdots \text{㉠}$$
$$n\alpha = \frac{k}{2} \qquad \cdots\cdots \text{㉡}$$
㉠에서 n은 정수이고 $0 \le \alpha < 1$이므로
$$n = 16, \ \alpha = \frac{1}{2}$$
이것을 ㉡에 대입하면 $\dfrac{k}{2} = 8$
$$\therefore k = 16$$
답 16

104

$10000 = 2^4 \times 5^4$이므로 10000의 양의 약수의 개수는
$$(4+1)(4+1) = 25 \qquad \therefore m = 25$$
이때, $a_1 = 1$, $a_2 = 2$, $\cdots$, $a_{13} = 100$, $\cdots$, $a_{24} = 5000$, $a_{25} = 10000$이므로
$a_1 a_{25} = 10000$, $a_2 a_{24} = 10000$, $\cdots$, $a_{12} a_{14} = 10000$
$\therefore \log a_1 + \log a_2 + \log a_3 + \cdots + \log a_{25}$
$\quad = \log a_1 a_{25} + \log a_2 a_{24} + \cdots + \log a_{12} a_{14} + \log a_{13}$
$\quad = 12\log 10000 + \log 100$
$\quad = 12 \times 4 + 2 = 50$
답 50

105

10^a을 3으로 나누었을 때의 몫을 Q라 하면 나머지가 2이므로
$$10^a = 3Q + 2 \ (\text{단}, \ Q\text{는 정수이다.})$$
$0 < a < 1$에서 $1 < 10^a < 10$이므로
$$10^a = 2 \ \text{또는} \ 10^a = 5 \ \text{또는} \ 10^a = 8$$
$\therefore a = \log 2 \ \text{또는} \ a = \log 5 \ \text{또는} \ a = \log 8$
따라서 구하는 모든 실수 a의 값의 합은
$\log 2 + \log 5 + \log 8 = \log(2 \times 5) + \log 2^3 = \log 10 + 3\log 2$
$\qquad\qquad\qquad\qquad\qquad\qquad = 1 + 3\log 2$
답 ③

106

$\log x$의 정수 부분이 5이므로 $5 \le \log x < 6$
$\log y$의 정수 부분이 1이므로 $1 \le \log y < 2$
$$\therefore 3 < \log x - \log y < 5 \qquad \cdots\cdots \text{㉠}$$
이때, $\left(\log \dfrac{x}{y}\right)\left(\log \dfrac{y}{x}\right) = -\left(\log \dfrac{x}{y}\right)^2 = -(\log x - \log y)^2$
㉠의 각 변을 제곱하면 $3^2 < (\log x - \log y)^2 < 5^2$
$$\therefore -25 < -(\log x - \log y)^2 < -9$$
따라서 구하는 정수는 -24, -23, $\cdots$, -10의 15개이다.
답 ③

107

밑의 조건에서 $x - 1 > 0$, $x - 1 \ne 1$이므로
$x > 1$, $x \ne 2$
$$\therefore 1 < x < 2 \ \text{또는} \ x > 2 \qquad \cdots\cdots \text{㉠}$$
진수의 조건에서 $-x^2 + 4x > 0$이므로
$x^2 - 4x < 0$, $x(x-4) < 0$
$$\therefore 0 < x < 4 \qquad \cdots\cdots \text{㉡}$$
㉠, ㉡의 공통 범위를 구하면
$1 < x < 2$ 또는 $2 < x < 4$
즉, 자연수 x의 값은 3이다.
$\log_2 2 < \log_2 3 < \log_2 4$이므로
$1 < \log_2 3 < 2$
따라서 $\log_2 x$, 즉 $\log_2 3$의 정수 부분은 1이므로
$a = 1$, $b = \log_2 3 - 1$
$\therefore a - b = 1 - (\log_2 3 - 1) = 2 - \log_2 3 = \log_2 \dfrac{4}{3}$
$\therefore 2^{a-b} = 2^{\log_2 \frac{4}{3}} = \dfrac{4}{3}$
답 $\dfrac{4}{3}$

108

$\log x$의 소수 부분과 $\log x^2$의 소수 부분의 합이 1이므로
$$\log x + \log x^2 = \log x + 2\log x = 3\log x = (\text{정수}) \qquad \cdots\cdots \text{㉠}$$
이때, $10 < x < 100$에서 $1 < \log x < 2$
$$\therefore 3 < 3\log x < 6 \qquad \cdots\cdots \text{㉡}$$
㉠, ㉡에서
$3\log x = 4$ 또는 $3\log x = 5$
$\log x = \dfrac{4}{3}$ 또는 $\log x = \dfrac{5}{3}$
$$\therefore x = 10^{\frac{4}{3}} \ \text{또는} \ x = 10^{\frac{5}{3}}$$
따라서 모든 실수 x의 값의 곱은
$$10^{\frac{4}{3}} \times 10^{\frac{5}{3}} = 10^{\frac{4}{3} + \frac{5}{3}} = 10^3$$

[다른 풀이]

$10 < x < 100$에서 $1 < \log x < 2$
$\log x$의 소수 부분을 α라 하면 $\log x = 1 + \alpha \ (0 \le \alpha < 1)$
$$\therefore \log x^2 = 2\log x = 2(1 + \alpha) = 2 + 2\alpha$$
(i) $0 \le \alpha < \dfrac{1}{2}$일 때
$0 \le 2\alpha < 1$에서 $\log x^2$의 소수 부분은 2α이므로
$\alpha + 2\alpha = 1$, $3\alpha = 1$ $\qquad \therefore \alpha = \dfrac{1}{3}$
따라서 $\log x = 1 + \dfrac{1}{3} = \dfrac{4}{3}$이므로 $x = 10^{\frac{4}{3}}$

(ii) $\dfrac{1}{2} \le \alpha < 1$일 때
$1 \le 2\alpha < 2$에서 $\log x^2$의 소수 부분은 $2\alpha - 1$이므로
$\alpha + 2\alpha - 1 = 1$, $3\alpha = 2$ $\qquad \therefore \alpha = \dfrac{2}{3}$
따라서 $\log x = 1 + \dfrac{2}{3} = \dfrac{5}{3}$이므로 $x = 10^{\frac{5}{3}}$

(i), (ii)에서 모든 실수 x의 값의 곱은
$$10^{\frac{4}{3}} \times 10^{\frac{5}{3}} = 10^{\frac{4}{3} + \frac{5}{3}} = 10^3$$
답 ④

109

$1 \le n \le 9$일 때, $\log n$의 정수 부분은 0이므로 소수 부분 $f(n)$의 값은

$\log 1, \log 2, \log 3, \cdots, \log 9$　　　……㉠

의 9개이고, 이들은 서로 다른 값이다.

$10 \le n \le 99$일 때, $\log n$의 정수 부분은 1이므로 소수 부분 $f(n)$의 값은

$\log \dfrac{10}{10}, \log \dfrac{11}{10}, \log \dfrac{12}{10}, \cdots, \log \dfrac{99}{10}$　　　……㉡

의 90개이고, 이들은 서로 다른 값이며, 이들 중

$\log \dfrac{10}{10}, \log \dfrac{20}{10}, \log \dfrac{30}{10}, \cdots, \log \dfrac{90}{10}$

의 9개는 ㉠의 값과 중복된다.

$100 \le n \le 150$일 때, $\log n$의 정수 부분은 2이므로 소수 부분 $f(n)$의 값은

$\log \dfrac{100}{100}, \log \dfrac{101}{100}, \log \dfrac{102}{100}, \cdots, \log \dfrac{150}{100}$

의 51개이고, 이들은 서로 다른 값이며, 이들 중

$\log \dfrac{100}{100}, \log \dfrac{110}{100}, \log \dfrac{120}{100}, \cdots, \log \dfrac{150}{100}$

의 6개는 ㉡의 값과 중복된다.

따라서 집합 A의 원소의 개수는

$9 + (90 - 9) + (51 - 6) = 135$

다른 풀이

집합 A의 원소의 개수는 $1 \le n \le 150$인 자연수 중에서 숫자의 배열이 다른 것의 개수와 같다.

(i) $1 \le n \le 9$일 때, 숫자의 배열이 모두 다르다.

(ii) $10 \le n \le 99$일 때,

　　$10, 20, 30, \cdots, 90$은 각각 $1, 2, 3, \cdots, 9$와 숫자의 배열이 같다.

　　　　　　　　　　　　　　　……㉠

(iii) $100 \le n \le 150$일 때,

　　$100, 110, 120, 130, 140, 150$은 각각 $10, 11, 12, 13, 14, 15$와 숫자의 배열이 같다.　　　　　　……㉡

㉠, ㉡에서

$1 \le n \le 150$일 때, 숫자의 배열이 같은 것의 개수는 $9 + 6 = 15$

(i)~(iii)에서 집합 A의 원소의 개수는

$150 - 15 = 135$　　　　　　　　　　　　　**답** ③

110

$\log 2^{50} = 50 \log 2 = 50 \times 0.3010 = 15.05$

$\log 2^{50}$의 정수 부분이 15이므로 2^{50}은 16자리의 정수이다.

$\therefore a = 16$

2의 거듭제곱의 일의 자리의 숫자는 $2, 4, 8, 6$이 반복되고

$50 = 4 \times 12 + 2$이므로 2^{50}의 일의 자리의 숫자는 4이다.

$\therefore b = 4$

한편, $\log 1 = 0$, $\log 2 = 0.3010$이므로

$\log 1 < 0.05 < \log 2$

$15 + \log 1 < 15.05 < 15 + \log 2$

이때, $\log 2^{50} = 15.05$이므로

$\log(1 \times 10^{15}) < \log 2^{50} < \log(2 \times 10^{15})$

$\therefore 1 \times 10^{15} < 2^{50} < 2 \times 10^{15}$

따라서 2^{50}의 최고 자리의 숫자는 1이므로 $c = 1$

$\therefore a + b + c = 16 + 4 + 1 = 21$　　　　　　**답** 21

111

전파감쇄비가 -7이므로 $-7 = 10 \log \dfrac{B}{A}$

$\therefore \log \dfrac{B}{A} = -\dfrac{7}{10}$

$\dfrac{B}{A} = 10^{-\frac{7}{10}} = 10^{\frac{3}{10}} \times 10^{-1}$

$\quad = 2 \times \dfrac{1}{10} = \dfrac{1}{5}$ $\left(\because 10^{\frac{3}{10}} = 2\right)$

따라서 $B = \dfrac{1}{5} A$이므로 B는 A의 $\dfrac{1}{5}$배이다.　　**답** ②

112

$\begin{cases} \log_2 ab + \log_2 bc = 5 & ……㉠ \\ \log_2 bc + \log_2 ca = 8 & ……㉡ \\ \log_2 ca + \log_2 ab = 7 & ……㉢ \end{cases}$

㉠+㉡+㉢을 하면

$2(\log_2 ab + \log_2 bc + \log_2 ca) = 20$

$\therefore \log_2 ab + \log_2 bc + \log_2 ca = 10$　　　……㉣　　**가**

㉣-㉠을 하면 $\log_2 ca = 5$　　$\therefore ca = 2^5 = 32$

㉣-㉡을 하면 $\log_2 ab = 2$　　$\therefore ab = 2^2 = 4$

㉣-㉢을 하면 $\log_2 bc = 3$　　$\therefore bc = 2^3 = 8$

따라서 $(abc)^2 = 32^2$이고 a, b, c는 모두 양수이므로

$abc = 32$　　　　　　　　　　　　　　　　**나**

$\therefore a = 4, b = 1, c = 8$

$\therefore a + b + c = 4 + 1 + 8 = 13$　　　　　　**다**

단계	채점 요소	비율
가	$\log_2 ab + \log_2 bc + \log_2 ca$의 값 구하기	40%
나	abc의 값 구하기	40%
다	$a + b + c$의 값 구하기	20%

답 13

113

3^n이 10자리의 정수가 되려면 $\log 3^n$의 정수 부분이 9이어야 한다.　　**가**

즉, $9 \le \log 3^n < 10$이므로

$9 \le n \log 3 < 10$

$\therefore \dfrac{9}{\log 3} \le n < \dfrac{10}{\log 3}$

이때, $\log 3 = 0.48$이므로

$18.75 \le n < 20.83 \times \times \times$　　　　　　**나**

따라서 구하는 모든 정수 n의 값의 합은

$19 + 20 = 39$　　　　　　　　　　　　　　　**다**

단계	채점 요소	비율
가	$\log 3^n$의 정수 부분 구하기	30%
나	n의 값의 범위 구하기	50%
다	모든 정수 n의 값의 합 구하기	20%

답 39

I. 지수함수와 로그함수

03 지수함수

● 개념 **콕콕**

본문 p.27~28

114

ㄱ. 이차함수이다.

ㄴ, ㄷ. 지수함수이다.

ㄹ. 유리함수이다.

따라서 지수함수인 것은 ㄴ, ㄷ이다.　　**답** ㄴ, ㄷ

115

(1) $f(-2)=3^{-2}=\dfrac{1}{9}$

(2) $f(0)=3^0=1$

(3) $f\left(\dfrac{4}{3}\right)=3^{\frac{4}{3}}=3\sqrt[3]{3}$

(4) $f(-1)f(4)=3^{-1}\times 3^4=3^3=27$

답 (1) $\dfrac{1}{9}$　(2) 1　(3) $3\sqrt[3]{3}$　(4) 27

116

(1) $f(-1)=\left(\dfrac{1}{4}\right)^{-1}=(4^{-1})^{-1}=4$

(2) $f(0)=\left(\dfrac{1}{4}\right)^0=1$

(3) $f\left(\dfrac{3}{2}\right)=\left(\dfrac{1}{4}\right)^{\frac{3}{2}}=\left\{\left(\dfrac{1}{2}\right)^2\right\}^{\frac{3}{2}}=\dfrac{1}{8}$

(4) $f(1)f(2)=\dfrac{1}{4}\times\left(\dfrac{1}{4}\right)^2=\left(\dfrac{1}{4}\right)^3=\dfrac{1}{64}$

답 (1) 4　(2) 1　(3) $\dfrac{1}{8}$　(4) $\dfrac{1}{64}$

117

(1) $f(0)=a^0=1$이므로 a의 값에 관계없이 항상 점 $(0,\ 1)$을 지난다. (○)

(2) $f(x)=a^x$은 일대일함수이므로 $x_1\neq x_2$이면 $f(x_1)\neq f(x_2)$이다.

　즉, $f(x_1)=f(x_2)$이면 $x_1=x_2$이다. (○)

(3) 그래프의 점근선은 직선 $y=0$, 즉 x축이다. (×)

(4) $0<a<1$일 때, x의 값이 증가하면 a^x의 값은 감소한다.

　즉, $x_1<x_2$이면 $f(x_1)>f(x_2)$이다. (×)

(5) $a>1$일 때, x의 값이 증가하면 a^x의 값도 증가한다.

　즉, $x_1<x_2$이면 $f(x_1)<f(x_2)$이다. (○)

(6) 정의역은 실수 전체의 집합이다. (×)

(7) 치역은 양의 실수 전체의 집합이다. (○)

답 (1) ○　(2) ○　(3) ×　(4) ×　(5) ○　(6) ×　(7) ○

118

(1) $y-2=2^{x-(-1)}$이므로 $y=2\times 2^x+2$

(2) $-y=2^x$이므로 $y=-2^x$

(3) $y=2^{-x}$

(4) $-y=2^{-x}$이므로 $y=-2^{-x}$

답 (1) $y=2\times 2^x+2$　(2) $y=-2^x$　(3) $y=2^{-x}$　(4) $y=-2^{-x}$

119

(1) 함수 $y=\left(\dfrac{1}{2}\right)^x=2^{-x}$의 그래프는 $y=2^x$의 그래프를 y축에 대하여 대칭이동한 것이므로 오른쪽 그림과 같다.

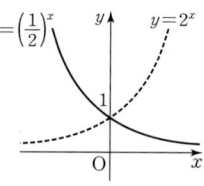

(2) $y=2^{|x|}=\begin{cases}2^x & (x\geq 0)\\ 2^{-x} & (x<0)\end{cases}$이므로

함수 $y=2^{|x|}$의 그래프는 오른쪽 그림과 같다.

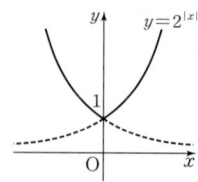

(3) $y=2^{-|x|}=\begin{cases}\left(\dfrac{1}{2}\right)^x & (x\geq 0)\\ 2^x & (x<0)\end{cases}$이므로

함수 $y=2^{-|x|}$의 그래프는 오른쪽 그림과 같다.

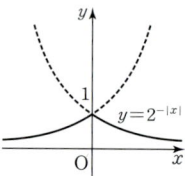

보충 **설명**

(2) 함수 $y=2^{|x|}$의 그래프는 $y=2^x$의 그래프를 그린 후 $x\geq 0$인 부분은 그대로 두고, $x<0$인 부분은 $x\geq 0$인 부분을 직선 $x=0$ (y축)에 대하여 대칭이동하여 그리면 된다.

(3) 함수 $y=2^{-|x|}$의 그래프는 $y=2^{-x}=\left(\dfrac{1}{2}\right)^x$의 그래프를 그린 후 $x\geq 0$인 부분은 그대로 두고, $x<0$인 부분은 $x\geq 0$인 부분을 직선 $x=0$ (y축)에 대하여 대칭이동하여 그리면 된다.

답 풀이 참조

120

(1) $y=2^{x+1}$의 그래프는 $y=2^x$의 그래프를 x축의 방향으로 -1만큼 평행이동한 것이므로 오른쪽 그림과 같다.

따라서 점근선의 방정식은 $y=0$이다.

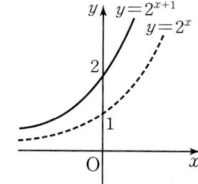

(2) $y=2^x-1$의 그래프는 $y=2^x$의 그래프를 y축의 방향으로 -1만큼 평행이동한 것이므로 오른쪽 그림과 같다.

따라서 점근선의 방정식은 $y=-1$이다.

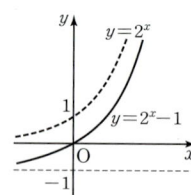

(3) $y=\left(\dfrac{1}{2}\right)^{x-1}+1$의 그래프는 $y=\left(\dfrac{1}{2}\right)^x$의 그래프를 x축의 방향으로 1만큼, y축의 방향으로 1만큼 평행이동한 것이므로 오른쪽 그림과 같다.

따라서 점근선의 방정식은 $y=1$이다.

(4) $y=-2^x+1$의 그래프는 $y=2^x$의 그래프를 x축에 대하여 대칭이동한 후 y축의 방향으로 1만큼 평행이동한 것이므로 오른쪽 그림과 같다.

따라서 점근선의 방정식은 $y=1$이다.

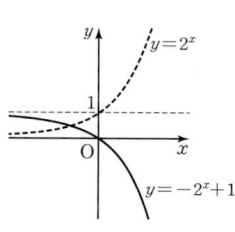

답 풀이 참조

121

(1) $\sqrt{3^3}=3^{\frac{3}{2}}$, $\sqrt[3]{3^2}=3^{\frac{2}{3}}$이고, $\frac{3}{2}>\frac{2}{3}$이다.

　이때, 함수 $y=3^x$은 x의 값이 증가하면 y의 값도 증가하므로

　$3^{\frac{3}{2}}>3^{\frac{2}{3}}$　　$\therefore \sqrt{3^3}>\sqrt[3]{3^2}$

(2) $-2<3$이고, 함수 $y=\left(\frac{1}{5}\right)^x$은 x의 값이 증가하면 y의 값은 감소하므로

　$\left(\frac{1}{5}\right)^{-2}>\left(\frac{1}{5}\right)^3$

(3) $\sqrt{2}=2^{\frac{1}{2}}$, $\sqrt[3]{4}=\sqrt[3]{2^2}=2^{\frac{2}{3}}$, $\sqrt{8}=\sqrt{2^3}=2^{\frac{3}{2}}$이고, $\frac{1}{2}<\frac{2}{3}<\frac{3}{2}$이다.

　이때, 함수 $y=2^x$은 x의 값이 증가하면 y의 값도 증가하므로

　$2^{\frac{1}{2}}<2^{\frac{2}{3}}<2^{\frac{3}{2}}$　　$\therefore \sqrt{2}<\sqrt[3]{4}<\sqrt{8}$

(4) $\left(\sqrt{\frac{1}{3}}\right)^3=\left(\frac{1}{3}\right)^{\frac{3}{2}}$이고, $-2<1<\frac{3}{2}$이다.

　이때, 함수 $y=\left(\frac{1}{3}\right)^x$은 x의 값이 증가하면 y의 값은 감소하므로

　$\left(\frac{1}{3}\right)^{\frac{3}{2}}<\frac{1}{3}<\left(\frac{1}{3}\right)^{-2}$　　$\therefore \left(\sqrt{\frac{1}{3}}\right)^3<\frac{1}{3}<\left(\frac{1}{3}\right)^{-2}$

　　🟤 (1) $\sqrt{3^3}>\sqrt[3]{3^2}$　　(2) $\left(\frac{1}{5}\right)^{-2}>\left(\frac{1}{5}\right)^3$

　　　(3) $\sqrt{2}<\sqrt[3]{4}<\sqrt{8}$　(4) $\left(\sqrt{\frac{1}{3}}\right)^3<\frac{1}{3}<\left(\frac{1}{3}\right)^{-2}$

122

(1) 함수 $y=3^x$에서

　$x=-2$일 때, $y=3^{-2}=\frac{1}{9}$

　$x=2$일 때, $y=3^2=9$

　따라서 최댓값은 9, 최솟값은 $\frac{1}{9}$이다.

(2) 함수 $y=2^{-x}$에서

　$x=-1$일 때, $y=2^1=2$

　$x=3$일 때, $y=2^{-3}=\frac{1}{8}$

　따라서 최댓값은 2, 최솟값은 $\frac{1}{8}$이다.

(3) 함수 $y=2^{x-1}+3$에서

　$x=1$일 때, $y=2^{1-1}+3=4$

　$x=4$일 때, $y=2^{4-1}+3=11$

　따라서 최댓값은 11, 최솟값은 4이다.

(4) 함수 $y=\left(\frac{1}{3}\right)^{x-1}+2$에서

　$x=-2$일 때, $y=\left(\frac{1}{3}\right)^{-2-1}+2=29$

　$x=-1$일 때, $y=\left(\frac{1}{3}\right)^{-1-1}+2=11$

　따라서 최댓값은 29, 최솟값은 11이다.

　🟤 (1) 최댓값 : 9, 최솟값 : $\frac{1}{9}$　(2) 최댓값 : 2, 최솟값 : $\frac{1}{8}$

　　　(3) 최댓값 : 11, 최솟값 : 4　(4) 최댓값 : 29, 최솟값 : 11

123

(1) $4^x=64$에서 $2^{2x}=2^6$이므로

　$2x=6$　　$\therefore x=3$

(2) $\left(\frac{1}{3}\right)^{1-x}=\sqrt{3}$에서 $3^{x-1}=3^{\frac{1}{2}}$이므로

　$x-1=\frac{1}{2}$　　$\therefore x=\frac{3}{2}$

(3) $10^x=0.1^{x-4}$에서 $10^x=10^{-x+4}$이므로

　$x=-x+4$, $2x=4$　　$\therefore x=2$

(4) $4^{2x+1}=5^{2x+1}$에서 $2x+1=0$

　$2x=-1$　　$\therefore x=-\frac{1}{2}$

　　🟤 (1) $x=3$　(2) $x=\frac{3}{2}$　(3) $x=2$　(4) $x=-\frac{1}{2}$

124

$4^{2x}-2\times4^x-8=0$에서

$(4^x)^2-2\times4^x-8=0$

$4^x=t$ $(t>0)$로 놓으면 주어진 방정식은

$\boxed{t^2-2t-8=0}$, $(t+2)(t-4)=0$

$\therefore t=\boxed{4}$ $(\because t>0)$

즉, $4^x=\boxed{4}$이므로 $x=\boxed{1}$

　　🟤 (가) $t^2-2t-8=0$　(나) 4　(다) 1

125

(1) $3^{2x}+3^x=2$에서

　$(3^x)^2+3^x-2=0$

　$3^x=t$ $(t>0)$로 놓으면 주어진 방정식은

　$t^2+t-2=0$, $(t+2)(t-1)=0$

　$\therefore t=1$ $(\because t>0)$

　즉, $3^x=1$이므로 $x=0$

(2) $2^{2x}-6\times2^x+8=0$에서

　$(2^x)^2-6\times2^x+8=0$

　$2^x=t$ $(t>0)$로 놓으면 주어진 방정식은

　$t^2-6t+8=0$, $(t-2)(t-4)=0$

　$\therefore t=2$ 또는 $t=4$

　즉, $2^x=2$ 또는 $2^x=4$이므로

　$x=1$ 또는 $x=2$

(3) $2\times\left(\frac{1}{2}\right)^{2x}+\left(\frac{1}{2}\right)^x-1=0$에서

　$2\times\left\{\left(\frac{1}{2}\right)^x\right\}^2+\left(\frac{1}{2}\right)^x-1=0$

　$\left(\frac{1}{2}\right)^x=t$ $(t>0)$로 놓으면 주어진 방정식은

　$2t^2+t-1=0$, $(t+1)(2t-1)=0$

　$\therefore t=\frac{1}{2}$ $(\because t>0)$

　즉, $\left(\frac{1}{2}\right)^x=\frac{1}{2}$이므로 $x=1$

　　🟤 (1) $x=0$　(2) $x=1$ 또는 $x=2$　(3) $x=1$

126

(1) $4^{x-1}>16$에서 $4^{x-1}>4^2$

　밑이 1보다 크므로 $x-1>2$

　$\therefore x>3$

(2) $\left(\dfrac{1}{3}\right)^{2x-1}\leq\sqrt{3}$ 에서 $3^{-2x+1}\leq 3^{\frac{1}{2}}$

밑이 1보다 크므로 $-2x+1\leq\dfrac{1}{2}$

$-2x\leq-\dfrac{1}{2}$ $\therefore x\geq\dfrac{1}{4}$

(3) $\left(\dfrac{1}{10}\right)^{x-2}\geq 0.1^{3x}$ 에서 $\left(\dfrac{1}{10}\right)^{x-2}\geq\left(\dfrac{1}{10}\right)^{3x}$

밑이 1보다 작으므로 $x-2\leq 3x$

$-2x\leq 2$ $\therefore x\geq-1$

(4) $\left(\dfrac{3}{2}\right)^{x}<\left(\dfrac{2}{3}\right)^{2x-3}$ 에서 $\left(\dfrac{3}{2}\right)^{x}<\left(\dfrac{3}{2}\right)^{-2x+3}$

밑이 1보다 크므로 $x<-2x+3$

$3x<3$ $\therefore x<1$

답 (1) $x>3$ (2) $x\geq\dfrac{1}{4}$ (3) $x\geq-1$ (4) $x<1$

127

$9^{x}-12\times 3^{x}+27\leq 0$ 에서

$(3^{x})^{2}-12\times 3^{x}+27\leq 0$

$3^{x}=t\ (t>0)$ 로 놓으면 주어진 부등식은

$\boxed{t^{2}-12t+27\leq 0}$

$(t-3)(t-9)\leq 0$

$\therefore \boxed{3}\leq t\leq\boxed{9}$

즉, $\boxed{3}\leq 3^{x}\leq\boxed{9}$ 이므로 $3\leq 3^{x}\leq 3^{2}$

밑이 1보다 크므로

$\boxed{1}\leq x\leq\boxed{2}$

답 (가) $t^{2}-12t+27\leq 0$ (나) 3 (다) 9 (라) 1 (마) 2

128

(1) $4^{2x}-20\times 4^{x}+64<0$ 에서

$(4^{x})^{2}-20\times 4^{x}+64<0$

$4^{x}=t\ (t>0)$ 로 놓으면 주어진 부등식은

$t^{2}-20t+64<0$

$(t-4)(t-16)<0$

$\therefore 4<t<16$

즉, $4<4^{x}<4^{2}$ 이고 밑이 1보다 크므로

$1<x<2$

(2) $8\times\left(\dfrac{1}{2}\right)^{2x}+2\times\left(\dfrac{1}{2}\right)^{x}-1\geq 0$ 에서

$8\times\left\{\left(\dfrac{1}{2}\right)^{x}\right\}^{2}+2\times\left(\dfrac{1}{2}\right)^{x}-1\geq 0$

$\left(\dfrac{1}{2}\right)^{x}=t\ (t>0)$ 로 놓으면 주어진 부등식은

$8t^{2}+2t-1\geq 0$

$(2t+1)(4t-1)\geq 0$

$\therefore t\geq\dfrac{1}{4}\ (\because t>0)$

즉, $\left(\dfrac{1}{2}\right)^{x}\geq\left(\dfrac{1}{2}\right)^{2}$ 이고 밑이 1보다 작으므로

$x\leq 2$

답 (1) $1<x<2$ (2) $x\leq 2$

유형 콕콕 본문 p.29~33

129 ④	**130** ③	**131** ㄴ	**132** ⑤	**133** ①
134 ㄱ, ㄴ, ㄷ		**135** 27	**136** 3	**137** 14	**138** 52
139 ④	**140** $\{y\,|\,0<y\leq 1\}$	**141** ④	**142** 4	
143 $A<B<C$		**144** -2	**145** 49	**146** 4	**147** ①
148 2	**149** ④	**150** ①	**151** ①	**152** 12	**153** ①
154 25	**155** ④	**156** ⑤	**157** ①	
158 $0<x<1$ 또는 $x>3$			**159** ②	**160** ③	**161** 6

129

④ $y=2^{-x}=\left(\dfrac{1}{2}\right)^{x}$ 에서 밑이 $0<\dfrac{1}{2}<1$ 이므로 x의 값이 증가하면 y의 값은 감소한다.

따라서 옳지 않은 것은 ④이다. **답** ④

130

임의의 실수 p, q에 대하여 $p<q$일 때, $f(p)<f(q)$를 만족시킨다는 것은 함수 $f(x)$가 실수 전체의 집합에서 증가한다는 것을 의미하므로 $f(x)=a^{x}$에서 $a>1$인 함수를 찾으면 된다.

① $f(x)=3^{-x}=\left(\dfrac{1}{3}\right)^{x}$ 에서 $0<\dfrac{1}{3}<1$ 이므로 실수 전체의 집합에서 감소하는 함수이다.

② $f(x)=(0.1)^{x}=\left(\dfrac{1}{10}\right)^{x}$ 에서 $0<\dfrac{1}{10}<1$ 이므로 실수 전체의 집합에서 감소하는 함수이다.

③ $f(x)=\left(\dfrac{1}{5}\right)^{-x}=(5^{-1})^{-x}=5^{x}$ 에서 $5>1$ 이므로 실수 전체의 집합에서 증가하는 함수이다.

④ $f(x)=\left(\dfrac{1}{\sqrt{2}}\right)^{x}$ 에서 $0<\dfrac{1}{\sqrt{2}}<1$ 이므로 실수 전체의 집합에서 감소하는 함수이다.

⑤ $f(x)=\left(\dfrac{2}{3}\right)^{x}$ 에서 $0<\dfrac{2}{3}<1$ 이므로 실수 전체의 집합에서 감소하는 함수이다.

따라서 주어진 조건을 만족시키는 것은 ③이다. **답** ③

131

$f(2)=a^{2}=9$ 에서 $a=3\ (\because a>0)$

$\therefore f(x)=3^{x}$

ㄱ. $f(-1)=3^{-1}=\dfrac{1}{3}$ (거짓)

ㄴ. $f(x)=3^{x}$ 에서 $3>1$ 이므로 x의 값이 증가하면 y의 값도 증가한다.

(참)

ㄷ. 정의역은 실수 전체의 집합이고, 치역은 양의 실수 전체의 집합이다.

(거짓)

따라서 옳은 것은 ㄴ뿐이다. **답** ㄴ

132

함수 $y=\dfrac{1}{3}\times 3^{x}+1=3^{x-1}+1$ 에서

① $x=1$일 때, $y=3^{1-1}+1=2$ 이므로 점 $(1,\ 2)$를 지난다.

② $y=3^{x}$의 그래프를 x축의 방향으로 1만큼, y축의 방향으로 1만큼 평행이동한 것이다.

③ $y=3^x$의 그래프의 점근선은 x축 $(y=0)$이므로 y축의 방향으로 1만큼 평행이동한 그래프의 점근선의 방정식은 $y=1$이다.

④ 그래프는 제1, 2사분면을 지난다.

⑤ 그래프의 점근선의 방정식이 $y=1$이므로 치역은 $\{y\,|\,y>1\}$이다.

따라서 옳지 않은 것은 ⑤이다.　　　　　　　　　　　　🔘 ⑤

133

$y=a^x$의 그래프를 y축에 대하여 대칭이동한 그래프의 식은 $y=a^{-x}$

또한 $y=a^{-x}$의 그래프를 x축의 방향으로 -1만큼, y축의 방향으로 2만큼 평행이동한 그래프의 식은

$y-2=a^{-\{x-(-1)\}}$　　　∴ $y=a^{-x-1}+2$

이 그래프가 점 $(-3, 6)$을 지나므로

$6=a^{3-1}+2$, $a^2=4$

∴ $a=2\ (\because a>0)$　　　　　　　　　　　🔘 ①

134

ㄱ. $y=-\left(\dfrac{1}{a}\right)^x=-(a^{-1})^x=-a^{-x}$이므로 $y=a^x$의 그래프를 원점에 대하여 대칭이동한 그래프이다.

ㄴ. $y=\left(\dfrac{1}{a}\right)^{x+2}=(a^{-1})^{x+2}=a^{-(x+2)}$이므로 $y=a^x$의 그래프를 y축에 대하여 대칭이동한 후 x축의 방향으로 -2만큼 평행이동한 그래프이다.

ㄷ. $y=\sqrt{2}\,a^x+3=a^{\log_a\sqrt{2}}\times a^x+3=a^{x+\log_a\sqrt{2}}+3$이므로 $y=a^x$의 그래프를 x축의 방향으로 $-\log_a\sqrt{2}$만큼, y축의 방향으로 3만큼 평행이동한 그래프이다.

ㄹ. $y=a^{3x+2}=a^{3\left(x+\frac{2}{3}\right)}$이므로 $y=a^x$의 그래프를 평행이동 또는 대칭이동하여 겹쳐질 수 없다.

따라서 함수 $y=a^x$의 그래프를 평행이동 또는 대칭이동하여 겹쳐질 수 있는 그래프는 ㄱ, ㄴ, ㄷ이다.　　🔘 ㄱ, ㄴ, ㄷ

135

$y=3^x$의 그래프가 두 점 $\left(\dfrac{1}{2}, a\right)$, (a, b)를 지나므로

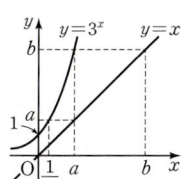

$a=3^{\frac{1}{2}}=\sqrt{3}$, $b=3^a=3^{\sqrt{3}}$

∴ $b^a=(3^{\sqrt{3}})^{\sqrt{3}}=3^3=27$

🔘 27

136

$y=\left(\dfrac{1}{3}\right)^x$의 그래프가 두 점 (a, p), (b, q)를 지나므로

$p=\left(\dfrac{1}{3}\right)^a$, $q=\left(\dfrac{1}{3}\right)^b$

$pq=\dfrac{1}{27}=\left(\dfrac{1}{3}\right)^3$에서

$\left(\dfrac{1}{3}\right)^a\times\left(\dfrac{1}{3}\right)^b=\left(\dfrac{1}{3}\right)^{a+b}=\left(\dfrac{1}{3}\right)^3$　　∴ $a+b=3$　　🔘 3

137

점 P_k의 x좌표를 a, 점 Q_k의 x좌표를 b라 하면

$2^a=k$　　　　　　　　　　…… ㉠

$2^{b-2}=k$　　　　　　　　　…… ㉡

㉡÷㉠을 하면 $2^{b-2-a}=1$

$b-2-a=0$　　∴ $b-a=2$

따라서 $A_k=\dfrac{1}{2}\times(b-a)\times k=\dfrac{1}{2}\times 2\times k=k$이므로

$A_4+A_{10}=4+10=14$　　　　　　　　　　🔘 14

138

$y=3^x$의 그래프가 점 $(0, a)$를 지나므로

$a=3^0=1$

직선 $y=x$가 점 (b, a)를 지나므로

$a=b$　　∴ $b=1$

또한 $c=3^b=3^1=3$, $d=3^c=3^3=27$이므로

색칠한 도형의 넓이는

$(d-b)\times(c-a)=(27-1)\times(3-1)=52$

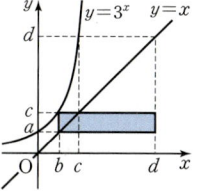

🔘 52

139

$t=|x-1|\ (t\geq 0)$로 놓으면 $y=3^{|x-1|}-1=3^t-1$

함수 $y=3^t-1$에서 $3>1$이므로 t가 최대일 때 최댓값을 가지고, t가 최소일 때 최솟값을 가진다.

이때, $t=|x-1|$의 그래프는 오른쪽 그림과 같으므로 $-2\leq x\leq 2$에서

$x=1$일 때 최솟값 $t=0$,

$x=-2$일 때 최댓값 $t=3$

따라서 함수 $y=3^t-1$은

$t=3$일 때 최댓값 $3^3-1=26$, $t=0$일 때 최솟값 $3^0-1=0$

을 가지므로 최댓값과 최솟값의 합은

$26+0=26$　　　　　　　　　　🔘 ④

140

$y=5^{-|x|}=\begin{cases}\left(\dfrac{1}{5}\right)^x & (x\geq 0)\\ 5^x & (x<0)\end{cases}$

따라서 함수 $y=5^{-|x|}$의 그래프는 오른쪽 그림과 같으므로 주어진 함수의 치역은

$\{y\,|\,0<y\leq 1\}$

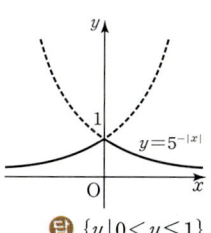

🔘 $\{y\,|\,0<y\leq 1\}$

141

함수 $y=2^{x-a}-b$의 그래프의 점근선의 방정식은 $y=-b$이므로 함수 $y=|2^{x-a}-b|$의 그래프의 점근선의 방정식은 $y=b$이다.

∴ $b=3$

이때, 함수 $y=|2^{x-a}-b|$의 그래프가 점 $(\log_2 12, 3)$을 지나므로

$3=|2^{\log_2 12-a}-3|$에서 $6=2^{\log_2 12-a}$

즉, $2^{\log_2 6}=2^{\log_2 12-a}$이므로 $\log_2 6=\log_2 12-a$

∴ $a=\log_2 12-\log_2 6=\log_2 2=1$

한편, $x=k$일 때 $y=0$이므로

$0=|2^{k-1}-3|$에서 $2^{k-1}=3$

$k-1=\log_2 3$

∴ $k=\log_2 3+1=\log_2 6$　　　　　　🔘 ④

142

$\left(\dfrac{1}{64}\right)^{\frac{1}{4}}=\left\{\left(\dfrac{1}{2}\right)^6\right\}^{\frac{1}{4}}=\left(\dfrac{1}{2}\right)^{\frac{3}{2}}=2^{-\frac{3}{2}}$

$\sqrt{\dfrac{1}{32}}=\sqrt{\left(\dfrac{1}{2}\right)^5}=\left(\dfrac{1}{2}\right)^{\frac{5}{2}}=2^{-\frac{5}{2}}$

$4^{\frac{5}{2}}=(2^2)^{\frac{5}{2}}=2^5$

$\dfrac{1}{8}=\left(\dfrac{1}{2}\right)^3=2^{-3}$

$0.5^{-\frac{1}{3}}=\left(\dfrac{1}{2}\right)^{-\frac{1}{3}}=2^{\frac{1}{3}}$

함수 $y=2^x$은 x의 값이 증가하면 y의 값도 증가하고,

$-3<-\dfrac{5}{2}<-\dfrac{3}{2}<\dfrac{1}{3}<5$

이므로 가장 큰 수는 2^5, 즉 $4^{\frac{5}{2}}$이고, 가장 작은 수는 2^{-3}, 즉 $\dfrac{1}{8}$이다.

따라서 가장 큰 수와 가장 작은 수의 곱은

$4^{\frac{5}{2}}\times\dfrac{1}{8}=2^5\times2^{-3}=2^2=4$ **답** 4

143

$A=\sqrt[n+3]{a^{n+2}}=a^{\frac{n+2}{n+3}}$

$B=\sqrt[n+2]{a^{n+1}}=a^{\frac{n+1}{n+2}}$

$C=\sqrt[n+1]{a^{n}}=a^{\frac{n}{n+1}}$

함수 $y=a^x$은 $0<a<1$이므로 x의 값이 증가하면 y의 값은 감소한다.

이때, $\dfrac{n}{n+1}<\dfrac{n+1}{n+2}<\dfrac{n+2}{n+3}$이므로

$a^{\frac{n+2}{n+3}}<a^{\frac{n+1}{n+2}}<a^{\frac{n}{n+1}}$ $\therefore\ A<B<C$ **답** $A<B<C$

144

$y=4^x-2^{x+2}+1$에서 $y=(2^x)^2-4\times2^x+1$

$2^x=t\ (t>0)$로 놓으면

$y=t^2-4t+1=(t-2)^2-3$

이때, $-1\le x\le2$이므로 $\dfrac{1}{2}\le t\le4$

따라서 $t=2$, 즉 $x=1$일 때 최솟값 -3을 가지므로

$a=1,\ b=-3$

$\therefore\ a+b=1+(-3)=-2$ **답** -2

145

$y=3^{-2x}-4\times3^{-x}+5$에서 $y=(3^{-x})^2-4\times3^{-x}+5$

$3^{-x}=t\ (t>0)$로 놓으면

$y=t^2-4t+5=(t-2)^2+1$ ─── 가

이때, $-2\le x\le3$이므로 $\dfrac{1}{27}\le t\le9$ ─── 나

따라서 $t=2$일 때 최솟값 1, $t=9$일 때 최댓값 50을 가지므로

$M=50,\ m=1$ ─── 다

$\therefore\ M-m=50-1=49$ ─── 라

단계	채점 요소	비율
가	주어진 함수를 $3^{-x}=t\ (t>0)$로 치환하여 나타내기	30%
나	t의 값의 범위 구하기	30%
다	$M,\ m$의 값 구하기	30%
라	$M-m$의 값 구하기	10%

답 49

146

$f(x)=x^2-2x-1$로 놓으면 $y=a^{x^2-2x-1}=a^{f(x)}$

함수 $y=a^{f(x)}$에서 $0<a<1$이므로 $f(x)$가 최대일 때 최솟값을 가지고, $f(x)$가 최소일 때 최댓값을 가진다.

이때, $f(x)=x^2-2x-1=(x-1)^2-2$이므로

$1\le x\le3$에서 $f(x)$는 $x=1$일 때 최솟값 -2를 가지고, $x=3$일 때 최댓값 2를 가진다.

따라서 함수 $y=a^{f(x)}$의 최댓값은 a^{-2}이고, 최솟값은 a^2이다.

함수 $y=a^{x^2-2x-1}$의 최댓값이 b, 최솟값이 $\dfrac{1}{4}$이므로

$a^{-2}=b$ ⋯⋯ ㉠

$a^2=\dfrac{1}{4}$ ⋯⋯ ㉡

㉡에서 $a=\dfrac{1}{2}\ (\because\ 0<a<1)$

$a=\dfrac{1}{2}$을 ㉠에 대입하면

$\left(\dfrac{1}{2}\right)^{-2}=b$ $\therefore\ b=4$ **답** 4

147

$y=3^x+\left(\dfrac{1}{3}\right)^{x-2}=3^x+3^{-x+2}$

$3^x>0,\ 3^{-x+2}>0$이므로 산술평균과 기하평균의 관계에 의하여

$y=3^x+3^{-x+2}$

  $\ge2\sqrt{3^x\times3^{-x+2}}$

  $=2\sqrt{3^2}=2\times3=6$

이때, 등호는 $3^x=3^{-x+2}$일 때 성립하므로

$x=-x+2$ $\therefore\ x=1$

즉, 주어진 함수는 $x=1$일 때 최솟값 6을 가진다.

따라서 $a=1,\ b=6$이므로 $\dfrac{b}{a}=\dfrac{6}{1}=6$ **답** ①

148

$3^x+3^{-x}=t$로 놓으면 $3^x>0,\ 3^{-x}>0$이므로 산술평균과 기하평균의 관계에 의하여

$t=3^x+3^{-x}\ge2\sqrt{3^x\times3^{-x}}=2$ (단, 등호는 $x=0$일 때 성립한다.)

이때, $9^x+9^{-x}=(3^x+3^{-x})^2-2=t^2-2$이므로 주어진 함수는

$y=2t-(t^2-2)=-t^2+2t+2$

  $=-(t-1)^2+3$ (단, $t\ge2$)

$t\ge2$이므로 주어진 함수는 $t=2$일 때 최댓값 2를 가진다.   **답** 2

149

$4^x>0,\ 2^{y+3}>0$이므로 산술평균과 기하평균의 관계에 의하여

$4^x+2^{y+3}\ge2\sqrt{4^x\times2^{y+3}}$

        $=2\sqrt{2^{2x+y+3}}$

        $=2\sqrt{2^4}\ (\because\ 2x+y-1=0)$

        $=8$ (단, 등호는 $4^x=2^{y+3}$일 때 성립한다.)

따라서 구하는 최솟값은 8이다.   **답** ④

150

$\left(\dfrac{1}{4}\right)^{x^2}\times8^x=\sqrt{2}$에서 $2^{-2x^2}\times2^{3x}=2^{\frac{1}{2}}$, $2^{-2x^2+3x}=2^{\frac{1}{2}}$

$$-2x^2+3x=\frac{1}{2} \quad \therefore 4x^2-6x+1=0$$

따라서 이차방정식의 근과 계수의 관계에 의하여 모든 근의 곱은 $\frac{1}{4}$이다.

답 ①

151

$\left(\frac{3}{4}\right)^{x^2}=\left(\frac{4}{3}\right)^{3x-4}$에서 $\left(\frac{3}{4}\right)^{x^2}=\left(\frac{3}{4}\right)^{-(3x-4)}$

$$x^2=-3x+4 \quad \therefore x^2+3x-4=0$$

따라서 이차방정식의 근과 계수의 관계에 의하여 모든 근의 합은 -3이다.

답 ①

152

(i) $x-5=0$, 즉 $x=5$일 때
주어진 방정식은 $3^0=5^0=1$이므로 등식이 성립한다.

(ii) $x-5\neq0$일 때
$x-2=5$이므로 $x=7$

(i), (ii)에서 모든 근의 합은 $5+7=12$

답 12

153

$9^x-4\times3^{x+1}+27=0$에서 $(3^x)^2-12\times3^x+27=0$

$3^x=t\ (t>0)$로 놓으면 주어진 방정식은

$t^2-12t+27=0,\ (t-3)(t-9)=0$

$\therefore t=3$ 또는 $t=9$

즉, $3^x=3$ 또는 $3^x=9$이므로 $x=1$ 또는 $x=2$

따라서 $\alpha=1,\ \beta=2$이므로

$\alpha\beta=1\times2=2$

답 ①

154

$5^{2x}-4\times5^x+k=0$에서 $(5^x)^2-4\times5^x+k=0$

$5^x=t\ (t>0)$로 놓으면 주어진 방정식은

$t^2-4t+k=0$ ...... ㉠

— ㉮ —

주어진 방정식의 두 근이 α, β이므로 방정식 ㉠의 두 근은 5^α, 5^β이다.

따라서 이차방정식의 근과 계수의 관계에 의하여

$5^\alpha\times5^\beta=k,\ 5^{\alpha+\beta}=k$

— ㉯ —

이때, $\alpha+\beta=2$이므로

$5^2=k \quad \therefore k=25$

— ㉰ —

단계	채점 요소	비율
㉮	주어진 방정식을 $5^x=t$로 치환하여 나타내기	30%
㉯	이차방정식의 근과 계수의 관계를 이용하여 $5^{\alpha+\beta}$ 구하기	40%
㉰	$\alpha+\beta=2$를 이용하여 k의 값 구하기	30%

답 25

155

$2^{2x+1}-a\times2^x+4=0$에서 $2\times(2^x)^2-a\times2^x+4=0$

$2^x=t\ (t>0)$로 놓으면 주어진 방정식은

$2t^2-at+4=0$ ...... ㉠

주어진 방정식의 두 근이 -1, b이므로 방정식 ㉠의 두 근은 $2^{-1}=\frac{1}{2}$, 2^b이다.

따라서 이차방정식의 근과 계수의 관계에 의하여

$\frac{1}{2}+2^b=\frac{a}{2},\ 2^b=\frac{a-1}{2} \quad \therefore 2^{b+1}=a-1$

$\frac{1}{2}\times2^b=2,\ 2^{b-1}=2 \quad \therefore b=2$

즉, $2^{2+1}=a-1$이므로 $a=9$

$\therefore a+b=9+2=11$

답 ④

156

$3^{2x-5}>(\sqrt{3})^{-x}$에서 $3^{2x-5}>3^{-\frac{x}{2}}$

밑이 1보다 크므로 $2x-5>-\frac{x}{2}$

$\frac{5}{2}x>5 \quad \therefore x>2$

답 ⑤

157

$x^{x^2-3}<x^{2x}$에서 $x>1$이므로

$x^2-3<2x$

$x^2-2x-3<0,\ (x+1)(x-3)<0 \quad \therefore -1<x<3$

$\therefore 1<x<3\ (\because x>1)$

답 ①

158

$x^{4x-1}>x^{2x+5}$에서 $x=1$일 때 $1^3=1^7$이므로 부등식이 성립하지 않는다.

— ㉮ —

(i) $0<x<1$일 때

$4x-1<2x+5,\ 2x<6 \quad \therefore x<3$

그런데 $0<x<1$이므로 $0<x<1$

— ㉯ —

(ii) $x>1$일 때

$4x-1>2x+5,\ 2x>6 \quad \therefore x>3$

그런데 $x>1$이므로 $x>3$

— ㉰ —

(i), (ii)에서 구하는 x의 값의 범위는

$0<x<1$ 또는 $x>3$

— ㉱ —

단계	채점 요소	비율
㉮	$x=1$일 때 부등식이 성립하지 않음을 보이기	20%
㉯	$0<x<1$일 때 x의 값의 범위 구하기	35%
㉰	$x>1$일 때 x의 값의 범위 구하기	35%
㉱	x의 값의 범위 구하기	10%

답 $0<x<1$ 또는 $x>3$

159

$3^{2x+2}-28\times3^x+3<0$에서 $9\times(3^x)^2-28\times3^x+3<0$

$3^x=t\ (t>0)$로 놓으면 주어진 부등식은

$9t^2-28t+3<0,\ (9t-1)(t-3)<0 \quad \therefore \frac{1}{9}<t<3$

즉, $3^{-2}<3^x<3$이고 밑이 1보다 크므로

$-2<x<1$

따라서 주어진 부등식을 만족시키는 정수 x는 -1, 0이므로 구하는 합은

$-1+0=-1$

답 ②

160

$\left(\frac{1}{3}\right)^{2x} - \left(\frac{1}{3}\right)^{x+2} < \left(\frac{1}{3}\right)^{x-2} - 1$에서

$\left\{\left(\frac{1}{3}\right)^x\right\}^2 - \frac{1}{9} \times \left(\frac{1}{3}\right)^x < 9 \times \left(\frac{1}{3}\right)^x - 1$

$\left(\frac{1}{3}\right)^x = t \ (t > 0)$로 놓으면 주어진 부등식은

$t^2 - \frac{1}{9}t < 9t - 1$, $t^2 - \frac{82}{9}t + 1 < 0$

$9t^2 - 82t + 9 < 0$, $(9t-1)(t-9) < 0$ $\quad \therefore \frac{1}{9} < t < 9$

즉, $\left(\frac{1}{3}\right)^2 < \left(\frac{1}{3}\right)^x < \left(\frac{1}{3}\right)^{-2}$이고 밑이 1보다 작으므로

$-2 < x < 2$

따라서 주어진 부등식을 만족시키는 정수 x는 -1, 0, 1의 3개이다.

답 ③

161

$a^{2x} - 5 \times a^x + b < 0$에서 $a^x = t \ (t > 0)$로 놓으면

$t^2 - 5t + b < 0$ $\qquad\qquad\qquad$ ······ ㉠

주어진 부등식의 해가 $0 < x < 2$이고 $a > 1$이므로

$a^0 < a^x < a^2$, 즉 $1 < t < a^2$

부등식 ㉠의 해가 $1 < t < a^2$이므로

$(t-1)(t-a^2) < 0$, $t^2 - (a^2+1)t + a^2 < 0$

따라서 $5 = a^2 + 1$, $b = a^2$이므로

$a^2 = 4 = 2^2$, $a = 2 \ (\because a > 1)$

$b = 2^2 = 4$

$\therefore a + b = 2 + 4 = 6$

답 6

실력 콕콕
본문 p.34~35

162 ①	**163** 121	**164** ②	**165** ③	**166** ④	**167** ③
168 ④	**169** 81	**170** ④	**171** ⑤	**172** ①	**173** ④
174 127	**175** 112	**176** 18	**177** 17		

162

$y = a \times 2^x$에 $x = 0$, $y = 4$를 대입하면

$4 = a \times 2^0 = a \times 1 = a$ $\quad \therefore a = 4$

$y = 4 \times 2^x$에 $x = b$, $y = 16$을 대입하면

$16 = 4 \times 2^b$, $2^b = 4$ $\quad \therefore b = 2$

$\therefore a + b = 4 + 2 = 6$

답 ①

163

함수 $y = 4^x$의 그래프와 y축이 만나는 점은 $(0, 1)$,
이고 점 $(0, 1)$을 지나고 x축에 평행한 직선이

직선 $y = 2x$와 만나는 점은 $\left(\frac{1}{2}, 1\right)$이다.

즉, 직사각형 A는 가로의 길이가 $\frac{1}{2}$, 세로의 길

이가 1이다.

점 $\left(\frac{1}{2}, 1\right)$을 지나고 y축에 평행한 직선이 함수

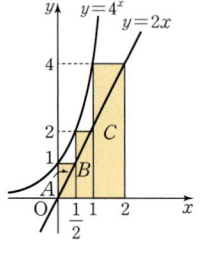

$y = 4^x$의 그래프와 만나는 점은 $\left(\frac{1}{2}, 2\right)$이고, 점 $\left(\frac{1}{2}, 2\right)$를 지나고 x축에

평행한 직선이 직선 $y = 2x$와 만나는 점은 $(1, 2)$이다.

즉, 직사각형 B는 가로의 길이가 $\frac{1}{2}$, 세로의 길이가 2이다.

점 $(1, 2)$를 지나고 y축에 평행한 직선이 함수 $y = 4^x$의 그래프와 만나는

점은 $(1, 4)$이고, 점 $(1, 4)$를 지나고 x축에 평행한 직선이 직선 $y = 2x$

와 만나는 점은 $(2, 4)$이다.

즉, 직사각형 C는 가로의 길이가 1, 세로의 길이가 4이다.

$\therefore$ (A의 넓이) $= \frac{1}{2} \times 1 = \frac{1}{2}$

$\quad$ (B의 넓이) $= \frac{1}{2} \times 2 = 1$

$\quad$ (C의 넓이) $= 1 \times 4 = 4$

따라서 세 직사각형 A, B, C의 넓이의 합 S는

$S = \frac{1}{2} + 1 + 4 = \frac{11}{2}$

$\therefore 4S^2 = 121$

답 121

164

함수 $y = 2^{2x+a} + b$의 점근선의 방정식이 $y = 2$이므로 $b = 2$

함수 $y = f(x)$의 그래프는 함수 $y = 2^{2x+a} + 2$의 그래프를 y축에 대하여

대칭이동시킨 것이므로

$y = 2^{-2x+a} + 2$

이때, 함수 $y = 2^{-2x+a} + 2$의 그래프가 점 $(-1, 10)$을 지나므로

$10 = 2^{2+a} + 2$에서 $2^{2+a} = 8$ $\quad \therefore a = 1$

$\therefore a + b = 1 + 2 = 3$

답 ②

165

점 B의 y좌표가 1이고 점 B는 함수 $y = 2^{x-2}$의 그래프 위의 점이므로

$1 = 2^{x-2}$에서 $x - 2 = 0$ $\quad \therefore x = 2$

즉, 점 B의 좌표는 $(2, 1)$이고, 점 C의 좌표는 $(2, 4)$이다.

한편, 함수 $y = 2^{x-2}$의 그래프는 함수 $y = 2^x$의 그

래프를 x축의 방향으로 2만큼 평행이동한 것이

므로 오른쪽 그림에서 빗금친 두 부분의 넓이가

같다.

따라서 색칠한 부분의 넓이는 평행사변형

ABDC의 넓이와 같으므로

$2 \times (4 - 1) = 2 \times 3 = 6$

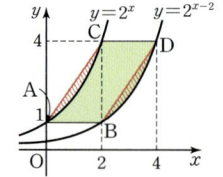

답 ③

166

$y = |2^x - 4| = \begin{cases} 2^x - 4 & (x \geq 2) \\ -2^x + 4 & (x < 2) \end{cases}$

이므로 함수 $y = |2^x - 4|$의 그래프는 오른쪽 그

림과 같다.

따라서 함수 $y = |2^x - 4|$의 그래프와 직선 $y = k$

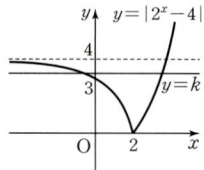

가 서로 다른 두 점에서 만나도록 하는 k의 값의 범위는 $0 < k < 4$이므로

구하는 정수 k는 1, 2, 3의 3개이다.

보충 설명

함수 $y = |2^x - 4|$의 그래프는 함수 $y = 2^x - 4$의 그래프를 그린 후 $y \geq 0$

인 부분은 그대로 두고, $y < 0$인 부분은 x축에 대하여 대칭이동하여 그린

다.

답 ④

167

세 수 $A=x^x$, $B=x^{2x}$, $C=x^{x^2}$에서 밑이 x로 같으므로 지수만을 함수로 나타내면 각각

$y=x$, $y=2x$, $y=x^2$

이며, 세 함수의 대소 관계는 $0<x<1$, $1<x<2$에서 다음과 같다.

(i) $0<x<1$일 때

$x^2<x<2x$이므로 $x^{2x}<x^x<x^{x^2}$

$\therefore B<A<C$

(ii) $1<x<2$일 때

$x<x^2<2x$이므로 $x^x<x^{x^2}<x^{2x}$

$\therefore A<C<B$

ㄱ. $0<x<1$일 때, $B<A$이다. (거짓)

ㄴ. $1<x<2$일 때, $C<B$이다. (거짓)

ㄷ. (i), (ii)에서 $A<C$이다. (참)

따라서 옳은 것은 ㄷ뿐이다. **답** ③

168

ㄱ. $\left(\dfrac{1}{3}\right)^a=\left(\dfrac{1}{4}\right)^b=k$ $(k>0)$로 놓으면

(i) $k>1$일 때, $a<b<0$이므로 $4^a<3^b$

(ii) $0<k<1$일 때, $0<b<a$이므로 $4^a>3^b$ (거짓)

ㄴ. $\left(\dfrac{1}{3}\right)^a=\left(\dfrac{1}{4}\right)^b=k$ $(k>0)$로 놓으면

$\left(\dfrac{1}{3}\right)^{a+1}=\dfrac{k}{3}$, $\left(\dfrac{1}{4}\right)^{b+1}=\dfrac{k}{4}$

$\therefore \left(\dfrac{1}{3}\right)^{a+1}>\left(\dfrac{1}{4}\right)^{b+1}$ (참)

ㄷ. $\left(\dfrac{1}{3}\right)^a=\left(\dfrac{1}{4}\right)^b$일 때, $a<b<0$ 또는 $0<b<a$ $(\because$ ㄱ$)$

즉, $ab>0$이므로 $\left(\dfrac{1}{3}\right)^{ab}>\left(\dfrac{1}{4}\right)^{ab}$ (참)

따라서 보기에서 옳은 것은 ㄴ, ㄷ이다.

보충 설명

지수에서 밑이 다른 경우의 지수함수의 그래프를 이용한 대소 비교는 다음과 같다.

(i) $a>b>1$일 때

$a^m=b^n>1 \Longleftrightarrow 0<m<n$

$a^m=b^n<1 \Longleftrightarrow n<m<0$

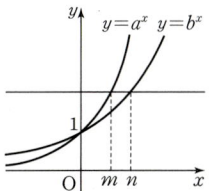

(ii) $0<b<a<1$일 때

$a^m=b^n>1 \Longleftrightarrow m<n<0$

$a^m=b^n<1 \Longleftrightarrow 0<n<m$

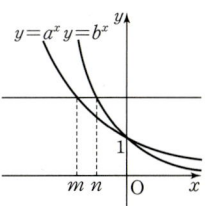

답 ④

169

$y=a^{2x}-2\times a^{x-1}+5$에서 $y=(a^x)^2-\dfrac{2}{a}\times a^x+5$

$a^x=t$ $(t>0)$로 놓으면

$y=t^2-\dfrac{2}{a}t+5=\left(t-\dfrac{1}{a}\right)^2+5-\dfrac{1}{a^2}$ ...... ㉠

이때, $0<a<1$이고 $0\le x\le 2$이므로 $a^2\le t\le 1$

또한 $0<a<1$에서 $1<\dfrac{1}{a}$이므로 $a^2\le t\le 1<\dfrac{1}{a}$

즉, $t=1$일 때 최솟값 2를 가지므로

$1-\dfrac{2}{a}+5=2$, $\dfrac{2}{a}=4$ $\therefore a=\dfrac{1}{2}$

$a=\dfrac{1}{2}$을 ㉠에 대입하여 정리하면

$y=(t-2)^2+1$

이때, $\dfrac{1}{4}\le t\le 1$이므로 함수의 최댓값은

$t=\dfrac{1}{4}$일 때, $\left(\dfrac{1}{4}-2\right)^2+1=\dfrac{65}{16}$

따라서 $p=16$, $q=65$이므로

$p+q=16+65=81$ **답** 81

170

$f(x)=x^2-6x+3=(x-3)^2-6$

즉, $1\le x\le 4$에서 함수 $f(x)$는 $x=3$일 때 최솟값 -6을 가지고, $x=1$일 때 최댓값 -2를 가진다.

$\therefore -6\le f(x)\le -2$

(i) $0<a<1$인 경우

$g(x)=a^x$은 x의 값이 증가하면 $g(x)$의 값은 감소하므로

$(g\circ f)(x)=a^{f(x)}$은 $f(x)=-6$일 때 최댓값 27을 가진다.

즉, $a^{-6}=27$, $a^{-6}=3^3$

$\therefore a=(3^3)^{-\frac{1}{6}}=3^{-\frac{1}{2}}$

한편, $(g\circ f)(x)=a^{f(x)}$은 $f(x)=-2$일 때 최솟값을 가지므로 최솟값은

$a^{-2}=\left(3^{-\frac{1}{2}}\right)^{-2}=3$

(ii) $a>1$인 경우

$g(x)=a^x$은 x의 값이 증가하면 $g(x)$의 값도 증가하므로

$(g\circ f)(x)=a^{f(x)}$은 $f(x)=-2$일 때 최댓값 27을 가진다.

즉, $a^{-2}=27$, $a^{-2}=3^3$

$\therefore a=(3^3)^{-\frac{1}{2}}=3^{-\frac{3}{2}}$

그런데 $3^{-\frac{3}{2}}<3^0=1$이므로 $a>1$을 만족시키지 않는다.

(i), (ii)에서 $(g\circ f)(x)$의 최솟값은 3이다. **답** ④

171

$81^x-9^{x+2}+49=0$에서 $(9^x)^2-81\times 9^x+49=0$

$9^x=t$ $(t>0)$로 놓으면 주어진 방정식은

$t^2-81t+49=0$

이 방정식의 두 근은 9^α, 9^β이므로 이차방정식의 근과 계수의 관계에 의하여

$9^\alpha\times 9^\beta=49$, $3^{2(\alpha+\beta)}=7^2$

$\therefore 3^{\alpha+\beta}=7$ $(\because 3^{\alpha+\beta}>0)$ **답** ⑤

172

$4^x-2^{x+3}+a=0$에서 $(2^x)^2-8\times 2^x+a=0$

$2^x=t$ $(t>0)$로 놓으면 주어진 방정식은

$t^2-8t+a=0$ ...... ㉠

이때, 주어진 방정식이 서로 다른 두 실근을 가지려면 이차방정식 ㉠이 서로 다른 두 양의 실근을 가져야 하므로

(i) 이차방정식 ㉠의 판별식을 D라 하면

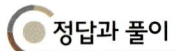

$\dfrac{D}{4}=(-4)^2-a>0$ $\therefore a<16$

(ii) (두 근의 합)$=8>0$

(iii) (두 근의 곱)$=a>0$

(i)~(iii)에서 실수 a의 값의 범위는 $0<a<16$

따라서 정수 a는 $1, 2, 3, \cdots, 15$의 15개이다.   **답 ①**

173

$4^{f(x)}-2^{1+f(x)}<8$에서 $2^{2f(x)}-2\times2^{f(x)}-8<0$

$2^{f(x)}=t \ (t>0)$로 놓으면 주어진 부등식은

$t^2-2t-8<0, \ (t+2)(t-4)<0$ $\therefore -2<t<4$

$t>0$이므로 $0<t<4$

즉, $0<2^{f(x)}<2^2$이고 밑이 1보다 크므로

$f(x)<2$

즉, $x^2-x-4<2$에서

$x^2-x-6<0, \ (x+2)(x-3)<0$

$\therefore -2<x<3$

따라서 정수 x는 $-1, 0, 1, 2$의 4개이다.   **답 ④**

174

$2^{2x+1}-(2n+1)2^x+n\le0$에서 $2\times(2^x)^2-(2n+1)2^x+n\le0$

$2^x=t \ (t>0)$로 놓으면 주어진 부등식은

$2t^2-(2n+1)t+n\le0, \ (2t-1)(t-n)\le0$ $\therefore \dfrac{1}{2}\le t\le n$

즉, $2^{-1}\le2^x<2^{\log_2 n}$이고 밑이 1보다 크므로

$-1\le x\le\log_2 n$

부등식을 만족시키는 정수 x의 개수가 8이므로 정수 x는 $-1, 0, 1, 2, 3, 4, 5, 6$이다.

즉, $6\le\log_2 n<7$이므로 $\log_2 2^6\le\log_2 n<\log_2 2^7$

$\therefore 64\le n<128$

따라서 자연수 n의 최댓값은 127이다.   **답 127**

175

$2^{2x}+3\times2^{x+1}-a<0$에서 $(2^x)^2+6\times2^x-a<0$

$2^x=t \ (t>0)$로 놓으면

$A=\{x\,|\,x<3\}$에서 $0<t<8$

$B=\{x\,|\,2^{2x}+3\times2^{x+1}-a<0\}$에서 $t^2+6t-a<0 \ (t>0)$

이때, $f(t)=t^2+6t-a \ (t>0)$라 하면 함수 $f(t)$에 대하여 $f(t)<0$을 만족시키는 t의 값의 범위가 $0<t<8$이어야 한다.

즉, $f(8)=64+48-a=0$

$\therefore a=112$

다른 풀이

$2^{2x}+3\times2^{x+1}-a<0$에서

$(2^x)^2+6\times2^x-a<0$ ······ ㉠

이 부등식의 해가 $x<3$이어야 하므로

$2^x<2^3$ $\therefore 2^x-8<0$ ······ ㉡

이때, ㉠, ㉡에서

$(2^x)^2+6\times2^x-a=(2^x-8)(2^x+14)<0$

$\therefore a=112$ **답 112**

176

두 함수 $y=2^x-3$, $y=2^{-x+2}-24$의 그래프가 x축과 만나는 점의 좌표를 각각 $A(\alpha, 0)$, $B(\beta, 0)$이라 하면

$2^x-3=0$에서 $2^\alpha=3$

$2^{-\beta+2}-24=0$에서 $4\times2^{-\beta}=24$

$2^{-\beta}=6$ $\therefore 2^\beta=\dfrac{1}{6}$ **⟨가⟩**

이때, 선분 AB의 길이가 l이므로

$l=\alpha-\beta \ (\because \alpha>\beta)$

$\therefore 2^l=2^{\alpha-\beta}=\dfrac{2^\alpha}{2^\beta}=\dfrac{3}{\dfrac{1}{6}}=18$ **⟨나⟩**

단계	채점 요소	비율
가	$A(\alpha, 0)$, $B(\beta, 0)$으로 놓고 2^α, 2^β의 값 구하기	50%
나	2^l의 값 구하기	50%

답 18

177

$4^x-2^{x+3}+a>0$에서 $(2^x)^2-8\times2^x+a>0$

$2^x=t \ (t>0)$로 놓으면 주어진 부등식은

$t^2-8t+a>0$ **⟨가⟩**

$\therefore (t-4)^2+a-16>0$ ······ ㉠   **⟨나⟩**

위의 부등식이 $t>0$인 모든 실수 t에 대하여 성립하려면 ㉠에서 $t=4$일 때 최솟값 $a-16$을 가지므로

$a-16>0$ $\therefore a>16$

따라서 정수 a의 최솟값은 17이다.   **⟨다⟩**

단계	채점 요소	비율
가	주어진 부등식을 $2^x=t \ (t>0)$로 치환하여 나타내기	20%
나	t에 대한 이차부등식을 변형하기	30%
다	정수 a의 최솟값 구하기	50%

답 17

04 로그함수

본문 p.37~38

개념 콕콕

178

(1) $3-x>0$에서 $x<3$

따라서 정의역은 $\{x|x<3\}$

(2) $2x>0$에서 $x>0$

따라서 정의역은 $\{x|x>0\}$

답 (1) $\{x|x<3\}$ (2) $\{x|x>0\}$

179

(1) 주어진 함수는 $\{x|x는 실수\}$에서 $\{y|y>0\}$으로의 일대일대응이다.

$y=10^x$에서 $x=\log y$

x와 y를 서로 바꾸면 구하는 역함수는 $y=\log x$ $(x>0)$

(2) 주어진 함수는 $\{x|x는 실수\}$에서 $\{y|y>0\}$으로의 일대일대응이다.

$y=2^{x-1}$에서 $x-1=\log_2 y$ ∴ $x=\log_2 y+1$

x와 y를 서로 바꾸면 구하는 역함수는 $y=\log_2 x+1$ $(x>0)$

(3) 주어진 함수는 $\{x|x>1\}$에서 $\{y|y는 실수\}$로의 일대일대응이다.

$y=\log(x-1)$에서 $x-1=10^y$ ∴ $x=10^y+1$

x와 y를 서로 바꾸면 구하는 역함수는 $y=10^x+1$

(4) 주어진 함수는 $\{x|x>0\}$에서 $\{y|y는 실수\}$로의 일대일대응이다.

$y=\log_{\frac{1}{2}} x+2$에서 $y-2=\log_{\frac{1}{2}} x$ ∴ $x=\left(\frac{1}{2}\right)^{y-2}$

x와 y를 서로 바꾸면 구하는 역함수는 $y=\left(\frac{1}{2}\right)^{x-2}$

답 (1) $y=\log x$ $(x>0)$ (2) $y=\log_2 x+1$ $(x>0)$

(3) $y=10^x+1$ (4) $y=\left(\frac{1}{2}\right)^{x-2}$

180

(1) $f(1)=\log_3 1=0$

(2) $f(3)=\log_3 3=1$

(3) $f\left(\frac{1}{3}\right)=\log_3 \frac{1}{3}=-1$

(4) $f(\sqrt{3})=\log_3 \sqrt{3}=\log_3 3^{\frac{1}{2}}=\frac{1}{2}$

답 (1) 0 (2) 1 (3) -1 (4) $\frac{1}{2}$

181

ㄱ. 정의역은 양의 실수 전체의 집합이다. (거짓)

ㄹ. x의 값이 증가하면 y의 값도 증가한다. (거짓)

따라서 옳은 것은 ㄴ, ㄷ이다. **답** ㄴ, ㄷ

182

(1) $y=\log_2 (-x)$의 그래프는 $y=\log_2 x$의 그래프를 y축에 대하여 대칭이동한 것이므로 오른쪽 그림과 같다.

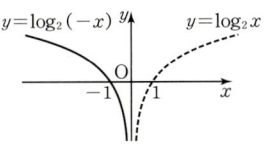

(2) $y=\log_2 |x|=\begin{cases} \log_2 x & (x>0) \\ \log_2 (-x) & (x<0) \end{cases}$ 이므로

함수 $y=\log_2 |x|$의 그래프는 오른쪽 그림과 같다.

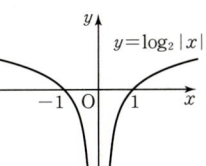

(3) $y=|\log_2 x|=\begin{cases} \log_2 x & (x\geq 1) \\ -\log_2 x & (0<x<1) \end{cases}$ 이므로

로 함수 $y=|\log_2 x|$의 그래프는 오른쪽 그림과 같다.

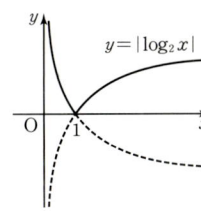

보충 설명

(2) 함수 $y=\log_2 |x|$의 그래프는 $y=\log_2 x$의 그래프를 그린 후 $x>0$인 부분은 그대로 두고, $x<0$인 부분은 $x>0$인 부분을 직선 $x=0$ $(y축)$에 대하여 대칭이동하여 그리면 된다.

(3) 함수 $y=|\log_2 x|$의 그래프는 함수 $y=\log_2 x$의 그래프를 그린 후 $y\geq 0$인 부분은 그대로 두고, $y<0$인 부분은 직선 $y=0$ $(x축)$에 대하여 대칭이동하여 그리면 된다.

답 풀이 참조

183

(1) $y=\log_2 (x+1)$의 그래프는 $y=\log_2 x$의 그래프를 x축의 방향으로 -1만큼 평행이동한 것이므로 오른쪽 그림과 같다.

따라서 점근선의 방정식은 $x=-1$이다.

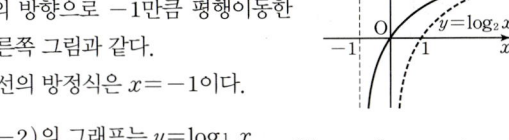

(2) $y=\log_{\frac{1}{2}} (x-2)$의 그래프는 $y=\log_{\frac{1}{2}} x$의 그래프를 x축의 방향으로 2만큼 평행이동한 것이므로 오른쪽 그림과 같다.

따라서 점근선의 방정식은 $x=2$이다.

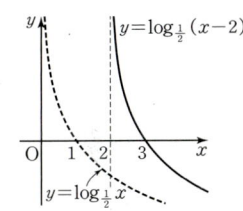

(3) $y=-\log_3 x+1$의 그래프는 $y=\log_3 x$의 그래프를 x축에 대하여 대칭이동한 후 y축의 방향으로 1만큼 평행이동한 것이므로 오른쪽 그림과 같다.

따라서 점근선의 방정식은 $x=0$이다.

(4) $y=-\log_3 (3x-2)=-\log_3 3\left(x-\frac{2}{3}\right)$에서

$y=-\log_3 (3x-2)$의 그래프는 $y=\log_3 3x$의 그래프를 x축에 대하여 대칭이동한 후 x축의 방향으로 $\frac{2}{3}$만큼 평행이동한 것이므로 오른쪽 그림과 같다.

따라서 점근선의 방정식은 $x=\frac{2}{3}$이다.

답 풀이 참조

184

(1) $2\log_2 3=\log_2 3^2=\log_2 9$

함수 $y=\log_2 x$는 x의 값이 증가하면 y의 값도 증가하므로

$\log_2 7 < \log_2 9$ ∴ $\log_2 7 < 2\log_2 3$

(2) $\frac{1}{2}\log_{\frac{1}{3}} 9 = \log_{\frac{1}{3}} 9^{\frac{1}{2}} = \log_{\frac{1}{3}} 3$

함수 $y = \log_{\frac{1}{3}} x$는 x의 값이 증가하면 y의 값은 감소하므로

$\log_{\frac{1}{3}} 4 < \log_{\frac{1}{3}} 3$ ∴ $\log_{\frac{1}{3}} 4 < \frac{1}{2}\log_{\frac{1}{3}} 9$

📘 (1) $\log_2 7 < 2\log_2 3$ (2) $\log_{\frac{1}{3}} 4 < \frac{1}{2}\log_{\frac{1}{3}} 9$

185

(1) 함수 $y = \log_2 x$에서

$x = 1$일 때, $y = \log_2 1 = 0$

$x = 32$일 때, $y = \log_2 32 = 5$

따라서 최댓값은 5, 최솟값은 0이다.

(2) 함수 $y = \log_{\frac{1}{2}} (x+1)$에서

$x = -\frac{1}{2}$일 때, $y = \log_{\frac{1}{2}} \left(-\frac{1}{2}+1\right) = 1$

$x = 3$일 때, $y = \log_{\frac{1}{2}} (3+1) = -2$

따라서 최댓값은 1, 최솟값은 -2이다.

(3) 함수 $y = -\log_3 (x-1) + 2$에서

$x = 4$일 때, $y = -\log_3 (4-1) + 2 = 1$

$x = 28$일 때, $y = -\log_3 (28-1) + 2 = -1$

따라서 최댓값은 1, 최솟값은 -1이다.

📘 (1) 최댓값 : 5, 최솟값 : 0 (2) 최댓값 : 1, 최솟값 : -2
(3) 최댓값 : 1 최솟값 : -1

186

(1) 진수의 조건에서

$3x - 1 > 0$ ∴ $x > \frac{1}{3}$ ...... ㉠

$\log_2 (3x-1) = 3$에서 $3x - 1 = 2^3$

$3x = 9$ ∴ $x = 3$

$x = 3$은 ㉠을 만족시키므로 구하는 해이다.

(2) 진수의 조건에서

$x - 1 > 0$ ∴ $x > 1$ ...... ㉠

$\log_{\frac{1}{3}} (x-1) = 2$에서 $x - 1 = \left(\frac{1}{3}\right)^2$ ∴ $x = \frac{10}{9}$

$x = \frac{10}{9}$ 은 ㉠을 만족시키므로 구하는 해이다.

(3) 밑의 조건에서

$4x > 0$, $4x \neq 1$ ∴ $x > 0$, $x \neq \frac{1}{4}$ ...... ㉠

$\log_{4x} 4 = 2$에서 $(4x)^2 = 4$

$4x = -2$ 또는 $4x = 2$ ∴ $x = -\frac{1}{2}$ 또는 $x = \frac{1}{2}$

이때, ㉠에 의하여 $x = \frac{1}{2}$

(4) 밑의 조건에서

$x + 1 > 0$, $x + 1 \neq 1$ ∴ $x > -1$, $x \neq 0$ ...... ㉠

$\log_{x+1} 16 = 2$에서 $(x+1)^2 = 16$

$x + 1 = -4$ 또는 $x + 1 = 4$ ∴ $x = -5$ 또는 $x = 3$

이때, ㉠에 의하여 $x = 3$

📘 (1) $x = 3$ (2) $x = \frac{10}{9}$ (3) $x = \frac{1}{2}$ (4) $x = 3$

187

(1) 진수의 조건에서

$2x - 1 > 0$, $x + 3 > 0$ ∴ $x > \frac{1}{2}$ ...... ㉠

$\log_2 (2x-1) = \log_2 (x+3)$에서

$2x - 1 = x + 3$ ∴ $x = 4$

$x = 4$는 ㉠을 만족시키므로 구하는 해이다.

(2) 진수의 조건에서

$x > 0$, $x - 3 > 0$ ∴ $x > 3$ ...... ㉠

$\log_4 x + \log_4 (x-3) = 1$에서

$\log_4 x(x-3) = 1$, $x(x-3) = 4$, $x^2 - 3x - 4 = 0$

$(x+1)(x-4) = 0$ ∴ $x = -1$ 또는 $x = 4$

이때, ㉠에 의하여 $x = 4$

(3) 진수의 조건에서

$x - 1 > 0$, $x + 2 > 0$ ∴ $x > 1$ ...... ㉠

$\log (x-1) = 1 - \log (x+2)$에서

$\log (x-1) + \log (x+2) = 1$

$\log (x-1)(x+2) = 1$

$(x-1)(x+2) = 10$, $x^2 + x - 12 = 0$

$(x+4)(x-3) = 0$ ∴ $x = -4$ 또는 $x = 3$

이때, ㉠에 의하여 $x = 3$

(4) 진수의 조건에서

$x + 1 > 0$, $x + 3 > 0$ ∴ $x > -1$ ...... ㉠

$2\log_{\frac{1}{3}} (x+1) = \log_{\frac{1}{3}} (x+3)$에서

$\log_{\frac{1}{3}} (x+1)^2 = \log_{\frac{1}{3}} (x+3)$

즉, $(x+1)^2 = x + 3$이므로 $x^2 + x - 2 = 0$

$(x+2)(x-1) = 0$ ∴ $x = -2$ 또는 $x = 1$

이때, ㉠에 의하여 $x = 1$

📘 (1) $x = 4$ (2) $x = 4$ (3) $x = 3$ (4) $x = 1$

188

(1) 진수의 조건에서

$x > 0$, $2x - 1 > 0$ ∴ $x > \frac{1}{2}$ ...... ㉠

$\log_2 x = \log_4 (2x-1)$에서

$\log_2 x = \frac{1}{2}\log_2 (2x-1)$

$2\log_2 x = \log_2 (2x-1)$

$\log_2 x^2 = \log_2 (2x-1)$

즉, $x^2 = 2x - 1$이므로 $x^2 - 2x + 1 = 0$

$(x-1)^2 = 0$ ∴ $x = 1$

$x = 1$은 ㉠을 만족시키므로 구하는 해이다.

(2) 진수의 조건에서

$2x - 5 > 0$, $x - 2 > 0$ ∴ $x > \frac{5}{2}$ ...... ㉠

$\log_9 (2x-5) = \log_3 (x-2)$에서

$\frac{1}{2}\log_3 (2x-5) = \log_3 (x-2)$

$\log_3 (2x-5) = 2\log_3 (x-2)$

$\log_3 (2x-5) = \log_3 (x-2)^2$

즉, $2x - 5 = (x-2)^2$이므로 $x^2 - 6x + 9 = 0$

$(x-3)^2 = 0$ ∴ $x = 3$

$x = 3$은 ㉠을 만족시키므로 구하는 해이다.

📘 (1) $x = 1$ (2) $x = 3$

189

(1) 진수의 조건에서 $x>0$ ...... ㉠

$\log_2 x=t$로 놓으면 주어진 방정식은

$t^2-2t-8=0$, $(t+2)(t-4)=0$

$\therefore t=-2$ 또는 $t=4$

즉, $\log_2 x=-2$ 또는 $\log_2 x=4$이므로

$x=2^{-2}=\dfrac{1}{4}$ 또는 $x=2^4=16$

$x=\dfrac{1}{4}$, $x=16$은 ㉠을 만족시키므로 구하는 해이다.

(2) 진수의 조건에서 $x>0$ ...... ㉠

$\log x=t$로 놓으면 주어진 방정식은

$(t+1)(t-5)=-8$, $t^2-4t+3=0$

$(t-1)(t-3)=0$ $\therefore t=1$ 또는 $t=3$

즉, $\log x=1$ 또는 $\log x=3$이므로

$x=10$ 또는 $x=10^3=1000$

$x=10$, $x=1000$은 ㉠을 만족시키므로 구하는 해이다.

🟠 (1) $x=\dfrac{1}{4}$ 또는 $x=16$ (2) $x=10$ 또는 $x=1000$

190

(1) 진수의 조건에서

$x+3>0$ $\therefore x>-3$ ...... ㉠

$\log_2 (x+3)<2$에서 $\log_2 (x+3)<\log_2 2^2$

밑이 1보다 크므로

$x+3<4$ $\therefore x<1$ ...... ㉡

㉠, ㉡의 공통 범위를 구하면

$-3<x<1$

(2) 진수의 조건에서 $x>0$ ...... ㉠

$2\log_2 x<4$에서 $\log_2 x^2<\log_2 2^4$

밑이 1보다 크므로

$x^2<16$ $\therefore -4<x<4$ ...... ㉡

㉠, ㉡의 공통 범위를 구하면

$0<x<4$

(3) $x^2+5x+8=\left(x+\dfrac{5}{2}\right)^2+\dfrac{7}{4}>0$이므로 진수는 항상 양수이다.

$\log_{\frac{1}{2}} (x^2+5x+8)>-3$에서

$\log_{\frac{1}{2}} (x^2+5x+8)>\log_{\frac{1}{2}} 8$

밑이 1보다 작으므로

$x^2+5x+8<8$, $x^2+5x<0$

$x(x+5)<0$ $\therefore -5<x<0$

(4) 진수의 조건에서

$x-1>0$ $\therefore x>1$ ...... ㉠

$\log_{\frac{1}{3}} (x-1)>2$에서

$\log_{\frac{1}{3}} (x-1)>\log_{\frac{1}{3}} \left(\dfrac{1}{3}\right)^2$

밑이 1보다 작으므로

$x-1<\dfrac{1}{9}$ $\therefore x<\dfrac{10}{9}$ ...... ㉡

㉠, ㉡의 공통 범위를 구하면

$1<x<\dfrac{10}{9}$

🟠 (1) $-3<x<1$ (2) $0<x<4$

(3) $-5<x<0$ (4) $1<x<\dfrac{10}{9}$

191

(1) 진수의 조건에서

$2x>0$, $x+1>0$ $\therefore x>0$ ...... ㉠

$\log_2 2x<\log_2 (x+1)$에서 밑이 1보다 크므로

$2x<x+1$ $\therefore x<1$ ...... ㉡

㉠, ㉡의 공통 범위를 구하면

$0<x<1$

(2) 진수의 조건에서

$2x-1>0$, $3x+1>0$ $\therefore x>\dfrac{1}{2}$ ...... ㉠

$\log_{\frac{1}{2}} (2x-1)>\log_{\frac{1}{2}} (3x+1)$에서 밑이 1보다 작으므로

$2x-1<3x+1$ $\therefore x>-2$ ...... ㉡

㉠, ㉡의 공통 범위를 구하면

$x>\dfrac{1}{2}$

(3) 진수의 조건에서

$x>0$, $2-x>0$ $\therefore 0<x<2$ ...... ㉠

$\log_{\frac{1}{3}} x\leq\log_{\frac{1}{3}} (2-x)$에서 밑이 1보다 작으므로

$x\geq 2-x$, $2x\geq 2$ $\therefore x\geq 1$ ...... ㉡

㉠, ㉡의 공통 범위를 구하면

$1\leq x<2$

(4) 진수의 조건에서

$x>0$, $4x+5>0$ $\therefore x>0$ ...... ㉠

$2\log_3 x\geq\log_3 (4x+5)$에서 $\log_3 x^2\geq\log_3 (4x+5)$

밑이 1보다 크므로

$x^2\geq 4x+5$, $x^2-4x-5\geq 0$

$(x+1)(x-5)\geq 0$ $\therefore x\leq -1$ 또는 $x\geq 5$ ...... ㉡

㉠, ㉡의 공통 범위를 구하면

$x\geq 5$

🟠 (1) $0<x<1$ (2) $x>\dfrac{1}{2}$ (3) $1\leq x<2$ (4) $x\geq 5$

192

(1) 진수의 조건에서

$x>0$, $x+2>0$ $\therefore x>0$ ...... ㉠

$\log_2 x+\log_2 (x+2)<3$에서 $\log_2 x(x+2)<\log_2 2^3$

밑이 1보다 크므로

$x(x+2)<8$, $x^2+2x-8<0$

$(x+4)(x-2)<0$ $\therefore -4<x<2$ ...... ㉡

㉠, ㉡의 공통 범위를 구하면

$0<x<2$

(2) 진수의 조건에서

$x-1>0$, $x-16>0$ $\therefore x>16$ ...... ㉠

$\log (x-1)+\log (x-16)\geq 2$에서

$\log (x-1)(x-16)\geq\log 10^2$

밑이 1보다 크므로

$(x-1)(x-16)\geq 100$, $x^2-17x-84\geq 0$

$(x+4)(x-21)\geq 0$ $\therefore x\leq -4$ 또는 $x\geq 21$ ...... ㉡

㉠, ㉡의 공통 범위를 구하면

$x\geq 21$

🟠 (1) $0<x<2$ (2) $x\geq 21$

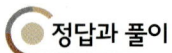

193

(1) 진수의 조건에서 $x>0$ ...... ㉠

$\log_2 x = t$로 놓으면 주어진 부등식은

$t^2 - 5t > 6$, $t^2 - 5t - 6 > 0$

$(t+1)(t-6) > 0$ ∴ $t < -1$ 또는 $t > 6$

즉, $\log_2 x < -1$ 또는 $\log_2 x > 6$이므로

$\log_2 x < \log_2 \dfrac{1}{2}$ 또는 $\log_2 x > \log_2 2^6$

밑이 1보다 크므로 $x < \dfrac{1}{2}$ 또는 $x > 64$ ...... ㉡

㉠, ㉡의 공통 범위를 구하면

$0 < x < \dfrac{1}{2}$ 또는 $x > 64$

(2) 진수의 조건에서 $x > 0$ ...... ㉠

$(\log_5 x)^2 - \log_5 x^3 \leq 0$에서

$(\log_5 x)^2 - 3\log_5 x \leq 0$

$\log_5 x = t$로 놓으면 주어진 부등식은

$t^2 - 3t \leq 0$, $t(t-3) \leq 0$

∴ $0 \leq t \leq 3$

즉, $0 \leq \log_5 x \leq 3$이므로

$\log_5 1 \leq \log_5 x \leq \log_5 5^3$

밑이 1보다 크므로 $1 \leq x \leq 125$ ...... ㉡

㉠, ㉡의 공통 범위를 구하면

$1 \leq x \leq 125$

🄰 (1) $0 < x < \dfrac{1}{2}$ 또는 $x > 64$ (2) $1 \leq x \leq 125$

유형 콕콕

본문 p.39~45

194 ③	**195** ㄱ, ㄴ, ㄷ	**196** ㄷ	**197** ⑤
198 ㄱ, ㄴ, ㄹ	**199** 1	**200** ⑤	**201** ④ **202** 67
203 ②	**204** ③	**205** 0	**206** 2 **207** ④
208 $-\dfrac{1}{2}$	**209** ⑤	**210** 2	**211** 2 **212** ② **213** ④
214 $C<A<B$	**215** ⑤	**216** ③	**217** 2 **218** ④
219 1	**220** ⑤	**221** ②	**222** ④ **223** 12
224 $x=4$ 또는 $x=8$	**225** 2	**226** 3	
227 $x=\dfrac{1}{100}$ 또는 $x=10$		**228** ③	**229** ④ **230** 3
231 10	**232** 6	**233** ③	**234** 7 **235** ②
236 15 %	**237** ③		

194

③ $y = \log_a \dfrac{1}{x} = -\log_a x$이고 $a > 1$이므로 $x > 0$에서 x의 값이 증가하면

y의 값은 감소한다.

따라서 옳지 않은 것은 ③이다. 🄰 ③

195

ㄱ. 일대일함수이므로 $x_1 \neq x_2$이면 $f(x_1) \neq f(x_2)$이다. (참)

ㄴ. 밑이 1보다 크므로 $x_1 < x_2$이면 $f(x_1) < f(x_2)$이다. (참)

ㄷ. $y = \log_{\frac{1}{5}} x = -\log_5 x$이므로 $y = \log_5 x$의 그래프는 $y = \log_{\frac{1}{5}} x$의 그래프와 x축에 대하여 대칭이다. (참)

따라서 옳은 것은 ㄱ, ㄴ, ㄷ이다. 🄰 ㄱ, ㄴ, ㄷ

196

ㄱ. 함수 $y = \left(\dfrac{1}{3}\right)^x$의 그래프는 점 $\left(3, \dfrac{1}{27}\right)$을 지나고, 함수 $y = \log_{\frac{1}{3}} x$의 그래프는 점 $(3, -1)$을 지나므로 두 그래프의 교점의 좌표는 $(3, 3)$이 아니다. (거짓)

ㄴ. 함수 $y = \left(\dfrac{1}{3}\right)^x$의 그래프와 함수

$y = \log_{\frac{1}{3}} x$의 그래프는 오른쪽 그림과 같으므로 모두 제3사분면을 지나지 않는다.

(거짓)

ㄷ. $y = \left(\dfrac{1}{3}\right)^x$과 $y = \log_{\frac{1}{3}} x$는 서로 역함수 관계이므로 두 그래프는 직선 $y = x$에 대하여 대칭이다. (참)

따라서 옳은 것은 ㄷ뿐이다. 🄰 ㄷ

197

$y = \log_3 (3x-6) = \log_3 3(x-2) = \log_3 (x-2) + 1$의 그래프는

$y = \log_3 x$의 그래프를 x축의 방향으로 2만큼, y축의 방향으로 1만큼 평행이동한 것이다.

따라서 $m = 2$, $n = 1$이므로

$m + n = 2 + 1 = 3$ 🄰 ⑤

198

ㄱ. $y = \log(x-10)$의 그래프는 $y = \log x$의 그래프를 x축의 방향으로 10만큼 평행이동한 것이다.

ㄴ. $y = \log 10x = \log x + 1$의 그래프는 $y = \log x$의 그래프를 y축의 방향으로 1만큼 평행이동한 것이다.

ㄷ. $y = 2\log x = \log x^2$이므로 $y = \log x$의 그래프를 평행이동 또는 대칭이동하여 겹쳐질 수 없다.

ㄹ. $y = \log(-x)$의 그래프는 $y = \log x$의 그래프를 y축에 대하여 대칭이동한 것이다.

따라서 함수 $y = \log x$의 그래프를 평행이동 또는 대칭이동하여 겹쳐질 수 있는 그래프의 식은 ㄱ, ㄴ, ㄹ이다. 🄰 ㄱ, ㄴ, ㄹ

199

함수 $y = \log_3 9x$의 그래프를 y축의 방향으로 -2만큼 평행이동하면

$y = \log_3 9x - 2 = \log_3 9x - \log_3 3^2 = \log_3 \dfrac{9x}{9} = \log_3 x$

∴ $y = \log_3 x$ ...... 가

이 함수의 그래프를 x축에 대하여 대칭이동하면

$-y = \log_3 x$, $y = -\log_3 x$ ∴ $y = \log_3 \dfrac{1}{x}$ ...... 나

∴ $a = 1$ ...... 다

단계	채점 요소	비율
㉮	주어진 함수의 그래프를 평행이동한 식 나타내기	40%
㉯	㉮에서 구한 함수의 그래프를 대칭이동한 식 나타내기	40%
㉰	a의 값 구하기	20%

답 1

200

$\log_2 a = 1$이므로 $a = 2$

$\log_2 b = 2$이므로 $b = 4$

따라서 $a - b = 2 - 4 = -2$이므로

$\left(\dfrac{1}{2}\right)^{a-b} = \left(\dfrac{1}{2}\right)^{-2} = 4$

답 ⑤

201

$\overline{OA} = \log_2 a$, $\overline{OB} = \log_2 b$이므로

$\overline{AB} = \overline{OB} - \overline{OA} = \log_2 b - \log_2 a = \log_2 \dfrac{b}{a}$

따라서 $\log_2 \dfrac{b}{a} = 4$이므로 $\dfrac{b}{a} = 2^4 = 16$

답 ④

202

$2^a = 8$이므로 $2^a = 2^3$ $\therefore a = 3$

또한 $\log_4 b = a$, 즉 $\log_4 b = 3$에서

$b = 4^3 = 64$

$\therefore a + b = 3 + 64 = 67$

답 67

203

$y = |\log_2 x| = \begin{cases} \log_2 x & (x \geq 1) \\ -\log_2 x & (0 < x < 1) \end{cases}$

이므로 함수 $y = |\log_2 x|$의 그래프는 오른쪽
그림과 같다.

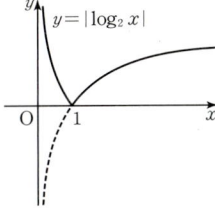

ㄱ. $y = |\log_2 x|$의 그래프는 x축에 대하여 대
칭이 아니다. (거짓)

ㄴ. 양수 a에 대하여 직선 $y = a$와 서로 다른
두 점에서 만난다. (참)

ㄷ. $y = \log_2 |x|$의 그래프는 오른쪽 그림과
같으므로 $y = \log_2 |x|$의 그래프는
$y = |\log_2 x|$의 그래프와 y축에 대하여 대
칭이 아니다. (거짓)

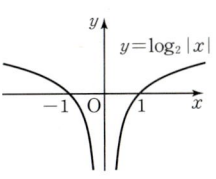

따라서 옳은 것은 ㄴ뿐이다.

답 ②

204

① 함수 $y = \log_5 |x-3|$의 그래프를 x축에 대하여 대칭이동하면

$-y = \log_5 |x-3|$, $y = -\log_5 |x-3|$

$\therefore y = \log_{\frac{1}{5}} |x-3|$

② 함수 $y = \log_5 |x-3|$의 그래프를 y축에 대하여 대칭이동하면

$y = \log_5 |-x-3|$

$\therefore y = \log_5 |x+3|$

③ 함수 $y = \log_5 |x-3|$의 그래프를 원점에 대하여 대칭이동하면

$-y = \log_5 |-x-3|$, $y = -\log_5 |x+3|$

$\therefore y = \log_{\frac{1}{5}} |x+3|$

④ 함수 $y = \log_5 |x-3|$의 그래프를 직선 $y = x$에 대하여 대칭이동하면

$x = \log_5 |y-3|$, $|y-3| = 5^x$, $y-3 = \pm 5^x$

$\therefore y = \pm 5^x + 3$

⑤ 함수 $y = \log_5 |x-3|$의 그래프를 직선 $y = -x$에 대하여 대칭이동하면

$-x = \log_5 |-y-3|$, $-x = \log_5 |y+3|$

$|y+3| = 5^{-x}$, $y+3 = \pm \left(\dfrac{1}{5}\right)^x$

$\therefore y = \pm \left(\dfrac{1}{5}\right)^x - 3$

따라서 옳은 것은 ③이다.

답 ③

205

$y = |\log_{\frac{1}{3}} x| = \begin{cases} \log_{\frac{1}{3}} x & (0 < x < 1) \\ -\log_{\frac{1}{3}} x & (x \geq 1) \end{cases}$

이므로 함수 $y = |\log_{\frac{1}{3}} x|$의 그래프는 오른쪽
그림과 같다.

함수 $y = |\log_{\frac{1}{3}} x|$의 정의역은 $\{x \mid x > 0\}$,

그래프의 점근선의 방정식은 $x = 0$이므로

$a = 0$, $b = 0$

$\therefore a + b = 0$

답 0

206

$y = \log_3 (x-2) + 1$에서

$y - 1 = \log_3 (x-2)$, $x-2 = 3^{y-1}$

$\therefore x = 3^{y-1} + 2$

x와 y를 서로 바꾸면 $y = 3^{x-1} + 2$

따라서 $a = 1$, $b = -1$, $c = 2$이므로

$a + b + c = 1 + (-1) + 2 = 2$

답 2

207

$y = \log_4 x$로 놓으면 $x = 4^y$

x와 y를 서로 바꾸면 $y = 4^x$

따라서 $g(x) = 4^x$이므로 $g(\alpha) = \dfrac{1}{3}$, $g(\beta) = \dfrac{1}{2}$에서

$4^\alpha = \dfrac{1}{3}$, $4^\beta = \dfrac{1}{2}$

$\therefore g(\alpha - \beta) = 4^{\alpha-\beta} = \dfrac{4^\alpha}{4^\beta} = \dfrac{\frac{1}{3}}{\frac{1}{2}} = \dfrac{2}{3}$

답 ④

208

$y = \dfrac{1}{3} \log_2 x - 4$로 놓으면

$y + 4 = \dfrac{1}{3} \log_2 x$, $3(y+4) = \log_2 x$

$\therefore x = 2^{3(y+4)}$

x와 y를 서로 바꾸면 $y = 2^{3(x+4)}$

$\therefore g(x) = 2^{3(x+4)}$ ...... ㉠

한편, 함수 $f(x) = \dfrac{1}{3} \log_2 x - 4$에서 x 대신 $2x+1$을 대입하면

$f(2x+1) = \dfrac{1}{3} \log_2 (2x+1) - 4$

이때, $y = \dfrac{1}{3} \log_2 (2x+1) - 4$로 놓으면

$y+4=\dfrac{1}{3}\log_2{(2x+1)}$, $3(y+4)=\log_2{(2x+1)}$, $2x+1=2^{3(y+4)}$

$\therefore x=\dfrac{1}{2}\{2^{3(y+4)}-1\}$

x와 y를 서로 바꾸면 $y=\dfrac{1}{2}\{2^{3(x+4)}-1\}$

㉠에 의하여 $y=\dfrac{1}{2}\{g(x)-1\}$

즉, 함수 $f(2x+1)$의 역함수는

$\dfrac{1}{2}\{g(x)-1\}$

따라서 $a=\dfrac{1}{2}$, $b=-1$이므로

$a+b=\dfrac{1}{2}+(-1)=-\dfrac{1}{2}$

다른 풀이

$y=f(2x+1)$로 놓고, x와 y를 서로 바꾸면 $x=f(2y+1)$

$\therefore f^{-1}(x)=2y+1$

이때, $f^{-1}(x)=g(x)$이므로

$2y+1=g(x)$, $y=\dfrac{1}{2}\{g(x)-1\}$

즉, 함수 $f(2x+1)$의 역함수는

$\dfrac{1}{2}\{g(x)-1\}$

따라서 $a=\dfrac{1}{2}$, $b=-1$이므로

$a+b=\dfrac{1}{2}+(-1)=-\dfrac{1}{2}$　　　　답 $-\dfrac{1}{2}$

209

두 함수 $y=3^x-1$, $y=\log_3{(x+1)}$
은 서로 역함수 관계이므로 두 함수
의 그래프는 직선 $y=x$에 대하여 대
칭이다.
이때, 직선 AB의 기울기와 직선
$y=x$의 기울기의 곱은 -1이다. 즉,
직선 AB와 직선 $y=x$는 수직으로 만나므로 점 B는 점 A$(2, 8)$을 직선
$y=x$에 대하여 대칭이동한 것과 같다.

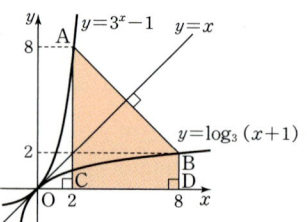

$\therefore$ B$(8, 2)$
사각형 ACDB에서
$\overline{AC}=8$, $\overline{BD}=2$, $\overline{CD}=8-2=6$
따라서 구하는 사각형 ACDB의 넓이는

$\dfrac{1}{2}\times(8+2)\times6=30$　　　　답 ⑤

210

두 함수 $y=2^x$과 $y=\log_2{x}$는 서로 역함수이
므로 오른쪽 그림에서 빗금친 부분의 넓이는
A와 같다.
따라서 색칠한 부분의 넓이의 합은 가로, 세로
의 길이가 각각 1, 2인 직사각형의 넓이와 같
으므로

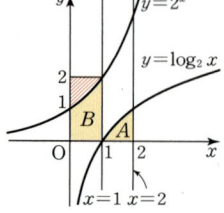

$A+B=1\times2=2$　　　　답 2

211

$a^x=a$에서 $x=1$이므로 A$(1, a)$
$y=a^x$에서 $x=a$를 대입하면 $y=a^a$이므로
B(a, a^a)
$\log_a{x}=a$에서 $x=a^a$이므로 C(a^a, a)
$y=\log_a{x}$에 $x=a$를 대입하면 $y=1$이므로
D$(a, 1)$

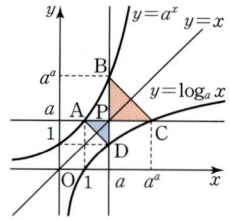

삼각형 ADP의 넓이가 $\dfrac{1}{2}$이므로

$\dfrac{1}{2}\times(a-1)\times(a-1)=\dfrac{1}{2}$　　$\therefore (a-1)^2=1$

$a-1=1$ $(\because a>1)$　　$\therefore a=2$

즉, A$(1, 2)$, B$(2, 4)$, C$(4, 2)$, D$(2, 1)$이므로 삼각형 BPC의 넓이는

$\dfrac{1}{2}\times(4-2)\times(4-2)=2$　　　　답 2

212

$A=3=\log_2{2^3}=\log_2{8}$

$B=\log_4{36}=\log_{2^2}{6^2}=\log_2{6}$

$C=\dfrac{1}{2}\log_2{65}=\log_2{65^{\frac{1}{2}}}=\log_2{\sqrt{65}}$

이때, 함수 $y=\log_2{x}$는 x의 값이 증가하면 y의 값도 증가하고,
$6<8<\sqrt{65}$이므로 $\log_2{6}<\log_2{8}<\log_2{\sqrt{65}}$

$\therefore B<A<C$　　　　답 ②

213

$A=-\log_9{\dfrac{1}{4}}=-\dfrac{1}{2}\log_3{\left(\dfrac{1}{2}\right)^2}=\log_3{\left(\dfrac{1}{2}\right)^{-1}}=\log_3{2}$

$B=\log_3{\sqrt{3}}$

$C=\dfrac{1}{2}\log_3{6}=\log_3{6^{\frac{1}{2}}}=\log_3{\sqrt{6}}$

이때, 함수 $y=\log_3{x}$는 x의 값이 증가하면 y의 값도 증가하고,
$\sqrt{3}<2<\sqrt{6}$이므로 $\log_3{\sqrt{3}}<\log_3{2}<\log_3{\sqrt{6}}$

$\therefore B<A<C$　　　　답 ④

214

$1<x<a$의 각 변에 밑이 a $(a>1)$인 로그를 취하면

$\log_a{1}<\log_a{x}<\log_a{a}$

$\therefore 0<\log_a{x}<1$

(i) $0<\log_a{x}<1$의 각 변에 $\log_a{x}$를 곱하면 $\log_a{x}>0$이므로

$\quad0<(\log_a{x})^2<\log_a{x}$　　$\therefore C<A$

(ii) $B=\log_x{a}=\dfrac{1}{\log_a{x}}$이고, $0<\log_a{x}<1$에서 $\dfrac{1}{\log_a{x}}>1$

$\quad$ 즉, $\log_a{x}<1<\dfrac{1}{\log_a{x}}$이므로 $A<B$

(i), (ii)에서 $C<A<B$

다른 풀이

$1<x<a$의 각 변에 밑이 a $(a>1)$인 로그를 취하면

$\log_a{1}<\log_a{x}<\log_a{a}$

$\therefore 0<\log_a{x}<1$

(i) $A-C=\log_a{x}-(\log_a{x})^2=\log_a{x}(1-\log_a{x})$

$\quad0<\log_a{x}<1$이므로 $1-\log_a{x}>0$

$\quad$ 즉, $A-C>0$이므로

$\quad A>C$

(ii) $B=\log_x a=\dfrac{1}{\log_a x}$이고, $0<\log_a x<1$에서 $\dfrac{1}{\log_a x}>1$

즉, $\log_a x<1<\dfrac{1}{\log_a x}$이므로 $A<B$

(i), (ii)에서 $C<A<B$ 🅐 $C<A<B$

215

$f(x)=-x^2+4x+4$라 하면 $f(x)=-(x-2)^2+8$

$0\le x\le 4$에서 $f(x)$는 $x=2$일 때 최댓값 8, $x=0$ (또는 $x=4$)일 때 최솟값 4를 가진다.

$y=\log_2 f(x)$에서 밑이 1보다 크므로 $f(x)$가 최소일 때 y는 최솟값을 가지고, $f(x)$가 최대일 때 y는 최댓값을 가진다.

$f(x)=4$일 때, $y=\log_2 4=\log_2 2^2=2$

$f(x)=8$일 때, $y=\log_2 8=\log_2 2^3=3$

따라서 y의 최댓값은 3, 최솟값은 2이므로 구하는 값은

$3+2=5$ 🅐 ⑤

216

$f(x)=x^2-2x+a$라 하면 $f(x)=(x-1)^2+a-1$

$y=\log_{\frac{1}{2}} f(x)$에서 밑이 1보다 작으므로 $f(x)$가 최소일 때 y는 최댓값 1을 가진다.

이때, $f(x)$는 $x=1$일 때 최솟값 $a-1$을 가지므로

$\log_{\frac{1}{2}}(a-1)=1$에서 $a-1=\dfrac{1}{2}$

$\therefore a=\dfrac{3}{2}$ 🅐 ③

217

$f(x)=|x^2-2x-8|$이라 하면

$f(x)=|x^2-2x-8|$
$\quad=|(x+2)(x-4)|$

함수 $y=f(x)$의 그래프는 오른쪽 그림과 같다.

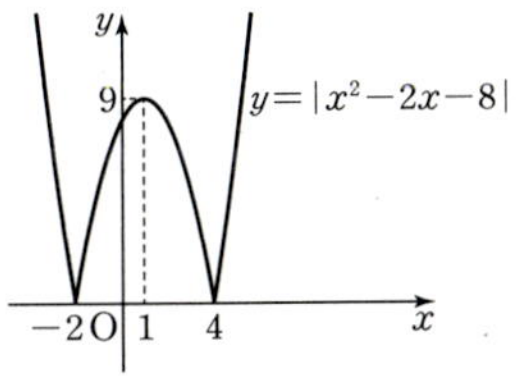

$y=\log_3 f(x)$에서 밑이 1보다 크므로 $f(x)$가 최대일 때 y는 최댓값을 가진다.

즉, $-1\le x\le 2$에서 $f(x)=|(x-1)^2-9|$는 $x=1$일 때 최댓값 9를 가지므로 구하는 함수의 최댓값은

$\log_3 9=\log_3 3^2=2$ 🅐 2

218

$\log_2 x=t$로 놓으면 $1\le x\le 8$에서

$\log_2 1\le \log_2 x\le \log_2 8$ $\quad\therefore 0\le t\le 3$

이때, 주어진 함수는 $y=t^2-2t+2=(t-1)^2+1$

따라서 y는 $t=3$일 때 최댓값 5, $t=1$일 때 최솟값 1을 가지므로

$M=5,\ m=1$

$\therefore M+m=5+1=6$ 🅐 ④

219

$y=(\log_3 x)^2+a\log_9 x^2+b$에서

$y=(\log_3 x)^2+a\log_3 x+b$

$\log_3 x=t$로 놓으면 $y=t^2+at+b$ $\qquad\cdots\cdots$ ㉠

함수 ㉠이 $x=3$, 즉 $t=1$일 때 최솟값 2를 가지므로

$y=(t-1)^2+2=t^2-2t+3$ $\qquad\cdots\cdots$ ㉡

㉠, ㉡이 일치해야 하므로 $a=-2,\ b=3$

$\therefore a+b=-2+3=1$ 🅐 1

220

$y=3^{2\log 3}-(x^{\log 3}+3^{\log x})+5$에서

$y=(3^{\log x})^2-2\times 3^{\log x}+5$ $(\because x^{\log 3}=3^{\log x})$

$3^{\log x}=t\ (t>0)$로 놓으면

$y=t^2-2t+5=(t-1)^2+4$

따라서 y는 $t=1$일 때 최솟값 4를 가지므로 $b=4$

한편, $3^{\log x}=1$에서 $\log x=0$, 즉 $x=1$이다.

$\therefore a=1$

$\therefore a+b=1+4=5$ 🅐 ⑤

221

진수의 조건에서

$x+1>0,\ 2x-1>0$ $\quad\therefore x>\dfrac{1}{2}$ $\qquad\cdots\cdots$ ㉠

$\log_3 (x+1)=3\log_3 2+\log_3 (2x-1)$에서

$\log_3 (x+1)=\log_3 8(2x-1)$

즉, $x+1=8(2x-1)$이므로

$x+1=16x-8,\ 15x=9$ $\quad\therefore x=\dfrac{3}{5}$

$x=\dfrac{3}{5}$은 ㉠을 만족시키므로 구하는 해이다. 🅐 ②

222

밑과 진수의 조건에서

$x^2+2>0,\ x^2+2\ne 1,\ x+4>0,\ x+4\ne 1,\ x+1>0$

$\therefore x>-1$ $\qquad\cdots\cdots$ ㉠

(i) $x^2+2=x+4$일 때

$x^2-x-2=0,\ (x+1)(x-2)=0$

$\therefore x=-1$ 또는 $x=2$

이때, ㉠에 의하여 $x=2$

(ii) $x+1=1$일 때, $x=0$

$x=0$은 ㉠을 만족시키므로 구하는 해이다.

(i), (ii)에서 $x=0$ 또는 $x=2$

따라서 모든 근의 합은

$0+2=2$ 🅐 ④

223

진수의 조건에서

$x-3>0,\ y+1>0$ $\quad\therefore x>3,\ y>-1$ $\qquad\cdots\cdots$ ㉠

$x+y-8=0$에서 $y=-x+8$

이 식을 $\log_2 (x-3)=\log_2 (y+1)$에 대입하면

$\log_2 (x-3)=\log_2 (-x+9)$

즉, $x-3=-x+9$이므로 $x=6$

$\therefore y=-6+8=2$

$x=6,\ y=2$는 ㉠을 만족시키므로 구하는 해이다.

따라서 $a=6,\ b=2$이므로

$ab=6\times 2=12$ 🅐 12

224

진수의 조건에서

$x>0$, $x^5>0$ $\therefore$ $x>0$ ······ ㉠

$(\log_2 x)^2+6=\log_2 x^5$에서

$(\log_2 x)^2+6=5\log_2 x$

$\log_2 x=t$로 놓으면

$t^2+6=5t$, $t^2-5t+6=0$

$(t-2)(t-3)=0$ $\therefore$ $t=2$ 또는 $t=3$

즉, $\log_2 x=2$ 또는 $\log_2 x=3$이므로

$x=2^2=4$ 또는 $x=2^3=8$

$x=4$, $x=8$은 ㉠을 만족시키므로 구하는 해이다.

답 $x=4$ 또는 $x=8$

225

방정식 $(\log_2 x)^2-k\log_2 x-8=0$의 두 근을 α, β라 하면

$\alpha\beta=4$

$\log_2 x=t$로 놓으면 $t^2-kt-8=0$

이 이차방정식의 두 근이 $\log_2 \alpha$, $\log_2 \beta$이므로 이차방정식의 근과 계수의 관계에 의하여

$\log_2 \alpha+\log_2 \beta=k$, $\log_2 \alpha\beta=k$

$\therefore$ $k=\log_2 4=\log_2 2^2=2$

답 2

226

진수의 조건에서 $x>0$ ······ ㉠

$x^{\log_3 x}=9x$의 양변에 밑이 3인 로그를 취하면

$\log_3 x^{\log_3 x}=\log_3 9x$

$\log_3 x \times \log_3 x=\log_3 9+\log_3 x$

$(\log_3 x)^2-\log_3 x-2=0$

$\log_3 x=t$로 놓으면 $t^2-t-2=0$

$(t+1)(t-2)=0$ $\therefore$ $t=-1$ 또는 $t=2$

즉, $\log_3 x=-1$ 또는 $\log_3 x=2$이므로

$x=3^{-1}=\dfrac{1}{3}$ 또는 $x=3^2=9$

$x=\dfrac{1}{3}$, $x=9$는 ㉠을 만족시키므로 주어진 방정식의 모든 근의 곱은

$\dfrac{1}{3}\times 9=3$

답 3

227

진수의 조건에서 $x>0$ ······ ㉠

〈가〉

$10x^{1-\log x}=\dfrac{x^2}{10}$의 양변에 상용로그를 취하면

$\log 10x^{1-\log x}=\log \dfrac{x^2}{10}$

$\log 10+(1-\log x)\log x=2\log x-\log 10$

$1+\log x-(\log x)^2=2\log x-1$

$\therefore$ $(\log x)^2+\log x-2=0$

〈나〉

이때, $\log x=t$로 놓으면

$t^2+t-2=0$, $(t+2)(t-1)=0$

$\therefore$ $t=-2$ 또는 $t=1$

〈다〉

즉, $\log x=-2$ 또는 $\log x=1$이므로

$x=10^{-2}=\dfrac{1}{100}$ 또는 $x=10$

$x=\dfrac{1}{100}$, $x=10$은 ㉠을 만족시키므로 구하는 해이다.

〈라〉

단계	채점 요소	비율
가	진수의 조건 나타내기	10%
나	방정식의 양변에 상용로그를 취하여 방정식 정리하기	40%
다	$\log x=t$로 치환하여 t에 대한 이차방정식의 해 구하기	30%
라	x의 값 구하기	20%

답 $x=\dfrac{1}{100}$ 또는 $x=10$

228

진수의 조건에서

$x-2>0$, $x+1>0$ $\therefore$ $x>2$ ······ ㉠

$\log_2 (x-2)+\log_2 (x+1)<2$에서

$\log_2 (x-2)(x+1)<\log_2 4$

밑이 1보다 크므로

$(x-2)(x+1)<4$, $x^2-x-6<0$

$(x+2)(x-3)<0$ $\therefore$ $-2<x<3$ ······ ㉡

㉠, ㉡의 공통 범위를 구하면 $2<x<3$

따라서 $\alpha=2$, $\beta=3$이므로

$\alpha+\beta=2+3=5$

답 ③

229

진수의 조건에서 $x+2>0$, $8-x>0$

$\therefore$ $-2<x<8$ ······ ㉠

$\log_2 (x+2)+\log_2 (8-x)>a$에서

$\log_2 (x+2)(8-x)>\log_2 2^a$

이때, 밑이 1보다 크므로 $(x+2)(8-x)>2^a$

$x^2-6x+2^a-16<0$ ······ ㉡

한편, 주어진 부등식의 해가 $0<x<6$이고 $0<x<6$이 ㉠에 포함되므로 x^2의 계수가 1인 이차부등식은

$x^2-6x<0$ ······ ㉢

㉡, ㉢이 일치해야 하므로

$2^a-16=0$, $2^a=16=2^4$

$\therefore$ $a=4$

답 ④

230

진수의 조건에서

$x+2>0$, $6x+12>0$ $\therefore$ $x>-2$ ······ ㉠

$2^{x+4}>8=2^3$에서 밑이 1보다 크므로

$x+4>3$ $\therefore$ $x>-1$ ······ ㉡

$2\log (x+2)<\log (6x+12)$에서

$\log (x+2)^2<\log (6x+12)$

밑이 1보다 크므로

$(x+2)^2<6x+12$, $x^2-2x-8<0$

$(x+2)(x-4)<0$ $\therefore$ $-2<x<4$ ······ ㉢

㉠, ㉡, ㉢의 공통 범위를 구하면

$-1<x<4$

따라서 $\alpha=-1$, $\beta=4$이므로

$\alpha+\beta=-1+4=3$

답 3

231

진수의 조건에서 $x>0$, $x^4>0$ $\therefore x>0$ ...... ㉠

$(\log_2 x)^2+3 \leq \log_2 x^4$에서 $(\log_2 x)^2+3 \leq 4\log_2 x$

$\log_2 x = t$로 놓으면

$t^2+3 \leq 4t$, $t^2-4t+3 \leq 0$

$(t-1)(t-3) \leq 0$ $\therefore 1 \leq t \leq 3$

즉, $1 \leq \log_2 x \leq 3$이므로 $\log_2 2 \leq \log_2 x \leq \log_2 2^3$

밑이 1보다 크므로

$2 \leq x \leq 2^3$ $\therefore 2 \leq x \leq 8$ ...... ㉡

㉠, ㉡의 공통 범위를 구하면

$2 \leq x \leq 8$

따라서 $\alpha=2$, $\beta=8$이므로

$\alpha+\beta=2+8=10$ 　　　　📕 10

232

$(\log_2 x)^2+a\log_2 x+b>0$에서

$\log_2 x = t$로 놓으면 $t^2+at+b>0$ ...... ㉠

이때, $0<x<\dfrac{1}{4}$ 또는 $x>8$에서

$\log_2 x < -2$ 또는 $\log_2 x > 3$

$\therefore t<-2$ 또는 $t>3$

해가 $t<-2$ 또는 $t>3$이고 t^2의 계수가 1인 이차부등식은

$(t+2)(t-3)>0$ $\therefore t^2-t-6>0$ ...... ㉡

㉠, ㉡이 일치해야 하므로 $a=-1$, $b=-6$

$\therefore ab=(-1)\times(-6)=6$ 　　　　📕 6

233

진수의 조건에서 $x>0$ ...... ㉠

$x^{\log_2 x}<16x^3$의 양변에 밑이 2인 로그를 취하면

$\log_2 x^{\log_2 x}<\log_2 16x^3$

$\log_2 x \times \log_2 x < \log_2 16 + \log_2 x^3$

$\therefore (\log_2 x)^2 -3\log_2 x -4 <0$

$\log_2 x = t$로 놓으면

$t^2-3t-4<0$, $(t+1)(t-4)<0$

$\therefore -1<t<4$

즉, $-1<\log_2 x<4$이므로

$\log_2 2^{-1}<\log_2 x<\log_2 2^4$

밑이 1보다 크므로

$\dfrac{1}{2}<x<16$ ...... ㉡

㉠, ㉡의 공통 범위를 구하면

$\dfrac{1}{2}<x<16$ 　　　　📕 ③

234

진수의 조건에서 $x-1>0$ $\therefore x>1$ ...... ㉠

$(x-1)^{\log_4 (x-1)}+1<x$, 즉 $(x-1)^{\log_4 (x-1)}<x-1$에서

양변에 밑이 4인 로그를 취하면

$\log_4 (x-1)^{\log_4 (x-1)}<\log_4 (x-1)$

$\log_4 (x-1) \times \log_4 (x-1) < \log_4 (x-1)$

$\log_4 (x-1)=t$로 놓으면 $t^2<t$

$t^2-t<0$, $t(t-1)<0$

$\therefore 0<t<1$

즉, $0<\log_4 (x-1)<1$이므로

$\log_4 1<\log_4 (x-1)<\log_4 4$

밑이 1보다 크므로 $1<x-1<4$

$\therefore 2<x<5$ ...... ㉡

㉠, ㉡의 공통 범위를 구하면 $2<x<5$

따라서 주어진 부등식을 만족시키는 정수 x는 3, 4이므로 구하는 합은

$3+4=7$ 　　　　📕 7

235

$M_1=-2.81\log 50-1.43$

$M_2=-2.81\log 5-1.43$

$\therefore M_2-M_1=-2.81\log 5-1.43-(-2.81\log 50-1.43)$

$=-2.81\log 5-1.43+2.81(1+\log 5)+1.43$

$=2.81$ 　　　　📕 ②

236

농산물 A의 원산지 가격을 a, 인상되는 가격의 일정한 비율을 r라 하면

$a(1+r)^3=1.52a$, $(1+r)^3=1.52$

양변에 상용로그를 취하면

$\log(1+r)^3=\log 1.52$, $3\log(1+r)=0.1818$

$\therefore \log(1+r)=0.0606$

$\log 1.15=0.0606$이므로

$1+r=1.15$

$\therefore r=0.15$

따라서 유통과정을 한 번만 거친 농산물 A의 소비자 가격은 원산지 가격보다 약 15 % 인상된 것이다. 　　　　📕 15 %

237

n년 후의 노트북의 가격은

$1000000 \times (1-0.15)^n=0.85^n \times 1000000$(원)

n년 후에 노트북의 가격이 10만 원 이하가 된다고 하면

$0.85^n \times 1000000 \leq 100000$ $\therefore 0.85^n \leq \dfrac{1}{10}$

양변에 상용로그를 취하면 $n\log 0.85 \leq -1$

$n(\log 8.5-1) \leq -1$, $n(0.9294-1) \leq -1$

$-0.0706n \leq -1$ $\therefore n \geq 14.1\times\times\times$

따라서 15년 후에 노트북의 가격이 처음으로 10만 원 이하가 된다.

　　　　📕 ③

실력 콕콕 　　　　본문 p.46~47

238 ④	**239** ②	**240** 63	**241** ②	**242** ③	**243** ①
244 ④	**245** ③	**246** ②	**247** ①	**248** ④	**249** ⑤
250 504	**251** 1	**252** 12	**253** $\dfrac{1}{81}$		

238

함수 $y=\log_a(x+b)$의 그래프에서 x의 값이 증가할 때, y의 값은 감소하므로 $0<a<1$

한편, 점 $(1,\ 0)$을 지나는 함수 $y=\log_a x$의 그래프를 x축의 방향으로 $-b$만큼 평행이동한 함수 $y=\log_a(x+b)$의 그래프는 $x<0$인 부분에서 x축과 만나므로

$1-b<0$ $\therefore b>1$

함수 $y=\log_b(x+a)$의 그래프는 함수 $y=\log_b x$의 그래프를 x축의 방향으로 $-a\ (-1<-a<0)$만큼 평행이동한 것이다.

또한 $b>1$이므로 함수 $y=\log_b(x+a)$는 x의 값이 증가할 때, y의 값이 증가하는 함수이다.

이때, $x=-a+1$일 때 $y=0$이고, $0<a<1$에서 $-1<-a<0$, 즉 $0<-a+1<1$이므로 함수 $y=\log_b(x+a)$의 그래프는 x축과 $0<x<1$에서 만난다.

따라서 함수 $y=\log_b(x+a)$의 그래프는 ④이다.   답 ④

239

점 A의 x좌표를 a라 하면 두 점 A, C의 좌표는 각각

$A(a,\ \log_2 a)$, $C(a,\ \log_{\frac{1}{2}} a)$

점 B의 y좌표가 $\log_2 a$이므로 점 B의 x좌표는

$\log_{\frac{1}{2}} x=\log_2 a$에서 $x=\dfrac{1}{a}$

즉, 점 B의 좌표는 $\left(\dfrac{1}{a},\ \log_2 a\right)$이다.

이때, $\overline{AC}=4$에서

$\overline{AC}=\log_2 a-\log_{\frac{1}{2}} a=2\log_2 a=4$

$\therefore a=4$

따라서 $\overline{AB}=a-\dfrac{1}{a}=4-\dfrac{1}{4}=\dfrac{15}{4}$이므로 삼각형 ABC의 넓이는

$\dfrac{1}{2}\times\overline{AB}\times\overline{AC}=\dfrac{1}{2}\times\dfrac{15}{4}\times4=\dfrac{15}{2}$ 답 ②

240

함수 $y=\log_k x$의 그래프가 삼각형 ABC와 만나려면 오른쪽 그림과 같이 $k>1$이어야 하고, 함수 $y=\log_k x$의 그래프가 선분 AC와 만나야 한다.

(i) 함수 $y=\log_k x$의 그래프가 점 $A(15,\ 4)$를 지날 때

$\log_k 15=4$이므로 $k^4=15$

$\therefore k=\sqrt[4]{15}$

(ii) 함수 $y=\log_k x$의 그래프가 점 $C(64,\ 1)$을 지날 때

$\log_k 64=1$이므로 $k=64$

(i), (ii)에서 자연수 k의 값의 범위는 $2\le k\le64\ (\because 1<\sqrt[4]{15}<2)$

따라서 자연수 k의 개수는

$64-2+1=63$ 답 63

241

$g(2)=k$라 하면 $f(k)=2$이므로

$\log_6(k^5+4)=2$, $k^5+4=6^2$

$k^5=32$ $\therefore k=2$

즉, $g(2)=2$이므로

$(g\circ g\circ g)(2)=g(g(g(2)))$
$\qquad\qquad\qquad=g(g(2))$
$\qquad\qquad\qquad=g(2)=2$ 답 ②

242

역함수 관계인 두 함수의 그래프의 교점은 직선 $y=x$ 위의 점이다.

즉, 두 교점의 x좌표가 1, 3이므로 교점의 좌표는 $(1,\ 1)$, $(3,\ 3)$이다.

$f(1)=1$에서 $\log_a 1+m=1$이므로 $m=1$

$f(3)=3$에서 $\log_a 3+m=3$이므로 $\log_a 3+1=3$

$\log_a 3=2$, $a^2=3$

$\therefore a=\sqrt{3}\ (\because a>0)$

$\therefore a+m=\sqrt{3}+1$ 답 ③

243

(i) $x=2$일 때, $\log_a 2<\log_b 2<0$이므로

$\dfrac{1}{\log_2 a}<\dfrac{1}{\log_2 b}<0$

즉, $\log_2 b<\log_2 a$ $\therefore b<a$

(ii) 함수 $y=c^x$의 역함수 $y=\log_c x$의 그래프는 오른쪽 그림과 같으므로 함수 $y=c^x$의 그래프와 직선 $y=x$ 위의 점 A에서 만난다.

(i)과 마찬가지 방법으로 $c<b$이다.

(i), (ii)에서 $c<b<a$

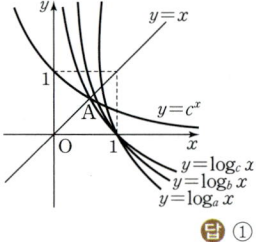

답 ①

244

$a<b<1$의 각 변에 밑이 $a\ (0<a<1)$인 로그를 취하면

$\log_a a>\log_a b>\log_a 1$ $\therefore 0<\log_a b<1$ ······ ㉠

이때, $\log_a\dfrac{b}{a}=\log_a b-\log_a a=\log_a b-1<0$이므로

$\log_a\dfrac{b}{a}<0$ ······ ㉡

또한 $a<b<1$의 각 변에 밑이 $b\ (0<b<1)$인 로그를 취하면

$\log_b a>\log_b b>\log_b 1$ $\therefore \log_b a>1$ ······ ㉢

㉠, ㉡, ㉢에 의하여 $\log_a\dfrac{b}{a}<\log_a b<\log_b a$

$\therefore C<A<B$ 답 ④

245

$f(x)=\log_2 x^{-1}=-\log_2 x=\log_{\frac{1}{2}} x$이므로

$(f\circ g)(x)=f(g(x))=\log_{\frac{1}{2}}(x^2-2x+a)$

이때, $(f\circ g)(x)=\log_{\frac{1}{2}}(x^2-2x+a)$에서 밑이 1보다 작으므로 $g(x)=x^2-2x+a$가 최소일 때 $\log_{\frac{1}{2}}(x^2-2x+a)$는 최대이다.

$g(x)=x^2-2x+a=(x-1)^2+a-1$

이므로 $g(x)$는 $x=1$일 때 최솟값 $a-1$을 가진다.

따라서 $(f\circ g)(x)$의 최댓값은 $\log_{\frac{1}{2}}(a-1)=-3$이므로

$a-1=\left(\dfrac{1}{2}\right)^{-3}=8$

$\therefore a=9$

즉, $g(x)=x^2-2x+9=(x-1)^2+8$이므로
$g(3)=2^2+8=12$　　　　　　　　　　　　　　　　　답 ③

246

$(\log_2 9x)(\log_2 x)=2$에서
$(2\log_2 3+\log_2 x)(\log_2 x)=2$
$\log_2 x=t$로 놓으면
$t(2\log_2 3+t)=2$, $t^2+2t\log_2 3-2=0$　　　　…… ㉠
이차방정식 ㉠의 두 근은 $\log_2 \alpha$, $\log_2 \beta$이므로 이차방정식의 근과 계수의 관계에 의하여
$\log_2 \alpha+\log_2 \beta=-2\log_2 3$, $\log_2 \alpha\beta=\log_2 \dfrac{1}{9}$
$\therefore \alpha\beta=\dfrac{1}{9}$　　　　　　　　　　　　　　　　답 ②

247

밑과 진수의 조건에서 $x>0$, $x\neq1$　　　　…… ㉠
$2\log_3 x+3\log_x 3-7=0$에서
$2\log_3 x+\dfrac{3}{\log_3 x}-7=0$
$\log_3 x=t$ $(t\neq0)$로 놓으면
$2t+\dfrac{3}{t}-7=0$, $2t^2-7t+3=0$
$(2t-1)(t-3)=0$　　$\therefore t=\dfrac{1}{2}$ 또는 $t=3$
즉, $\log_3 x=\dfrac{1}{2}$ 또는 $\log_3 x=3$이므로
$x=3^{\frac{1}{2}}=\sqrt{3}$ 또는 $x=3^3=27$
$x=\sqrt{3}$, $x=27$은 ㉠을 만족시키므로 구하는 해이다.　　답 ①

248

진수의 조건에서 $x>0$, $y>0$
연립방정식 $\begin{cases} x^2+y^2=25 & ……㉠ \\ \log_2 x+\log_2 y=(\log_2 xy)^2 & ……㉡ \end{cases}$에서
㉠은 중심의 좌표가 $(0,0)$이고 반지름의 길이가 5인 원이다.
㉡을 정리하면
$\log_2 xy=(\log_2 xy)^2$, $\log_2 xy(1-\log_2 xy)=0$
$\therefore \log_2 xy=0$ 또는 $\log_2 xy=1$
$\log_2 xy=0$에서 $xy=1$
$\log_2 xy=1$에서 $xy=2$
$\therefore y=\dfrac{1}{x}$ 또는 $y=\dfrac{2}{x}$　　　　…… ㉢
따라서 ㉠, ㉢을 좌표평면에 나타내면 오른쪽 그림과 같이 서로 다른 4개의 점에서 만나므로 주어진 연립방정식의 해의 개수는 4이다.

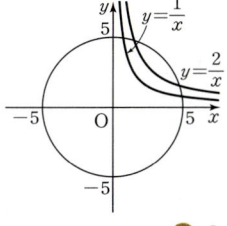

답 ④

249

진수의 조건에서
$x^2>0$, $|x|>0$　　$\therefore x\neq0$　　　　…… ㉠
$|x|^2=x^2$이므로
$\log_2 x^2-\log_2 |x|\leq3$에서
$\log_2 |x|^2-\log_2 |x|\leq3$

$2\log_2 |x|-\log_2 |x|\leq3$
$\log_2 |x|\leq3$, $|x|\leq2^3$
$\therefore -8\leq x\leq8$　　　　　　　　　　　　…… ㉡
㉠, ㉡의 공통 범위를 구하면
$-8\leq x<0$ 또는 $0<x\leq8$
따라서 구하는 정수 x는 ±1, ±2, ±3, $\cdots$, ±8의 16개이다.

다른 풀이

(i) $x>0$일 때, $\log_2 x^2-\log_2 x\leq3$
　　$\log_2 x\leq3$　　$\therefore 0<x\leq8$
(ii) $x<0$일 때, $\log_2 x^2-\log_2 (-x)\leq3$
　　$\log_2 (-x)\leq3$　　$\therefore -8\leq x<0$
(i), (ii)에서 $-8\leq x\leq8$ $(x\neq0)$이므로 구하는 정수 x는 ±1, ±2, ±3, $\cdots$, ±8의 16개이다.　　답 ⑤

250

$3^{2x}+a\times3^x+b<0$의 해가 $1<x<2$이므로 $3^x=t$ $(t>0)$로 놓으면 $3<t<9$이다. 즉, 이차방정식 $t^2+at+b=0$의 두 근이 3, 9이다.
이차방정식의 근과 계수의 관계에 의하여
$3+9=-a$, $3\times9=b$
$\therefore a=-12$, $b=27$
이때, 부등식 $(\log_2 x)^2+a\log_2 x+b<0$에서
$(\log_2 x)^2-12\log_2 x+27<0$
$\log_2 x=s$로 놓으면
$s^2-12s+27<0$, $(s-3)(s-9)<0$　　$\therefore 3<s<9$
즉, $3<\log_2 x<9$이므로
$\log_2 2^3<\log_2 x<\log_2 2^9$
$\therefore 8<x<512$
따라서 $\alpha=8$, $\beta=512$이므로
$\beta-\alpha=512-8=504$　　　　　　　　　답 504

251

진수의 조건에서
$x-1>0$, $\dfrac{1}{2}x+k>0$이므로
$x>1$이고 $x>-2k$
자연수 k에 대하여 $-2k<1$이므로
$x>1$　　　　　　　　　　　　　　　　　…… ㉠
$\log_5 (x-1)\leq\log_5 \left(\dfrac{1}{2}x+k\right)$에서
밑이 1보다 크므로
$x-1\leq\dfrac{1}{2}x+k$　　$\therefore x\leq2(k+1)$　　…… ㉡
㉠, ㉡의 공통 범위를 구하면
$1<x\leq2(k+1)$
이때, 정수 x의 개수가 3이므로
$2(k+1)-1=2k+1=3$
$\therefore k=1$

보충 설명

정수 x의 개수는 수직선을 이용하여 구할 수도 있다.
$1<x\leq2(k+1)$을 만족시키는 정수 x의 개수가 3이므로
$4\leq2k+2<5$, $2\leq2k<3$

$\therefore 1 \leq k < \dfrac{3}{2}$

따라서 구하는 자연수 k는 1이다. ㉠ 1

252

$\log x = t$로 놓으면

$(\log x)^2 - 4\log x + 1 = 0$에서 $t^2 - 4t + 1 = 0$ ······ ㉠

$(\log x)^2 - a\log x + b = 0$에서 $t^2 - at + b = 0$ ······ ㉡ ⑦

이차방정식 ㉠의 두 근은 $\log \alpha$, $\log \beta$이므로 이차방정식의 근과 계수의 관계에 의하여

$\log \alpha + \log \beta = 4$, $\log \alpha \times \log \beta = 1$ ⑭

또한 이차방정식 ㉡의 두 근은 $\log \alpha^2$, $\log \beta^2$, 즉 $2\log \alpha$, $2\log \beta$이므로 이차방정식의 근과 계수의 관계에 의하여

$a = 2\log \alpha + 2\log \beta = 2(\log \alpha + \log \beta) = 2 \times 4 = 8$

$b = 2\log \alpha \times 2\log \beta = 4\log \alpha \times \log \beta = 4 \times 1 = 4$

$\therefore a + b = 8 + 4 = 12$ ⑭

단계	채점 요소	비율
⑦	주어진 두 방정식을 $\log x = t$로 치환하여 나타내기	30%
⑭	$\log \alpha + \log \beta$와 $\log \alpha \times \log \beta$의 값 구하기	30%
⑭	$a+b$의 값 구하기	40%

㉠ 12

253

주어진 부등식의 양변에 밑이 3인 로그를 취하면

$\log_3 x^{\log_3 x} \geq \log_3 kx^4$

$(\log_3 x)^2 - 4\log_3 x - \log_3 k \geq 0$ ⑦

$\log_3 x = t$로 놓으면

$t^2 - 4t - \log_3 k \geq 0$ ······ ㉠

부등식 ㉠이 모든 실수 t에 대하여 항상 성립하므로

이차방정식 $t^2 - 4t - \log_3 k = 0$의 판별식을 D라 하면

$\dfrac{D}{4} = (-2)^2 + \log_3 k \leq 0$

$4 + \log_3 k \leq 0$, $\log_3 k \leq -4$

$\therefore 0 < k \leq \dfrac{1}{81}$ ⑭

따라서 양수 k의 최댓값은 $\dfrac{1}{81}$이다. ⑭

단계	채점 요소	비율
⑦	부등식의 양변에 밑이 3인 로그를 취하여 부등식 정리하기	40%
⑭	k의 값의 범위 구하기	40%
⑭	양수 k의 최댓값 구하기	20%

㉠ $\dfrac{1}{81}$

II. 삼각함수

05 삼각함수

본문 p.51~52

개념 콕콕

254

㉠ (1), (2), (3), (4)

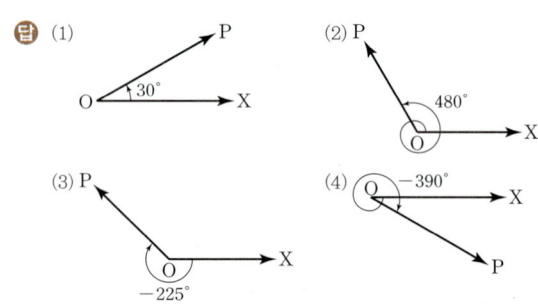

255

㉠ (1) $360° \times n + 150°$ (n은 정수)
(2) $360° \times n + 220°$ (n은 정수)

256

(1) $510° = 360° \times 1 + 150°$이므로
$360° \times n + 150°$ (n은 정수)

(2) $1110° = 360° \times 3 + 30°$이므로
$360° \times n + 30°$ (n은 정수)

(3) $-850° = 360° \times (-3) + 230°$이므로
$360° \times n + 230°$ (n은 정수)

(4) $-1320° = 360° \times (-4) + 120°$이므로
$360° \times n + 120°$ (n은 정수)

㉠ (1) $360° \times n + 150°$ (n은 정수)
(2) $360° \times n + 30°$ (n은 정수)
(3) $360° \times n + 230°$ (n은 정수)
(4) $360° \times n + 120°$ (n은 정수)

257

(1) $500° = 360° \times 1 + 140°$
따라서 $500°$는 제2사분면의 각이다.

(2) $-440° = 360° \times (-2) + 280°$
따라서 $-440°$는 제4사분면의 각이다.

(3) $1300° = 360° \times 3 + 220°$
따라서 $1300°$는 제3사분면의 각이다.

(4) $-690° = 360° \times (-2) + 30°$
따라서 $-690°$는 제1사분면의 각이다.

㉠ (1) 제2사분면 (2) 제4사분면 (3) 제3사분면 (4) 제1사분면

258

(1) $135° = 135 \times \dfrac{\pi}{180} = \dfrac{3}{4}\pi$

(2) $-150° = -150 \times \dfrac{\pi}{180} = -\dfrac{5}{6}\pi$

(3) $-240° = -240 \times \dfrac{\pi}{180} = -\dfrac{4}{3}\pi$

(4) $270° = 270 × \dfrac{\pi}{180} = \dfrac{3}{2}\pi$

답 (1) $\dfrac{3}{4}\pi$ (2) $-\dfrac{5}{6}\pi$ (3) $-\dfrac{4}{3}\pi$ (4) $\dfrac{3}{2}\pi$

259

(1) $\dfrac{5}{4}\pi = \dfrac{5}{4}\pi × \dfrac{180°}{\pi} = 225°$

(2) $-\dfrac{2}{3}\pi = -\dfrac{2}{3}\pi × \dfrac{180°}{\pi} = -120°$

(3) $-\dfrac{3}{5}\pi = -\dfrac{3}{5}\pi × \dfrac{180°}{\pi} = -108°$

(4) $\dfrac{5}{6}\pi = \dfrac{5}{6}\pi × \dfrac{180°}{\pi} = 150°$

답 (1) $225°$ (2) $-120°$ (3) $-108°$ (4) $150°$

260

답 (1) $2n\pi + \dfrac{\pi}{3}$ (n은 정수)

(2) $2n\pi + \dfrac{3}{4}\pi$ (n은 정수)

261

(1) $l = 6 × \dfrac{2}{3}\pi = 4\pi$

$S = \dfrac{1}{2} × 6 × 4\pi = 12\pi$

(2) $36° = 36 × \dfrac{\pi}{180} = \dfrac{\pi}{5}$이므로

$l = 10 × \dfrac{\pi}{5} = 2\pi$

$S = \dfrac{1}{2} × 10 × 2\pi = 10\pi$

답 (1) $l = 4\pi$, $S = 12\pi$ (2) $l = 2\pi$, $S = 10\pi$

262

부채꼴의 반지름의 길이가 3, 호의 길이가 $\dfrac{3}{4}\pi$이므로

$\dfrac{3}{4}\pi = 3\theta$　　$\therefore \theta = \dfrac{\pi}{4}$

$\therefore S = \dfrac{1}{2} × 3 × \dfrac{3}{4}\pi = \dfrac{9}{8}\pi$

답 $\theta = \dfrac{\pi}{4}$, $S = \dfrac{9}{8}\pi$

263

$12 = \dfrac{1}{2} × r × 8$이므로 $r = 3$

따라서 $8 = 3\theta$이므로 $\theta = \dfrac{8}{3}$

답 $r = 3$, $\theta = \dfrac{8}{3}$

264

$\overline{\text{OP}} = \sqrt{(-3)^2 + 4^2} = 5$이므로

(1) $\sin\theta = \dfrac{4}{5}$

(2) $\cos\theta = -\dfrac{3}{5}$

(3) $\tan\theta = -\dfrac{4}{3}$

답 (1) $\dfrac{4}{5}$ (2) $-\dfrac{3}{5}$ (3) $-\dfrac{4}{3}$

265

(1) 오른쪽 그림과 같이 각 $\dfrac{5}{6}\pi$를 나타내는
동경과 단위원의 교점을 P라 하고, 점 P
에서 x축에 내린 수선의 발을 H라 하면
$\angle \text{POH} = \dfrac{\pi}{6}$이므로

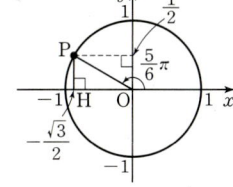

$P\left(-\dfrac{\sqrt{3}}{2}, \dfrac{1}{2}\right)$

$\therefore \sin\theta = \dfrac{\frac{1}{2}}{1} = \dfrac{1}{2}$

$\cos\theta = \dfrac{-\frac{\sqrt{3}}{2}}{1} = -\dfrac{\sqrt{3}}{2}$

$\tan\theta = \dfrac{\frac{1}{2}}{-\frac{\sqrt{3}}{2}} = -\dfrac{\sqrt{3}}{3}$

(2) 오른쪽 그림과 같이 각 $\dfrac{4}{3}\pi$를 나타내는 동
경과 단위원의 교점을 P라 하고, 점 P에서
x축에 내린 수선의 발을 H라 하면
$\angle \text{POH} = \dfrac{\pi}{3}$이므로

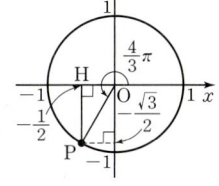

$P\left(-\dfrac{1}{2}, -\dfrac{\sqrt{3}}{2}\right)$

$\therefore \sin\theta = \dfrac{-\frac{\sqrt{3}}{2}}{1} = -\dfrac{\sqrt{3}}{2}$

$\cos\theta = \dfrac{-\frac{1}{2}}{1} = -\dfrac{1}{2}$

$\tan\theta = \dfrac{-\frac{\sqrt{3}}{2}}{-\frac{1}{2}} = \sqrt{3}$

답 (1) $\sin\theta = \dfrac{1}{2}$, $\cos\theta = -\dfrac{\sqrt{3}}{2}$, $\tan\theta = -\dfrac{\sqrt{3}}{3}$

(2) $\sin\theta = -\dfrac{\sqrt{3}}{2}$, $\cos\theta = -\dfrac{1}{2}$, $\tan\theta = \sqrt{3}$

266

(1) $\theta = 400° = 360° × 1 + 40°$에서 θ는 제1사분면의 각이므로
$\sin\theta > 0$, $\cos\theta > 0$, $\tan\theta > 0$

(2) $\theta = \dfrac{14}{5}\pi = 2\pi × 1 + \dfrac{4}{5}\pi$에서 θ는 제2사분면의 각이므로
$\sin\theta > 0$, $\cos\theta < 0$, $\tan\theta < 0$

(3) $\theta = -480° = 360° × (-2) + 240°$에서 θ는 제3사분면의 각이므로
$\sin\theta < 0$, $\cos\theta < 0$, $\tan\theta > 0$

(4) $\theta = -\dfrac{7}{3}\pi = 2\pi × (-2) + \dfrac{5}{3}\pi$에서 θ는 제4사분면의 각이므로
$\sin\theta < 0$, $\cos\theta > 0$, $\tan\theta < 0$

답 (1) $\sin\theta > 0$, $\cos\theta > 0$, $\tan\theta > 0$

(2) $\sin\theta > 0$, $\cos\theta < 0$, $\tan\theta < 0$

(3) $\sin\theta < 0$, $\cos\theta < 0$, $\tan\theta > 0$

(4) $\sin\theta < 0$, $\cos\theta > 0$, $\tan\theta < 0$

267

(1) $\sin\theta<0$인 것은 제3사분면과 제4사분면이고, $\cos\theta>0$인 것은 제1사분면과 제4사분면이므로 θ는 제4사분면의 각이다.

(2) $\sin\theta>0$인 것은 제1사분면과 제2사분면이고, $\tan\theta<0$인 것은 제2사분면과 제4사분면이므로 θ는 제2사분면의 각이다.

답 (1) 제4사분면 (2) 제2사분면

268

$\sin^2\theta+\cos^2\theta=1$이므로

$\sin^2\theta+\left(-\dfrac{3}{5}\right)^2=1$　　$\therefore \sin^2\theta=\dfrac{16}{25}$

이때, θ가 제3사분면의 각이므로 $\sin\theta<0$

$\therefore \sin\theta=-\dfrac{4}{5}$, $\tan\theta=\dfrac{\sin\theta}{\cos\theta}=\dfrac{-\dfrac{4}{5}}{-\dfrac{3}{5}}=\dfrac{4}{3}$

답 $\sin\theta=-\dfrac{4}{5}$, $\tan\theta=\dfrac{4}{3}$

269

$1+\tan^2\theta=1+\dfrac{\sin^2\theta}{\cos^2\theta}=\dfrac{\cos^2\theta+\sin^2\theta}{\cos^2\theta}=\dfrac{1}{\cos^2\theta}$이고

$\sin^2\theta+\cos^2\theta=1$에서 $1-\sin^2\theta=\cos^2\theta$이므로

$(1+\tan^2\theta)(1-\sin^2\theta)=\dfrac{1}{\cos^2\theta}\times\cos^2\theta=1$　　**답** 1

270

$\dfrac{\cos\theta}{1-\sin\theta}+\dfrac{\cos\theta}{1+\sin\theta}$

$=\dfrac{\cos\theta(1+\sin\theta)+\cos\theta(1-\sin\theta)}{(1-\sin\theta)(1+\sin\theta)}$

$=\dfrac{\cos\theta+\cos\theta\sin\theta+\cos\theta-\cos\theta\sin\theta}{1-\sin^2\theta}$

$=\dfrac{2\cos\theta}{\cos^2\theta}$

$=\dfrac{2}{\cos\theta}$　　**답** $\dfrac{2}{\cos\theta}$

271

(1) $\sin\theta-\cos\theta=\dfrac{1}{\sqrt{3}}$의 양변을 제곱하면

$\sin^2\theta+\cos^2\theta-2\sin\theta\cos\theta=\dfrac{1}{3}$

$1-2\sin\theta\cos\theta=\dfrac{1}{3}$

$\therefore \sin\theta\cos\theta=\dfrac{1}{3}$

(2) $(\sin\theta+\cos\theta)^2=(\sin\theta-\cos\theta)^2+4\sin\theta\cos\theta$

$=\left(\dfrac{1}{\sqrt{3}}\right)^2+4\times\dfrac{1}{3}$

$=\dfrac{1}{3}+\dfrac{4}{3}=\dfrac{5}{3}$

이때, θ가 제1사분면의 각이므로 $\sin\theta>0$, $\cos\theta>0$

$\therefore \sin\theta+\cos\theta=\dfrac{\sqrt{15}}{3}$

답 (1) $\dfrac{1}{3}$ (2) $\dfrac{\sqrt{15}}{3}$

272

(1) $\sin 750°=\sin(360°\times2+30°)=\sin 30°=\dfrac{1}{2}$

(2) $\cos\dfrac{25}{6}\pi=\cos\left(4\pi+\dfrac{\pi}{6}\right)=\cos\dfrac{\pi}{6}=\dfrac{\sqrt{3}}{2}$

(3) $\tan\dfrac{9}{4}\pi=\tan\left(2\pi+\dfrac{\pi}{4}\right)=\tan\dfrac{\pi}{4}=1$

답 (1) $\dfrac{1}{2}$ (2) $\dfrac{\sqrt{3}}{2}$ (3) 1

273

(1) $\sin\left(-\dfrac{\pi}{3}\right)=-\sin\dfrac{\pi}{3}=-\dfrac{\sqrt{3}}{2}$

(2) $\cos 315°=\cos(360°-45°)=\cos(-45°)=\cos 45°=\dfrac{\sqrt{2}}{2}$

(3) $\tan\dfrac{23}{6}\pi=\tan\left(4\pi-\dfrac{\pi}{6}\right)=\tan\left(-\dfrac{\pi}{6}\right)=-\tan\dfrac{\pi}{6}=-\dfrac{\sqrt{3}}{3}$

답 (1) $-\dfrac{\sqrt{3}}{2}$ (2) $\dfrac{\sqrt{2}}{2}$ (3) $-\dfrac{\sqrt{3}}{3}$

274

(1) $\sin\dfrac{5}{6}\pi=\sin\left(\pi-\dfrac{\pi}{6}\right)=\sin\dfrac{\pi}{6}=\dfrac{1}{2}$

(2) $\cos\dfrac{5}{4}\pi=\cos\left(\pi+\dfrac{\pi}{4}\right)=-\cos\dfrac{\pi}{4}=-\dfrac{\sqrt{2}}{2}$

(3) $\tan 240°=\tan(180°+60°)=\tan 60°=\sqrt{3}$

답 (1) $\dfrac{1}{2}$ (2) $-\dfrac{\sqrt{2}}{2}$ (3) $\sqrt{3}$

유형 콕콕

본문 p.53~57

275 ④	**276** ㄱ, ㄷ, ㄹ		**277** 제2사분면 또는 제4사분면		
278 제1사분면 또는 제3사분면		**279** ③		**280** ④	
281 144°	**282** ⑤	**283** ㄱ, ㄴ, ㄹ		**284** 48	**285** 144
286 ⑤	**287** ④	**288** -2	**289** ①	**290** ①	
291 $\dfrac{5}{2}\pi$	**292** ④	**293** ④	**294** ㄱ, ㄴ	**295** ②	**296** ①
297 $\dfrac{1-2\sqrt{2}}{3}$		**298** ③	**299** $\dfrac{\sqrt{2}}{2}$	**300** ①	
301 $\dfrac{\sqrt{5}}{2}$	**302** ④	**303** ⑤	**304** ②	**305** ④	**306** ④
307 $\dfrac{89}{2}$					

275

① $420°=360°\times1+60°$

② $780°=360°\times2+60°$

③ $-300°=360°\times(-1)+60°$

④ $-420°=360°\times(-2)+300°$

⑤ $-660°=360°\times(-2)+60°$

따라서 동경 OP가 나타내는 각이 될 수 없는 것은 ④이다.　　**답** ④

276

ㄱ. $-960° = 360° \times (-3) + 120°$

ㄴ. $1680° = 360° \times 4 + 240°$

ㄷ. $840° = 360° \times 2 + 120°$

ㄹ. $-1680° = 360° \times (-5) + 120°$

따라서 $120°$를 나타내는 동경과 일치하는 것은 ㄱ, ㄷ, ㄹ이다.

답 ㄱ, ㄷ, ㄹ

277

2θ가 제3사분면의 각이므로 정수 n에 대하여

$360° \times n + 180° < 2\theta < 360° \times n + 270°$

$\therefore 180° \times n + 90° < \theta < 180° \times n + 135°$

(i) $n = 2k$ (k는 정수)일 때,

$\quad 180° \times 2k + 90° < \theta < 180° \times 2k + 135°$

$\quad \therefore 360° \times k + 90° < \theta < 360° \times k + 135°$

$\quad$ 따라서 θ는 제2사분면의 각이다.

(ii) $n = 2k+1$ (k는 정수)일 때,

$\quad 180° \times (2k+1) + 90° < \theta < 180° \times (2k+1) + 135°$

$\quad \therefore 360° \times k + 270° < \theta < 360° \times k + 315°$

$\quad$ 따라서 θ는 제4사분면의 각이다.

(i), (ii)에서 θ는 제2사분면 또는 제4사분면의 각이다.

답 제2사분면 또는 제4사분면

278

θ가 제2사분면의 각이므로 정수 n에 대하여

$360° \times n + 90° < \theta < 360° \times n + 180°$

$\therefore 180° \times n + 45° < \dfrac{\theta}{2} < 180° \times n + 90°$

(i) $n = 2k$ (k는 정수)일 때,

$\quad 180° \times 2k + 45° < \dfrac{\theta}{2} < 180° \times 2k + 90°$

$\quad \therefore 360° \times k + 45° < \dfrac{\theta}{2} < 360° \times k + 90°$

$\quad$ 따라서 $\dfrac{\theta}{2}$는 제1사분면의 각이다.

(ii) $n = 2k+1$ (k는 정수)일 때,

$\quad 180° \times (2k+1) + 45° < \dfrac{\theta}{2} < 180° \times (2k+1) + 90°$

$\quad \therefore 360° \times k + 225° < \dfrac{\theta}{2} < 360° \times k + 270°$

$\quad$ 따라서 $\dfrac{\theta}{2}$는 제3사분면의 각이다.

(i), (ii)에서 $\dfrac{\theta}{2}$는 제1사분면 또는 제3사분면의 각이다.

다른 풀이

θ가 제2사분면의 각이므로 정수 n에 대하여

$\theta = 360° \times n + \alpha°$ $(90° < \alpha° < 180°)$

$\therefore \dfrac{\theta}{2} = 180° \times n + \dfrac{\alpha°}{2}$ $\left(45° < \dfrac{\alpha°}{2} < 90°\right)$

(i) $n = 2k$ (k는 정수)일 때,

$\quad \dfrac{\theta}{2} = 180° \times 2k + \dfrac{\alpha°}{2} = 360° \times k + \dfrac{\alpha°}{2}$

$\quad$ 따라서 $\dfrac{\theta}{2}$는 제1사분면의 각이다.

(ii) $n = 2k+1$ (k는 정수)일 때,

$\dfrac{\theta}{2} = 180° \times (2k+1) + \dfrac{\alpha°}{2} = 360° \times k + \left(180° + \dfrac{\alpha°}{2}\right)$

$\left(\because 225° < 180° + \dfrac{\alpha°}{2} < 270°\right)$

따라서 $\dfrac{\theta}{2}$는 제3사분면의 각이다.

(i), (ii)에서 $\dfrac{\theta}{2}$는 제1사분면 또는 제3사분면의 각이다.

답 제1사분면 또는 제3사분면

279

각 θ를 나타내는 동경과 각 7θ를 나타내는 동경이 일치하므로

$7\theta - \theta = 360° \times n$ (n은 정수)

$6\theta = 360° \times n$

$\therefore \theta = 60° \times n$ $\qquad$ ······ ㉠

$90° < \theta < 180°$에서 $90° < 60° \times n < 180°$이므로

$\dfrac{3}{2} < n < 3$

n은 정수이므로 $n = 2$

$n = 2$를 ㉠에 대입하면 $\theta = 120°$

답 ③

280

각 θ를 나타내는 동경과 각 5θ를 나타내는 동경이 x축에 대하여 대칭이므로

$\theta + 5\theta = 360° \times n$ (n은 정수)

$6\theta = 360° \times n$

$\therefore \theta = 60° \times n$ $\qquad$ ······ ㉠

$0° < \theta < 90°$에서 $0° < 60° \times n < 90°$이므로

$0 < n < \dfrac{3}{2}$

n은 정수이므로 $n = 1$

$n = 1$을 ㉠에 대입하면 $\theta = 60°$

답 ④

281

각 θ를 나타내는 동경과 각 4θ를 나타내는 동경이 y축에 대하여 대칭이므로

$\theta + 4\theta = 360° \times n + 180°$ (n은 정수)

$5\theta = 360° \times n + 180°$

$\therefore \theta = 72° \times n + 36°$ $\qquad$ ······ ㉠

$0° < \theta < 180°$에서 $0° < 72° \times n + 36° < 180°$이므로

$-\dfrac{1}{2} < n < 2$

n은 정수이므로 $n = 0, 1$

이 값들을 ㉠에 대입하면 $\theta = 36°, 108°$

따라서 구하는 모든 각 θ의 크기의 합은

$36° + 108° = 144°$

단계	채점 요소	비율
㉮	θ를 정수 n에 대한 식으로 나타내기	40%
㉯	각 θ의 크기 구하기	40%
㉰	모든 각 θ의 크기의 합 구하기	20%

답 $144°$

282

① $210° = 210 \times \dfrac{\pi}{180} = \dfrac{7}{6}\pi$

② $120° = 120 \times \dfrac{\pi}{180} = \dfrac{2}{3}\pi$

③ $\dfrac{4}{5}\pi = \dfrac{4}{5}\pi \times \dfrac{180°}{\pi} = 144°$

④ $\dfrac{7}{12}\pi = \dfrac{7}{12}\pi \times \dfrac{180°}{\pi} = 105°$

⑤ $\dfrac{7}{4}\pi = \dfrac{7}{4}\pi \times \dfrac{180°}{\pi} = 315°$

따라서 옳지 않은 것은 ⑤이다.　　　　　　　　　답 ⑤

283

ㄱ. $24° = 24 \times \dfrac{\pi}{180} = \dfrac{2}{15}\pi$ (참)

ㄴ. $\dfrac{4}{9}\pi = \dfrac{4}{9}\pi \times \dfrac{180°}{\pi} = 80°$ (참)

ㄷ. $\dfrac{2}{3}$ 라디안 $= \dfrac{2}{3} \times \dfrac{180°}{\pi} = \dfrac{120°}{\pi}$ (거짓)

ㄹ. 2 라디안 $= 2 \times \dfrac{180°}{\pi} = \dfrac{360°}{\pi}$ (참)

따라서 옳은 것은 ㄱ, ㄴ, ㄹ이다.　　　　　답 ㄱ, ㄴ, ㄹ

284

부채꼴의 반지름의 길이를 r라 하면 호의 길이가 $\dfrac{2}{3}r$이므로 부채꼴의 둘레의 길이는

$2r + \dfrac{2}{3}r = 32$, $\dfrac{8}{3}r = 32$　　∴ $r = 12$

따라서 구하는 부채꼴의 넓이는

$\dfrac{1}{2} \times 12^2 \times \dfrac{2}{3} = 48$　　　　　　　　답 48

285

부채꼴의 호의 길이가 6π이므로

$6\pi = a \times \dfrac{\pi}{6}$　　∴ $a = 36$

따라서 부채꼴의 넓이는 $\dfrac{1}{2} \times 36 \times 6\pi = 108\pi$　　∴ $b = 108$

∴ $a + b = 36 + 108 = 144$　　　　　　　답 144

286

$\overline{OP} = \sqrt{3^2 + (-1)^2} = \sqrt{10}$이므로

$\sin\theta = -\dfrac{1}{\sqrt{10}}$, $\cos\theta = \dfrac{3}{\sqrt{10}}$, $\tan\theta = -\dfrac{1}{3}$

∴ $\sqrt{10}(\sin\theta + \cos\theta) - 3\tan\theta$

　　$= \sqrt{10}\left(-\dfrac{1}{\sqrt{10}} + \dfrac{3}{\sqrt{10}}\right) - 3 \times \left(-\dfrac{1}{3}\right)$

　　$= 2 + 1 = 3$　　　　　　　　　　답 ⑤

287

점 $P(-12, a)$에서 $\tan\theta = -\dfrac{a}{12}$이므로 $-\dfrac{a}{12} = -\dfrac{3}{4}$　　∴ $a = 9$

또한 $r = \overline{OP} = \sqrt{(-12)^2 + 9^2} = 15$

∴ $a + r = 9 + 15 = 24$　　　　　　　답 ④

288

오른쪽 그림과 같이 원점을 중심으로 하고 반지름의 길이가 2인 원을 그리고, 이 원이 직선 $y = -\sqrt{3}x$와 만나는 점 중에서 제2사분면 위의 점을 P라 하면

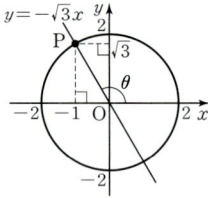

$P(-1, \sqrt{3})$

$\overline{OP} = 2$이므로

$\sin\theta = \dfrac{\sqrt{3}}{2}$, $\cos\theta = -\dfrac{1}{2}$, $\tan\theta = -\sqrt{3}$

　　　　　　　　　　　　　　　　　　　가

∴ $2\sin\theta + 4\cos\theta + \tan\theta = 2 \times \dfrac{\sqrt{3}}{2} + 4 \times \left(-\dfrac{1}{2}\right) + (-\sqrt{3}) = -2$

　　　　　　　　　　　　　　　　　　　나

단계	채점 요소	비율
가	$\sin\theta$, $\cos\theta$, $\tan\theta$의 값 구하기	80%
나	$2\sin\theta + 4\cos\theta + \tan\theta$의 값 구하기	20%

답 -2

289

(i) $\sin\theta\cos\theta > 0$에서 $\sin\theta$와 $\cos\theta$의 부호가 서로 같으므로 θ는 제1사분면 또는 제3사분면의 각이다.

(ii) $\sin\theta\tan\theta > 0$에서 $\sin\theta$와 $\tan\theta$의 부호가 서로 같으므로 θ는 제1사분면 또는 제4사분면의 각이다.

(i), (ii)에서 θ는 제1사분면의 각이다.　　　답 ①

290

θ가 제2사분면의 각이므로

$\sin\theta > 0$, $\cos\theta < 0$

따라서 $1 + \sin\theta > 0$, $1 - \cos\theta > 0$이므로

$\sqrt{\sin^2\theta} - \sqrt{(1+\sin\theta)^2} + \sqrt{(1-\cos\theta)^2}$

$= |\sin\theta| - |1+\sin\theta| + |1-\cos\theta|$

$= \sin\theta - (1+\sin\theta) + 1 - \cos\theta$

$= -\cos\theta$　　　　　　　　　　답 ①

291

$\sqrt{\sin\theta}\sqrt{\cos\theta} = -\sqrt{\sin\theta\cos\theta}$이고 $\sin\theta\cos\theta \neq 0$이므로

$\sin\theta < 0$, $\cos\theta < 0$

즉, θ는 제3사분면의 각이므로 $\pi < \theta < \dfrac{3}{2}\pi$

　　　　　　　　　　　　　　　　　　　가

∴ $a = \pi$, $b = \dfrac{3}{2}\pi$

　　　　　　　　　　　　　　　　　　　나

∴ $a + b = \pi + \dfrac{3}{2}\pi = \dfrac{5}{2}\pi$

　　　　　　　　　　　　　　　　　　　다

단계	채점 요소	비율
가	θ의 크기의 범위 구하기	80%
나	a, b의 값 구하기	10%
다	$a + b$의 값 구하기	10%

답 $\dfrac{5}{2}\pi$

292

$$\frac{\sin\theta}{1+\cos\theta}+\frac{1+\cos\theta}{\sin\theta}=\frac{\sin^2\theta+(1+\cos\theta)^2}{(1+\cos\theta)\sin\theta}$$

$$=\frac{\sin^2\theta+1+2\cos\theta+\cos^2\theta}{(1+\cos\theta)\sin\theta}$$

$$=\frac{2+2\cos\theta}{(1+\cos\theta)\sin\theta}$$

$$=\frac{2(1+\cos\theta)}{(1+\cos\theta)\sin\theta}$$

$$=\frac{2}{\sin\theta}$$

답 ④

293

$0<\sin\theta<\cos\theta$이므로

$\sin\theta+\cos\theta>0,\ \sin\theta-\cos\theta<0$

$\therefore\ \sqrt{1+2\sin\theta\cos\theta}-\sqrt{1-2\sin\theta\cos\theta}$

$$=\sqrt{\sin^2\theta+\cos^2\theta+2\sin\theta\cos\theta}-\sqrt{\sin^2\theta+\cos^2\theta-2\sin\theta\cos\theta}$$

$$=\sqrt{(\sin\theta+\cos\theta)^2}-\sqrt{(\sin\theta-\cos\theta)^2}$$

$$=|\sin\theta+\cos\theta|-|\sin\theta-\cos\theta|$$

$$=(\sin\theta+\cos\theta)+(\sin\theta-\cos\theta)$$

$$=2\sin\theta$$

답 ④

294

ㄱ. $\cos^4\theta-\sin^4\theta$

$$=(\cos^2\theta+\sin^2\theta)(\cos^2\theta-\sin^2\theta)$$

$$=\cos^2\theta-\sin^2\theta\ (참)$$

ㄴ. $\dfrac{1+2\sin\theta\cos\theta}{\sin^2\theta-\cos^2\theta}+\dfrac{1+\tan\theta}{1-\tan\theta}$

$$=\frac{\sin^2\theta+\cos^2\theta+2\sin\theta\cos\theta}{\sin^2\theta-\cos^2\theta}+\frac{1+\dfrac{\sin\theta}{\cos\theta}}{1-\dfrac{\sin\theta}{\cos\theta}}$$

$$=\frac{(\sin\theta+\cos\theta)^2}{(\sin\theta+\cos\theta)(\sin\theta-\cos\theta)}+\frac{\dfrac{\cos\theta+\sin\theta}{\cos\theta}}{\dfrac{\cos\theta-\sin\theta}{\cos\theta}}$$

$$=\frac{\sin\theta+\cos\theta}{\sin\theta-\cos\theta}+\frac{\cos\theta+\sin\theta}{\cos\theta-\sin\theta}$$

$$=0\ (참)$$

ㄷ. $\dfrac{\cos^2\theta-\sin^2\theta}{1+2\sin\theta\cos\theta}+\dfrac{\tan\theta-1}{\tan\theta+1}$

$$=\frac{\cos^2\theta-\sin^2\theta}{\sin^2\theta+2\sin\theta\cos\theta+\cos^2\theta}+\frac{\dfrac{\sin\theta}{\cos\theta}-1}{\dfrac{\sin\theta}{\cos\theta}+1}$$

$$=\frac{(\cos\theta+\sin\theta)(\cos\theta-\sin\theta)}{(\sin\theta+\cos\theta)^2}+\frac{\sin\theta-\cos\theta}{\sin\theta+\cos\theta}$$

$$=\frac{\cos\theta-\sin\theta}{\sin\theta+\cos\theta}+\frac{\sin\theta-\cos\theta}{\sin\theta+\cos\theta}$$

$$=0\ (거짓)$$

따라서 옳은 것은 ㄱ, ㄴ이다.

답 ㄱ, ㄴ

295

$\sin^2\theta+\cos^2\theta=1$에서 $\sin^2\theta=1-\cos^2\theta$이므로

$$\sin^2\theta=1-\left(-\frac{5}{13}\right)^2=\frac{144}{169}$$

이때, θ가 제3사분면의 각이므로 $\sin\theta=-\dfrac{12}{13}$

$$\therefore\ \tan\theta=\frac{\sin\theta}{\cos\theta}=\frac{-\dfrac{12}{13}}{-\dfrac{5}{13}}=\frac{12}{5}$$

$$\therefore\ \frac{1}{\sin\theta}+\frac{1}{\tan\theta}=-\frac{13}{12}+\frac{5}{12}=-\frac{2}{3}$$

답 ②

296

$4\tan\theta=\cos\theta$에서

$4\times\dfrac{\sin\theta}{\cos\theta}=\cos\theta$ $\therefore\ 4\sin\theta=\cos^2\theta$

이때, $\sin^2\theta+\cos^2\theta=1$에서 $\cos^2\theta=1-\sin^2\theta$이므로

$4\sin\theta=1-\sin^2\theta$

$\sin^2\theta+4\sin\theta-1=0$

$\therefore\ \sin\theta=-2\pm\sqrt{5}$

그런데 θ가 제1사분면의 각이므로

$\sin\theta=-2+\sqrt{5}$

답 ①

297

$\dfrac{1}{3+\tan\theta}=3-2\sqrt{2}$에서

$$3+\tan\theta=\frac{1}{3-2\sqrt{2}}=\frac{3+2\sqrt{2}}{(3-2\sqrt{2})(3+2\sqrt{2})}=3+2\sqrt{2}$$

$\therefore\ \tan\theta=2\sqrt{2}$

이때, $\sin^2\theta+\cos^2\theta=1$의 양변을 $\cos^2\theta$로 나누면

$$\tan^2\theta+1=\frac{1}{\cos^2\theta}$$

$$\frac{1}{\cos^2\theta}=(2\sqrt{2})^2+1=9$$

$$\therefore\ \cos^2\theta=\frac{1}{9}$$

그런데 θ가 제3사분면의 각이므로 $\cos\theta=-\dfrac{1}{3}$

······ 가

또한 $\tan\theta=\dfrac{\sin\theta}{\cos\theta}$에서

$$\sin\theta=\tan\theta\cos\theta=2\sqrt{2}\times\left(-\frac{1}{3}\right)=-\frac{2\sqrt{2}}{3}$$

······ 나

$$\therefore\ \sin\theta-\cos\theta=-\frac{2\sqrt{2}}{3}-\left(-\frac{1}{3}\right)=\frac{1-2\sqrt{2}}{3}$$

······ 다

단계	채점 요소	비율
가	$\cos\theta$의 값 구하기	50%
나	$\sin\theta$의 값 구하기	30%
다	$\sin\theta-\cos\theta$의 값 구하기	20%

답 $\dfrac{1-2\sqrt{2}}{3}$

298

$\sin\theta+\cos\theta=\dfrac{4}{3}$의 양변을 제곱하면

$$\sin^2\theta+2\sin\theta\cos\theta+\cos^2\theta=\frac{16}{9}$$

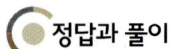

$1 + 2\sin\theta\cos\theta = \dfrac{16}{9}$ $\quad\therefore\ \sin\theta\cos\theta = \dfrac{7}{18}$

$\therefore\ \sin^3\theta + \cos^3\theta$
$\quad = (\sin\theta + \cos\theta)(\sin^2\theta - \sin\theta\cos\theta + \cos^2\theta)$
$\quad = \dfrac{4}{3}\left(1 - \dfrac{7}{18}\right) = \dfrac{22}{27}$ **답** ③

299

$(\sin\theta - \cos\theta)^2 = \sin^2\theta - 2\sin\theta\cos\theta + \cos^2\theta$
$\qquad\qquad\qquad = 1 - 2\sin\theta\cos\theta$
$\qquad\qquad\qquad = 1 - 2 \times \dfrac{1}{4} = \dfrac{1}{2}$

$\therefore\ \sin\theta - \cos\theta = \dfrac{1}{\sqrt{2}} = \dfrac{\sqrt{2}}{2}$ $(\because \sin\theta > \cos\theta)$ **답** $\dfrac{\sqrt{2}}{2}$

300

이차방정식의 근과 계수의 관계에 의하여

$\sin\theta + \cos\theta = -\dfrac{3}{4}$ ······ ㉠

$\sin\theta\cos\theta = \dfrac{a}{4}$ ······ ㉡

㉠의 양변을 제곱하면

$\sin^2\theta + 2\sin\theta\cos\theta + \cos^2\theta = \dfrac{9}{16}$

$1 + 2\sin\theta\cos\theta = \dfrac{9}{16}$

$\therefore\ \sin\theta\cos\theta = -\dfrac{7}{32}$ ······ ㉢

㉡, ㉢에서 $\dfrac{a}{4} = -\dfrac{7}{32}$이므로

$a = -\dfrac{7}{8}$ **답** ①

301

이차방정식의 근과 계수의 관계에 의하여

$\sin\theta + \cos\theta = \dfrac{\sqrt{3}}{2}$ ······ ㉠

㉠의 양변을 제곱하면

$\sin^2\theta + 2\sin\theta\cos\theta + \cos^2\theta = \dfrac{3}{4}$

$1 + 2\sin\theta\cos\theta = \dfrac{3}{4}$

$\therefore\ \sin\theta\cos\theta = -\dfrac{1}{8}$ ······ 가

$\therefore\ (\sin\theta - \cos\theta)^2 = \sin^2\theta - 2\sin\theta\cos\theta + \cos^2\theta$
$\qquad\qquad\qquad\quad = 1 - 2 \times \left(-\dfrac{1}{8}\right) = \dfrac{5}{4}$ ······ 나

이때, $\sin\theta > \cos\theta$이므로 $\sin\theta - \cos\theta = \dfrac{\sqrt{5}}{2}$ ······ 다

단계	채점 요소	비율
가	$\sin\theta\cos\theta$의 값 구하기	50%
나	$(\sin\theta - \cos\theta)^2$의 값 구하기	30%
다	$\sin\theta - \cos\theta$의 값 구하기	20%

답 $\dfrac{\sqrt{5}}{2}$

302

$\sin(\pi - \theta)\cos\left(\dfrac{3}{2}\pi + \theta\right) - \sin\left(\dfrac{3}{2}\pi - \theta\right)\cos(\pi - \theta)$
$= \sin\theta \times \sin\theta - (-\cos\theta) \times (-\cos\theta)$
$= \sin^2\theta - \cos^2\theta$
$= (1 - \cos^2\theta) - \cos^2\theta$
$= 1 - 2\cos^2\theta$ **답** ④

303

$\sin 150° = \sin(180° - 30°) = \sin 30° = \dfrac{1}{2}$

$\sin 120° = \sin(180° - 60°) = \sin 60° = \dfrac{\sqrt{3}}{2}$

$\sin 135° = \sin(180° - 45°) = \sin 45° = \dfrac{\sqrt{2}}{2}$

$\cos 120° = \cos(180° - 60°) = -\cos 60° = -\dfrac{1}{2}$

$\cos 135° = \cos(180° - 45°) = -\cos 45° = -\dfrac{\sqrt{2}}{2}$

$\cos 150° = \cos(180° - 30°) = -\cos 30° = -\dfrac{\sqrt{3}}{2}$

$\therefore\ \dfrac{\sin 150°}{\sin 120° - \sin 135°} + \dfrac{\cos 120°}{\cos 135° + \cos 150°}$

$= \dfrac{\dfrac{1}{2}}{\dfrac{\sqrt{3}}{2} - \dfrac{\sqrt{2}}{2}} + \dfrac{-\dfrac{1}{2}}{-\dfrac{\sqrt{2}}{2} - \dfrac{\sqrt{3}}{2}}$

$= \dfrac{1}{\sqrt{3} - \sqrt{2}} + \dfrac{1}{\sqrt{3} + \sqrt{2}}$

$= \sqrt{3} + \sqrt{2} + (\sqrt{3} - \sqrt{2}) = 2\sqrt{3}$ **답** ⑤

304

θ가 제3사분면의 각이고 $\tan\theta = \dfrac{3}{4}$일 때,

$\sin\theta = -\dfrac{3}{5}$, $\cos\theta = -\dfrac{4}{5}$이므로

$\sin\left(\dfrac{\pi}{2} - \theta\right) + \cos\left(\dfrac{\pi}{2} + \theta\right) + \tan\left(\dfrac{3}{2}\pi + \theta\right)$

$= \cos\theta - \sin\theta - \dfrac{1}{\tan\theta}$

$= -\dfrac{4}{5} - \left(-\dfrac{3}{5}\right) - \dfrac{4}{3}$

$= -\dfrac{23}{15}$ **답** ②

305

$\dfrac{\pi}{4} + \theta = A$로 놓으면 $\theta = A - \dfrac{\pi}{4}$이므로

$\dfrac{\pi}{4} - \theta = \dfrac{\pi}{4} - \left(A - \dfrac{\pi}{4}\right) = \dfrac{\pi}{2} - A$

$\therefore\ \cos^2\left(\dfrac{\pi}{4} + \theta\right) + \cos^2\left(\dfrac{\pi}{4} - \theta\right) = \cos^2 A + \cos^2\left(\dfrac{\pi}{2} - A\right)$
$\qquad\qquad\qquad\qquad\qquad\qquad\quad = \cos^2 A + \sin^2 A$
$\qquad\qquad\qquad\qquad\qquad\qquad\quad = 1$ **답** ④

306

$\sin 10° = \sin(90° - 80°) = \cos 80°$

$\sin 20° = \sin(90° - 70°) = \cos 70°$

$\sin 30° = \sin(90° - 60°) = \cos 60°$

$\sin 40° = \sin(90° - 50°) = \cos 50°$

$\therefore \sin^2 10° + \sin^2 20° + \sin^2 30° + \cdots + \sin^2 80°$
$= (\sin^2 10° + \sin^2 80°) + (\sin^2 20° + \sin^2 70°)$
$\qquad\qquad + (\sin^2 30° + \sin^2 60°) + (\sin^2 40° + \sin^2 50°)$
$= (\cos^2 80° + \sin^2 80°) + (\cos^2 70° + \sin^2 70°)$
$\qquad\qquad + (\cos^2 60° + \sin^2 60°) + (\cos^2 50° + \sin^2 50°)$
$= 1 + 1 + 1 + 1 = 4$ 답 ④

307

$\cos^2 \theta + \cos^2(90° - \theta) = \cos^2 \theta + \sin^2 \theta = 1$이므로

$\cos^2 1° + \cos^2 2° + \cos^2 3° + \cdots + \cos^2 88° + \cos^2 89°$
$= (\cos^2 1° + \cos^2 89°) + (\cos^2 2° + \cos^2 88°)$
$\qquad + (\cos^2 3° + \cos^2 87°) + \cdots + (\cos^2 44° + \cos^2 46°) + \cos^2 45°$
$= (\cos^2 1° + \sin^2 1°) + (\cos^2 2° + \sin^2 2°)$
$\qquad + (\cos^2 3° + \sin^2 3°) + \cdots + (\cos^2 44° + \sin^2 44°) + \left(\dfrac{\sqrt{2}}{2}\right)^2$
$= 1 \times 44 + \dfrac{1}{2} = \dfrac{89}{2}$ 답 $\dfrac{89}{2}$

실력 콕콕
본문 p.58~59

308 ②	309 ③	310 ⑤	311 ④	312 ①	313 ⑤
314 ①	315 ⑤	316 $-\dfrac{8}{3}$	317 ②		
318 $15x^2 + 32x + 15 = 0$			319 ④	320 ⑤	321 ④
322 2	323 $\sqrt{15}$				

308

$-200° = 360° \times (-1) + 160°$이므로 동경 OP가 나타내는 일반각 θ는
$\theta = 360° \times n + 160°$ (n은 정수)와 같이 나타낼 수 있다.
$-450° < \theta < 720°$에서 $-450° < 360° \times n + 160° < 720°$이므로
$-\dfrac{61}{36} < n < \dfrac{14}{9}$
n은 정수이므로 $n = -1, 0, 1$
따라서 구하는 각 θ의 개수는 3이다. 답 ②

309

$40° = 40 \times \dfrac{\pi}{180} = \dfrac{2}{9}\pi$이므로 주어진 부채꼴의 중심각의 크기는
$2\pi - \dfrac{2}{9}\pi = \dfrac{16}{9}\pi$
따라서 구하는 부채꼴의 넓이는
$\dfrac{1}{2} \times 6^2 \times \dfrac{16}{9}\pi = 32\pi$ 답 ③

310

반지름의 길이가 3이고 중심각의 크기가 θ인 부채꼴의 넓이 S는
$S = \dfrac{1}{2} \times 3^2 \times \theta = \dfrac{9}{2}\theta$

반지름의 길이가 $\dfrac{3}{2}$이고 넓이가 $\dfrac{1}{2}S$인 부채꼴의 중심각의 크기를 θ'이라 하면

$\dfrac{1}{2} \times \left(\dfrac{3}{2}\right)^2 \times \theta' = \dfrac{1}{2}S$, $\dfrac{9}{8}\theta' = \dfrac{1}{2}S$

$\therefore \theta' = \dfrac{4}{9}S = \dfrac{4}{9} \times \dfrac{9}{2}\theta = 2\theta$ 답 ⑤

311

각 θ를 나타내는 동경과 각 7θ를 나타내는 동경이 x축에 대하여 대칭이 므로
$\theta + 7\theta = 2n\pi$ (n은 정수)
$8\theta = 2n\pi$ $\therefore \theta = \dfrac{n}{4}\pi$ $\qquad \cdots\cdots \ \unicode{x24BE}$

$\pi < \theta < \dfrac{3}{2}\pi$에서 $\pi < \dfrac{n}{4}\pi < \dfrac{3}{2}\pi$이므로
$4 < n < 6$
n은 정수이므로 $n = 5$
$n = 5$를 $\unicode{x24BE}$에 대입하면 $\theta = \dfrac{5}{4}\pi$

$\therefore \sin(\theta - \pi) = \sin\left(\dfrac{5}{4}\pi - \pi\right) = \sin \dfrac{\pi}{4} = \dfrac{\sqrt{2}}{2}$

보충 설명
$\sin(\theta - \pi) = \sin\{-(\pi - \theta)\} = -\sin(\pi - \theta) = -\sin \theta$
답 ④

312

오른쪽 그림과 같이 원점을 중심으로 하고 반지름의 길이가 $\sqrt{10}$인 원을 그리고, 이 원이 직선 $x + 3y = 0$, 즉 $y = -\dfrac{1}{3}x$와 만나는 점 중에서 제2사분면 위의 점을 P라 하면
$P(-3, 1)$
$\overline{OP} = \sqrt{10}$이므로

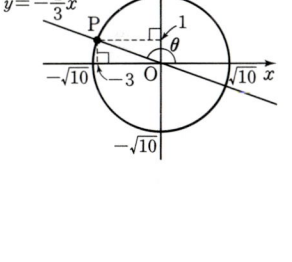

$\sin \theta = \dfrac{1}{\sqrt{10}}$, $\cos \theta = -\dfrac{3}{\sqrt{10}}$

$\therefore \sin \theta + \cos \theta = \dfrac{1}{\sqrt{10}} + \left(-\dfrac{3}{\sqrt{10}}\right)$
$\qquad\qquad\qquad = -\dfrac{2}{\sqrt{10}} = -\dfrac{\sqrt{10}}{5}$ 답 ①

313

각 θ가 제2사분면의 각이므로 $\sin \theta > 0$, $\cos \theta < 0$이다.

ㄱ. $\sqrt{\sin\theta}\sqrt{\cos\theta} = \sqrt{\sin\theta\cos\theta}$ (거짓)

ㄴ. $\dfrac{\sqrt{\sin\theta}}{\sqrt{\cos\theta}} = -\sqrt{\dfrac{\sin\theta}{\cos\theta}}$ (참)

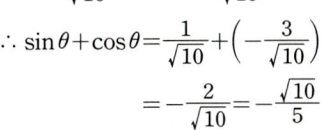

ㄷ. $\dfrac{\sqrt{\cos\theta}}{\sqrt{\sin\theta}} = \sqrt{\dfrac{\cos\theta}{\sin\theta}}$ (참)

따라서 옳은 것은 ㄴ, ㄷ이다. 답 ⑤

314

θ가 제4사분면의 각이므로
$\sin \theta < 0$, $\cos \theta > 0$

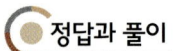

따라서 $\sin\theta-\dfrac{1}{2}<0$, $\cos\theta+\dfrac{1}{2}>0$, $\sin\theta-\cos\theta<0$이므로

$\left|\sin\theta-\dfrac{1}{2}\right|-\sqrt{\left(\cos\theta+\dfrac{1}{2}\right)^2}+|\sin\theta-\cos\theta|$

$=-\left(\sin\theta-\dfrac{1}{2}\right)-\left(\cos\theta+\dfrac{1}{2}\right)-(\sin\theta-\cos\theta)$

$=-2\sin\theta$　　　　　　　　　　　　답 ①

315

(i) $\sin\theta\tan\theta>0$에서 $\sin\theta$와 $\tan\theta$의 부호가 서로 같으므로 θ는 제1사분면 또는 제4사분면의 각이다.

(ii) $\cos\theta\tan\theta<0$에서 $\cos\theta$와 $\tan\theta$의 부호가 서로 다르므로 θ는 제3사분면 또는 제4사분면의 각이다.

(i), (ii)에서 θ는 제4사분면의 각이므로 $\dfrac{3}{2}\pi<\theta<2\pi$

따라서 $a=\dfrac{3}{2}\pi$, $b=2\pi$이므로

$a+b=\dfrac{3}{2}\pi+2\pi=\dfrac{7}{2}\pi$　　　　　　답 ⑤

316

$\dfrac{1-\tan\theta}{1+\tan\theta}=2-\sqrt{3}$에서

$1-\tan\theta=(2-\sqrt{3})(1+\tan\theta)$

$(3-\sqrt{3})\tan\theta=\sqrt{3}-1$

$\therefore \tan\theta=\dfrac{\sqrt{3}-1}{3-\sqrt{3}}=\dfrac{\sqrt{3}-1}{\sqrt{3}(\sqrt{3}-1)}=\dfrac{1}{\sqrt{3}}$　　…… ㉠

$\therefore \dfrac{1}{\tan\theta}=\sqrt{3}$　　　　　　　　…… ㉡

이때, $\sin^2\theta+\cos^2\theta=1$의 양변을 $\cos^2\theta$로 나누면

$\tan^2\theta+1=\dfrac{1}{\cos^2\theta}$이므로

$\dfrac{1}{\cos^2\theta}=\left(\dfrac{1}{\sqrt{3}}\right)^2+1=\dfrac{4}{3}$ ($\because$ ㉠)

또한 $\sin^2\theta+\cos^2\theta=1$의 양변을 $\sin^2\theta$로 나누면

$1+\dfrac{1}{\tan^2\theta}=\dfrac{1}{\sin^2\theta}$이므로

$\dfrac{1}{\sin^2\theta}=1+(\sqrt{3})^2=4$ ($\because$ ㉡)

$\therefore \dfrac{1}{\cos^2\theta}-\dfrac{1}{\sin^2\theta}=\dfrac{4}{3}-4=-\dfrac{8}{3}$　　답 $-\dfrac{8}{3}$

317

$\overline{OP}=\sqrt{(-8)^2+6^2}=10$이므로

$\sin\theta=\dfrac{6}{10}=\dfrac{3}{5}$, $\cos\theta=-\dfrac{8}{10}=-\dfrac{4}{5}$

이때,

$\sin\theta+\cos\theta=\dfrac{3}{5}+\left(-\dfrac{4}{5}\right)=-\dfrac{1}{5}$

$\sin\theta\cos\theta=\dfrac{3}{5}\times\left(-\dfrac{4}{5}\right)=-\dfrac{12}{25}$

이므로 $\sin\theta$, $\cos\theta$를 두 근으로 하는 이차방정식은

$x^2-\left(-\dfrac{1}{5}\right)x-\dfrac{12}{25}=0$

$\therefore 25x^2+5x-12=0$

따라서 $a=25$, $b=-12$이므로

$a+b=25+(-12)=13$　　　　　　　답 ②

318

$4x^2-x+a=0$에서 근과 계수의 관계에 의하여

$\sin\theta+\cos\theta=\dfrac{1}{4}$　　　　　　　…… ㉠

㉠의 양변을 제곱하면

$\sin^2\theta+2\sin\theta\cos\theta+\cos^2\theta=\dfrac{1}{16}$

$1+2\sin\theta\cos\theta=\dfrac{1}{16}$　　$\therefore \sin\theta\cos\theta=-\dfrac{15}{32}$

$\tan\theta$와 $\dfrac{1}{\tan\theta}$을 두 근으로 하고 x^2의 계수가 15인 이차방정식은

$15\left\{x^2-\left(\tan\theta+\dfrac{1}{\tan\theta}\right)x+\left(\tan\theta\times\dfrac{1}{\tan\theta}\right)\right\}=0$

이때, $\tan\theta+\dfrac{1}{\tan\theta}=\dfrac{\sin\theta}{\cos\theta}+\dfrac{\cos\theta}{\sin\theta}=\dfrac{\sin^2\theta+\cos^2\theta}{\sin\theta\cos\theta}$

$=\dfrac{1}{\sin\theta\cos\theta}=-\dfrac{32}{15}$

따라서 구하는 이차방정식은

$15\left\{x^2-\left(-\dfrac{32}{15}\right)x+1\right\}=0$

$\therefore 15x^2+32x+15=0$　　답 $15x^2+32x+15=0$

319

$\dfrac{\sin\left(\dfrac{3}{2}\pi-\theta\right)}{\sin^2\left(\dfrac{\pi}{2}+\theta\right)\cos(\pi+\theta)}+\dfrac{\cos(\pi-\theta)\tan^2(\pi-\theta)}{\sin\left(\dfrac{\pi}{2}-\theta\right)}$

$=\dfrac{-\cos\theta}{\cos^2\theta(-\cos\theta)}+\dfrac{-\cos\theta\tan^2\theta}{\cos\theta}$

$=\dfrac{1}{\cos^2\theta}-\tan^2\theta=\dfrac{1}{\cos^2\theta}-\dfrac{\sin^2\theta}{\cos^2\theta}$

$=\dfrac{1-\sin^2\theta}{\cos^2\theta}=\dfrac{\cos^2\theta}{\cos^2\theta}=1$　　　　답 ④

320

$\cos\dfrac{C}{2}=\dfrac{1}{3}>0$이므로 $\dfrac{C}{2}$는 예각이다.

$\therefore \sin\dfrac{C}{2}=\sqrt{1-\cos^2\dfrac{C}{2}}=\sqrt{1-\left(\dfrac{1}{3}\right)^2}=\dfrac{2\sqrt{2}}{3}$

$A+B+C=\pi$에서 $A+B=\pi-C$이므로

$\sin\dfrac{A+B+\pi}{2}+\cos\dfrac{A+B-\pi}{2}$

$=\sin\dfrac{\pi-C+\pi}{2}+\cos\dfrac{\pi-C-\pi}{2}$

$=\sin\left(\pi-\dfrac{C}{2}\right)+\cos\left(-\dfrac{C}{2}\right)$

$=\sin\dfrac{C}{2}+\cos\dfrac{C}{2}$

$=\dfrac{2\sqrt{2}}{3}+\dfrac{1}{3}=\dfrac{1+2\sqrt{2}}{3}$　　　　답 ⑤

321

$10\theta=2\pi$에서 $5\theta=\pi$이므로

① $\sin(-5\theta)=-\sin5\theta=-\sin\pi=0$

　$\sin\theta\ne0$이므로 $\sin\theta+\sin(-5\theta)\ne0$

② $\cos4\theta=\cos(5\theta-\theta)=\cos(\pi-\theta)=-\cos\theta$

　$\therefore \cos2\theta+\cos4\theta=\cos2\theta-\cos\theta\ne0$

③ $\sin 7\theta = \sin(5\theta + 2\theta) = \sin(\pi + 2\theta) = -\sin 2\theta$

   ∴ $\sin 2\theta + \sin 7\theta = 0$

④ $\cos 4\theta = \cos(5\theta - \theta) = \cos(\pi - \theta) = -\cos\theta$,

   $\cos 6\theta = \cos(5\theta + \theta) = \cos(\pi + \theta) = -\cos\theta$

   ∴ $\cos 4\theta = \cos 6\theta$

⑤ $\sin 9\theta = \sin(10\theta - \theta) = \sin(2\pi - \theta) = -\sin\theta$

   ∴ $\sin\theta + \sin 9\theta = 0$

따라서 옳은 것은 ④이다.   **답** ④

322

부채꼴의 반지름의 길이를 r라 하면 둘레의 길이가 16이므로 호의 길이는 $16 - 2r$이다.   **가**

부채꼴의 넓이를 S라 하면

$S = \dfrac{1}{2}r(16 - 2r) = -r^2 + 8r = -(r-4)^2 + 16 \ (0 < r < 8)$

이므로 $r = 4$일 때 부채꼴의 넓이의 최댓값은 16이다.   **나**

부채꼴의 넓이가 최대일 때의 중심각의 크기를 θ라 하면

$\dfrac{1}{2} \times 4^2 \times \theta = 16$

∴ $\theta = 2$ **다**

단계	채점 요소	비율
가	반지름의 길이를 r로 놓고 호의 길이 구하기	20%
나	부채꼴의 넓이의 최댓값 구하기	40%
다	부채꼴의 넓이가 최대일 때 중심각의 크기 구하기	40%

답 2

323

$\overline{\text{OP}} = 2$이므로 $\sin\theta = \dfrac{1}{4}$에서

$\dfrac{b}{2} = \dfrac{1}{4}$ ∴ $b = \dfrac{1}{2}$ **가**

한편, 점 $\text{P}(a, b)$는 원 $x^2 + y^2 = 4$ 위의 점이므로

$a^2 + b^2 = 4$ …… ㉠

$b = \dfrac{1}{2}$을 ㉠에 대입하면 $a^2 + \left(\dfrac{1}{2}\right)^2 = 4$, $a^2 = \dfrac{15}{4}$

∴ $a = -\dfrac{\sqrt{15}}{2} \ (∵ a < 0)$ **나**

따라서 원 $x^2 + y^2 = 4$ 위의 점 $\text{P}\left(-\dfrac{\sqrt{15}}{2}, \dfrac{1}{2}\right)$에서의 접선의 방정식은

$-\dfrac{\sqrt{15}}{2}x + \dfrac{1}{2}y = 4$, 즉 $y = \sqrt{15}\,x + 8$

이므로 구하는 접선의 기울기는 $\sqrt{15}$이다.   **다**

단계	채점 요소	비율
가	$\sin\theta$의 값을 이용하여 b의 값 구하기	20%
나	점 P가 원 위의 점임을 이용하여 a의 값 구하기	40%
다	점 P에서의 접선의 기울기 구하기	40%

답 $\sqrt{15}$

---

 06 삼각함수의 그래프

● **개념 콕콕**   본문 p.61~62

324

함수 $y = \sin x$에서

(1) 정의역은 실수 전체의 집합 이다.

(2) 치역은 $\{y \mid -1 \le y \le 1\}$ 이다.

(3) 주기는 2π 이다.

(4) 그래프는 원점 에 대하여 대칭이다.

답 (1) 실수 전체의 집합 (2) $\{y \mid -1 \le y \le 1\}$
(3) 2π (4) 원점

325

(1) $y = \sin 2x$의 그래프는 $y = \sin x$의 그래프를 x축의 방향으로 $\dfrac{1}{2}$배한 것이므로 오른쪽 그림과 같다.
따라서 치역은 $\{y \mid -1 \le y \le 1\}$, 주기는 π이다.

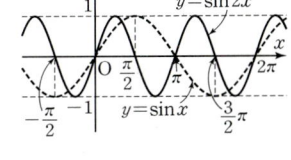

(2) $y = 2\sin x$의 그래프는 $y = \sin x$의 그래프를 y축의 방향으로 2배한 것이므로 오른쪽 그림과 같다.
따라서 치역은 $\{y \mid -2 \le y \le 2\}$, 주기는 2π이다.

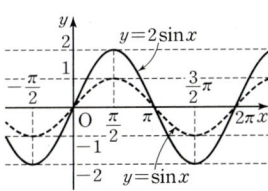

(3) $y = 3\sin\left(x - \dfrac{\pi}{2}\right)$의 그래프는 $y = \sin x$의 그래프를 y축의 방향으로 3배한 후, x축의 방향으로 $\dfrac{\pi}{2}$만큼 평행이동한 것이므로 오른쪽 그림과 같다.
따라서 치역은 $\{y \mid -3 \le y \le 3\}$, 주기는 2π이다.

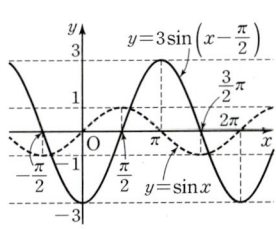

(4) $y = \dfrac{1}{3}\sin(2x - \pi) = \dfrac{1}{3}\sin 2\left(x - \dfrac{\pi}{2}\right)$의 그래프는 $y = \sin x$의 그래프를 x축의 방향으로 $\dfrac{1}{2}$배, y축의 방향으로 $\dfrac{1}{3}$배한 후, x축의 방향으로 $\dfrac{\pi}{2}$만큼 평행이동한 것이므로 오른쪽 그림과 같다.
따라서 치역은 $\left\{y \mid -\dfrac{1}{3} \le y \le \dfrac{1}{3}\right\}$, 주기는 π이다.

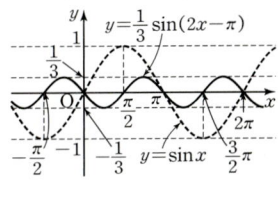

답 풀이 참조

326

함수 $y = \cos x$에서

(1) 정의역은 실수 전체의 집합 이다.

(2) 치역은 $\{y \mid -1 \le y \le 1\}$ 이다.

(3) 주기는 $\boxed{2\pi}$ 이다.

(4) 그래프는 $\boxed{y축}$ 에 대하여 대칭이다.

> 답 (1) 실수 전체의 집합 (2) $\{y \mid -1 \le y \le 1\}$
> (3) 2π (4) y축

327

(1) $y = \cos \dfrac{x}{2}$ 의 그래프는 $y = \cos x$의 그래프를 x축의 방향으로 2배한 것이므로 오른쪽 그림과 같다. 따라서 치역은 $\{y \mid -1 \le y \le 1\}$, 주기는 4π이다.

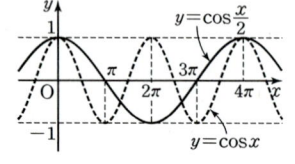

(2) $y = 3\cos x$의 그래프는 $y = \cos x$의 그래프를 y축의 방향으로 3배한 것이므로 오른쪽 그림과 같다. 따라서 치역은 $\{y \mid -3 \le y \le 3\}$, 주기는 2π이다.

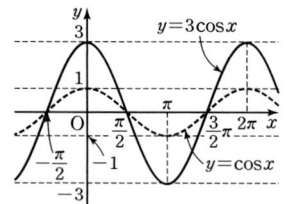

(3) $y = 2\cos\left(x + \dfrac{\pi}{2}\right)$의 그래프는 $y = \cos x$의 그래프를 y축의 방향으로 2배한 후, x축의 방향으로 $-\dfrac{\pi}{2}$만큼 평행이동한 것이므로 오른쪽 그림과 같다. 따라서 치역은 $\{y \mid -2 \le y \le 2\}$, 주기는 2π이다.

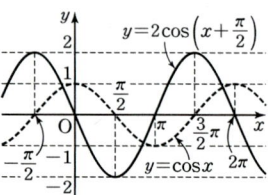

(4) $y = \cos\left(2x - \dfrac{\pi}{2}\right) = \cos 2\left(x - \dfrac{\pi}{4}\right)$의 그래프는 $y = \cos x$의 그래프를 x축의 방향으로 $\dfrac{1}{2}$배한 후, x축의 방향으로 $\dfrac{\pi}{4}$만큼 평행이동한 것이므로 오른쪽 그림과 같다. 따라서 치역은 $\{y \mid -1 \le y \le 1\}$, 주기는 π이다.

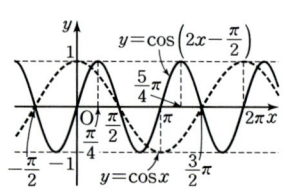

> 답 풀이 참조

328

함수 $y = \tan x$에서

(1) 정의역은 $\boxed{x = n\pi + \dfrac{\pi}{2} \ (n \text{은 정수})}$ 를 제외한 실수 전체의 집합이다.

(2) 치역은 $\boxed{\text{실수 전체의 집합}}$ 이다.

(3) 주기는 $\boxed{\pi}$ 이다.

(4) 그래프는 $\boxed{\text{원점}}$ 에 대하여 대칭이다.

> 답 (1) $x = n\pi + \dfrac{\pi}{2} \ (n \text{은 정수})$ (2) 실수 전체의 집합
> (3) π (4) 원점

329

(1) $y = \tan \dfrac{x}{2}$의 그래프는 $y = \tan x$의 그래프를 x축의 방향으로 2배한 것이므로 오른쪽 그림과 같다. 따라서 치역은 실수 전체의 집합이고, 주기는 2π이다.

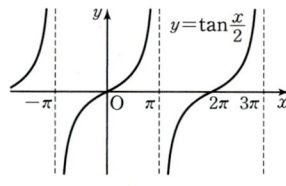

(2) $y = \dfrac{1}{3}\tan 4x$의 그래프는 $y = \tan x$의 그래프를 x축의 방향으로 $\dfrac{1}{4}$배, y축의 방향으로 $\dfrac{1}{3}$배한 것이므로 오른쪽 그림과 같다. 따라서 치역은 실수 전체의 집합이고, 주기는 $\dfrac{\pi}{4}$이다.

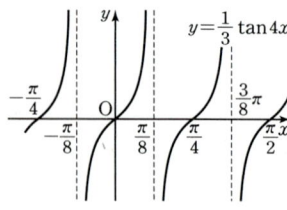

(3) $y = \tan 2x + 2$의 그래프는 $y = \tan x$의 그래프를 x축의 방향으로 $\dfrac{1}{2}$배한 후, y축의 방향으로 2만큼 평행이동한 것이므로 오른쪽 그림과 같다. 따라서 치역은 실수 전체의 집합이고, 주기는 $\dfrac{\pi}{2}$이다.

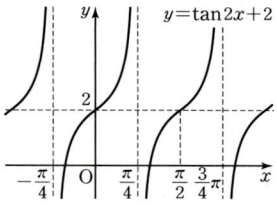

(4) $y = 2\tan\left(x + \dfrac{\pi}{2}\right) + 1$의 그래프는 $y = \tan x$의 그래프를 y축의 방향으로 2배한 후, x축의 방향으로 $-\dfrac{\pi}{2}$만큼, y축의 방향으로 1만큼 평행이동한 것이므로 오른쪽 그림과 같다. 따라서 치역은 실수 전체의 집합이고, 주기는 π이다.

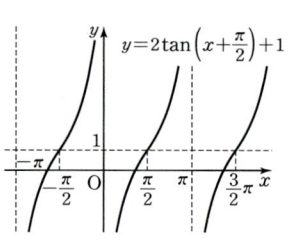

> 답 풀이 참조

330

(1) $y = \sin\left(2x - \dfrac{\pi}{3}\right)$에서
최댓값은 1, 최솟값은 -1, 주기는 $\dfrac{2\pi}{2} = \pi$

(2) $y = 2\cos\left(4x - \dfrac{\pi}{3}\right) + 1$에서
최댓값은 $2 + 1 = 3$, 최솟값은 $-2 + 1 = -1$,
주기는 $\dfrac{2\pi}{4} = \dfrac{\pi}{2}$

(3) $y = \tan 3x - 1$에서
최댓값, 최솟값은 없고, 주기는 $\dfrac{\pi}{3}$

> 답 (1) 최댓값 : 1, 최솟값 : -1, 주기 : π
> (2) 최댓값 : 3, 최솟값 : -1, 주기 : $\dfrac{\pi}{2}$
> (3) 최댓값, 최솟값 : 없다, 주기 : $\dfrac{\pi}{3}$

331

(1) $y=|\sin x|$의 그래프는 $y=\sin x$의 그래프에서 $y\ge 0$인 부분은 그대로 두고 $y<0$인 부분을 x축에 대하여 대칭이동한 것이므로 오른쪽 그림과 같다.

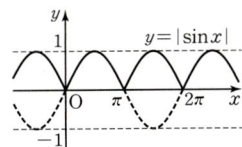

따라서 $y=|\sin x|$의 주기는 π이다.

(2) $y=|\cos x|$의 그래프는 $y=\cos x$의 그래프에서 $y\ge 0$인 부분은 그대로 두고 $y<0$인 부분을 x축에 대하여 대칭이동한 것이므로 오른쪽 그림과 같다.

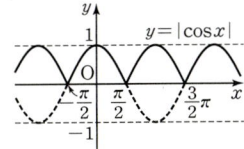

따라서 $y=|\cos x|$의 주기는 π이다.

(3) $y=|\tan x|$의 그래프는 $y=\tan x$의 그래프에서 $y\ge 0$인 부분은 그대로 두고 $y<0$인 부분을 x축에 대하여 대칭이동한 것이므로 오른쪽 그림과 같다.

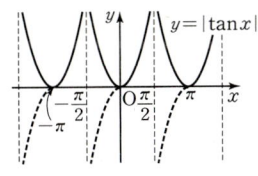

따라서 $y=|\tan x|$의 주기는 π이다.

🄐 (1) π (2) π (3) π

332

(1) 오른쪽 그림과 같이 $0\le x<2\pi$에서 함수 $y=\sin x$의 그래프와 직선 $y=\dfrac{1}{2}$의 교점의 x좌표가 $\dfrac{\pi}{6}$, $\dfrac{5}{6}\pi$이므로

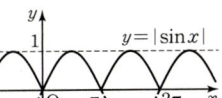

$x=\dfrac{\pi}{6}$ 또는 $x=\dfrac{5}{6}\pi$

(2) 오른쪽 그림과 같이 $0\le x<2\pi$에서 함수 $y=\cos x$의 그래프와 직선 $y=\dfrac{\sqrt{3}}{2}$의 교점의 x좌표가 $\dfrac{\pi}{6}$, $\dfrac{11}{6}\pi$이므로

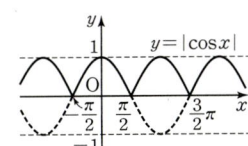

$x=\dfrac{\pi}{6}$ 또는 $x=\dfrac{11}{6}\pi$

(3) 오른쪽 그림과 같이 $0\le x<2\pi$에서 함수 $y=\tan x$의 그래프와 직선 $y=1$의 교점의 x좌표가 $\dfrac{\pi}{4}$, $\dfrac{5}{4}\pi$이므로

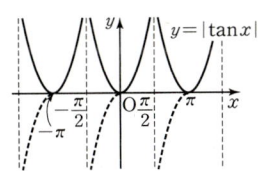

$x=\dfrac{\pi}{4}$ 또는 $x=\dfrac{5}{4}\pi$

🄐 (1) $x=\dfrac{\pi}{6}$ 또는 $x=\dfrac{5}{6}\pi$ (2) $x=\dfrac{\pi}{6}$ 또는 $x=\dfrac{11}{6}\pi$

(3) $x=\dfrac{\pi}{4}$ 또는 $x=\dfrac{5}{4}\pi$

333

(1) $2x=t$로 놓으면 $0\le t<4\pi$

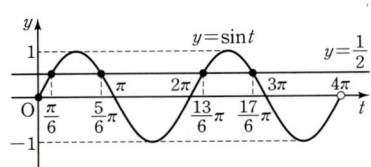

위의 그림과 같이 $0\le t<4\pi$에서 함수 $y=\sin t$의 그래프와 직선 $y=\dfrac{1}{2}$의 교점의 t좌표가 $\dfrac{\pi}{6}$, $\dfrac{5}{6}\pi$, $\dfrac{13}{6}\pi$, $\dfrac{17}{6}\pi$이므로

$x=\dfrac{\pi}{12}$ 또는 $x=\dfrac{5}{12}\pi$ 또는 $x=\dfrac{13}{12}\pi$ 또는 $x=\dfrac{17}{12}\pi$

(2) $\dfrac{x}{2}=t$로 놓으면 $0\le t<\pi$

오른쪽 그림과 같이 $0\le t<\pi$에서 함수 $y=\cos t$의 그래프와 직선 $y=\dfrac{\sqrt{2}}{2}$의 교점의 t좌표가 $\dfrac{\pi}{4}$이므로 $x=\dfrac{\pi}{2}$

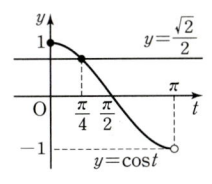

(3) $\dfrac{3}{2}x=t$로 놓으면 $0\le t<3\pi$

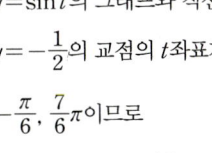

위의 그림과 같이 $0\le t<3\pi$에서 함수 $y=\tan t$의 그래프와 직선 $y=\sqrt{3}$의 교점의 t좌표가 $\dfrac{\pi}{3}$, $\dfrac{4}{3}\pi$, $\dfrac{7}{3}\pi$이므로

$x=\dfrac{2}{9}\pi$ 또는 $x=\dfrac{8}{9}\pi$ 또는 $x=\dfrac{14}{9}\pi$

🄐 (1) $x=\dfrac{\pi}{12}$ 또는 $x=\dfrac{5}{12}\pi$ 또는 $x=\dfrac{13}{12}\pi$ 또는 $x=\dfrac{17}{12}\pi$

(2) $x=\dfrac{\pi}{2}$ (3) $x=\dfrac{2}{9}\pi$ 또는 $x=\dfrac{8}{9}\pi$ 또는 $x=\dfrac{14}{9}\pi$

334

(1) $x-\dfrac{\pi}{4}=t$로 놓으면 $-\dfrac{\pi}{4}\le t<\dfrac{7}{4}\pi$

오른쪽 그림과 같이 $-\dfrac{\pi}{4}\le t<\dfrac{7}{4}\pi$에서 함수 $y=\sin t$의 그래프와 직선 $y=-\dfrac{1}{2}$의 교점의 t좌표가 $-\dfrac{\pi}{6}$, $\dfrac{7}{6}\pi$이므로

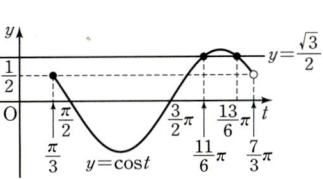

$x=\dfrac{\pi}{12}$ 또는 $x=\dfrac{17}{12}\pi$

(2) $x+\dfrac{\pi}{3}=t$로 놓으면 $\dfrac{\pi}{3}\le t<\dfrac{7}{3}\pi$

오른쪽 그림과 같이 $\dfrac{\pi}{3}\le t<\dfrac{7}{3}\pi$에서 함수 $y=\cos t$의 그래프와 직선 $y=\dfrac{\sqrt{3}}{2}$의 교점의 t좌표가 $\dfrac{11}{6}\pi$, $\dfrac{13}{6}\pi$이므로

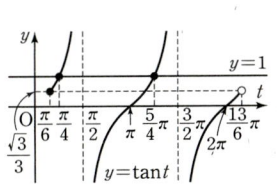

$x=\dfrac{3}{2}\pi$ 또는 $x=\dfrac{11}{6}\pi$

(3) $x+\dfrac{\pi}{6}=t$로 놓으면 $\dfrac{\pi}{6}\le t<\dfrac{13}{6}\pi$

오른쪽 그림과 같이 $\dfrac{\pi}{6}\le t<\dfrac{13}{6}\pi$에서 함수 $y=\tan t$의 그래프와 직선 $y=1$의 교점의 t좌표가 $\dfrac{\pi}{4}$, $\dfrac{5}{4}\pi$이므로

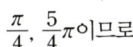

$x=\dfrac{\pi}{12}$ 또는 $x=\dfrac{13}{12}\pi$

답 (1) $x=\dfrac{\pi}{12}$ 또는 $x=\dfrac{17}{12}\pi$ (2) $x=\dfrac{3}{2}\pi$ 또는 $x=\dfrac{11}{6}\pi$

(3) $x=\dfrac{\pi}{12}$ 또는 $x=\dfrac{13}{12}\pi$

335

(1) 주어진 부등식의 해는 함수 $y=\sin x$의 그래프가 직선 $y=-\dfrac{\sqrt{2}}{2}$보다 아래쪽에 있는 부분의 x의 값의 범위이므로

$\dfrac{5}{4}\pi<x<\dfrac{7}{4}\pi$

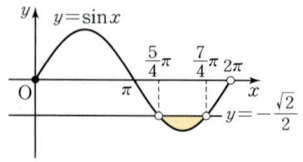

(2) $2\cos x\geq1$에서 $\cos x\geq\dfrac{1}{2}$

따라서 주어진 부등식의 해는 함수 $y=\cos x$의 그래프가 직선 $y=\dfrac{1}{2}$과 만나는 부분 또는 직선보다 위쪽에 있는 부분의 x의 값의 범위이므로

$0\leq x\leq\dfrac{\pi}{3}$ 또는 $\dfrac{5}{3}\pi\leq x<2\pi$

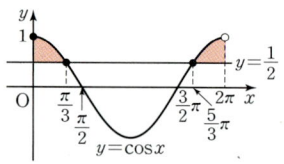

(3) 주어진 부등식의 해는 함수 $y=\tan x$의 그래프가 직선 $y=1$보다 위쪽에 있는 부분의 x의 값의 범위이므로

$\dfrac{\pi}{4}<x<\dfrac{\pi}{2}$ 또는 $\dfrac{5}{4}\pi<x<\dfrac{3}{2}\pi$

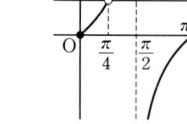
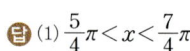

답 (1) $\dfrac{5}{4}\pi<x<\dfrac{7}{4}\pi$

(2) $0\leq x\leq\dfrac{\pi}{3}$ 또는 $\dfrac{5}{3}\pi\leq x<2\pi$

(3) $\dfrac{\pi}{4}<x<\dfrac{\pi}{2}$ 또는 $\dfrac{5}{4}\pi<x<\dfrac{3}{2}\pi$

336

(1)

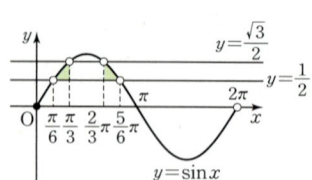

위의 그림에서 주어진 부등식의 해는

$\dfrac{\pi}{6}<x<\dfrac{\pi}{3}$ 또는 $\dfrac{2}{3}\pi<x<\dfrac{5}{6}\pi$

(2)

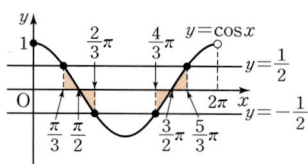

위의 그림에서 주어진 부등식의 해는

$\dfrac{\pi}{3}\leq x\leq\dfrac{2}{3}\pi$ 또는 $\dfrac{4}{3}\pi\leq x\leq\dfrac{5}{3}\pi$

(3)

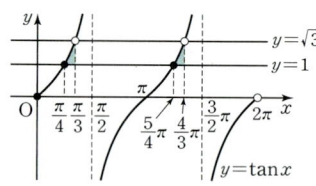

위의 그림에서 주어진 부등식의 해는

$\dfrac{\pi}{4}\leq x<\dfrac{\pi}{3}$ 또는 $\dfrac{5}{4}\pi\leq x<\dfrac{4}{3}\pi$

답 (1) $\dfrac{\pi}{6}<x<\dfrac{\pi}{3}$ 또는 $\dfrac{2}{3}\pi<x<\dfrac{5}{6}\pi$

(2) $\dfrac{\pi}{3}\leq x\leq\dfrac{2}{3}\pi$ 또는 $\dfrac{4}{3}\pi\leq x\leq\dfrac{5}{3}\pi$

(3) $\dfrac{\pi}{4}\leq x<\dfrac{\pi}{3}$ 또는 $\dfrac{5}{4}\pi\leq x<\dfrac{4}{3}\pi$

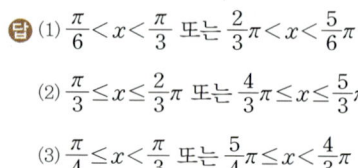

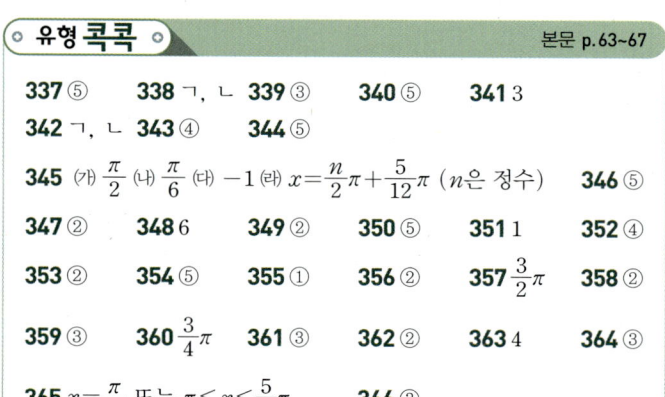

유형 콕콕 본문 p.63~67

337 ⑤	**338** ㄱ, ㄴ	**339** ③	**340** ⑤	**341** 3
342 ㄱ, ㄴ	**343** ④	**344** ⑤		
345 (개) $\dfrac{\pi}{2}$ (내) $\dfrac{\pi}{6}$ (대) -1 (래) $x=\dfrac{n}{2}\pi+\dfrac{5}{12}\pi$ (n은 정수)				**346** ⑤
347 ②	**348** 6	**349** ②	**350** ⑤	**351** 1	**352** ④
353 ②	**354** ⑤	**355** ①	**356** ②	**357** $\dfrac{3}{2}\pi$	**358** ②
359 ③	**360** $\dfrac{3}{4}\pi$	**361** ③	**362** ②	**363** 4	**364** ③
365 $x=\dfrac{\pi}{3}$ 또는 $\pi\leq x\leq\dfrac{5}{3}\pi$			**366** ③		

337

①, ② 최댓값은 1, 최솟값은 -1이다.

③ 주기는 $\dfrac{2\pi}{3}=\dfrac{2}{3}\pi$이다.

④ $\sin(-3x)=-\sin 3x$이므로 $y=\sin 3x$의 그래프는 원점에 대하여 대칭이다.

⑤ $y=\sin 3x$의 그래프는 $y=\sin x$의 그래프를 x축의 방향으로 $\dfrac{1}{3}$배한 것이다.

따라서 옳지 않은 것은 ⑤이다. 답 ⑤

338

ㄱ. 주기는 $\dfrac{2\pi}{\frac{1}{2}}=4\pi$이다. (참)

ㄴ. 최댓값은 3이다. (참)

ㄷ. $f(-x)=3\cos\left(-\dfrac{x}{2}\right)=3\cos\dfrac{x}{2}=f(x)$이므로 $y=f(x)$의 그래프는 y축에 대하여 대칭이다. (거짓)

따라서 옳은 것은 ㄱ, ㄴ이다. 답 ㄱ, ㄴ

339

조건 (가)에서 모든 실수 x에 대하여 $f(x-2)=f(x)$이므로
$f(x)$는 주기가 2인 함수이다.

$\therefore f(5)=f(3)=f(1)=\sin\pi=0$ (∵ 조건 (나))　　　**답 ③**

340

① 주기는 $\dfrac{2\pi}{2}=\pi$이다.

② $f\left(\dfrac{3}{8}\pi\right)=3\sin\left(2\times\dfrac{3}{8}\pi+\dfrac{\pi}{4}\right)+1=3\sin\pi+1=3\times0+1=1$

③ 최댓값은 $3+1=4$, 최솟값은 $-3+1=-2$이다.

④ $f(x)=3\sin2\left(x+\dfrac{\pi}{8}\right)+1$이므로 함수 $y=3\sin2x$의 그래프를 x축
의 방향으로 $-\dfrac{\pi}{8}$만큼, y축의 방향으로 1만큼 평행이동한 것이다.

⑤ 함수 $y=3\sin2x$의 그래프가 원점에 대하여 대칭이므로 함수
$y=f(x)$의 그래프는 점 $\left(-\dfrac{\pi}{8},\,1\right)$에 대하여 대칭이다.

따라서 옳은 것은 ⑤이다.　　　**답 ⑤**

341

$y=-\dfrac{1}{2}\cos\left(\dfrac{\pi}{2}x-\dfrac{\pi}{6}\right)+1$에서

최댓값은 $\left|-\dfrac{1}{2}\right|+1=\dfrac{3}{2}$이므로 $M=\dfrac{3}{2}$

최솟값은 $-\left|-\dfrac{1}{2}\right|+1=\dfrac{1}{2}$이므로 $m=\dfrac{1}{2}$

주기는 $\dfrac{2\pi}{\frac{\pi}{2}}=4$이므로 $p=4$

$\therefore Mmp=\dfrac{3}{2}\times\dfrac{1}{2}\times4=3$　　　**답 3**

342

ㄱ. 함수 $f(x)$의 주기는 $\dfrac{2\pi}{2}=\pi$이므로 모든 실수 x에 대하여
$f(x+\pi)=f(x)$가 성립한다. (참)

ㄴ. 최댓값은 $3-1=2$, 최솟값은 $-3-1=-4$이다. (참)

ㄷ. $y=f(x)$의 그래프를 x축의 방향으로 $\dfrac{\pi}{2}$만큼 평행이동하면

$y=3\cos2\left\{\left(x-\dfrac{\pi}{2}\right)-\dfrac{\pi}{2}\right\}-1=3\cos(2x-2\pi)-1=3\cos2x-1$

(거짓)

따라서 옳은 것은 ㄱ, ㄴ이다.　　　**답 ㄱ, ㄴ**

343

① 주기는 $\dfrac{\pi}{2}$이다.

② 점근선의 방정식은 $2x=n\pi+\dfrac{\pi}{2}$에서

$x=\dfrac{n}{2}\pi+\dfrac{\pi}{4}$ (n은 정수)

③ $\tan(-2x)=-\tan2x$이므로 $y=\tan2x$의 그래프는 원점에 대하여
대칭이다.

④ 점근선의 방정식이 $x=\dfrac{n}{2}\pi+\dfrac{\pi}{4}$ (n은 정수)이므로 정의역은

$x\neq\dfrac{n}{2}\pi+\dfrac{\pi}{4}$인 실수 전체의 집합이다.

⑤ 치역은 실수 전체의 집합이다.

따라서 옳지 않은 것은 ④이다.　　　**답 ④**

344

주기는 $\dfrac{\pi}{\pi}=1$이므로 $p=1$

점근선의 방정식은 $\pi x+\dfrac{\pi}{4}=n\pi+\dfrac{\pi}{2}$ (n은 정수)에서

$x=n+\dfrac{1}{4}$이므로 $q=\dfrac{1}{4}$

$\therefore p+q=1+\dfrac{1}{4}=\dfrac{5}{4}$　　　**답 ⑤**

345

$y=3\tan\left(2x-\dfrac{\pi}{3}\right)-1=3\tan2\left(x-\dfrac{\pi}{6}\right)-1$

• 주기는 $\boxed{\dfrac{\pi}{2}}$이다.

• 그래프는 $y=3\tan2x$의 그래프를 x축의 방향으로 $\boxed{\dfrac{\pi}{6}}$만큼, y축의 방
향으로 $\boxed{-1}$만큼 평행이동한 것이다.

• 그래프의 점근선의 방정식은 $2x-\dfrac{\pi}{3}=n\pi+\dfrac{\pi}{2}$에서

$\boxed{x=\dfrac{n}{2}\pi+\dfrac{5}{12}\pi\ (n\text{은 정수})}$이다.

답 (가) $\dfrac{\pi}{2}$ (나) $\dfrac{\pi}{6}$ (다) -1 (라) $x=\dfrac{n}{2}\pi+\dfrac{5}{12}\pi$ (n은 정수)

346

주어진 함수의 최댓값이 2, 최솟값이 -2이고 $a>0$이므로
$a=2$

주기가 π이고 $b>0$이므로

$\dfrac{2\pi}{b}=\pi$　　$\therefore b=2$

주어진 그래프는 $y=2\cos2x$의 그래프를 x축의 방향으로 $\dfrac{\pi}{4}$만큼 평행이
동한 것이므로

$y=2\cos2\left(x-\dfrac{\pi}{4}\right)=2\cos\left(2x-\dfrac{\pi}{2}\right)$　　$\therefore c=\dfrac{\pi}{2}$

$\therefore abc=2\times2\times\dfrac{\pi}{2}=2\pi$　　　**답 ⑤**

347

$f(x)=a\tan bx$의 주기가 $\dfrac{\pi}{2}$이고 $b>0$이므로

$\dfrac{\pi}{b}=\dfrac{\pi}{2}$　　$\therefore b=2$

또한 $f\left(\dfrac{\pi}{8}\right)=4$이므로 $a\tan\dfrac{\pi}{4}=4$, $a\times1=4$　　$\therefore a=4$

$\therefore a+b=4+2=6$　　　**답 ②**

348

조건 (대)에서 $f(x)$의 주기가 π이고 $b>0$이므로

$\dfrac{2\pi}{b}=\pi$ ∴ $b=2$

조건 (개)에서 $f\left(\dfrac{\pi}{12}\right)=\dfrac{5}{2}$이므로 $a\sin\dfrac{\pi}{6}+c=\dfrac{5}{2}$

$\dfrac{a}{2}+c=\dfrac{5}{2}$ ∴ $a+2c=5$ ······ ㉠

조건 (나)에서 $f(x)$의 최솟값이 -2이고 $a>0$이므로

$-a+c=-2$ ······ ㉡

㉠, ㉡을 연립하여 풀면 $a=3$, $c=1$

∴ $a+b+c=3+2+1=6$ 답 6

349

함수 $y=\sin|x|$의 그래프는 오른쪽 그림과 같다.

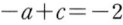

① 주기는 존재하지 않는다.
② 최댓값은 1이다.
③ 최솟값은 -1이다.
④ $x=\dfrac{3}{2}\pi$를 대입하면 $y=\sin\left|\dfrac{3}{2}\pi\right|=-1$이므로 그래프는

점 $\left(\dfrac{3}{2}\pi,\ -1\right)$을 지난다.

⑤ 그래프는 y축에 대하여 대칭이다.

따라서 옳은 것은 ②이다. 답 ②

350

ㄱ. $y=\sin|x|$, $y=|\sin x|$의 그래프는 각각 다음 그림과 같다.

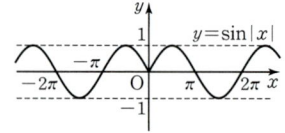 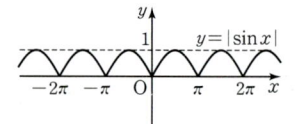

ㄴ. $y=\cos x$, $y=\cos|x|$의 그래프는 각각 다음 그림과 같다.

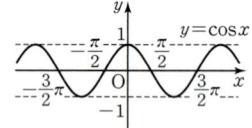 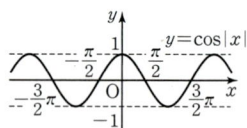

ㄷ. $y=\left|\sin\left(x-\dfrac{\pi}{2}\right)\right|$, $y=|\cos(x-\pi)|$의 그래프는 각각 다음 그림과 같다.

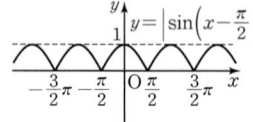 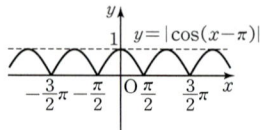

따라서 두 함수의 그래프가 일치하는 것은 ㄴ, ㄷ이다. 답 ⑤

351

함수 $y=3\sin 2x$의 주기는 $\dfrac{2\pi}{2}=\pi$이다.

한편, 양수 a에 대하여 함수 $y=|\tan ax|$의 그래프는 다음 그림과 같으므로 주기는 $\dfrac{\pi}{a}$이다.

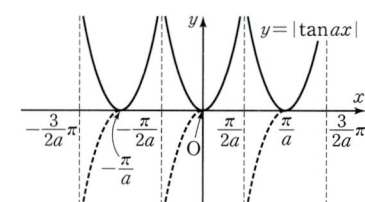

즉, $\dfrac{\pi}{a}=\pi$이므로 $a=1$ 답 1

352

$y=1-4\cos^2 x-4\sin x$
$\quad=1-4(1-\sin^2 x)-4\sin x$
$\quad=4\sin^2 x-4\sin x-3$

$\sin x=t$로 놓으면 $-1\le t\le 1$이고

$y=4t^2-4t-3=4\left(t-\dfrac{1}{2}\right)^2-4$

따라서 오른쪽 그림에서

$t=-1$일 때, 최댓값은 5

$t=\dfrac{1}{2}$일 때, 최솟값은 -4

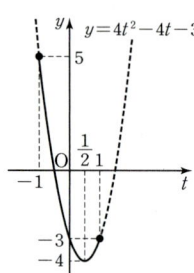

이므로 $M=5$, $m=-4$

∴ $M+m=5+(-4)=1$ 답 ④

353

$y=\sin^2 x-6\cos x+k$
$\quad=(1-\cos^2 x)-6\cos x+k$
$\quad=-\cos^2 x-6\cos x+k+1$

$\cos x=t$로 놓으면 $-1\le t\le 1$이고

$y=-t^2-6t+k+1$
$\quad=-(t+3)^2+k+10$

따라서 오른쪽 그림에서 $t=-1$일 때

최댓값이 $k+6$이므로

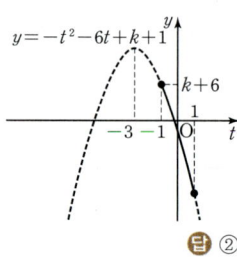

$k+6=4$ ∴ $k=-2$ 답 ②

354

$y=|2-3\sin x|-1$에서 $\sin x=t$로 놓으면 $-1\le t\le 1$이고

$y=|2-3t|-1$

따라서 오른쪽 그림에서

$t=-1$일 때, 최댓값은 4

$t=\dfrac{2}{3}$일 때, 최솟값은 -1

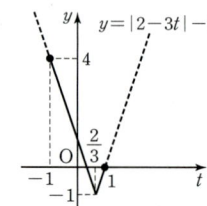

이므로 $M=4$, $m=-1$

∴ $M+m=4+(-1)=3$

다른 풀이

$-1\le\sin x\le 1$이므로

$-1\le 2-3\sin x\le 5$, $0\le|2-3\sin x|\le 5$

∴ $-1\le|2-3\sin x|-1\le 4$

따라서 $M=4$, $m=-1$이므로

$M+m=4+(-1)=3$ 답 ⑤

355

$2x-\dfrac{\pi}{3}=t$로 놓으면 $0\le x<\pi$에서 $-\dfrac{\pi}{3}\le t<\dfrac{5}{3}\pi$이고,

주어진 방정식은

$\cos t=-\dfrac{\sqrt{3}}{2}$

$\therefore t=\dfrac{5}{6}\pi$ 또는 $t=\dfrac{7}{6}\pi$

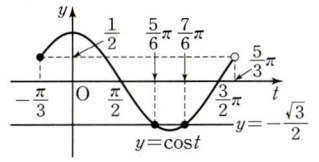

즉, $2x-\dfrac{\pi}{3}=\dfrac{5}{6}\pi$ 또는 $2x-\dfrac{\pi}{3}=\dfrac{7}{6}\pi$

$\therefore x=\dfrac{7}{12}\pi$ 또는 $x=\dfrac{3}{4}\pi$

따라서 모든 근의 합은 $\dfrac{7}{12}\pi+\dfrac{3}{4}\pi=\dfrac{4}{3}\pi$ 답 ①

356

$\dfrac{1}{2}x=t$로 놓으면 $0\le x<2\pi$에서 $0\le t<\pi$

이고, 주어진 방정식은 $\tan t=\dfrac{1}{\sqrt{3}}$

$\therefore t=\dfrac{\pi}{6}$, 즉 $\dfrac{1}{2}x=\dfrac{\pi}{6}$

$\therefore x=\dfrac{\pi}{3}$

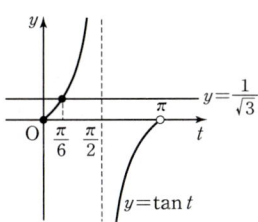

답 ②

357

$\sin x=\cos x$에서 $\dfrac{\sin x}{\cos x}=1$

$\therefore \tan x=1$

$\therefore x=\dfrac{\pi}{4}$ 또는 $x=\dfrac{5}{4}\pi$

따라서 모든 근의 합은

$\dfrac{\pi}{4}+\dfrac{5}{4}\pi=\dfrac{3}{2}\pi$

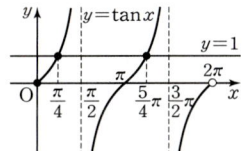

다른 풀이

$0\le x<2\pi$에서 두 함수 $y=\sin x$,

$y=\cos x$의 그래프는 오른쪽 그림과 같으므로 두 그래프의 교점의 x좌표는

$\dfrac{\pi}{4}$, $\dfrac{5}{4}\pi$이다.

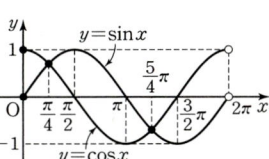

따라서 모든 근의 합은 $\dfrac{\pi}{4}+\dfrac{5}{4}\pi=\dfrac{3}{2}\pi$ 답 $\dfrac{3}{2}\pi$

358

$2\cos^2 x-\sin x-1=0$에서

$2(1-\sin^2 x)-\sin x-1=0$

$2\sin^2 x+\sin x-1=0$

$\sin x=t$로 놓으면 $0\le x<2\pi$에서 $-1\le t\le 1$이고, 주어진 방정식은

$2t^2+t-1=0$, $(t+1)(2t-1)=0$

$\therefore t=-1$ 또는 $t=\dfrac{1}{2}$

(i) $t=-1$, 즉 $\sin x=-1$일 때,

    $0\le x<2\pi$이므로

    $x=\dfrac{3}{2}\pi$

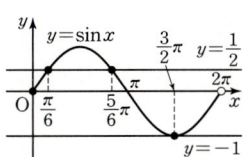

(ii) $t=\dfrac{1}{2}$, 즉 $\sin x=\dfrac{1}{2}$일 때,

    $0\le x<2\pi$이므로

    $x=\dfrac{\pi}{6}$ 또는 $x=\dfrac{5}{6}\pi$

(i), (ii)에서 구하는 모든 근의 합은

$\dfrac{3}{2}\pi+\dfrac{\pi}{6}+\dfrac{5}{6}\pi=\dfrac{5}{2}\pi$ 답 ②

359

$\tan x+\dfrac{\sqrt{3}}{\tan x}=1+\sqrt{3}$의 양변에 $\tan x$를 곱하여 정리하면

$\tan^2 x-(1+\sqrt{3})\tan x+\sqrt{3}=0$

$\tan x=t$로 놓으면 주어진 방정식은

$t^2-(1+\sqrt{3})t+\sqrt{3}=0$

$(t-1)(t-\sqrt{3})=0$

$\therefore t=1$ 또는 $t=\sqrt{3}$

(i) $t=1$, 즉 $\tan x=1$일 때,

    $0<x<\pi$이므로

    $x=\dfrac{\pi}{4}$

(ii) $t=\sqrt{3}$, 즉 $\tan x=\sqrt{3}$일 때,

    $0<x<\pi$이므로

    $x=\dfrac{\pi}{3}$

(i), (ii)에서 구하는 모든 근의 합은

$\dfrac{\pi}{4}+\dfrac{\pi}{3}=\dfrac{7}{12}\pi$ 답 ③

360

$\cos^2 x-1=\sin x\cos x$에서 $\sin^2 x+\cos^2 x=1$이므로

$\cos^2 x-(\sin^2 x+\cos^2 x)=\sin x\cos x$

$\sin^2 x+\sin x\cos x=0$

$\sin x(\sin x+\cos x)=0$

$\therefore \sin x=0$ 또는 $\sin x=-\cos x$ ⑦

(i) $\sin x=0$일 때, $0\le x<\pi$이므로

    $x=0$

(ii) $\sin x=-\cos x$, 즉 $\tan x=-1$일 때, $0\le x<\pi$이므로

    $x=\dfrac{3}{4}\pi$ ④

(i), (ii)에서 구하는 모든 근의 합은

$0+\dfrac{3}{4}\pi=\dfrac{3}{4}\pi$ ④

단계	채점 요소	비율
⑦	주어진 식을 간단히 정리하기	40%
④	각각의 경우를 만족시키는 근 구하기	40%
④	모든 근의 합 구하기	20%

답 $\dfrac{3}{4}\pi$

361

방정식 $3\cos\dfrac{\pi}{2}x=\dfrac{3}{5}x$의 실근의 개수는 함수 $y=3\cos\dfrac{\pi}{2}x$의 그래프와

직선 $y=\dfrac{3}{5}x$의 교점의 개수와 같다.

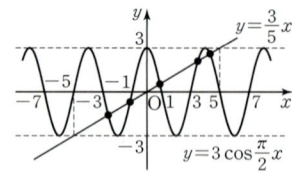

위의 그림과 같이 함수 $y=3\cos\dfrac{\pi}{2}x$의 그래프와 직선 $y=\dfrac{3}{5}x$의 교점의

개수는 5이므로 주어진 방정식의 실근의 개수는 5이다. **답** ③

362

방정식 $\sin\pi x=\dfrac{1}{2}x$의 실근의 개수는 함수 $y=\sin\pi x$의 그래프와 직선

$y=\dfrac{1}{2}x$의 교점의 개수와 같다.

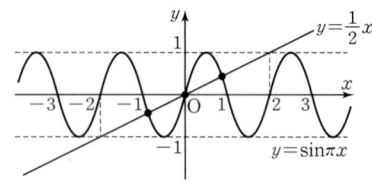

위의 그림과 같이 함수 $y=\sin\pi x$의 그래프와 직선 $y=\dfrac{1}{2}x$의 교점의 개

수는 3이므로 주어진 방정식의 실근의 개수는 3이다. **답** ②

363

$x=0$일 때, (좌변)$=0$, (우변)$=1$이므로 $x=0$은 근이 아니다.

$x\neq0$일 때, $x\sin x=1$에서 $\sin x=\dfrac{1}{x}$이므로 실근의 개수는 두 함수

$y=\sin x$, $y=\dfrac{1}{x}$의 그래프의 교점의 개수와 같다.

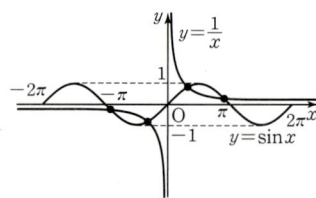

위의 그림과 같이 $-2\pi\leq x\leq2\pi$에서 두 함수 $y=\sin x$, $y=\dfrac{1}{x}$의 그래프

의 교점의 개수는 4이므로 주어진 방정식의 실근의 개수는 4이다. **답** 4

364

$x-\dfrac{\pi}{6}=t$로 놓으면 $0\leq x<2\pi$에서 $-\dfrac{\pi}{6}\leq t<\dfrac{11}{6}\pi$이고,

주어진 부등식은 $\sin t\geq\dfrac{1}{2}$ ...... ㉠

오른쪽 그림에서 부등식 ㉠의 해는

$\dfrac{\pi}{6}\leq t\leq\dfrac{5}{6}\pi$이므로

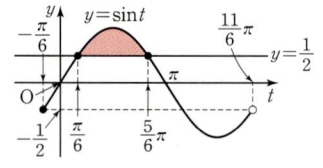

$\dfrac{\pi}{6}\leq x-\dfrac{\pi}{6}\leq\dfrac{5}{6}\pi$

$\therefore \dfrac{\pi}{3}\leq x\leq\pi$ **답** ③

365

$x-\dfrac{\pi}{3}=t$로 놓으면 $0\leq x\leq2\pi$에서 $-\dfrac{\pi}{3}\leq t\leq\dfrac{5}{3}\pi$이고,

주어진 부등식은

$2\cos^2 t-\cos t-1\geq0$

$(2\cos t+1)(\cos t-1)\geq0$

$\therefore \cos t\leq-\dfrac{1}{2}$ 또는 $\cos t\geq1$ ...... ㉠

오른쪽 그림에서 부등식 ㉠의 해는

$t=0$ 또는 $\dfrac{2}{3}\pi\leq t\leq\dfrac{4}{3}\pi$이므로

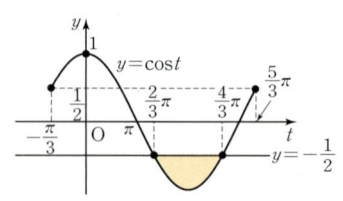

$x-\dfrac{\pi}{3}=0$ 또는 $\dfrac{2}{3}\pi\leq x-\dfrac{\pi}{3}\leq\dfrac{4}{3}\pi$

$\therefore x=\dfrac{\pi}{3}$ 또는 $\pi\leq x\leq\dfrac{5}{3}\pi$

답 $x=\dfrac{\pi}{3}$ 또는 $\pi\leq x\leq\dfrac{5}{3}\pi$

366

모든 실수 x에 대하여 부등식 $x^2+4(\sin\theta+1)x+1>0$이 성립해야 하

므로 이차방정식 $x^2+4(\sin\theta+1)x+1=0$의 판별식을 D라 하면

$\dfrac{D}{4}=(2\sin\theta+2)^2-1<0$

$(2\sin\theta+2+1)(2\sin\theta+2-1)<0$

$(2\sin\theta+3)(2\sin\theta+1)<0$

$0\leq\theta<2\pi$에서 $2\sin\theta+3>0$이므로

$2\sin\theta+1<0$

$\therefore \sin\theta<-\dfrac{1}{2}$ ...... ㉠

오른쪽 그림에서 부등식 ㉠의 해는

$\dfrac{7}{6}\pi<\theta<\dfrac{11}{6}\pi$

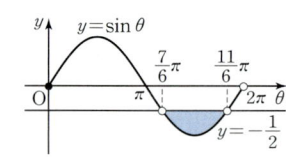

이므로 $\alpha=\dfrac{7}{6}\pi$, $\beta=\dfrac{11}{6}\pi$

$\therefore \alpha+\beta=\dfrac{7}{6}\pi+\dfrac{11}{6}\pi=3\pi$ **답** ③

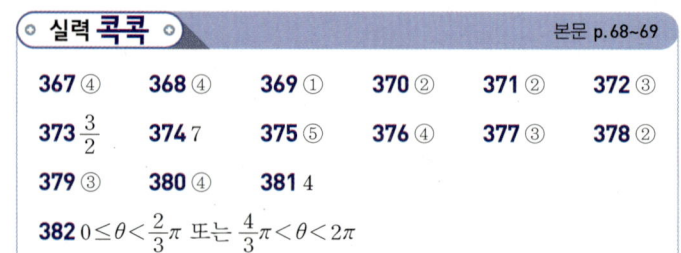

실력 콕콕 본문 p.68~69

367 ④	368 ④	369 ①	370 ②	371 ②	372 ③
373 $\dfrac{3}{2}$	374 7	375 ⑤	376 ④	377 ③	378 ②
379 ③	380 ④	381 4			
382 $0\leq\theta<\dfrac{2}{3}\pi$ 또는 $\dfrac{4}{3}\pi<\theta<2\pi$					

367

$y=\tan\left(\dfrac{1}{2}x-\dfrac{\pi}{4}\right)=\tan\dfrac{1}{2}\left(x-\dfrac{\pi}{2}\right)$의 그래프는 $y=\tan\dfrac{1}{2}x$의 그래프

를 x축의 방향으로 $\dfrac{\pi}{2}$만큼 평행이동한 것이다.

따라서 $0 \le x \le 4\pi$에서 함수
$y = \tan\left(\dfrac{1}{2}x - \dfrac{\pi}{4}\right)$의 그래프와 만
나지 않는 직선 $x = k$, 즉 점근선의
방정식은

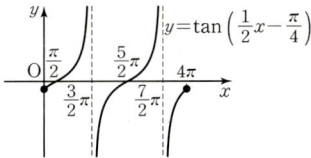

$x = \dfrac{3}{2}\pi$, $x = \dfrac{7}{2}\pi$

이므로 구하는 모든 실수 k의 값의 합은

$\dfrac{3}{2}\pi + \dfrac{7}{2}\pi = 5\pi$ 답 ④

368

$y = a\sin(bx - 1)$에서 최댓값이 4이고 $a > 0$이므로
$a = 4$
또한 주기가 $\dfrac{\pi}{3}$이고 $b > 0$이므로

$\dfrac{2\pi}{b} = \dfrac{\pi}{3}$ $\therefore b = 6$

$\therefore a + b = 4 + 6 = 10$ 답 ④

369

주어진 함수의 최댓값이 3, 최솟값이 -1이고 $a > 0$이므로
$a + c = 3$, $-a + c = -1$
위의 두 식을 연립하여 풀면 $a = 2$, $c = 1$
또한 주기가 8π이고 $b > 0$이므로

$\dfrac{2\pi}{b} = 8\pi$ $\therefore b = \dfrac{1}{4}$

$\therefore ac + b = 2 \times 1 + \dfrac{1}{4} = \dfrac{9}{4}$ 답 ①

370

함수 $y = \tan(ax - b)$의 주기가 $\dfrac{\pi}{8}$이고 $a > 0$이므로

$\dfrac{\pi}{a} = \dfrac{\pi}{8}$ $\therefore a = 8$

따라서 주어진 함수의 그래프는 함수 $y = \tan 8x$의 그래프를 x축의 방향
으로 $\dfrac{\pi}{16}$만큼 평행이동한 것이므로

$y = \tan 8\left(x - \dfrac{\pi}{16}\right) = \tan\left(8x - \dfrac{\pi}{2}\right)$

$\therefore b = \dfrac{\pi}{2} \ (\because 0 < b < \pi)$

$\therefore ab = 8 \times \dfrac{\pi}{2} = 4\pi$ 답 ②

371

$f(x) = 2\cos(\pi - ax) + b = -2\cos ax + b$
주기가 π이고 $a > 0$이므로

$\dfrac{2\pi}{a} = \pi$ $\therefore a = 2$

또한 $f\left(\dfrac{\pi}{2}\right) = 4$이므로 $-2\cos\pi + b = 4$
$2 + b = 4$ $\therefore b = 2$
$\therefore ab = 2 \times 2 = 4$ 답 ②

372

ㄱ. $f(x)$의 주기는 $\dfrac{2\pi}{\frac{2}{3}\pi} = 3$이다. (참)

ㄴ. ㄱ에서 주기가 3이므로 $b = 3$, $c = 2 + 3 = 5$
   $\therefore b + c = 3 + 5 = 8$ (참)

ㄷ. 함수 $y = f(x)$의 그래프가 원점을 지나므로

$f(0) = 2\cos(-a) + 1 = 0$, $\cos a = -\dfrac{1}{2}$

$\therefore a = \dfrac{2}{3}\pi \ (\because 0 < a < \pi)$

$\therefore f(x) = 2\cos\left(\dfrac{2}{3}\pi x - \dfrac{2}{3}\pi\right) + 1 = 2\cos\dfrac{2}{3}\pi(x-1) + 1$

즉, $y = f(x)$의 그래프는 $y = 2\cos\dfrac{2}{3}\pi x + 1$의 그래프를 x축의 방향

으로 1만큼 평행이동한 것이다. (거짓)

따라서 옳은 것은 ㄱ, ㄴ이다.   답 ③

373

함수 $y = 3\cos\dfrac{\pi}{2}x$의 주기가 $\dfrac{2\pi}{\frac{\pi}{2}} = 4$이므로

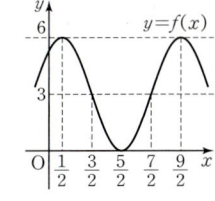

오른쪽 그림과 같이 함수 $f(x)$는

$x = \dfrac{1}{2}$일 때, 최댓값 6

$x = \dfrac{5}{2}$일 때, 최솟값 0

을 갖는다.

따라서 함수 $y = f(x)$의 그래프는 함수 $y = 3\cos\dfrac{\pi}{2}x$의 그래프를 x축의

방향으로 $\dfrac{1}{2}$만큼, y축의 방향으로 3만큼 평행이동한 것이므로

$p = \dfrac{1}{2}$, $q = 3$

$\therefore pq = \dfrac{1}{2} \times 3 = \dfrac{3}{2}$ 답 $\dfrac{3}{2}$

374

함수 $f(x) = a|\cos bx| + c$의 주기가 $\dfrac{\pi}{3}$이고 $b > 0$이므로

$\dfrac{\pi}{b} = \dfrac{\pi}{3}$ $\therefore b = 3$

한편, $0 \le |\cos bx| \le 1$이므로
$c \le a|\cos bx| + c \le a + c$
함수 $f(x)$의 최댓값이 6이므로
$a + c = 6$ …… ㉠

$f\left(\dfrac{\pi}{6}\right) = 1$이므로

$a\left|\cos 3 \times \dfrac{\pi}{6}\right| + c = 1$ $\therefore c = 1$

㉠에 $c = 1$을 대입하면 $a + 1 = 6$ $\therefore a = 5$
$\therefore a + b - c = 5 + 3 - 1 = 7$ 답 7

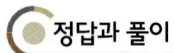
375

$\sin\left(\dfrac{\pi}{2}+\theta\right)=\cos\theta$, $\cos(\pi-\theta)=-\cos\theta$이므로

$y=\sin^2\left(\dfrac{\pi}{2}+\theta\right)+2\sin^2\theta-\cos(\pi-\theta)$

$\quad=\cos^2\theta+2\sin^2\theta+\cos\theta$

$\quad=\cos^2\theta+2(1-\cos^2\theta)+\cos\theta$

$\quad=-\cos^2\theta+\cos\theta+2$

$\cos\theta=t$로 놓으면 $-1\le t\le1$이고

$y=-t^2+t+2=-\left(t-\dfrac{1}{2}\right)^2+\dfrac{9}{4}$

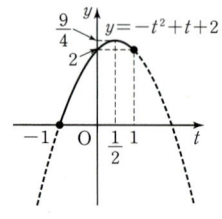

따라서 오른쪽 그림에서

$t=\dfrac{1}{2}$일 때, 최댓값은 $\dfrac{9}{4}$

$t=-1$일 때, 최솟값은 0

이므로 $M=\dfrac{9}{4}$, $m=0$

$\therefore M+m=\dfrac{9}{4}+0=\dfrac{9}{4}$

답 ⑤

376

방정식 $\sin\dfrac{1}{2}x=k$의 근은 함수 $y=\sin\dfrac{1}{2}x$의 그래프와 직선 $y=k$의 교점의 x좌표이다.

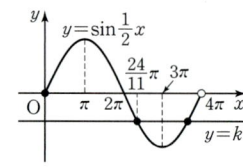

오른쪽 그림에서 $\dfrac{24}{11}\pi$가 $\sin\dfrac{1}{2}x=k$의 한 근이므로 그래프의 대칭성을 이용하면 다른 한 근은

$4\pi-\dfrac{2}{11}\pi=\dfrac{42}{11}\pi$

$\therefore n=42$

답 ④

377

$4\sin^2x-9\sin x+2=0$에서

$(4\sin x-1)(\sin x-2)=0$

이때, $0\le x<3\pi$에서 $\sin x-2<0$이므로

$4\sin x-1=0$ $\quad\therefore \sin x=\dfrac{1}{4}$

따라서 α, β, γ, δ는 $0\le x<3\pi$에서 함수 $y=\sin x$의 그래프와 직선 $y=\dfrac{1}{4}$의 교점의 x좌표를 작은 것부터 차례대로 나타낸 것이다.

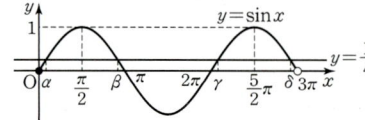

위의 그림에서

$\dfrac{\alpha+\beta}{2}=\dfrac{\pi}{2}$, $\dfrac{\gamma+\delta}{2}=\dfrac{5}{2}\pi$

이므로 $\alpha+\beta=\pi$, $\gamma+\delta=5\pi$

$\therefore \alpha+\beta+\gamma+\delta=\pi+5\pi=6\pi$

답 ③

378

이차방정식 $x^2-2\sqrt{2}x\sin\theta+3\cos\theta=0$의 판별식을 D라 하면

$\dfrac{D}{4}=(-\sqrt{2}\sin\theta)^2-3\cos\theta=0$

$2\sin^2\theta-3\cos\theta=0$

$2(1-\cos^2\theta)-3\cos\theta=0$

$2\cos^2\theta+3\cos\theta-2=0$

$(2\cos\theta-1)(\cos\theta+2)=0$

$0\le\theta<2\pi$에서 $\cos\theta+2>0$이므로

$2\cos\theta-1=0$ $\quad\therefore \cos\theta=\dfrac{1}{2}$

$\therefore \theta=\dfrac{\pi}{3}$ 또는 $\theta=\dfrac{5}{3}\pi$

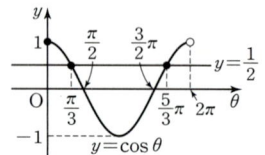

따라서 구하는 모든 θ의 크기의 합은

$\dfrac{\pi}{3}+\dfrac{5}{3}\pi=2\pi$

답 ②

379

방정식 $\sin|x|=\left|\dfrac{1}{2}x\right|$의 실근의 개수는 함수 $y=\sin|x|$의 그래프와 직선 $y=\left|\dfrac{1}{2}x\right|$의 교점의 개수와 같다.

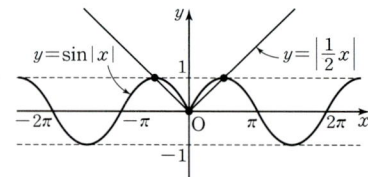

위의 그림과 같이 함수 $y=\sin|x|$의 그래프와 직선 $y=\left|\dfrac{1}{2}x\right|$의 교점의 개수는 3이므로 주어진 방정식의 실근의 개수는 3이다.

답 ③

380

이차방정식 $x^2-2x\cos\theta-2\cos\theta=0$의 판별식을 D라 하면

$\dfrac{D}{4}=\cos^2\theta+2\cos\theta<0$

$\cos\theta(\cos\theta+2)<0$

$0\le\theta<2\pi$에서 $\cos\theta+2>0$이므로

$\cos\theta<0$ $\qquad\qquad$ …… ㉠

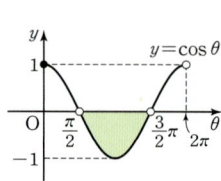

오른쪽 그림에서 부등식 ㉠의 해는

$\dfrac{\pi}{2}<\theta<\dfrac{3}{2}\pi$

이므로 $\alpha=\dfrac{\pi}{2}$, $\beta=\dfrac{3}{2}\pi$

$\therefore \alpha+\beta=\dfrac{\pi}{2}+\dfrac{3}{2}\pi=2\pi$

답 ④

381

$y=-a\cos^2x+a\sin x+b$

$\quad=-a(1-\sin^2x)+a\sin x+b$

$\quad=a\sin^2x+a\sin x-a+b$

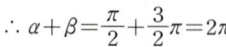

$\sin x = t$로 놓으면 $-1 \le t \le 1$이고

$$y = at^2 + at - a + b = a\left(t + \dfrac{1}{2}\right)^2 - \dfrac{5}{4}a + b$$

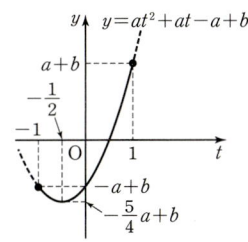

오른쪽 그림에서

$t = 1$일 때, 최댓값은 $a + b$

$t = -\dfrac{1}{2}$일 때, 최솟값은 $-\dfrac{5}{4}a + b$

이므로

$a + b = 5$, $-\dfrac{5}{4}a + b = -4$

위의 두 식을 연립하여 풀면 $a = 4$, $b = 1$

$\therefore ab = 4 \times 1 = 4$

단계	채점 요소	비율
㉮	$\sin^2 x + \cos^2 x = 1$임을 이용하여 한 종류의 삼각함수로 통일하기	30%
㉯	$\sin x = t$로 치환하기	20%
㉰	ab의 값 구하기	50%

🄰 4

382

모든 실수 x에 대하여 부등식 $x^2 - 2(2\cos\theta - 1)x + 4 > 0$이 성립해야 하므로 이차방정식 $x^2 - 2(2\cos\theta - 1)x + 4 = 0$의 판별식을 D라 하면

$$\dfrac{D}{4} = (2\cos\theta - 1)^2 - 4 < 0$$

$4\cos^2\theta - 4\cos\theta - 3 < 0$

$(2\cos\theta + 1)(2\cos\theta - 3) < 0$

$0 \le \theta < 2\pi$에서 $2\cos\theta - 3 < 0$이므로

$2\cos\theta + 1 > 0$ $\therefore \cos\theta > -\dfrac{1}{2}$

따라서 오른쪽 그림에서 구하는 θ의 크기의 범위는

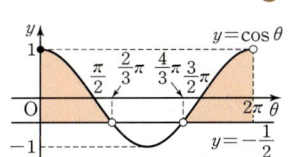

$0 \le \theta < \dfrac{2}{3}\pi$ 또는 $\dfrac{4}{3}\pi < \theta < 2\pi$

단계	채점 요소	비율
㉮	판별식을 이용하여 $\cos\theta$의 값의 범위 구하기	60%
㉯	θ의 크기의 범위 구하기	40%

🄰 $0 \le \theta < \dfrac{2}{3}\pi$ 또는 $\dfrac{4}{3}\pi < \theta < 2\pi$

07 사인법칙과 코사인법칙

● 개념 콕콕 ●

본문 p.71

383

(1) 사인법칙에 의하여 $\dfrac{6}{\sin 30°} = \dfrac{c}{\sin 45°}$이므로

$6\sin 45° = c\sin 30°$

$c = 6 \times \dfrac{\sqrt{2}}{2} \times 2 = 6\sqrt{2}$

(2) 사인법칙에 의하여 $\dfrac{b}{\sin 45°} = \dfrac{2}{\sin 60°}$이므로

$b\sin 60° = 2\sin 45°$

$b = 2 \times \dfrac{\sqrt{2}}{2} \times \dfrac{2}{\sqrt{3}} = \dfrac{2\sqrt{2}}{\sqrt{3}} = \dfrac{2\sqrt{6}}{3}$

(3) $A + B + C = 180°$이므로

$A = 180° - (120° + 30°) = 30°$

사인법칙에 의하여 $\dfrac{a}{\sin 30°} = \dfrac{12}{\sin 120°}$이므로

$a\sin 120° = 12\sin 30°$

$a = 12 \times \dfrac{1}{2} \times \dfrac{2}{\sqrt{3}} = \dfrac{12}{\sqrt{3}} = 4\sqrt{3}$

🄰 (1) $6\sqrt{2}$ (2) $\dfrac{2\sqrt{6}}{3}$ (3) $4\sqrt{3}$

384

(1) 사인법칙에 의하여 $\dfrac{2}{\sin A} = \dfrac{2\sqrt{2}}{\sin 135°}$이므로

$2\sin 135° = 2\sqrt{2}\sin A$

$\therefore \sin A = 2 \times \dfrac{\sqrt{2}}{2} \times \dfrac{1}{2\sqrt{2}} = \dfrac{1}{2}$

$0° < A < 180°$이므로 $A = 30°$ 또는 $A = 150°$

그런데 $A + C < 180°$이므로

$A = 30°$

(2) 사인법칙에 의하여 $\dfrac{3\sqrt{3}}{\sin 30°} = \dfrac{9}{\sin B}$이므로

$3\sqrt{3}\sin B = 9\sin 30°$

$\therefore \sin B = 9 \times \dfrac{1}{2} \times \dfrac{1}{3\sqrt{3}} = \dfrac{\sqrt{3}}{2}$

$0° < B < 180°$이므로 $B = 60°$ 또는 $B = 120°$

(3) 사인법칙에 의하여 $\dfrac{4}{\sin 30°} = \dfrac{4\sqrt{2}}{\sin C}$이므로

$4\sin C = 4\sqrt{2}\sin 30°$

$\therefore \sin C = 4\sqrt{2} \times \dfrac{1}{2} \times \dfrac{1}{4} = \dfrac{\sqrt{2}}{2}$

$0° < C < 180°$이므로 $C = 45°$ 또는 $C = 135°$

🄰 (1) $30°$ (2) $60°$ 또는 $120°$ (3) $45°$ 또는 $135°$

385

(1) 사인법칙에 의하여 $\dfrac{12}{\sin 60°} = 2R$

$\therefore R = \dfrac{12}{\dfrac{\sqrt{3}}{2}} \times \dfrac{1}{2} = 4\sqrt{3}$

(2) $A+B+C=180°$이므로

$A=180°-(60°+90°)=30°$

사인법칙에 의하여 $\dfrac{3}{\sin 30°}=2R$

$\therefore R=\dfrac{3}{\dfrac{1}{2}}\times\dfrac{1}{2}=3$

답 (1) $4\sqrt{3}$ (2) 3

386

(1) 코사인법칙에 의하여

$a^2=6^2+(2\sqrt{2})^2-2\times 6\times 2\sqrt{2}\times\cos 45°$

$\quad=36+8-2\times 6\times 2\sqrt{2}\times\dfrac{\sqrt{2}}{2}=20$

$a>0$이므로 $a=\sqrt{20}=2\sqrt{5}$

(2) 코사인법칙에 의하여

$b^2=4^2+(5\sqrt{3})^2-2\times 4\times 5\sqrt{3}\times\cos 30°$

$\quad=16+75-2\times 4\times 5\sqrt{3}\times\dfrac{\sqrt{3}}{2}=31$

$b>0$이므로 $b=\sqrt{31}$

(3) 코사인법칙에 의하여

$c^2=10^2+6^2-2\times 10\times 6\times\cos 60°$

$\quad=100+36-2\times 10\times 6\times\dfrac{1}{2}=76$

$c>0$이므로 $c=\sqrt{76}=2\sqrt{19}$

답 (1) $2\sqrt{5}$ (2) $\sqrt{31}$ (3) $2\sqrt{19}$

387

(1) 코사인법칙의 변형에 의하여

$\cos A=\dfrac{4^2+5^2-3^2}{2\times 4\times 5}=\dfrac{32}{40}=\dfrac{4}{5}$

(2) 코사인법칙의 변형에 의하여

$\cos B=\dfrac{(3\sqrt{3})^2+(\sqrt{3})^2-(\sqrt{21})^2}{2\times 3\sqrt{3}\times\sqrt{3}}=\dfrac{9}{18}=\dfrac{1}{2}$

$0°<B<180°$이므로

$B=60°$

답 (1) $\dfrac{4}{5}$ (2) $60°$

388

(1) $\triangle ABC=\dfrac{1}{2}\times 8\times 6\times\sin 45°$

$\quad=\dfrac{1}{2}\times 8\times 6\times\dfrac{\sqrt{2}}{2}=12\sqrt{2}$

(2) $\triangle ABC=\dfrac{1}{2}\times 4\times 3\sqrt{2}\times\sin 120°$

$\quad=\dfrac{1}{2}\times 4\times 3\sqrt{2}\times\dfrac{\sqrt{3}}{2}=3\sqrt{6}$

답 (1) $12\sqrt{2}$ (2) $3\sqrt{6}$

389

(1) 코사인법칙의 변형에 의하여

$\cos A=\dfrac{3^2+(\sqrt{5})^2-2^2}{2\times 3\times\sqrt{5}}=\dfrac{10}{6\sqrt{5}}=\dfrac{\sqrt{5}}{3}$

(2) $\sin^2 A+\cos^2 A=1$에서

$\sin^2 A=1-\cos^2 A=1-\left(\dfrac{\sqrt{5}}{3}\right)^2=1-\dfrac{5}{9}=\dfrac{4}{9}$

$\therefore \sin A=\dfrac{2}{3}\ (\because 0°<A<180°)$

(3) $\triangle ABC=\dfrac{1}{2}\times 3\times\sqrt{5}\times\dfrac{2}{3}=\sqrt{5}$

답 (1) $\dfrac{\sqrt{5}}{3}$ (2) $\dfrac{2}{3}$ (3) $\sqrt{5}$

390

세 변의 길이의 합이 $a+b+c=18$이고, 내접원의 반지름의 길이가 $r=2$이므로

$\triangle ABC=\dfrac{1}{2}r(a+b+c)=\dfrac{1}{2}\times 2\times 18=18$

답 18

391

헤론의 공식을 적용하면

$s=\dfrac{5+6+7}{2}=\dfrac{\boxed{18}}{2}=\boxed{9}$

따라서 삼각형 ABC의 넓이는

$\sqrt{s(s-5)(s-\boxed{6})(s-7)}=\sqrt{9\times(9-5)\times(9-6)\times(9-7)}$

$\quad=\sqrt{9\times 4\times 3\times 2}=\boxed{6\sqrt{6}}$

답 (개) 18 (내) 9 (대) 6 (래) $6\sqrt{6}$

유형 콕콕 　　　　　　　　　　　본문 p.72~75

392 ②	393 ①	394 $\sqrt{10}$	395 ④	396 ③	397 ①
398 ③	399 $64\pi\,\mathrm{cm}^3$		400 $\dfrac{27\sqrt{2}}{2}$ m		401 ③
402 ⑤	403 $\dfrac{\sqrt{3}}{2}$	404 ③	405 ④	406 ①	407 ⑤
408 $2\sqrt{110}$	409 ⑤	410 ③	411 25	412 6	413 ④
414 ②	415 $120°$				

392

사인법칙에 의하여 $\dfrac{2}{\sin 30°}=\dfrac{2\sqrt{3}}{\sin C}$이므로

$2\sin C=2\sqrt{3}\sin 30°$

$\therefore \sin C=2\sqrt{3}\times\dfrac{1}{2}\times\dfrac{1}{2}=\dfrac{\sqrt{3}}{2}$

$0°<C<180°$이므로 $C=60°$ 또는 $C=120°$

(i) $C=60°$일 때, $A=90°$이므로

$\overline{BC}^2=(2\sqrt{3})^2+2^2=12+4=16$

$\therefore \overline{BC}=4$

(ii) $C=120°$일 때, $A=30°$이므로 삼각형 ABC는 이등변삼각형이다.

$\therefore \overline{BC}=2$

(i), (ii)에서 $\overline{BC}=4\ (\because \overline{BC}>3)$

답 ②

393

$\cos B=\dfrac{\sqrt{3}}{2}$, $\cos C=\dfrac{\sqrt{3}}{3}$에서

$\sin B=\sqrt{1-\cos^2 B}=\sqrt{1-\left(\dfrac{\sqrt{3}}{2}\right)^2}=\dfrac{1}{2}$

$\sin C=\sqrt{1-\cos^2 C}=\sqrt{1-\left(\dfrac{\sqrt{3}}{3}\right)^2}=\dfrac{\sqrt{6}}{3}$

사인법칙에 의하여

$\dfrac{\overline{AC}}{\sin B}=\dfrac{\overline{AB}}{\sin C}$

$\therefore \overline{AC}=\dfrac{\overline{AB}\times\sin B}{\sin C}=\dfrac{8\times\frac{1}{2}}{\frac{\sqrt{6}}{3}}=2\sqrt{6}$　　답 ①

394

$\overline{BD}=\overline{CD}=2$이므로 직각삼각형 ABD에서

$\overline{AD}=\sqrt{4^2+2^2}=2\sqrt{5}$　　가

삼각형 ADC의 외접원의 반지름의 길이를 R라 하면 $C=45°$이므로
사인법칙에 의하여

$\dfrac{2\sqrt{5}}{\sin 45°}=2R$

$\therefore R=\dfrac{2\sqrt{5}}{\frac{\sqrt{2}}{2}}\times\dfrac{1}{2}=\sqrt{10}$　　나

단계	채점 요소	비율
가	$\overline{AD}$의 길이 구하기	20%
나	삼각형 ADC의 외접원의 반지름의 길이 구하기	80%

답 $\sqrt{10}$

395

$A+B+C=180°$이므로

$C=180°-(75°+60°)=45°$

외접원 O의 반지름의 길이가 4이므로 사인법칙의 변형에 의하여

$\overline{AB}=2\times 4\times\sin 45°=2\times 4\times\dfrac{\sqrt{2}}{2}=4\sqrt{2}$

$\overline{AC}=2\times 4\times\sin 60°=2\times 4\times\dfrac{\sqrt{3}}{2}=4\sqrt{3}$

$\therefore \overline{AB}+\overline{AC}=4\sqrt{2}+4\sqrt{3}=4(\sqrt{2}+\sqrt{3})$　　답 ④

396

삼각형 ABC의 외접원의 반지름의 길이를 R라 하면 사인법칙의 변형에 의하여

$\sin A+\sin B+\sin C=\dfrac{a}{2R}+\dfrac{b}{2R}+\dfrac{c}{2R}$

$=\dfrac{a+b+c}{2R}=\dfrac{15}{2\times 5}=\dfrac{3}{2}$　　답 ③

397

$\dfrac{a+b}{5}=\dfrac{b+c}{7}=\dfrac{c+a}{6}=k\,(k>0)$라 하면

$a+b=5k$, $b+c=7k$, $c+a=6k$

위의 세 식을 연립하여 풀면

$a=2k$, $b=3k$, $c=4k$

$\therefore \sin A:\sin B:\sin C=a:b:c=2k:3k:4k$

$=2:3:4$　　답 ①

398

삼각형 ABC에서 $A+B+C=180°$이므로

$A=180°-(105°+45°)=30°$

운동장의 반지름의 길이를 R m라 하면 사인법칙에 의하여

$\dfrac{60}{\sin 30°}=2R$

$\therefore R=\dfrac{60}{\frac{1}{2}}\times\dfrac{1}{2}=60\,(\mathrm{m})$

따라서 구하는 운동장의 지름의 길이는

$2\times 60=120\,(\mathrm{m})$　　답 ③

399

삼각형 ABC에서 $A+B+C=180°$이므로

$A=180°-(65°+85°)=30°$

삼각형 ABC의 외접원의 반지름의 길이를 R cm라 하면 사인법칙에 의하여

$\dfrac{4}{\sin 30°}=2R$

$\therefore R=\dfrac{4}{\frac{1}{2}}\times\dfrac{1}{2}=4\,(\mathrm{cm})$

따라서 구하는 약통의 부피는

$\pi\times 4^2\times 4=64\pi\,(\mathrm{cm}^3)$　　답 64π cm³

400

삼각형 ABC에서 $\angle ACB=75°-30°=45°$이므로 사인법칙에 의하여

$\dfrac{\overline{AC}}{\sin 30°}=\dfrac{30}{\sin 45°}$

$\therefore \overline{AC}=\dfrac{30}{\frac{\sqrt{2}}{2}}\times\dfrac{1}{2}=15\sqrt{2}\,(\mathrm{m})$　　가

삼각형 ACD에서 사인법칙에 의하여

$\dfrac{\overline{CD}}{\sin 75°}=\dfrac{15\sqrt{2}}{\sin 90°}$

$\therefore \overline{CD}=\dfrac{15\sqrt{2}}{1}\times\dfrac{9}{10}=\dfrac{27\sqrt{2}}{2}\,(\mathrm{m})$

따라서 구하는 나무의 높이는 $\dfrac{27\sqrt{2}}{2}$ m이다.　　나

단계	채점 요소	비율
가	$\overline{AC}$의 길이 구하기	40%
나	$\overline{CD}$의 길이를 구하여 나무의 높이 구하기	60%

답 $\dfrac{27\sqrt{2}}{2}$ m

401

삼각형 ABC에서 코사인법칙에 의하여

$\overline{BC}^2=3^2+4^2-2\times 3\times 4\times\cos 60°$

$=9+16-2\times 3\times 4\times\dfrac{1}{2}=13$

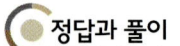

$\overline{BC}>0$이므로 $\overline{BC}=\sqrt{13}$

삼각형 ABC의 외접원의 반지름의 길이를 R라 하면

$$\frac{\sqrt{13}}{\sin 60^\circ}=2R$$

$$\therefore R=\frac{\sqrt{13}}{\frac{\sqrt{3}}{2}}\times\frac{1}{2}=\frac{\sqrt{39}}{3}$$

답 ③

402

사각형 ABCD가 원에 내접하므로 $B+D=180^\circ$

즉, $D=180^\circ-B$이므로

$$\cos D=\cos(180^\circ-B)=-\cos B=-\frac{\sqrt{2}}{3}$$

따라서 삼각형 DAC에서 코사인법칙에 의하여

$$\overline{AC}^2=(2\sqrt{2})^2+3^2-2\times2\sqrt{2}\times3\times\cos D$$
$$=8+9-2\times2\sqrt{2}\times3\times\left(-\frac{\sqrt{2}}{3}\right)$$
$$=8+9+8=25$$

$\overline{AC}>0$이므로 $\overline{AC}=5$

답 ⑤

403

$\overline{AC}=2\overline{BC}$이므로 $b=2a$

삼각형 ABC에서 코사인법칙에 의하여

$$c^2=a^2+b^2-2ab\cos 60^\circ$$
$$=a^2+(2a)^2-2\times a\times2a\times\frac{1}{2}$$
$$=3a^2$$

$a>0$, $c>0$이므로 $c=\sqrt{3}a$

삼각형 ABC에서 코사인법칙의 변형에 의하여

$$\cos A=\frac{(2a)^2+(\sqrt{3}a)^2-a^2}{2\times2a\times\sqrt{3}a}$$
$$=\frac{4a^2+3a^2-a^2}{4\sqrt{3}a^2}=\frac{\sqrt{3}}{2}$$

답 $\frac{\sqrt{3}}{2}$

404

오른쪽 그림과 같이 중계용 카메라의 위치를 O라 하면

$\overline{OA}=6\,\text{m}$, $\overline{OB}=10\,\text{m}$, $\angle AOB=45^\circ$

삼각형 OAB에서 코사인법칙에 의하여

$$\overline{AB}^2=6^2+10^2-2\times6\times10\times\cos 45^\circ$$
$$=36+100-2\times6\times10\times\frac{\sqrt{2}}{2}$$
$$=136-60\sqrt{2}=4(34-15\sqrt{2})$$

답 ③

405

시계에서 긴 바늘과 짧은 바늘 사이의 각의 크기 중 작은 각의 크기는

$$360^\circ\times\frac{2}{12}=60^\circ$$

두 바늘 끝 사이의 거리를 $x\,\text{m}$라 하면 코사인법칙에 의하여

$$x^2=3^2+2^2-2\times3\times2\times\cos 60^\circ$$
$$=9+4-2\times3\times2\times\frac{1}{2}=7$$

$x>0$이므로 $x=\sqrt{7}\,(\text{m})$

따라서 두 바늘 끝 사이의 거리는 $\sqrt{7}$ m이다.

답 ④

406

오른쪽 그림과 같이
$\angle AOP=\angle AOS$, $\angle BOP=\angle BOT$
가 되도록 부채꼴 AOS, BOT를 붙여 생각해 보면

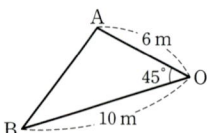

$\triangle QOP\equiv\triangle QOS$, $\triangle ROP\equiv\triangle ROT$이므로

$\overline{PQ}=\overline{SQ}$, $\overline{PR}=\overline{TR}$

즉, 삼각형 PQR의 둘레의 길이는

$$\overline{PQ}+\overline{QR}+\overline{RP}=\overline{SQ}+\overline{QR}+\overline{RT}$$

이고, 그 최솟값은 S, Q, R, T가 한 직선 위에 있을 때이므로

$$\overline{PQ}+\overline{QR}+\overline{RP}\geq\overline{ST}$$

이때, $\angle AOB=30^\circ$이므로 $\angle SOT=60^\circ$

삼각형 SOT에서 코사인법칙에 의하여

$$\overline{ST}^2=(3\sqrt{3})^2+(3\sqrt{3})^2-2\times3\sqrt{3}\times3\sqrt{3}\times\cos 60^\circ$$
$$=27+27-2\times27\times\frac{1}{2}=27$$

$\overline{ST}>0$이므로 $\overline{ST}=3\sqrt{3}$

따라서 삼각형 PQR의 둘레의 길이의 최솟값은 $3\sqrt{3}$이다.

답 ①

407

삼각형 ABC의 넓이가 $12\sqrt{3}$이므로

$$\frac{1}{2}\times6\times8\times\sin C=12\sqrt{3}$$

$$\therefore \sin C=\frac{\sqrt{3}}{2}$$

이때, $90^\circ<C<180^\circ$이므로 $C=120^\circ$

따라서 삼각형 ABC에서 코사인법칙에 의하여

$$\overline{AB}^2=6^2+8^2-2\times6\times8\times\cos 120^\circ$$
$$=36+64-2\times6\times8\times\left(-\frac{1}{2}\right)=148$$

$\overline{AB}>0$이므로 $\overline{AB}=2\sqrt{37}$

답 ⑤

408

삼각형 BCD에서 코사인법칙에 의하여

$$\overline{BD}^2=5^2+3^2-2\times5\times3\times\cos 120^\circ$$
$$=25+9-2\times5\times3\times\left(-\frac{1}{2}\right)=49$$

$\overline{BD}>0$이므로 $\overline{BD}=7$

━━━━━━━━━━━ ㉮

삼각형 ABD에서 헤론의 공식에 의하여

$$s=\frac{9+7+6}{2}=11$$

따라서 삼각형 ABD의 넓이는

$$\sqrt{11(11-9)(11-7)(11-6)}=2\sqrt{110}$$

━━━━━━━━━━━ ㉯

단계	채점 요소	비율
㉮	$\overline{BD}$의 길이 구하기	50%
㉯	삼각형 ABD의 넓이 구하기	50%

답 $2\sqrt{110}$

409

$\sin A:\sin B:\sin C=a:b:c=5:3:4$이므로

$a=5k$, $b=3k$, $c=4k\,(k>0)$로 놓으면 코사인법칙의 변형에 의하여

$$\cos A = \frac{(3k)^2 + (4k)^2 - (5k)^2}{2 \times 3k \times 4k} = 0$$

$0 < A \leq 90°$이므로 $A = 90°$

한편, 사인법칙의 변형에 의하여

$a = 2R\sin A = 2 \times 3 \times \sin 90° = 6$

$6 = 5k$에서 $k = \dfrac{6}{5}$

$\therefore b = 3k = \dfrac{18}{5}$, $c = 4k = \dfrac{24}{5}$

따라서 삼각형 ABC의 넓이는

$\dfrac{1}{2} \times \dfrac{18}{5} \times \dfrac{24}{5} \times \sin 90° = \dfrac{1}{2} \times \dfrac{18}{5} \times \dfrac{24}{5} \times 1 = \dfrac{216}{25}$ **답 ⑤**

410

삼각형 ABC의 넓이를 S, 외접원의 반지름의 길이를 R, 내접원의 반지름의 길이를 r라 하면

$$S = \frac{abc}{4R} = \frac{1}{2}r(a+b+c)$$

이므로

$$\frac{a+b+c}{abc} = \frac{1}{2rR}$$

$\therefore \dfrac{1}{ab} + \dfrac{1}{bc} + \dfrac{1}{ca} = \dfrac{a+b+c}{abc} = \dfrac{1}{2rR} = \dfrac{1}{2 \times 4 \times 8} = \dfrac{1}{64}$ **답 ③**

411

삼각형 ABC의 외접원의 반지름의 길이를 R, 내접원의 반지름의 길이를 r라 하면 사인법칙의 변형에 의하여

$$\sin A + \sin B + \sin C = \frac{a}{2R} + \frac{b}{2R} + \frac{c}{2R}$$
$$= \frac{a+b+c}{2R} = \frac{a+b+c}{2 \times 6} = \frac{5}{3}$$

$\therefore a+b+c = 20$

따라서 삼각형 ABC의 넓이 S는

$S = \dfrac{1}{2}r(a+b+c) = \dfrac{1}{2} \times \dfrac{5}{2} \times 20 = 25$ **답 25**

412

직각삼각형 ABC의 빗변의 길이는 외접원의 지름의 길이와 같으므로

$\overline{AB} = 2 \times \dfrac{5}{2} = 5$

$\overline{BC} = a$, $\overline{CA} = b$라 하면 피타고라스 정리에 의하여

$a^2 + b^2 = 5^2 = 25$ ······ ㉠

────── 가

한편, 내접원의 반지름의 길이가 1이므로

△ABC = △IBC + △ICA + △IAB에서

$\dfrac{1}{2}ab = \dfrac{1}{2} \times 1 \times (a+b+5)$

$\therefore a+b = ab-5$ ······ ㉡

㉡의 양변을 제곱하면

$a^2 + 2ab + b^2 = (ab)^2 - 10ab + 25$ ······ ㉢

㉢에 ㉠을 대입하면

$25 + 2ab = (ab)^2 - 10ab + 25$

$(ab)^2 - 12ab = 0$, $ab(ab-12) = 0$

$ab = 12$ ($\because ab \neq 0$)

────── 나

따라서 직각삼각형 ABC의 넓이 S는

$S = \dfrac{1}{2}ab = \dfrac{1}{2} \times 12 = 6$

────── 다

단계	채점 요소	비율
가	$\overline{BC}^2 + \overline{CA}^2 = a^2 + b^2$의 값 구하기	30%
나	$\overline{BC} \times \overline{CA} = ab$의 값 구하기	50%
다	직각삼각형 ABC의 넓이 구하기	20%

답 6

413

$\overline{AB} = a$, $\overline{BC} = b$라 하면 평행사변형 ABCD의 넓이는

$ab\sin 60° = 6\sqrt{3}$, $\dfrac{\sqrt{3}}{2}ab = 6\sqrt{3}$

$\therefore ab = 12$ ······ ㉠

삼각형 ABC에서 코사인법칙에 의하여

$(2\sqrt{3})^2 = a^2 + b^2 - 2ab\cos 60°$

$12 = a^2 + b^2 - 2 \times 12 \times \dfrac{1}{2}$ ($\because$ ㉠)

$\therefore a^2 + b^2 = 24$ ······ ㉡

㉠, ㉡에 의하여

$(\overline{AB} + \overline{BC})^2 = (a+b)^2 = a^2 + 2ab + b^2 = 24 + 2 \times 12 = 48$

$a+b > 0$이므로 $a+b = 4\sqrt{3}$ **답 ④**

414

$0° < \theta < 180°$이므로

$\sin\theta = \sqrt{1-\cos^2\theta} = \sqrt{1 - \left(\dfrac{4}{5}\right)^2} = \dfrac{3}{5}$

따라서 사각형 ABCD의 넓이는

$\dfrac{1}{2} \times 6 \times 15 \times \sin\theta = \dfrac{1}{2} \times 6 \times 15 \times \dfrac{3}{5} = 27$ **답 ②**

415

평행사변형 ABCD의 넓이가 $15\sqrt{3}$이므로

$5 \times 6 \times \sin C = 15\sqrt{3}$ $\therefore \sin C = \dfrac{\sqrt{3}}{2}$

$90° < C < 180°$이므로 $C = 120°$ **답 120°**

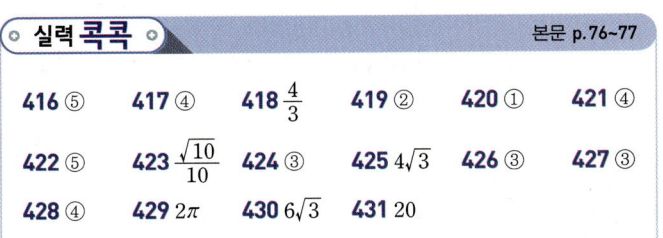

실력 콕콕 본문 p.76~77

416 ⑤	**417** ④	**418** $\dfrac{4}{3}$	**419** ②	**420** ①	**421** ④
422 ⑤	**423** $\dfrac{\sqrt{10}}{10}$	**424** ③	**425** $4\sqrt{3}$	**426** ③	**427** ③
428 ④	**429** 2π	**430** $6\sqrt{3}$	**431** 20		

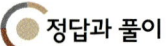

416

사인법칙에 의하여

$$\frac{3}{\sin A}=\frac{3\sqrt3}{\sin 120°}$$

$$3\sin 120°=3\sqrt3\sin A$$

$$\therefore \sin A=3\times\frac{\sqrt3}{2}\times\frac{1}{3\sqrt3}=\frac{1}{2}$$

$$\therefore A=30° \text{ 또는 } A=150°$$

그런데 $C=120°$이므로 $A=30°$

따라서 $B=180°-(30°+120°)=30°$이므로

$$\cos B=\cos 30°=\frac{\sqrt3}{2}$$

답 ⑤

417

$4\cos A\cos(B+C)+1=0$에서

$\cos(B+C)=\cos(180°-A)=-\cos A$이므로

$$4\cos A\times(-\cos A)+1=0,\ 4\cos^2 A=1$$

$$\therefore \cos^2 A=\frac{1}{4}$$

이때, $\sin^2 A=1-\cos^2 A=1-\frac{1}{4}=\frac{3}{4}$이므로

$$\sin A=\frac{\sqrt3}{2}\ (\because 0°<A<180°)$$

따라서 삼각형 ABC에서 사인법칙에 의하여

$$\frac{\overline{BC}}{\sin A}=2R=4$$

$$\therefore \overline{BC}=4\sin A=4\times\frac{\sqrt3}{2}=2\sqrt3$$

답 ④

418

$\angle BMA=\theta$라 하면 $\angle AMC=180°-\theta$

삼각형 ABM에서 사인법칙에 의하여

$$\frac{\overline{BM}}{\sin\alpha}=\frac{12}{\sin\theta}$$

$$\therefore \overline{BM}=\frac{12}{\sin\theta}\times\sin\alpha$$

삼각형 AMC에서 사인법칙에 의하여

$$\frac{\overline{CM}}{\sin\beta}=\frac{9}{\sin(180°-\theta)}=\frac{9}{\sin\theta}$$

$$\therefore \overline{CM}=\frac{9}{\sin\theta}\times\sin\beta$$

$\overline{BM}=\overline{CM}$이므로

$$\frac{12}{\sin\theta}\times\sin\alpha=\frac{9}{\sin\theta}\times\sin\beta$$

$$\therefore \frac{\sin\beta}{\sin\alpha}=\frac{4}{3}$$

답 $\frac{4}{3}$

419

삼각형 ABC의 외접원의 반지름의 길이를 R라 하면 사인법칙의 변형에 의하여

$$\sin A+\sin B+\sin C=\frac{a}{2R}+\frac{b}{2R}+\frac{c}{2R}$$

$$=\frac{a+b+c}{2R}=\frac{5}{2\times3}=\frac{5}{6}$$

답 ②

420

x에 대한 이차방정식

$$x^2\sin B-2x(\sin A+\sin B)+2(\sin A+\sin B)=0$$

의 판별식을 D라 하면

$$\frac{D}{4}=(\sin A+\sin B)^2-2\sin B(\sin A+\sin B)=0$$

$$\therefore \sin^2 A-\sin^2 B=0$$

이때, 삼각형 ABC의 외접원의 반지름의 길이를 R라 하면

사인법칙의 변형에 의하여

$$\sin A=\frac{a}{2R},\ \sin B=\frac{b}{2R}$$이므로

$$\left(\frac{a}{2R}\right)^2-\left(\frac{b}{2R}\right)^2=0,\ \frac{a^2}{4R^2}-\frac{b^2}{4R^2}=0,\ a^2-b^2=0$$

$$(a+b)(a-b)=0$$

$$\therefore a=b\ (\because a>0,\ b>0)$$

따라서 삼각형 ABC는 $a=b$인 이등변삼각형이다.

답 ①

421

정사각형의 한 변의 길이가 4이므로

$$\overline{BE}=\overline{FD}=1,\ \overline{EC}=\overline{CF}=3$$

$$\therefore \overline{AE}=\overline{AF}=\sqrt{4^2+1^2}=\sqrt{17},\ \overline{EF}=\sqrt{3^2+3^2}=3\sqrt2$$

삼각형 AEF에서 코사인법칙의 변형에 의하여

$$\cos\theta=\frac{(\sqrt{17})^2+(\sqrt{17})^2-(3\sqrt2)^2}{2\times\sqrt{17}\times\sqrt{17}}=\frac{8}{17}$$

답 ④

422

$\angle ADC=\theta$라 하면 $\angle ADB=180°-\theta$

$\overline{AD}=x$라 하면 삼각형 ADC에서

코사인법칙의 변형에 의하여

$$\cos\theta=\frac{2^2+x^2-(\sqrt6)^2}{2\times2\times x}=\frac{x^2-2}{4x}\ \cdots\cdots ㉠$$

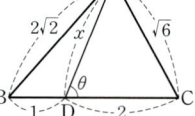

삼각형 ABD에서 코사인법칙의 변형에 의하여

$$\cos(180°-\theta)=\frac{1^2+x^2-(2\sqrt2)^2}{2\times1\times x}=\frac{x^2-7}{2x}\ \cdots\cdots ㉡$$

$\cos(180°-\theta)=-\cos\theta$이므로

㉠, ㉡에서 $\dfrac{x^2-2}{4x}=-\dfrac{x^2-7}{2x}$

$x\neq0$이므로 $x^2-2=-2(x^2-7),\ 3x^2=16$

$$\therefore x=\frac{4\sqrt3}{3}\ (\because x>0)$$

답 ⑤

423

$\overline{CM}=\overline{DM}=1$이므로

$$\overline{BM}=\sqrt{2^2+1^2}=\sqrt5$$

$$\overline{BD}=\sqrt{2^2+2^2}=2\sqrt2$$

삼각형 BMD에서 코사인법칙의 변형에 의하여

$$\cos\theta=\frac{(2\sqrt2)^2+(\sqrt5)^2-1^2}{2\times2\sqrt2\times\sqrt5}=\frac{3\sqrt{10}}{10}$$

$0°<\theta<90°$이므로

$$\sin\theta=\sqrt{1-\left(\frac{3\sqrt{10}}{10}\right)^2}=\frac{1}{\sqrt{10}}=\frac{\sqrt{10}}{10}$$

답 $\frac{\sqrt{10}}{10}$

424

$\overline{MC}=\overline{MD}=2,\ \overline{AN}=3,\ \overline{ND}=1$이므로

$$\overline{MN}=\sqrt{1^2+2^2}=\sqrt5$$

$$\overline{BM}=\sqrt{4^2+2^2}=2\sqrt5$$

$$\overline{BN}=\sqrt{3^2+4^2}=5$$

$\angle MBN=\theta$라 하면 삼각형 BMN에서

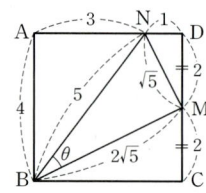

코사인법칙의 변형에 의하여

$$\cos\theta=\frac{5^2+(2\sqrt{5})^2-(\sqrt{5})^2}{2\times5\times2\sqrt{5}}=\frac{40}{20\sqrt{5}}=\frac{2\sqrt{5}}{5}$$

$0°<\theta<90°$이므로

$$\sin\theta=\sqrt{1-\cos^2\theta}=\sqrt{1-\left(\frac{2\sqrt{5}}{5}\right)^2}=\frac{\sqrt{5}}{5}$$

삼각형 BMN의 외접원의 반지름의 길이를 R라 하면 사인법칙에 의하여

$$\frac{\sqrt{5}}{\sin\theta}=2R$$

$$\therefore R=\frac{\sqrt{5}}{2\times\frac{\sqrt{5}}{5}}=\frac{5}{2}$$

답 ③

425

주어진 원뿔의 전개도를 그리면 오른쪽 그림과 같고, 전개도에서 구하는 최단거리는 선분 AP의 길이이다.

호 $\widehat{AA'}$의 길이는 원뿔의 밑면인 원의 둘레의 길이와 같으므로

$$\widehat{AA'}=2\pi\times\frac{8}{3}=\frac{16}{3}\pi$$

이때, 두 점 A, B는 밑면인 원의 지름의 양 끝 점이므로

$$\widehat{AB}=\frac{1}{2}\times\frac{16}{3}\pi=\frac{8}{3}\pi$$

부채꼴 AOB에서 중심각의 크기를 θ라 하면

$$8\theta=\frac{8}{3}\pi \qquad \therefore \theta=\frac{\pi}{3}$$

따라서 삼각형 OAP에서 코사인법칙에 의하여

$$\overline{AP}^2=8^2+4^2-2\times8\times4\times\cos\frac{\pi}{3}$$
$$=64+16-2\times8\times4\times\frac{1}{2}=48$$

$\overline{AP}>0$이므로 $\overline{AP}=4\sqrt{3}$

따라서 구하는 최단거리는 $4\sqrt{3}$이다.

답 $4\sqrt{3}$

426

세 지점을 연결하여 만든 삼각형이 오른쪽 그림과 같을 때 삼각형 ABC에서 $\angle ABC=\theta$라 하면 코사인법칙의 변형에 의하여

$$\cos\theta=\frac{7^2+8^2-13^2}{2\times7\times8}=-\frac{1}{2}$$

$0°<\theta<180°$이므로 $\theta=120°$

삼각형 ABC의 외접원의 반지름의 길이를 R m라 하면 사인법칙에 의하여

$$\frac{13}{\sin120°}=2R$$

$$\therefore R=\frac{13}{2\times\frac{\sqrt{3}}{2}}=\frac{13}{\sqrt{3}}\text{ (m)}$$

따라서 구하는 원형 경기장의 넓이는

$$\pi\left(\frac{13}{\sqrt{3}}\right)^2=\frac{169}{3}\pi\text{ (m}^2)$$

답 ③

427

$\overline{BD}=x$라 하면 $\triangle ABC=\triangle ABD+\triangle BCD$이므로

$$\frac{1}{2}\times8\times6\times\sin120°=\frac{1}{2}\times8\times x\times\sin60°+\frac{1}{2}\times6\times x\times\sin60°$$

$$\frac{1}{2}\times8\times6\times\frac{\sqrt{3}}{2}=\frac{1}{2}\times8\times x\times\frac{\sqrt{3}}{2}+\frac{1}{2}\times6\times x\times\frac{\sqrt{3}}{2}$$

$$48=8x+6x,\ 14x=48$$

$$\therefore x=\frac{24}{7}$$

답 ③

428

삼각형 ABC가 이등변삼각형이므로

$B=C=30°$

사인법칙에 의하여 $\dfrac{b}{\sin30°}=2\times4$

$$b=8\sin30°=8\times\frac{1}{2}=4$$

$$\therefore b=c=4$$

따라서 삼각형 ABC의 넓이는

$$\frac{1}{2}bc\sin A=\frac{1}{2}\times4\times4\times\sin120°$$
$$=\frac{1}{2}\times4\times4\times\frac{\sqrt{3}}{2}=4\sqrt{3}$$

답 ④

429

헤론의 공식에 의하여

$$s=\frac{4+6+6}{2}=8$$

따라서 삼각형의 넓이 S는

$$S=\sqrt{8\times(8-4)(8-6)(8-6)}$$
$$=\sqrt{8\times4\times2\times2}=8\sqrt{2}$$

삼각형의 내접원의 반지름의 길이를 r라 하면

$$8\sqrt{2}=\frac{1}{2}r(4+6+6),\ 8\sqrt{2}=8r$$

$$\therefore r=\sqrt{2}$$

따라서 구하는 내접원의 넓이는

$$\pi(\sqrt{2})^2=2\pi$$

답 2π

430

$\overline{AC}=x$라 하면 삼각형 ABC에서 코사인법칙에 의하여

$$x^2=4^2+3^2-2\times4\times3\times\cos60°$$
$$=16+9-2\times4\times3\times\frac{1}{2}=13$$

$x>0$이므로 $x=\sqrt{13}$

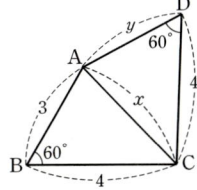

가

$\overline{AD}=y$라 하면 삼각형 ACD에서 코사인법칙에 의하여

$$(\sqrt{13})^2=4^2+y^2-2\times4\times y\times\cos60°$$

$$13=16+y^2-2\times4\times y\times\frac{1}{2}$$

$y^2-4y+3=0$, $(y-1)(y-3)=0$

∴ $y=1$ 또는 $y=3$

그런데 $y≥3$이므로 $y=3$

──────────── 나

따라서 사각형 ABCD의 넓이를 S라 하면

$S=△ABC+△ACD=2△ABC$

$=2×\dfrac{1}{2}×3×4×sin60°$

$=2×\dfrac{1}{2}×3×4×\dfrac{\sqrt{3}}{2}$

$=6\sqrt{3}$

──────────── 다

단계	채점 요소	비율
가	$\overline{AC}$의 길이 구하기	30%
나	$\overline{AD}$의 길이 구하기	40%
다	□ABCD의 넓이 구하기	30%

답 $6\sqrt{3}$

431

주어진 정사각뿔의 전개도는 오른쪽 그림과 같다. 전개도에서 $\overline{AQ}$, $\overline{QS}$를 이어 보면

$\overline{OQ}=3$, $\overline{OS}=2$, ∠AOQ=∠QOS=60°

한편, A → P → Q → R → S로 가는 최단거리는 $\overline{AQ}+\overline{QS}$이다.

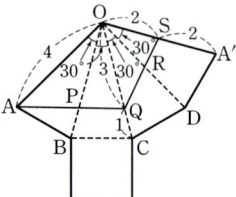

──────────── 가

삼각형 AOQ에서 코사인법칙에 의하여

$\overline{AQ}^2=4^2+3^2-2×4×3×cos60°$

$=16+9-2×4×3×\dfrac{1}{2}=13$

$\overline{AQ}>0$이므로 $\overline{AQ}=\sqrt{13}$

──────────── 나

삼각형 QOS에서 코사인법칙에 의하여

$\overline{QS}^2=3^2+2^2-2×3×2×cos60°$

$=9+4-2×3×2×\dfrac{1}{2}=7$

$\overline{QS}>0$이므로 $\overline{QS}=\sqrt{7}$

──────────── 다

따라서 구하는 최단거리는 $\overline{AQ}+\overline{QS}=\sqrt{13}+\sqrt{7}$

∴ $a+b=13+7=20$

──────────── 라

단계	채점 요소	비율
가	점 A에서 점 S로 가는 최단거리 $\overline{AQ}+\overline{QS}$ 찾기	20%
나	$\overline{AQ}$의 길이 구하기	35%
다	$\overline{QS}$의 길이 구하기	35%
라	$a+b$의 값 구하기	10%

답 20

III. 수열

08 등차수열

● **개념 콕콕** ●

본문 p.81

432

(1) 수열 $\{a_n\}$의 일반항이 $a_n=4n-3$이므로 $n=1$, 2, 3, 4, 5를 차례대로 대입하면

$a_1=4×1-3=1$

$a_2=4×2-3=5$

$a_3=4×3-3=9$

$a_4=4×4-3=13$

$a_5=4×5-3=17$

∴ 1, 5, 9, 13, 17

(2) 수열 $\{a_n\}$의 일반항이 $a_n=\dfrac{n-1}{3n}$이므로 $n=1$, 2, 3, 4, 5를 차례대로 대입하면

$a_1=\dfrac{1-1}{3×1}=0$

$a_2=\dfrac{2-1}{3×2}=\dfrac{1}{6}$

$a_3=\dfrac{3-1}{3×3}=\dfrac{2}{9}$

$a_4=\dfrac{4-1}{3×4}=\dfrac{1}{4}$

$a_5=\dfrac{5-1}{3×5}=\dfrac{4}{15}$

∴ 0, $\dfrac{1}{6}$, $\dfrac{2}{9}$, $\dfrac{1}{4}$, $\dfrac{4}{15}$

답 (1) 1, 5, 9, 13, 17 (2) 0, $\dfrac{1}{6}$, $\dfrac{2}{9}$, $\dfrac{1}{4}$, $\dfrac{4}{15}$

433

(1) 수열 1, -2, 3, -4, $\cdots$은 짝수 번째 항에서 음의 정수가 나오므로 수열 $\{a_n\}$의 일반항은 $a_n=(-1)^{n+1}×n$이다.

(2) 수열 $\dfrac{1}{11}$, $\dfrac{2}{12}$, $\dfrac{3}{13}$, $\dfrac{4}{14}$, $\cdots$에서 각 항은 분자와 분모의 차가 10이므로 제n항의 분자를 n이라 하면 분모는 $n+10$이다.

따라서 수열 $\{a_n\}$의 일반항은 $a_n=\dfrac{n}{n+10}$이다.

답 (1) $a_n=(-1)^{n+1}×n$ (2) $a_n=\dfrac{n}{n+10}$

434

(1) $0-(-2)=2$에서 공차가 2이므로 주어진 수열은

-2, 0, $\boxed{2}$, 4, $\boxed{6}$, $\cdots$

(2) $43-62=-19$에서 공차가 -19이므로 주어진 수열은

100, $\boxed{81}$, 62, 43, $\boxed{24}$, 5, $\cdots$

답 (1) 2, 6 (2) 81, 24

435

(1) $a_n=1+(n-1)×5=5n-4$

(2) 첫째항이 101, 공차가 -2이므로

$a_n=101+(n-1)×(-2)=-2n+103$

답 (1) $a_n=5n-4$ (2) $a_n=-2n+103$

436

(1) 첫째항이 19, 공차가 9이므로

$a_n=19+(n-1)\times9=9n+10$

$\therefore a_{10}=9\times10+10=100$

(2) 첫째항이 $\frac{1}{12}$, 공차가 $\frac{1}{12}$이므로

$a_n=\frac{1}{12}+(n-1)\times\frac{1}{12}=\frac{n}{12}$

$\therefore a_{10}=\frac{10}{12}=\frac{5}{6}$

(3) 첫째항이 $9\pi-1$, 공차가 $1-\pi$이므로

$a_n=9\pi-1+(n-1)\times(1-\pi)$

$\quad=(10-n)\pi+(n-2)$

$\therefore a_{10}=(10-10)\pi+(10-2)=8$

답 (1) 100 (2) $\frac{5}{6}$ (3) 8

437

(1) 공차를 d라 하면

$a_5=1+(5-1)d=9$

$4d=8$ $\therefore d=2$

(2) 공차를 d라 하면

$a_{11}=-3+(11-1)d=-13$

$10d=-10$ $\therefore d=-1$

답 (1) 2 (2) -1

438

a가 8과 -4의 등차중항이므로

$a=\dfrac{8+(-4)}{2}=2$

답 2

439

(1) $\dfrac{10(3+25)}{2}=140$

(2) $\dfrac{10\{2\times100+(10-1)\times(-5)\}}{2}=775$

(3) 첫째항이 5, 공차가 1인 등차수열의 첫째항부터 제11항까지의 합은

$\dfrac{11\{2\times5+(11-1)\times1\}}{2}=110$

답 (1) 140 (2) 775 (3) 110

440

(1) 첫째항이 -3, 공차가 6인 등차수열의 제n항을 69라 하면

$69=-3+(n-1)\times6$

$6n=78$ $\therefore n=13$

따라서 첫째항부터 제13항까지의 합은

$\dfrac{13(-3+69)}{2}=429$

(2) 첫째항이 36, 공차가 -7인 등차수열의 제n항을 -13이라 하면

$-13=36+(n-1)\times(-7)$

$7n=56$ $\therefore n=8$

따라서 첫째항부터 제8항까지의 합은

$\dfrac{8\{36+(-13)\}}{2}=92$

답 (1) 429 (2) 92

441

(1) $S_n=-2n^2+2n$에서

(ⅰ) $n\geq2$일 때

$a_n=S_n-S_{n-1}$

$\quad=-2n^2+2n-\{-2(n-1)^2+2(n-1)\}$

$\quad=-2n^2+2n-(-2n^2+4n-2+2n-2)$

$\quad=-2n^2+2n+2n^2-6n+4$

$\quad=-4n+4$ ...... ㉠

(ⅱ) $n=1$일 때

$a_1=S_1=-2\times1^2+2\times1=0$

이때, $a_1=0$은 ㉠에 $n=1$을 대입한 것과 같으므로

$a_n=-4n+4$

(2) $S_n=n^2-n-1$에서

(ⅰ) $n\geq2$일 때

$a_n=S_n-S_{n-1}$

$\quad=n^2-n-1-\{(n-1)^2-(n-1)-1\}$

$\quad=n^2-n-1-(n^2-2n+1-n+1-1)$

$\quad=n^2-n-1-n^2+3n-1$

$\quad=2n-2$ ...... ㉠

(ⅱ) $n=1$일 때

$a_1=S_1=1^2-1-1=-1$

이때, $a_1=-1$은 ㉠에 $n=1$을 대입한 것과 다르므로

$a_1=-1$, $a_n=2n-2$ (단, $n\geq2$)

답 (1) $a_n=-4n+4$
(2) $a_1=-1$, $a_n=2n-2$ ($n\geq2$)

442

$S_n=n^2$에서

(ⅰ) $n\geq2$일 때

$a_n=S_n-S_{n-1}$

$\quad=n^2-(n-1)^2=n^2-(n^2-2n+1)$

$\quad=2n-1$ ...... ㉠

(ⅱ) $n=1$일 때

$a_1=S_1=1^2=1$

이때, $a_1=1$은 ㉠에 $n=1$을 대입한 것과 같으므로

$a_n=2n-1$

$\therefore a_{20}=2\times20-1=39$

다른 풀이

$a_{20}=S_{20}-S_{19}=20^2-19^2$

$\quad=(20-19)\times(20+19)=39$

답 39

◉ 유형 콕콕 본문 p.82~85

443 ②	**444** ③	**445** -15	**446** ①	**447** ⑤
448 제9항		**449** ④	**450** ②	**451** 1 **452** ②
453 ④	**454** 96	**455** ③	**456** ⑤	**457** 30
458 345	**459** 14	**460** 40	**461** 16	**462** 32 **463** 7
464 500	**465** ⑤	**466** ③	**467** -2	**468** 15

443

등차수열 $\{a_n\}$의 첫째항을 a, 공차를 d라 하면

$a_7 = a + 6d = 13$ ······ ㉠

$a_{13} = a + 12d = 25$ ······ ㉡

㉠, ㉡을 연립하여 풀면 $a=1$, $d=2$

따라서 $a_n = 1 + (n-1) \times 2 = 2n - 1$이므로

$a_{10} = 2 \times 10 - 1 = 19$

다른 풀이

$a=1$, $d=2$이고 $a_{10} = a + 9d$이므로

$a_{10} = 1 + 9 \times 2 = 19$ **답** ②

444

등차수열 $\{a_n\}$의 첫째항을 a, 공차를 d라 하면

$a_7 = 4a_2$에서 $a + 6d = 4(a+d)$

$\therefore 3a - 2d = 0$ ······ ㉠

$a_3 + a_5 + a_7 = 42$에서

$(a+2d) + (a+4d) + (a+6d) = 42$

$\therefore 3a + 12d = 42$ ······ ㉡

㉠, ㉡을 연립하여 풀면 $a=2$, $d=3$

따라서 $a_n = 2 + (n-1) \times 3 = 3n - 1$이므로

$a_{11} = 3 \times 11 - 1 = 32$

다른 풀이

$a=2$, $d=3$이고 $a_{11} = a + 10d$이므로

$a_{11} = 2 + 10 \times 3 = 32$ **답** ③

445

제3항과 제7항은 절댓값이 같고 부호가 반대이므로

$a_3 = -a_7$

이때, 등차수열 $\{a_n\}$의 첫째항을 a, 공차를 d라 하면

$a + 2d = -(a+6d)$

$2a + 8d = 0$ $\therefore a + 4d = 0$ ······ ㉠

한편, $a_4 = a + 3d = 3$ ······ ㉡

㉠, ㉡을 연립하여 풀면 $a=12$, $d=-3$

$\therefore a_{10} = a + 9d = 12 + 9 \times (-3) = -15$ **답** -15

446

등차수열 $\{a_n\}$의 공차를 d라 하면 첫째항이 57이므로

$a_6 = 57 + (6-1)d = 57 + 5d = 37$에서

$5d = -20$ $\therefore d = -4$

$\therefore a_n = 57 + (n-1) \times (-4) = -4n + 61$

$-4n + 61 < 0$에서 $4n > 61$

$\therefore n > \dfrac{61}{4} = 15.25$

따라서 처음으로 음수가 나오는 항은 제16항이다. **답** ①

447

등차수열 $\{a_n\}$의 첫째항을 a, 공차를 d라 하면

$a_6 = a + 5d = -5$ ······ ㉠

$a_{21} = a + 20d = 4$ ······ ㉡

㉠, ㉡을 연립하여 풀면 $a = -8$, $d = \dfrac{3}{5}$

$\therefore a_n = -8 + (n-1) \times \dfrac{3}{5} = \dfrac{3}{5}n - \dfrac{43}{5}$

$\dfrac{3}{5}n - \dfrac{43}{5} > 0$에서 $\dfrac{3}{5}n > \dfrac{43}{5}$

$\therefore n > \dfrac{43}{3} = 14.33\cdots$

따라서 처음으로 양수가 나오는 항은 제15항이다. **답** ⑤

448

등차수열 $\{a_n\}$의 첫째항을 a, 공차를 d라 하면

$a_3 = a + 2d = 4$ ······ ㉠

$a_5 : a_{10} = 2 : 5$에서 $2a_{10} = 5a_5$이므로

$2(a + 9d) = 5(a + 4d)$

$2a + 18d = 5a + 20d$ $\therefore 3a + 2d = 0$ ······ ㉡

㉠, ㉡을 연립하여 풀면 $a = -2$, $d = 3$ **㉮**

$\therefore a_n = -2 + (n-1) \times 3 = 3n - 5$ **㉯**

이때, 22를 제n항이라 하면 $3n - 5 = 22$

$3n = 27$ $\therefore n = 9$

따라서 22는 등차수열 $\{a_n\}$의 제9항이다. **㉰**

단계	채점 요소	비율
㉮	등차수열 $\{a_n\}$의 첫째항과 공차 구하기	50%
㉯	일반항 a_n 구하기	20%
㉰	22가 제몇 항인지 구하기	30%

답 제9항

449

수열 5, a_1, a_2, a_3, a_4, a_5, 29는 첫째항이 5, 제7항이 29인 등차수열을 이루므로 공차를 d라 하면

$5 + 6d = 29$

$6d = 24$ $\therefore d = 4$

따라서 수열 5, a_1, a_2, a_3, a_4, a_5, 29는 첫째항이 5, 공차가 4인 등차수열이고, a_3은 제4항이므로

$a_3 = 5 + 3 \times 4 = 17$

다른 풀이

수열 5, a_1, a_2, a_3, a_4, a_5, 29가 이 순서대로 등차수열을 이루므로 이 수열의 공차를 d라 하면 세 수 5, a_3, 29는 이 순서대로 공차가 $3d$인 등차수열을 이룬다.

따라서 a_3은 5와 29의 등차중항이므로

$a_3 = \dfrac{5 + 29}{2} = 17$ **답** ④

450

등차수열 -12, x_1, x_2, x_3, $\cdots$, x_{99}, 70에서 두 수 -12와 70 사이에 99개의 수가 있으므로 70은 제101항이다.

주어진 등차수열의 공차를 d라 하면 첫째항이 -12이므로
$$70=-12+100d$$
$$100d=82 \quad \therefore d=\frac{41}{50}$$
답 ②

451

주어진 등차수열의 공차를 d라 하면
수열 3, a_1, a_2, $\cdots$, a_m, 13에서 첫째항은 3, 제$(m+2)$항은 13이므로
$$3+(m+1)d=13 \quad \therefore d=\frac{10}{m+1} \qquad \cdots\cdots \text{㉠}$$
㉮

또한 수열 13, b_1, b_2, $\cdots$, b_n, 33에서 첫째항을 13으로 보면 제$(n+2)$항은 33이므로
$$13+(n+1)d=33 \quad \therefore d=\frac{20}{n+1} \qquad \cdots\cdots \text{㉡}$$
㉯

㉠, ㉡에서 $\dfrac{10}{m+1}=\dfrac{20}{n+1}$이므로
$$10(n+1)=20(m+1), \ n+1=2(m+1)$$
$$\therefore n-2m=1$$
㉰

단계	채점 요소	비율
㉮	공차를 m에 대한 식으로 나타내기	35%
㉯	공차를 n에 대한 식으로 나타내기	35%
㉰	$n-2m$의 값 구하기	30%

답 1

452

세 수 $2a-15$, a^2-3a, $6a-5$가 이 순서대로 등차수열을 이루므로
$$2(a^2-3a)=(2a-15)+(6a-5)$$
$$2a^2-6a=8a-20, \ a^2-7a+10=0$$
$$(a-2)(a-5)=0 \quad \therefore a=2 \ \text{또는} \ a=5$$
따라서 구하는 모든 실수 a의 값의 합은
$$2+5=7$$
답 ②

453

a_1, a_3, a_5는 이 순서대로 등차수열을 이루므로 a_3은 a_1과 a_5의 등차중항이다. 또한 a_2, a_4, a_6은 이 순서대로 등차수열을 이루므로 a_4는 a_2와 a_6의 등차중항이다.
즉, $a_1+a_5=2a_3$, $a_2+a_6=2a_4$이므로
$$a_1+a_3+a_5=2a_3+a_3=3a_3=30 \quad \therefore a_3=10$$
$$a_2+a_4+a_6=2a_4+a_4=3a_4=51 \quad \therefore a_4=17$$
따라서 등차수열 $\{a_n\}$의 공차는
$$a_4-a_3=17-10=7$$

다른 풀이

등차수열 $\{a_n\}$의 공차를 d라 하면
$$a_2+a_4+a_6=(a_1+d)+(a_3+d)+(a_5+d)$$
$$=(a_1+a_3+a_5)+3d$$
$$30+3d=51, \ 3d=21$$
$$\therefore d=7$$
답 ④

454

직각삼각형의 세 변의 길이가 작은 것부터 순서대로 a, b, 4 $(a>0, \ b>0, \ a+b>4)$이므로 피타고라스 정리에 의하여
$$a^2+b^2=4^2 \qquad \cdots\cdots \text{㉠}$$
㉮

또한 세 수 a, b, 4는 이 순서대로 등차수열을 이루므로 b는 a와 4의 등차중항이다.
즉, $2b=a+4 \quad \therefore a=2b-4 \qquad \cdots\cdots \text{㉡}$
㉯

㉡을 ㉠에 대입하면
$$(2b-4)^2+b^2=4^2, \ 4b^2-16b+16+b^2=16$$
$$5b^2-16b=0, \ b(5b-16)=0$$
$$\therefore b=\frac{16}{5} \ (\because b>0)$$
$b=\dfrac{16}{5}$을 ㉡에 대입하면
$$a=2\times\frac{16}{5}-4=\frac{12}{5}$$
㉰

따라서 직각삼각형의 넓이 S는
$$S=\frac{1}{2}ab=\frac{1}{2}\times\frac{12}{5}\times\frac{16}{5}=\frac{96}{25}$$
$$\therefore 25S=25\times\frac{96}{25}=96$$
㉱

단계	채점 요소	비율
㉮	피타고라스 정리를 이용하여 a, b에 대한 식 나타내기	30%
㉯	등차중항을 이용하여 a, b에 대한 식 나타내기	30%
㉰	㉮, ㉯에서 구한 식을 이용하여 a, b의 값 구하기	20%
㉱	$25S$의 값 구하기	20%

답 96

455

삼차방정식 $x^3-6x^2+4x+k=0$의 세 실근이 등차수열을 이루므로 세 실근을 $a-d$, a, $a+d$라 하면 삼차방정식의 근과 계수의 관계에 의하여
$$(a-d)+a+(a+d)=6 \qquad \cdots\cdots \text{㉠}$$
$$a(a-d)+a(a+d)+(a-d)(a+d)=4 \qquad \cdots\cdots \text{㉡}$$
$$a(a-d)(a+d)=-k \qquad \cdots\cdots \text{㉢}$$
㉠에서 $3a=6 \quad \therefore a=2$
$a=2$를 ㉡에 대입하면
$$2(2-d)+2(2+d)+(2-d)(2+d)=4$$
$$4-2d+4+2d+4-d^2=4, \ d^2=8$$
$$\therefore d=\pm2\sqrt{2}$$
따라서 $a=2$, $d=-2\sqrt{2}$ 또는 $a=2$, $d=2\sqrt{2}$를 ㉢에 대입하면
$$2\times(2+2\sqrt{2})\times(2-2\sqrt{2})=-k$$
$$\therefore k=8$$

다른 풀이

삼차방정식 $x^3-6x^2+4x+k=0$의 세 실근이 등차수열을 이루므로 세 실근을 $a-d$, a, $a+d$라 하면 삼차방정식의 근과 계수의 관계에 의하여
$$(a-d)+a+(a+d)=6$$
$$3a=6 \quad \therefore a=2$$
따라서 주어진 삼차방정식의 한 근이 $x=2$이므로 주어진 삼차방정식 $x^3-6x^2+4x+k=0$에 $x=2$를 대입하면

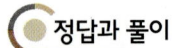

$8-6 \times 2^2+4 \times 2+k=0$

$-8+k=0 \qquad \therefore k=8$ 답 ③

456

등차수열을 이루는 네 수를 $a-3d$, $a-d$, $a+d$, $a+3d$라 하면

$(a-3d)+(a-d)+(a+d)+(a+3d)=16$ …… ㉠

$(a-3d)(a+3d)=-128$ …… ㉡

㉠에서 $4a=16$ $\therefore a=4$

$a=4$를 ㉡에 대입하면

$(4-3d)(4+3d)=-128$

$16-9d^2=-128$, $9d^2=144$

$d^2=16 \qquad \therefore d=\pm4$

따라서 네 수는 -8, 0, 8, 16이므로 가장 큰 수는 16이다.   답 ⑤

457

오른쪽 그림과 같이 직각삼각형의 세 변의 길이

를 각각 $a-d$, a, $a+d\left(0<d<\dfrac{a}{2}\right)$라 하면

피타고라스 정리에 의하여

$(a+d)^2=(a-d)^2+a^2$

$a^2-4ad=0$, $a(a-4d)=0$

$\therefore a=4d \; (\because a>0)$ …… ㉠

한편, 직각삼각형의 넓이는

$\dfrac{1}{2}\times(a-d)\times a=216$

$\therefore a^2-ad=432$ …… ㉡

㉠을 ㉡에 대입하면

$16d^2-4d^2=432$, $12d^2=432$

$d^2=36 \qquad \therefore d=6 \; (\because d>0)$

따라서 직각삼각형의 빗변의 길이는

$a+d=4d+d=5d=5\times6=30$ 답 30

458

등차수열 $\{a_n\}$의 첫째항을 a, 공차를 d라 하면

$a_4=a+3d=11$ …… ㉠

$a_{12}=a+11d=35$ …… ㉡

㉠, ㉡을 연립하여 풀면 $a=2$, $d=3$

따라서 첫째항부터 제15항까지의 합 S_{15}는

$S_{15}=\dfrac{15\{2\times2+(15-1)\times3\}}{2}=345$ 답 345

459

조건 ㈎, ㈏에서 $a_1+a_2=13$, $a_{n-1}+a_n=67$이므로

$a_1+a_2+a_{n-1}+a_n=13+67=80$에서

$a_1+(a_1+d)+(a_n-d)+a_n=80$

$2(a_1+a_n)=80$

$\therefore a_1+a_n=40$

한편, 조건 ㈐에서 $a_1+a_2+a_3+\cdots+a_n=280$이므로

$a_1+a_2+a_3+\cdots+a_n=\dfrac{n(a_1+a_n)}{2}=280$

$\dfrac{40}{2}n=280$, $20n=280$

$\therefore n=14$

다른 풀이

등차수열 $\{a_n\}$의 첫째항을 a, 공차를 d라 하면

조건 ㈎에서

$a_1+a_2=a+(a+d)=2a+d=13$ …… ㉠

조건 ㈏에서

$a_{n-1}+a_n=a+(n-2)d+a+(n-1)d$

$\qquad\qquad=2a+(2n-3)d=67$ …… ㉡

조건 ㈐에서

$a_1+a_2+a_3+\cdots+a_n=\dfrac{n\{2a+(n-1)d\}}{2}=280$ …… ㉢

㉡-㉠을 하면 $(2n-4)d=54$

$(n-2)d=27 \qquad \therefore (n-1)d=d+27$ …… ㉣

㉣을 ㉢에 대입하면

$\dfrac{n\{2a+(n-1)d\}}{2}=\dfrac{n(2a+d+27)}{2}=\dfrac{n(13+27)}{2}\;(\because ㉠)$

$\qquad\qquad=\dfrac{40}{2}n=280$

$20n=280 \qquad \therefore n=14$ 답 14

460

등차수열 3, a_1, a_2, a_3, $\cdots$, a_n, 33은 첫째항이 3, 끝항이 33, 항의 개수가 $n+2$이므로 첫째항부터 제 $(n+2)$항까지의 합은

$\dfrac{(n+2)(3+33)}{2}=216$

$18(n+2)=216$

$n+2=12 \qquad \therefore n=10$

즉, $n=10$이므로 33은 주어진 등차수열의 제12항이다.

따라서 $3+11d=33$이므로

$11d=30 \qquad \therefore d=\dfrac{30}{11}$

$\therefore n+11d=10+11\times\dfrac{30}{11}=40$ 답 40

461

등차수열 -5, a_1, a_2, a_3, $\cdots$, a_n, 25는 첫째항이 -5, 끝항이 25, 항의 개수는 $n+2$이므로 첫째항부터 제$(n+2)$항까지의 합은

$\dfrac{(n+2)(-5+25)}{2}=160$

$10(n+2)=160$

$n+2=16 \qquad \therefore n=14$

    ㉮

즉, $n=14$이므로 25는 주어진 등차수열의 제16항이다.

따라서 $-5+15d=25$이므로

$15d=30 \qquad \therefore d=2$

    ㉯

$\therefore n+d=14+2=16$

    ㉰

단계	채점 요소	비율
㉮	n의 값 구하기	50%
㉯	d의 값 구하기	40%
㉰	$n+d$의 값 구하기	10%

답 16

462

첫째항이 14, 공차가 -4인 등차수열의 일반항 a_n은
$$a_n = 14 + (n-1) \times (-4) = -4n + 18$$
$-4n + 18 < 0$에서 $4n > 18$
$$\therefore n > \frac{18}{4} = 4.5$$
즉, 수열 $\{a_n\}$은 제5항부터 음수이므로 첫째항부터 제4항까지의 합이 최대이다.
따라서 S_n의 최댓값은
$$S_4 = \frac{4\{2 \times 14 + (4-1) \times (-4)\}}{2} = \frac{4 \times 16}{2} = 32$$

다른 풀이

첫째항이 14, 공차가 -4인 등차수열의 첫째항부터 제n항까지의 합 S_n은
$$S_n = \frac{n\{2 \times 14 + (n-1) \times (-4)\}}{2}$$
$$= \frac{n(-4n + 32)}{2}$$
$$= -2n^2 + 16n$$
$$= -2(n^2 - 8n)$$
$$= -2(n-4)^2 + 32$$
따라서 $n=4$일 때, 즉 제4항까지의 합이 최대이고 최댓값은 32이다.

답 32

463

등차수열 $\{a_n\}$의 공차를 d라 하면 첫째항부터 제4항까지의 합 S_4는
$$S_4 = \frac{4\{2 \times 26 + (4-1)d\}}{2} = 104 + 6d$$
또한 첫째항부터 제10항까지의 합 S_{10}은
$$S_{10} = \frac{10\{2 \times 26 + (10-1)d\}}{2} = 260 + 45d$$
이때, $S_4 = S_{10}$이므로
$$104 + 6d = 260 + 45d$$
$$39d = -156 \qquad \therefore d = -4$$
$$\therefore a_n = 26 + (n-1) \times (-4) = -4n + 30$$
$-4n + 30 < 0$에서 $4n > 30$
$$\therefore n > \frac{30}{4} = 7.5$$
즉, 수열 $\{a_n\}$은 제8항부터 음수이므로 첫째항부터 제7항까지의 합 S_7이 최대이다.
$$\therefore n = 7$$

다른 풀이

등차수열 $\{a_n\}$의 첫째항을 a, 공차를 d라 하면 첫째항부터 제n항까지의 합은
$$S_n = \frac{n\{2a + (n-1)d\}}{2}$$
$$= \frac{n\{dn + (2a-d)\}}{2}$$
$$= \frac{d}{2}n^2 + \frac{2a-d}{2}n$$
이므로 S_n은 n에 대한 이차식이다.
이때, $a = 26 > 0$이므로 $d > 0$이면 $a_n > 0$이므로 S_n은 계속 증가하게 되어 $S_4 = S_{10}$이 될 수 없다.

즉, $d < 0$이므로 $S_n = An^2 + Bn$ $(A < 0)$으로 놓으면 $S_4 = S_{10}$이므로 이차함수 $S_n = An^2 + Bn$의 그래프는 축
$$n = \frac{4+10}{2} = 7$$을 기준으로 좌우대칭이다.
따라서 S_n은 $n=7$에서 최댓값을 갖는다.

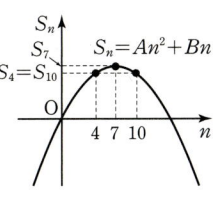

답 7

464

등차수열 $\{a_n\}$의 첫째항을 a, 공차를 d라 하고, 첫째항부터 제n항까지의 합을 S_n이라 하면
$$S_{10} = \frac{10\{2a + (10-1)d\}}{2} = 5(2a + 9d) = 100$$
$$\therefore 2a + 9d = 20 \qquad \cdots\cdots \text{㉠}$$
제11항부터 제20항까지의 합이 300이므로
$$S_{20} - S_{10} = \frac{20\{2a + (20-1)d\}}{2} - 100 = 300$$
$$10(2a + 19d) = 400$$
$$\therefore 2a + 19d = 40 \qquad \cdots\cdots \text{㉡}$$
㉠, ㉡을 연립하여 풀면 $a=1$, $d=2$
따라서 제21항부터 제30항까지의 합은
$$S_{30} - S_{20} = \frac{30\{2 \times 1 + (30-1) \times 2\}}{2} - 400$$
$$= 900 - 400 = 500$$

답 500

465

등차수열 $\{a_n\}$의 첫째항을 a, 공차를 d라 하면
$$S_5 = \frac{5\{2a + (5-1)d\}}{2} = 5a + 10d = 80$$
$$\therefore a + 2d = 16 \qquad \cdots\cdots \text{㉠}$$
$$S_{10} = \frac{10\{2a + (10-1)d\}}{2} = 5(2a + 9d) = 235$$
$$\therefore 2a + 9d = 47 \qquad \cdots\cdots \text{㉡}$$
㉠, ㉡을 연립하여 풀면 $a = 10$, $d = 3$
$$\therefore S_{15} = \frac{15\{2 \times 10 + (15-1) \times 3\}}{2}$$
$$= \frac{15(20 + 42)}{2} = 465$$

답 ⑤

466

$S_n = 3n^2 - n + 1$에서
(i) $n \geq 2$일 때
$$a_n = S_n - S_{n-1}$$
$$= 3n^2 - n + 1 - \{3(n-1)^2 - (n-1) + 1\}$$
$$= 3n^2 - n + 1 - (3n^2 - 7n + 5)$$
$$= 6n - 4 \qquad \cdots\cdots \text{㉠}$$
(ii) $n = 1$일 때
$$a_1 = S_1 = 3 \times 1^2 - 1 + 1 = 3$$
이때, $a_1 = 3$은 ㉠에 $n=1$을 대입한 것과 다르므로 (i), (ii)에서
$$a_1 = 3, \ a_n = 6n - 4 \ (\text{단}, \ n \geq 2)$$
$$\therefore a_5 = 6 \times 5 - 4 = 26$$
$$\therefore a_1 + a_5 = 3 + 26 = 29$$

다른 풀이

$$a_1 = S_1 = 3 \times 1^2 - 1 + 1 = 3$$이고,

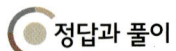

$a_5 = S_5 - S_4$
$\quad = (3 \times 5^2 - 5 + 1) - (3 \times 4^2 - 4 + 1)$
$\quad = 71 - 45 = 26$
$\therefore a_1 + a_5 = 3 + 26 = 29$ **답** ③

467
$S_n = n^2 - an + b$에서
(ⅰ) $n \geq 2$일 때
$\quad a_n = S_n - S_{n-1}$
$\qquad = n^2 - an + b - \{(n-1)^2 - a(n-1) + b\}$
$\qquad = n^2 - an + b - \{n^2 - (2+a)n + 1 + a + b\}$
$\qquad = 2n - a - 1$
(ⅱ) $n = 1$일 때
$\quad a_1 = S_1 = 1 - a + b = 4$
$\quad \therefore -a + b = 3$ $\quad$ ...... ㉠
한편, $a_{15} = 30$이므로
$a_{15} = 2 \times 15 - a - 1 = 30$
$29 - a = 30$ $\quad \therefore a = -1$ ────── 가
$a = -1$을 ㉠에 대입하면
$1 + b = 3$ $\quad \therefore b = 2$ ────── 나
$\therefore ab = -1 \times 2 = -2$ ────── 다

단계	채점 요소	비율
가	a의 값 구하기	70%
나	b의 값 구하기	20%
다	ab의 값 구하기	10%

답 -2

468
$S_n = n^2 + 3n$에서
(ⅰ) $n \geq 2$일 때
$\quad a_n = S_n - S_{n-1}$
$\qquad = n^2 + 3n - \{(n-1)^2 + 3(n-1)\}$
$\qquad = n^2 + 3n - (n^2 + n - 2)$
$\qquad = 2n + 2$ $\quad$ ...... ㉠
(ⅱ) $n = 1$일 때
$\quad a_1 = S_1 = 1^2 + 3 \times 1 = 4$
이때, $a_1 = 4$는 ㉠에 $n = 1$을 대입한 것과 같으므로 (ⅰ), (ⅱ)에서
$a_n = 2n + 2$
따라서 $a_{2n-1} = 2(2n-1) + 2 = 4n$이므로 첫째항이 4, 끝항이 $4n$, 항의 개수가 n인 등차수열의 합을 구하면
$a_1 + a_3 + a_5 + \cdots + a_{2n-1} = \dfrac{n(4+4n)}{2} = 480$
$2n^2 + 2n = 480$, $n^2 + n - 240 = 0$
$(n+16)(n-15) = 0$
$\therefore n = 15 \ (\because n \geq 1)$ **답** 15

실력 콕콕 본문 p.86~87

469 ②	**470** 183	**471** 24	**472** ③	**473** ④	**474** 21
475 ④	**476** 13	**477** ②	**478** ③	**479** 15	**480** 22
481 2	**482** ③	**483** 284	**484** 43		

469
등차수열 $\{a_n\}$의 첫째항을 a라 하면 공차가 6이므로
$a_n = a + (n-1) \times 6$
이때, $|a_2 - 3| = |a + 6 - 3| = |a + 3|$,
$\qquad |a_3 - 3| = |a + 12 - 3| = |a + 9|$
$|a_2 - 3| = |a_3 - 3|$에서
$|a+3| = |a+9|$, $a + 3 = \pm(a+9)$
따라서 $a = -6$이므로
$a_5 = -6 + (5-1) \times 6 = -6 + 24 = 18$ **답** ②

470
$\{a_n\}$: 3, 5, 7, 9, 11, 13, 15, $\cdots$
$\{b_n\}$: 6, 9, 12, 15, 18, 21, $\cdots$
$\{c_n\}$: 9, 15, 21, $\cdots$
즉, 수열 $\{c_n\}$은 첫째항이 9, 공차가 6인 등차수열이므로
$c_n = 9 + (n-1) \times 6 = 6n + 3$
$\therefore c_{30} = 6 \times 30 + 3 = 183$

다른 풀이

수열 $\{a_n\}$의 n번째 항과 수열 $\{b_n\}$의 m번째 항이 공통인 항이라 하면
$2n + 1 = 3m + 3$, $2n - 2 = 3m$, $2(n-1) = 3m$
n, m이 자연수이므로 m은 2의 배수이다.
$\therefore m = 2k$ (단, k는 자연수)
따라서 c_{30}은 $m = 60$일 때이므로
$c_{30} = b_{60} = 3 \times 60 + 3 = 183$ **답** 183

471
등차수열 $\{a_n\}$의 첫째항을 a, 공차를 d라 하면
$a_3 + a_5 = (a + 2d) + (a + 4d) = 36$
$2a + 6d = 36$
$\therefore a + 3d = 18$ $\quad$ ...... ㉠
$a_2 a_4 = (a+d)(a+3d) = 180$
$18(a+d) = 180 \ (\because ㉠)$
$\therefore a + d = 10$ $\quad$ ...... ㉡
㉠, ㉡을 연립하여 풀면 $a = 6$, $d = 4$
$\therefore a_n = 6 + (n-1) \times 4 = 4n + 2$
이때, $a_n < 100$에서 $4n + 2 < 100$
$4n < 98$ $\quad \therefore n < \dfrac{98}{4} = 24.5$
따라서 자연수 n의 최댓값은 24이다. **답** 24

472
첫째항이 $-\dfrac{2}{3}$, 공차가 $\dfrac{2}{9}$인 등차수열을 $\{a_n\}$이라 하면
$a_n = -\dfrac{2}{3} + (n-1) \times \dfrac{2}{9} = \dfrac{2}{9}(n-4)$
이때, a_n이 자연수가 되려면 $n-4$의 값이 9의 배수이어야 한다.
즉, $n - 4 = 9, 18, 27, \cdots$

따라서 수열 $\{a_n\}$에서 처음으로 자연수가 나오는 항은 제13항이다.

답 ③

473

다섯 개의 수 1, p, q, r, s가 이 순서대로 등차수열을 이루므로 공차를 d라 하면

$s=p+3d$

$s-p=9$에서 $3d=9$

$\therefore d=3$

$\therefore r=1+3d=1+3\times3=10$

답 ④

474

다섯 개의 수 1, a, b, c, 13이 이 순서대로 등차수열을 이루므로 공차를 d라 하면

$a=b-d$, $c=b+d$

b는 1과 13의 등차중항이므로

$2b=1+13=14$ $\therefore b=7$

$\therefore a+b+c=(b-d)+b+(b+d)=3b=3\times7=21$

다른 풀이

b는 a와 c, 1과 13의 등차중항이므로

$2b=a+c=1+13=14$ $\therefore b=7$

$\therefore a+b+c=(a+c)+b=14+7=21$

답 21

475

등차수열 $\{a_n\}$의 첫째항이 5이므로 공차를 d라 하면

$a_6=5+5d=-5$

$5d=-10$ $\therefore d=-2$

$\therefore a_n=5+(n-1)\times(-2)=-2n+7$

이때, $a_n+a_{n+1}=(-2n+7)+\{-2(n+1)+7\}$
$\qquad\qquad\quad=-4n+12$

$\therefore |a_1+a_2|+|a_2+a_3|+|a_3+a_4|+\cdots+|a_{10}+a_{11}|$

$\quad=|8|+|4|+|0|+|-4|+\cdots+|-28|$

$\quad=(8+4+0)+(4+8+\cdots+28)$

$\quad=12+\dfrac{7(4+28)}{2}$

$\quad=12+112=124$

답 ④

476

조건 (가)에서 $a_1+a_2+a_3+a_4=26$

조건 (나)에서 $a_{n-3}+a_{n-2}+a_{n-1}+a_n=134$

$\therefore a_1+a_2+a_3+a_4+a_{n-3}+a_{n-2}+a_{n-1}+a_n=26+134=160$

이때, 수열 $\{a_n\}$은 등차수열이므로

$a_1+a_n=a_2+a_{n-1}=a_3+a_{n-2}=a_4+a_{n-3}$

$4(a_1+a_n)=160$ $\therefore a_1+a_n=40$

또한 조건 (다)에서 $\dfrac{n(a_1+a_n)}{2}=260$

$\dfrac{40}{2}n=260$, $20n=260$

$\therefore n=13$

답 13

477

등차수열 a_1, a_2, a_3, $\cdots$, a_{21}의 첫째항을 a, 공차를 d라 하면

S는 첫째항이 a, 공차가 $2d$, 항의 개수가 11인 등차수열의 합이므로

$S=a_1+a_3+\cdots+a_{21}$

$\quad=\dfrac{11\{2a+(11-1)\times2d\}}{2}$

$\quad=\dfrac{11(2a+20d)}{2}$

T는 첫째항이 $a+d$, 공차가 $2d$, 항의 개수가 10인 등차수열의 합이므로

$T=a_2+a_4+\cdots+a_{20}$

$\quad=\dfrac{10\{2(a+d)+(10-1)\times2d\}}{2}$

$\quad=\dfrac{10(2a+20d)}{2}$

$\therefore S:T=\dfrac{11(2a+20d)}{2}:\dfrac{10(2a+20d)}{2}=11:10$

보충 설명

조건을 만족시키는 가장 간단한 등차수열 1, 2, 3, 4, 5, 6, $\cdots$, 20, 21을 이용하여 직접 S, T의 값을 구하여 비교할 수도 있다.

답 ②

478

첫째항이 m, 공차가 1인 등차수열의 첫째항부터 제n항까지의 합을 S_n이라 하면

$S_n=\dfrac{n\{2m+(n-1)\times1\}}{2}=50$

$\therefore n(2m+n-1)=100=2^2\times5^2$

이때, n, $2m+n-1$, m의 값을 차례대로 구하면 다음과 같다.

n	$2m+n-1$	m
1	100	50
2	50	$\dfrac{49}{2}$
4	25	11
5	20	8
10	10	$\dfrac{1}{2}$
$\vdots$	$\vdots$	$\vdots$
100	1	-49

주어진 조건에서 m은 $m\leq10$인 자연수이므로

$m=8$, $n=5$

$\therefore m+n=8+5=13$

보충 설명

미지수의 개수보다 주어진 식의 개수가 적은 부정방정식 문제로, 일반적으로 정수 조건의 부정방정식은 (다항식)$\times$(다항식)$=$(정수)의 꼴로 변형하여 두 다항식이 정수의 약수가 됨을 이용하여 푼다.

즉, 세 정수 x, y, p에 대하여 $xy=p$이면 x, y는 p의 약수이다.

답 ③

479

등차수열 $\{a_n\}$의 첫째항을 a, 공차를 d라 하면

$S_8=\dfrac{8\{2a+(8-1)d\}}{2}=4(2a+7d)=12$

$\therefore 2a+7d=3$ $\cdots\cdots$ ㉠

$S_{15}=\dfrac{15\{2a+(15-1)d\}}{2}=\dfrac{15(2a+14d)}{2}=-30$

$\therefore a+7d=-2$ $\cdots\cdots$ ㉡

㉠, ㉡을 연립하여 풀면 $a=5$, $d=-1$

$\therefore a_n = 5 + (n-1) \times (-1) = -n + 6$

$-n + 6 < 0$에서 $n > 6$

즉, 수열 $\{a_n\}$은 제7항부터 음수이므로 첫째항부터 제6항까지의 합이 최대이다.

따라서 S_n의 최댓값은

$$S_6 = \frac{6\{2 \times 5 + (6-1) \times (-1)\}}{2} = 15$$

보충 설명

수열 $\{a_n\}$에서 첫째항부터 제5항까지는 양수이고, 제6항은 0, 제7항부터 음수이므로 첫째항부터 제5항까지의 합 S_5와 첫째항부터 제6항까지의 합 S_6은 같다.

따라서 S_n의 최댓값은 S_5 또는 S_6이다.　　　　　**답** 15

480

등차수열 $\{a_n\}$의 첫째항을 a, 공차를 d라 하면

$a_3 = a + 2d = 40$, $a_8 = a + 7d = 30$

위의 두 식을 연립하여 풀면 $a = 44$, $d = -2$

즉, $a_n = 44 + (n-1) \times (-2) = -2n + 46$이므로

$a_{2n} = -2 \times 2n + 46 = -4n + 46$

이때, $a_2 + a_4 + \cdots + a_{2n}$은 첫째항이 a_2, 공차가 $2d$, 항의 개수가 n인 등차수열의 합이므로

$$|a_2 + a_4 + \cdots + a_{2n}| = \left| \frac{n\{2a_2 + (n-1) \times 2d\}}{2} \right|$$

$$= \left| \frac{n\{2 \times 42 + (n-1) \times (-4)\}}{2} \right|$$

$$= |-2n^2 + 44n|$$

따라서 $|a_2 + a_4 + \cdots + a_{2n}|$의 값이 최소가 되려면 $-2n^2 + 44n = 0$이어야 하므로

$2n(n-22) = 0$　　$\therefore n = 22$ ($\because n \geq 1$)　　**답** 22

481

$S_n = 2n^2 + 3kn$이므로

$a_5 = S_5 - S_4$

$= (2 \times 5^2 + 3k \times 5) - (2 \times 4^2 + 3k \times 4)$

$= 2(5^2 - 4^2) + 3k(5 - 4)$

$= 3k + 18$

$T_n = k^2 n^2 - 12n$이므로

$b_5 = T_5 - T_4$

$= (k^2 \times 5^2 - 12 \times 5) - (k^2 \times 4^2 - 12 \times 4)$

$= k^2(5^2 - 4^2) - 12(5 - 4)$

$= 9k^2 - 12$

이때, $a_5 = b_5$이므로 $3k + 18 = 9k^2 - 12$

$9k^2 - 3k - 30 = 0$, $3k^2 - k - 10 = 0$

$(k-2)(3k+5) = 0$　　$\therefore k = 2$ ($\because k > 0$)　　**답** 2

482

ㄱ. $a_n = n$이면 등차수열 $\{a_n\}$은 첫째항이 1, 공차가 1이므로 첫째항부터 제n항까지의 합 S_n은

$$S_n = \frac{n\{2 \times 1 + (n-1) \times 1\}}{2} = \frac{n(n+1)}{2}$$

$S_n T_n = n^2(n^2 - 1)$에서

$\frac{n(n+1)}{2} \times T_n = n^2(n^2 - 1)$

$\therefore T_n = n^2(n^2 - 1) \times \frac{2}{n(n+1)}$

$= n^2(n+1)(n-1) \times \frac{2}{n(n+1)}$

$= 2n(n-1)$

(i) $n \geq 2$일 때

$b_n = T_n - T_{n-1}$

$= 2n(n-1) - 2(n-1)(n-2)$

$= 2(n-1)(n-n+2)$

$= 4n - 4$　　　　　……㉠

(ii) $n = 1$일 때

$b_1 = T_1 = 2 \times 1 \times (1-1) = 0$

이때, $b_1 = 0$은 ㉠에 $n=1$을 대입한 것과 같으므로

$b_n = 4n - 4$ (참)

ㄴ. $S_n = \frac{n\{2a_1 + (n-1)d_1\}}{2}$, $T_n = \frac{n\{2b_1 + (n-1)d_2\}}{2}$

$S_n T_n = n^2(n^2 - 1)$에서

$\frac{n\{2a_1 + (n-1)d_1\}}{2} \times \frac{n\{2b_1 + (n-1)d_2\}}{2} = n^2(n^2 - 1)$

$n\{2a_1 + (n-1)d_1\} \times n\{2b_1 + (n-1)d_2\} = 4n^2(n^2 - 1)$

$(d_1 n + 2a_1 - d_1)(d_2 n + 2b_1 - d_2) = 4(n^2 - 1)$

양변의 n^2의 계수를 비교하면

$d_1 d_2 = 4$ (참)

ㄷ. $S_n T_n = n^2(n^2 - 1)$에서 $S_1 T_1 = 0$이므로

$a_1 \neq 0$이면 $b_1 = 0$

즉, 등차수열 $\{b_n\}$은 첫째항이 0, 공차가 d_2이므로 첫째항부터 제n항까지의 합 T_n은

$$T_n = \frac{n\{2 \times 0 + (n-1)d_2\}}{2} = \frac{n(n-1)d_2}{2}$$

$S_n T_n = n^2(n^2 - 1)$에서

$S_n \times \frac{n(n-1)d_2}{2} = n^2(n^2 - 1)$

$\therefore S_n = n^2(n^2 - 1) \times \frac{2}{n(n-1)d_2}$

$= n^2(n+1)(n-1) \times \frac{2}{n(n-1)d_2}$

$= \frac{2n(n+1)}{d_2}$

(i) $n \geq 2$일 때

$a_n = S_n - S_{n-1}$

$= \frac{2n(n+1)}{d_2} - \frac{2(n-1)n}{d_2}$

$= \frac{2n^2 + 2n - 2n^2 + 2n}{d_2} = \frac{4n}{d_2}$　　　　　……㉡

(ii) $n = 1$일 때

$a_1 = S_1 = \frac{2 \times 1 \times 2}{d_2} = \frac{4}{d_2}$

이때, $a_1 = \frac{4}{d_2}$는 ㉡에 $n=1$을 대입한 것과 같으므로

$a_n = \frac{4n}{d_2}$ (거짓)

따라서 옳은 것은 ㄱ, ㄴ이다.

보충 설명

ㄷ. [반례] $a_n = 2n$, $b_n = 2n - 2$일 때

$$S_n T_n = \frac{n\{2 \times 2 + (n-1) \times 2\}}{2} \times \frac{n\{2 \times 0 + (n-1) \times 2\}}{2}$$

$= n^2(n+1)(n-1) = n^2(n^2 - 1)$

즉, $a_1=2\neq0$이지만 $a_n\neq n$이다.　　　　　　답 ③

483

등차수열 $\{a_n\}$의 첫째항이 6이므로 공차를 d라 하면
$$a_{10}=6+9d=-12$$
$$9d=-18 \quad \therefore d=-2$$

――――――――――――――――――――――― ㉮

$$\therefore a_n=6+(n-1)\times(-2)=-2n+8$$

――――――――――――――――――――――― ㉯

따라서 $1\leq n\leq4$일 때 $a_n\geq0$, $n\geq5$일 때 $a_n<0$이므로

――――――――――――――――――――――― ㉰

$$|a_1|+|a_2|+|a_3|+\cdots+|a_{20}|$$
$$=a_1+a_2+a_3+a_4-(a_5+a_6+\cdots+a_{20})$$
$$=(6+4+2+0)-(-2-4-6-\cdots-32)$$
$$=(6+4+2+0)+(2+4+6+\cdots+32)$$
$$=12+\frac{16(2+32)}{2}$$
$$=12+272=284$$

――――――――――――――――――――――― ㉱

단계	채점 요소	비율
㉮	공차 구하기	10%
㉯	일반항 a_n 구하기	10%
㉰	$a_n\geq0$일 때와 $a_n<0$일 때를 구분하기	20%
㉱	$|a_1|+|a_2|+|a_3|+\cdots+|a_{20}|$의 값 구하기	60%

답 284

484

첫째항부터 제n항까지의 합 S_n이 다항식 $2x^2+x+1$을 $x-n$으로 나눈 나머지이므로 나머지정리에 의하여
$$S_n=2n^2+n+1$$

――――――――――――――――――――――― ㉮

(ⅰ) $n\geq2$일 때
$$a_n=S_n-S_{n-1}$$
$$=2n^2+n+1-\{2(n-1)^2+(n-1)+1\}$$
$$=2n^2+n+1-(2n^2-3n+2)$$
$$=4n-1 \qquad\qquad \cdots\cdots ㉠$$

(ⅱ) $n=1$일 때
$$a_1=S_1=2\times1^2+1+1=4$$

이때, $a_1=4$는 ㉠에 $n=1$을 대입한 것과 다르므로
$$a_1=4, a_n=4n-1 (단, n\geq2)$$

――――――――――――――――――――――― ㉯

$$\therefore a_1+a_{10}=4+39=43$$

――――――――――――――――――――――― ㉰

단계	채점 요소	비율
㉮	나머지정리를 이용하여 S_n 구하기	30%
㉯	일반항 a_n 구하기	60%
㉰	a_1+a_{10}의 값 구하기	10%

답 43

09 등비수열

◆ 개념 콕콕 ◆　　　　　　본문 p.89

485

(1) $\dfrac{16}{8}=2$에서 공비가 2이므로 주어진 수열은
$$\boxed{1}, 2, \boxed{4}, 8, 16, \cdots$$

(2) $\dfrac{-6}{3}=-2$에서 공비가 -2이므로 주어진 수열은
$$\boxed{-\dfrac{3}{2}}, 3, -6, \boxed{12}, -24, \cdots$$

(3) $\dfrac{1}{16}\div\left(-\dfrac{1}{4}\right)=-\dfrac{1}{4}$에서 공비가 $-\dfrac{1}{4}$이므로 주어진 수열은
$$16, \boxed{-4}, \boxed{1}, -\dfrac{1}{4}, \dfrac{1}{16}, \cdots$$

답 (1) 1, 4 (2) $-\dfrac{3}{2}$, 12 (3) -4, 1

486

(1) 첫째항이 7, 공비가 2이므로
$$a_n=7\times2^{n-1}$$

(2) 첫째항이 8, 공비가 $\dfrac{3}{2}$이므로
$$a_n=8\times\left(\dfrac{3}{2}\right)^{n-1}$$

(3) 첫째항이 -1, 공비가 $-\sqrt{2}$이므로
$$a_n=-1\times(-\sqrt{2})^{n-1}=-(-\sqrt{2})^{n-1}$$

답 (1) $a_n=7\times2^{n-1}$ (2) $a_n=8\times\left(\dfrac{3}{2}\right)^{n-1}$
(3) $a_n=-(-\sqrt{2})^{n-1}$

487

(1) 첫째항이 $0.25=\dfrac{1}{4}$, 공비가 2이므로
$$a_n=\dfrac{1}{4}\times2^{n-1}$$
$$\therefore a_{10}=\dfrac{1}{4}\times2^9=128$$

(2) 첫째항이 81, 공비가 $\dfrac{1}{3}$이므로
$$a_n=81\times\left(\dfrac{1}{3}\right)^{n-1}$$
$$\therefore a_{10}=81\times\left(\dfrac{1}{3}\right)^9=\dfrac{1}{243}$$

(3) 첫째항이 -1536, 공비가 $-\dfrac{1}{2}$이므로
$$a_n=-1536\times\left(-\dfrac{1}{2}\right)^{n-1}$$
$$\therefore a_{10}=-1536\times\left(-\dfrac{1}{2}\right)^9=3$$

답 (1) 128 (2) $\dfrac{1}{243}$ (3) 3

488

(1) 공비를 r라 하면 $a_1=8$이므로

$a_4 = 8 \times r^3 = 1$, $r^3 = \dfrac{1}{8}$

$\therefore r = \dfrac{1}{2}$ ($\because r$는 실수)

(2) 공비를 r라 하면 $a_1 = 5$이므로

$a_5 = 5 \times r^4 = 80$, $r^4 = 16$

$\therefore r = \pm 2$ ($\because r$는 실수)

(3) 공비를 r라 하면 $a_2 = 54$이므로

$a_5 = a_2 \times r^3 = 54 \times r^3 = -2$

$r^3 = -\dfrac{1}{27}$ $\quad \therefore r = -\dfrac{1}{3}$ ($\because r$는 실수)

답 (1) $\dfrac{1}{2}$ (2) -2 또는 2 (3) $-\dfrac{1}{3}$

489

a가 $\dfrac{7}{2}$과 14의 등비중항이므로 $a^2 = \dfrac{7}{2} \times 14 = 49$

$\therefore a = \pm 7$

답 -7 또는 7

490

-4가 $\dfrac{x}{2}$와 $\dfrac{4}{3}y$의 등비중항이므로 $(-4)^2 = \dfrac{x}{2} \times \dfrac{4}{3}y$

$\dfrac{2}{3}xy = 16$ $\quad \therefore xy = 24$

답 24

491

(1) $\dfrac{1\left\{1 - \left(\dfrac{1}{2}\right)^5\right\}}{1 - \dfrac{1}{2}} = \dfrac{1 - \dfrac{1}{32}}{\dfrac{1}{2}} = \dfrac{31}{16}$

(2) $\dfrac{4\{1 - (-3)^6\}}{1 - (-3)} = \dfrac{4(1 - 729)}{4} = -728$

답 (1) $\dfrac{31}{16}$ (2) -728

492

(1) 첫째항이 $\dfrac{1}{2}$, 공비가 2인 등비수열의 제n항을 16이라 하면

$\dfrac{1}{2} \times 2^{n-1} = 16$, $2^{n-1} = 32 = 2^5$

이때, $n - 1 = 5$이므로 $n = 6$

$\therefore \dfrac{1}{2} + 1 + 2 + \cdots + 16 = \dfrac{\dfrac{1}{2}(2^6 - 1)}{2 - 1} = \dfrac{63}{2}$

(2) 첫째항이 0.1, 공비가 0.1인 등비수열의 제n항을 0.1^{10}이라 하면

$0.1 \times 0.1^{n-1} = 0.1^{10}$, $0.1^{n-1} = 0.1^9$

이때, $n - 1 = 9$이므로 $n = 10$

$\therefore 0.1 + 0.01 + 0.001 + \cdots + 0.1^{10}$

$= \dfrac{0.1(1 - 0.1^{10})}{1 - 0.1} = \dfrac{1}{9}(1 - 0.1^{10})$

(3) 첫째항이 1, 공비가 -3인 등비수열의 제$(n+1)$항까지의 합이므로

$\dfrac{1\{1 - (-3)^{n+1}\}}{1 - (-3)} = \dfrac{1}{4}\{1 - (-3)^{n+1}\}$

답 (1) $\dfrac{63}{2}$ (2) $\dfrac{1}{9}(1 - 0.1^{10})$ (3) $\dfrac{1}{4}\{1 - (-3)^{n+1}\}$

493

(1) $S_n = 2 \times 3^n - 2$에서

(i) $n \geq 2$일 때

$a_n = S_n - S_{n-1}$

$= (2 \times 3^n - 2) - (2 \times 3^{n-1} - 2)$

$= 2 \times 3^n - 2 \times 3^{n-1}$

$= 2 \times 3 \times 3^{n-1} - 2 \times 3^{n-1}$

$= 3^{n-1}(6 - 2) = 4 \times 3^{n-1}$ ...... ㉠

(ii) $n = 1$일 때

$a_1 = S_1 = 2 \times 3^1 - 2 = 4$

이때, $a_1 = 4$는 ㉠에 $n = 1$을 대입한 것과 같으므로

$a_n = 4 \times 3^{n-1}$

(2) $S_n = 2^{n+3} - 8$에서

(i) $n \geq 2$일 때

$a_n = S_n - S_{n-1}$

$= (2^{n+3} - 8) - (2^{n+2} - 8)$

$= 2^{n+3} - 2^{n+2}$

$= 2 \times 2^{n+2} - 2^{n+2}$

$= 2^{n+2}(2 - 1) = 2^{n+2}$ ...... ㉠

(ii) $n = 1$일 때

$a_1 = S_1 = 2^{1+3} - 8 = 8$

이때, $a_1 = 8$은 ㉠에 $n = 1$을 대입한 것과 같으므로

$a_n = 2^{n+2}$

답 (1) $a_n = 4 \times 3^{n-1}$ (2) $a_n = 2^{n+2}$

> **유형 콕콕** 본문 p.90~93
>
> | | | | | | |
> |---|---|---|---|---|---|
> | **494** 2 | **495** 1 | **496** 제7항 | **497** 제10항 | **498** 1000 | **499** ③ |
> | **500** ⑤ | **501** ⑤ | **502** ③ | **503** 66 | **504** ② | **505** ⑤ |
> | **506** 4 | **507** ④ | **508** ③ | **509** 9 | **510** ② | **511** ⑤ |
> | **512** 1024 | **513** 167 | **514** 19 | **515** ② | | |
> | **516** (개) $30(1+0.1)$ (내) $1+0.1$ (대) 528 | | | | **517** ③ | |

494

등비수열 $\{a_n\}$의 첫째항을 a, 공비를 r라 하면

$a_2 = ar = 64$ ...... ㉠

$a_3 + a_4 = ar^2 + ar^3 = ar^2(1 + r) = 48$ ...... ㉡

㉠을 ㉡에 대입하면

$64r(1 + r) = 48$

$4r^2 + 4r - 3 = 0$, $(2r + 3)(2r - 1) = 0$

$\therefore r = \dfrac{1}{2}$ ($\because r > 0$)

$r = \dfrac{1}{2}$을 ㉠에 대입하면

$\dfrac{1}{2}a = 64$ $\quad \therefore a = 128$

따라서 $a_n = 128 \times \left(\dfrac{1}{2}\right)^{n-1}$이므로

$a_7 = 128 \times \left(\dfrac{1}{2}\right)^6 = 2$

답 2

495

등비수열 $\{a_n\}$의 첫째항을 a, 공비를 r라 하면

$a_1 + a_2 + a_3 = a + ar + ar^2 = 112$이므로

$a(1 + r + r^2) = 112$ ...... ㉠

$a_4 + a_5 + a_6 = ar^3 + ar^4 + ar^5 = 14$이므로

$ar^3(1 + r + r^2) = 14$ ...... ㉡

가

㉡÷㉠을 하면 $r^3 = \dfrac{1}{8}$

$\therefore r = \dfrac{1}{2}$ ($\because r$는 실수) ...... ㉢

나

㉢을 ㉠에 대입하면

$a\left(1 + \dfrac{1}{2} + \dfrac{1}{4}\right) = 112$, $\dfrac{7}{4}a = 112$

$\therefore a = 64$

다

따라서 $a_n = 64 \times \left(\dfrac{1}{2}\right)^{n-1}$이므로

$a_7 = 64 \times \left(\dfrac{1}{2}\right)^6 = 1$

라

단계	채점 요소	비율
가	첫째항을 a, 공비를 r라 하고 주어진 식을 a와 r에 대한 식으로 나타내기	40%
나	r의 값 구하기	20%
다	a의 값 구하기	20%
라	a_7의 값 구하기	20%

답 1

496

등비수열 $\{a_n\}$의 첫째항이 4, 공비가 3이므로

$a_n = 4 \times 3^{n-1}$

이때, 제n항에서 처음으로 1000보다 커진다고 하면

$4 \times 3^{n-1} > 1000$에서 $3^{n-1} > 250$

한편, $3^5 = 243$, $3^6 = 729$이므로

$n - 1 \geq 6$ $\therefore n \geq 7$

따라서 구하는 항은 제7항이다. 답 제7항

497

등비수열 $\{a_n\}$의 첫째항을 a, 공비를 r라 하면

$a_3 = ar^2 = 96$ ...... ㉠

$a_6 = ar^5 = 12$ ...... ㉡

㉡÷㉠을 하면 $r^3 = \dfrac{1}{8}$

$\therefore r = \dfrac{1}{2}$ ($\because r$는 실수) ...... ㉢

㉢을 ㉠에 대입하면

$\dfrac{1}{4}a = 96$, $a = 384$

$\therefore a_n = 384 \times \left(\dfrac{1}{2}\right)^{n-1}$

이때, 제n항에서 처음으로 1보다 작아진다고 하면

$384 \times \left(\dfrac{1}{2}\right)^{n-1} < 1$에서 $\left(\dfrac{1}{2}\right)^{n-1} < \dfrac{1}{384}$

한편, $\left(\dfrac{1}{2}\right)^8 = \dfrac{1}{256}$, $\left(\dfrac{1}{2}\right)^9 = \dfrac{1}{512}$이므로

$n - 1 \geq 9$ $\therefore n \geq 10$

따라서 구하는 항은 제10항이다. 답 제10항

498

수열 2, a_1, a_2, a_3, $\cdots$, a_9, 50이 이 순서대로 첫째항이 2, 제11항이 50인 등비수열을 이루므로 공비를 r ($r > 0$)라 하면

$50 = 2r^{10}$, $r^{10} = 25$

$\therefore r^5 = 5$ ($\because r > 0$)

한편, $a_1 = 2r$, $a_5 = 2r^5$, $a_9 = 2r^9$이므로

$a_1 a_5 a_9 = 2r \times 2r^5 \times 2r^9 = 2^3 r^{1+5+9} = 8r^{15}$

$= 8(r^5)^3 = 8 \times 5^3 = 8 \times 125 = 1000$

답 1000

499

등비수열 3, x_1, x_2, x_3, 768의 공비를 r라 하면 첫째항이 3, 제5항이 768이므로

$3r^4 = 768$에서 $r^4 = 256$

$\therefore r = \pm 4$ ($\because r$는 실수)

따라서 주어진 수열의 일반항을 a_n이라 하면

$a_n = 3 \times 4^{n-1}$ 또는 $a_n = 3 \times (-4)^{n-1}$

구하는 x_2는 제3항이므로

(i) $a_n = 3 \times 4^{n-1}$일 때

$x_2 = a_3 = 3 \times 4^2 = 48$

(ii) $a_n = 3 \times (-4)^{n-1}$일 때

$x_2 = a_3 = 3 \times (-4)^2 = 48$

(i), (ii)에서 x_2의 값은 48이다. 답 ③

500

등비수열 6, a, b, c, 96의 공비를 r라 하면 첫째항이 6, 제5항이 96이므로

$6r^4 = 96$, $r^4 = 16$

$\therefore r = 2$ ($\because r > 0$)

따라서 $a = 12$, $b = 24$, $c = 48$이므로

$a + b + c = 12 + 24 + 48 = 84$

답 ⑤

501

세 수 a, $a + 3b$, $a + 5b$가 이 순서대로 등비수열을 이루므로

$(a + 3b)^2 = a(a + 5b)$

$a^2 + 6ab + 9b^2 = a^2 + 5ab$

$ab + 9b^2 = 0$, $b(a + 9b) = 0$

$\therefore a = -9b$ ($\because b \neq 0$) ...... ㉠

한편, 세 수 a, $a + 3b$, $a + 5b$의 합이 57이므로

$a + (a + 3b) + (a + 5b) = 57$

$3a + 8b = 57$ ...... ㉡

㉠, ㉡을 연립하여 풀면 $a = 27$, $b = -3$

$\therefore a + b = 27 + (-3) = 24$ 답 ⑤

502

세 수 $a - 2$, $a - 1$, $a + 1$이 이 순서대로 등비수열을 이루므로

$(a - 1)^2 = (a - 2)(a + 1)$에서

$a^2 - 2a + 1 = a^2 - a - 2$ $\therefore a = 3$ 답 ③

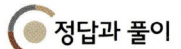

503

등차수열 $\{a_n\}$에 대하여 세 항 a_2, a_4, a_8이 이 순서대로 등비수열을 이루므로

$$a_4^2 = a_2 a_8 \qquad\qquad \cdots\cdots ㉠$$

한편, 등차수열 $\{a_n\}$의 첫째항을 a, 공차를 d라 하면

$a_2 = a+d$, $a_4 = a+3d$, $a_8 = a+7d$이므로 ㉠에 대입하면

$$(a+3d)^2 = (a+d)(a+7d)$$

$$a^2 + 6ad + 9d^2 = a^2 + 8ad + 7d^2$$

$$2d^2 - 2ad = 0, \; 2d(a-d)=0$$

이때, $d=6$이므로 $a=6$

$$\therefore a_{11} = a + 10d = 6 + 10 \times 6 = 66$$

답 66

504

등비수열을 이루는 세 실수를 a, ar, ar^2으로 놓으면

세 수의 합이 21이므로

$$a + ar + ar^2 = 21$$

$$\therefore a(1 + r + r^2) = 21 \qquad\qquad \cdots\cdots ㉠$$

또한 세 수의 곱이 216이므로

$$a \times ar \times ar^2 = 216, \; (ar)^3 = 216$$

$$\therefore ar = 6 \qquad\qquad \cdots\cdots ㉡$$

㉠÷㉡을 하면

$$\frac{a(1+r+r^2)}{ar} = \frac{21}{6} = \frac{7}{2}$$

$$2 + 2r + 2r^2 = 7r, \; 2r^2 - 5r + 2 = 0$$

$$(2r-1)(r-2)=0 \qquad \therefore r=\frac{1}{2} \text{ 또는 } r=2 \qquad\qquad \cdots\cdots ㉢$$

㉢을 ㉡에 대입하면

(i) $r = \dfrac{1}{2}$일 때

$\dfrac{1}{2}a = 6$에서 $a=12$이므로 세 실수는 12, 6, 3이다.

(ii) $r=2$일 때

$2a=6$에서 $a=3$이므로 세 실수는 3, 6, 12이다.

(i), (ii)에서 세 실수는 3, 6, 12이고, 이 중 가장 작은 수는 3이다.

다른 풀이

등비수열을 이루는 세 실수를 a, ar, ar^2으로 놓으면

$$a + ar + ar^2 = 21 \qquad \therefore a(1+r+r^2) = 21 \qquad\qquad \cdots\cdots ㉠$$

$$a \times ar \times ar^2 = 216, \; (ar)^3 = 216$$

$$ar = 6 \qquad \therefore a = \frac{6}{r} \qquad\qquad \cdots\cdots ㉡$$

㉡을 ㉠에 대입하면 $\dfrac{6}{r}(1+r+r^2)=21$

양변에 r를 곱하여 정리하면

$$2r^2 - 5r + 2 = 0, \; (2r-1)(r-2)=0$$

$$\therefore r=\frac{1}{2} \text{ 또는 } r=2$$

답 ②

505

삼차방정식 $x^3 - 7x^2 - 21x + k = 0$의 세 실근이 등비수열을 이루므로 세 실근들 a, ar, ar^2으로 놓으면 삼차방정식의 근과 계수의 관계에 의하여

$$a + ar + ar^2 = 7$$

$$a \times ar + ar \times ar^2 + ar^2 \times a = -21$$

$$a \times ar \times ar^2 = -k$$

이므로

$$a(1+r+r^2) = 7 \qquad\qquad \cdots\cdots ㉠$$

$$a^2 r(1+r+r^2) = -21 \qquad\qquad \cdots\cdots ㉡$$

$$(ar)^3 = -k \qquad\qquad \cdots\cdots ㉢$$

㉡÷㉠을 하면 $ar = -3$

$ar = -3$을 ㉢에 대입하면

$$(-3)^3 = -k$$

$$\therefore k = 27$$

답 ⑤

506

두 곡선 $y = x^3 + kx - 8$, $y = -3x^2 + 10x$의 교점의 x좌표는 삼차방정식 $x^3 + kx - 8 = -3x^2 + 10x$의 세 근이므로 $x^3 + 3x^2 + (k-10)x - 8 = 0$의 세 근이 α, β, γ이다.

이때, α, β, γ가 이 순서대로 등비수열을 이루므로 $\alpha = a$, $\beta = ar$, $\gamma = ar^2$으로 놓으면 삼차방정식의 근과 계수의 관계에 의하여

$$a + ar + ar^2 = -3$$

$$a \times ar + ar \times ar^2 + ar^2 \times a = k - 10$$

$$a \times ar \times ar^2 = 8$$

에서

$$a(1 + r + r^2) = -3 \qquad\qquad \cdots\cdots ㉠$$

$$a^2 r(1+r+r^2) = k-10 \qquad\qquad \cdots\cdots ㉡$$

$$(ar)^3 = 8 \qquad \therefore ar = 2$$

$ar = 2$를 ㉡에 대입하면

$$2a(1+r+r^2) = k-10$$

따라서 ㉠에서 $2 \times (-3) = k - 10$

$$-6 = k - 10 \qquad \therefore k = 4$$

답 4

507

등비수열 $\{a_n\}$의 첫째항을 a, 공비를 r라 하면

$$a_4 + a_6 = ar^3 + ar^5 = 30$$

$$\therefore ar^3(1+r^2) = 30 \qquad\qquad \cdots\cdots ㉠$$

$$a_6 + a_8 = ar^5 + ar^7 = 120$$

$$\therefore ar^5(1+r^2) = 120 \qquad\qquad \cdots\cdots ㉡$$

㉡÷㉠을 하면 $\dfrac{ar^5(1+r^2)}{ar^3(1+r^2)} = \dfrac{120}{30}$

$$r^2 = 4 \qquad \therefore r = 2 \; (\because r > 0)$$

$r=2$를 ㉠에 대입하면

$$40a = 30 \qquad \therefore a = \frac{3}{4}$$

따라서 주어진 수열의 첫째항부터 제8항까지의 합은

$$\frac{\frac{3}{4}(2^8 - 1)}{2-1} = \frac{765}{4}$$

답 ④

508

첫째항이 5, 공비가 2인 등비수열 $\{a_n\}$의 첫째항부터 제n항까지의 합을 S_n이라 하면

$$S_n = \frac{5(2^n - 1)}{2 - 1} = 5(2^n - 1)$$

이때, 첫째항부터 제n항까지의 합이 처음으로 1000보다 커야 하므로

$5(2^n - 1) > 1000$에서 $2^n - 1 > 200$

$$\therefore 2^n > 201$$

한편, $2^7 = 128$, $2^8 = 256$이므로 $n \ge 8$

따라서 첫째항부터 제8항까지의 합이 처음으로 1000보다 커지므로 구하는 자연수 n의 값은 8이다.

답 ③

509

첫째항이 2, 공비가 $\frac{1}{2}$인 등비수열의 첫째항부터 제n항까지의 합 S_n은

$$S_n = \frac{2\left\{1-\left(\frac{1}{2}\right)^n\right\}}{1-\frac{1}{2}} = 4 - \frac{1}{2^{n-2}}$$

━━━━━━━━━━━━━━━━━━━━━━━━ 가

이때, $|S_n - 4| < 0.01$에서 $\left|\left(4 - \frac{1}{2^{n-2}}\right) - 4\right| < 0.01$

$\frac{1}{2^{n-2}} < \frac{1}{100}$, $2^{n-2} > 100$

한편, $2^6 = 64$, $2^7 = 128$이므로

$n - 2 \geq 7$ $\therefore n \geq 9$

━━━━━━━━━━━━━━━━━━━━━━━━ 나

따라서 구하는 자연수 n의 최솟값은 9이다.

━━━━━━━━━━━━━━━━━━━━━━━━ 다

단계	채점 요소	비율
가	첫째항이 2, 공비가 $\frac{1}{2}$인 등비수열의 첫째항부터 제n항까지의 합 S_n 나타내기	30%
나	n에 대한 부등식 나타내기	50%
다	자연수 n의 최솟값 구하기	20%

답 9

510

등비수열 $\{a_n\}$의 첫째항을 a, 공비를 r라 하면 첫째항부터 제20항까지의 합이 3이므로

$$\frac{a(r^{20}-1)}{r-1} = 3$$ ······ ㉠

제11항부터 제30항까지의 합이 15이고, $a_{11} = ar^{10}$이므로

$$\frac{ar^{10}(r^{20}-1)}{r-1} = 15$$ ······ ㉡

㉡÷㉠을 하면 $r^{10} = 5$

따라서 $a_{31} = ar^{30}$이므로 제31항부터 제40항까지의 합은

$$\frac{ar^{30}(r^{10}-1)}{r-1} = (r^{10})^3 \times \frac{a(r^{10}-1)}{r-1}$$

$$= (r^{10})^3 \times \frac{1}{r^{10}+1} \times \frac{a(r^{20}-1)}{r-1}$$

$$= 5^3 \times \frac{1}{5+1} \times 3 \ (\because ㉠)$$

$$= \frac{125}{2}$$

답 ②

511

등비수열 $\{a_n\}$의 공비를 r라 하면

$$a_1 + a_2 + a_3 + \cdots + a_{12} = \frac{a_1(r^{12}-1)}{r-1} = 6$$ ······ ㉠

수열 $a_1, a_3, a_5, \cdots, a_{11}$의 공비는 r^2이므로

$$a_1 + a_3 + a_5 + \cdots + a_{11} = \frac{a_1\{(r^2)^6-1\}}{r^2-1}$$

$$= \frac{a_1(r^{12}-1)}{r^2-1}$$

$$= \frac{a_1(r^{12}-1)}{(r+1)(r-1)} = 4$$ ······ ㉡

㉠÷㉡을 하면 $r + 1 = \frac{3}{2}$ $\therefore r = \frac{1}{2}$

답 ⑤

512

등비수열 $\{a_n\}$의 첫째항을 a, 공비를 r, 첫째항부터 제n항까지의 합을 S_n이라 하면

$$S_5 = \frac{a(1-r^5)}{1-r} = -22$$ ······ ㉠

$$S_{10} = \frac{a(1-r^{10})}{1-r} = \frac{a(1-r^5)(1+r^5)}{1-r} = 682$$ ······ ㉡

㉠을 ㉡에 대입하면

$-22(1+r^5) = 682$, $1 + r^5 = -31$

$\therefore r^5 = -32$

이때, r는 실수이므로 $r = -2$

$r = -2$를 ㉠에 대입하면

$$\frac{a\{1-(-2)^5\}}{1-(-2)} = -22$$

$a(1+32) = -66$, $33a = -66$ $\therefore a = -2$

따라서 $a_n = -2 \times (-2)^{n-1} = (-2)^n$이므로

$a_{10} = (-2)^{10} = 1024$

답 1024

513

$S_n = 3^n + 2$에서

(i) $n \geq 2$일 때

$$a_n = S_n - S_{n-1}$$

$$= (3^n + 2) - (3^{n-1} + 2)$$

$$= 3 \times 3^{n-1} - 3^{n-1}$$

$$= 3^{n-1}(3-1) = 2 \times 3^{n-1}$$ ······ ㉠

(ii) $n = 1$일 때

$$a_1 = S_1 = 3^1 + 2 = 5$$

이때, $a_1 = 5$는 ㉠에 $n = 1$을 대입한 것과 다르므로

$a_1 = 5$, $a_n = 2 \times 3^{n-1}$ (단, $n \geq 2$)

$\therefore a_1 + a_5 = 5 + 2 \times 3^4 = 5 + 162 = 167$

답 167

514

$\log(S_n + 100) = n + 2$에서

$S_n + 100 = 10^{n+2}$, 즉 $S_n = 10^{n+2} - 100$

(i) $n \geq 2$일 때

$$a_n = S_n - S_{n-1}$$

$$= (10^{n+2} - 100) - (10^{n+1} - 100)$$

$$= 10 \times 10^{n+1} - 10^{n+1}$$

$$= 10^{n+1}(10-1) = 9 \times 10^{n+1}$$

(ii) $n = 1$일 때

$$a_1 = S_1 = 10^3 - 100 = 900$$ ······ ㉠

이때, $a_1 = 900$은 ㉠에 $n = 1$을 대입한 것과 같으므로

$a_n = 9 \times 10^{n+1}$

━━━━━━━━━━━━━━━━━━━━━━━━ 가

따라서 $p = 9$, $q = 10$이므로

━━━━━━━━━━━━━━━━━━━━━━━━ 나

$p + q = 9 + 10 = 19$

━━━━━━━━━━━━━━━━━━━━━━━━ 다

단계	채점 요소	비율
가	일반항 a_n 구하기	80%
나	p, q의 값 구하기	10%
다	$p + q$의 값 구하기	10%

답 19

515

$S_n=k\times4^n-2$에서

(i) $n\geq2$일 때

$$\begin{aligned}a_n&=S_n-S_{n-1}\\&=(k\times4^n-2)-(k\times4^{n-1}-2)\\&=k\times4\times4^{n-1}-k\times4^{n-1}\\&=4^{n-1}(4k-k)\\&=3k\times4^{n-1}\end{aligned}\quad\cdots\cdots\text{㉠}$$

(ii) $n=1$일 때

$$a_1=S_1=k\times4^1-2=4k-2\quad\cdots\cdots\text{㉡}$$

이때, 수열 $\{a_n\}$이 첫째항부터 등비수열을 이루려면 ㉠에 $n=1$을 대입한 것과 ㉡이 같아야 하므로

$$3k=4k-2\qquad\therefore k=2$$ 답 ②

516

매년 초에 적립하는 30만 원의 원리합계를 그림으로 나타내면 다음과 같다. (단위 : 만 원)

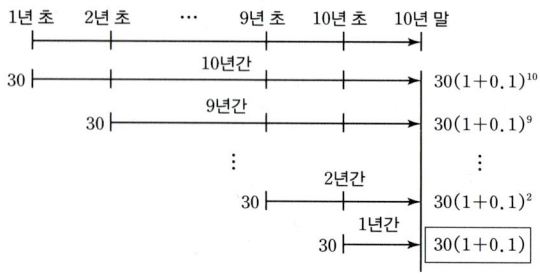

10년 말의 원리합계를 S라 하면

$$S=\boxed{30(1+0.1)}+30(1+0.1)^2+\cdots+30(1+0.1)^9+30(1+0.1)^{10}$$

즉, 첫째항이 $30(1+0.1)$, 공비가 1.1인 등비수열의 첫째항부터 제10항까지의 합이므로

$$\begin{aligned}S&=\dfrac{\boxed{30(1+0.1)}\{(\boxed{1+0.1})^{10}-1\}}{(\boxed{1+0.1})-1}\\&=\dfrac{30\times1.1\times(1.1^{10}-1)}{1.1-1}\\&=\dfrac{33(2.6-1)}{0.1}\\&=\boxed{528}\;(\text{만 원})\end{aligned}$$

따라서 10년 말의 원리합계는 $\boxed{528}$만 원이다.

답 ㈎ $30(1+0.1)$ ㈏ $1+0.1$ ㈐ 528

517

매년 말에 적립하는 20만 원의 원리합계를 그림으로 나타내면 다음과 같다. (단위 : 만 원)

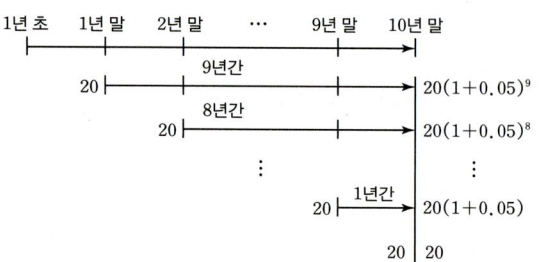

10년 말의 원리합계를 S라 하면

$$\begin{aligned}S&=20+20(1+0.05)+\cdots+20(1+0.05)^8+20(1+0.05)^9\\&=20+20\times1.05+\cdots+20\times1.05^8+20\times1.05^9\end{aligned}$$

즉, 첫째항이 20, 공비가 1.05인 등비수열의 첫째항부터 제10항까지의 합이므로

$$\begin{aligned}S&=\dfrac{20(1.05^{10}-1)}{1.05-1}=\dfrac{20(1.63-1)}{0.05}\\&=252\;(\text{만 원})\end{aligned}$$

따라서 10년 말의 원리합계는 252만 원이다. 답 ③

실력 콕콕 본문 p.94~95

518 ④	519 ⑤	520 ⑤	521 35	522 ③	523 18
524 ①	525 50	526 ④	527 9	528 ②	529 54
530 ③	531 ④	532 9	533 65		

518

등비수열 $\{a_n\}$의 공비를 r라 하면

$$\begin{aligned}a_2+a_4+a_6&=a_1r+a_3r+a_5r\\&=r(a_1+a_3+a_5)=126\end{aligned}$$

$a_1+a_3+a_5=63$이므로

$$63r=126\qquad\therefore r=2$$

또한 $a_1+a_3+a_5=a_1+a_1r^2+a_1r^4$
$$\qquad\qquad\qquad=a_1+4a_1+16a_1=63$$

$$21a_1=63\qquad\therefore a_1=3$$

$$\therefore a_9=a_1r^8=3\times2^8=768$$ 답 ④

519

등비수열 $\{a_n\}$의 첫째항이 1이고 공비가 2이므로

$$a_n=1\times2^{n-1}=2^{n-1}$$

$$\begin{aligned}b_n&=(a_{n+1})^2-(a_n)^2\\&=(2^n)^2-(2^{n-1})^2\\&=(2^2)^n-(2^2)^{n-1}\\&=4^n-4^{n-1}=4^{n-1}(4-1)\\&=3\times4^{n-1}\end{aligned}$$

$$\therefore \dfrac{b_6}{b_3}=\dfrac{3\times4^5}{3\times4^2}=4^3=64$$

다른 풀이

$b_n=(2^n)^2-(2^{n-1})^2=2^{2n}-2^{2n-2}$이므로

$$\dfrac{b_6}{b_3}=\dfrac{2^{12}-2^{10}}{2^6-2^4}=\dfrac{2^6(2^6-2^4)}{2^6-2^4}=2^6=64$$ 답 ⑤

520

$$\begin{aligned}\dfrac{a_{10}}{a_1}+\dfrac{a_{11}}{a_2}+\dfrac{a_{12}}{a_3}+\dfrac{a_{13}}{a_4}&=\dfrac{ar^9}{a}+\dfrac{ar^{10}}{ar}+\dfrac{ar^{11}}{ar^2}+\dfrac{ar^{12}}{ar^3}\\&=r^9+r^9+r^9+r^9\\&=4r^9=36\end{aligned}$$

$$\therefore r^9=9$$

$$\therefore \dfrac{a_{30}}{a_3}=\dfrac{ar^{29}}{ar^2}=r^{27}=(r^9)^3=9^3=729$$ 답 ⑤

521

등비수열 $\{a_n\}$의 공비가 r이고 $a_2=1$이므로 이 수열은

$$\frac{1}{r}, \ 1, \ r, \ r^2, \ \cdots$$

즉, $\omega=a_1 a_2 a_3 \times \cdots \times a_{10}$

$\qquad = \dfrac{1}{r} \times 1 \times r \times r^2 \times \cdots \times r^8$

$\qquad = r^{-1+0+1+\cdots+8} = r^{35}$

$\therefore \log_r \omega = \log_r r^{35} = 35$

답 35

522

네 실수 a, x, y, b가 이 순서대로 등차수열을 이루므로 등차수열의 공차를 d라 하면

$x=a+d$, $y=a+2d$, $b=a+3d$

$\therefore a+b=a+(a+3d)=(a+d)+(a+2d)$

$\qquad\quad =x+y=5$ $\qquad\qquad$ ...... ㉠

또한 네 실수 a, p, q, b가 이 순서대로 등비수열을 이루므로 등비수열의 공비를 r라 하면

$p=ar$, $q=ar^2$, $b=ar^3$

$\therefore ab=a \times ar^3 = ar \times ar^2 = pq=4$ $\qquad$ ...... ㉡

㉠, ㉡에 의하여

$(a-b)^2 = (a+b)^2 - 4ab = 5^2 - 4 \times 4 = 9$

$\therefore a-b=3 \ (\because a>b)$

답 ③

523

수열 $\{a_n\}$은 등차수열이므로

$a_1+a_8 = a_2+a_7 = a_3+a_6 = a_4+a_5 = 8$

수열 $\{b_n\}$은 등비수열이므로

$b_2 b_7 = b_3 b_6 = b_4 b_5 = 12$

이때 $a_4=b_4$, $a_5=b_5$이므로 $b_4 b_5 = a_4 a_5$

$\therefore a_4+a_5=8$, $a_4 a_5=12$

a_4, a_5가 이차방정식의 두 근이라 하면 이차방정식의 근과 계수의 관계에 의하여 a_4, a_5는 이차방정식 $x^2-8x+12=0$의 두 근이다.

$x^2-8x+12=(x-6)(x-2)=0$

$\therefore a_4=6$, $a_5=2 \ (\because a_4=b_4, \ a_5=b_5, \ b_4>b_5)$

수열 $\{a_n\}$은 공차가 -4인 등차수열이므로

$a_4=a_1+(4-1)\times(-4)=6$

$\therefore a_1=18$

답 18

524

주어진 등비수열의 공비를 r라 하면 세 실수 a, b, c는 각각 a, ar, ar^2이므로

$a+b+c=a+ar+ar^2$

$\qquad\qquad =a(1+r+r^2)=3$ $\qquad$ ...... ㉠

$ab+bc+ca=a \times ar + ar \times ar^2 + ar^2 \times a$

$\qquad\qquad\quad =a^2 r(1+r+r^2)=-6$ $\qquad$ ...... ㉡

㉡÷㉠을 하면 $ar=-2$

$\therefore abc=a \times ar \times ar^2 = (ar)^3 = (-2)^3 = -8$

답 ①

525

나머지정리에 의하여 삼차식 $x^3-2x^2+11x+a$에 $x=0$, $x=1$, $x=2$를 차례대로 대입하면

$\alpha=a$

$\beta=1-2+11+a=a+10$

$\gamma=8-8+22+a=a+22$

세 수 α, β, γ가 이 순서대로 등비수열을 이루므로

$\beta^2=\alpha\gamma$에서 $(a+10)^2=a(a+22)$

$2a=100$ $\qquad \therefore a=50$

답 50

526

ㄱ. 수열 $\{a_n\}$이 첫째항이 a, 공비가 r인 등비수열이라 하면

$a_n=ar^{n-1}$

$b_n=a_{n+1}-a_n=ar^n - ar^{n-1} = a(r-1)r^{n-1}$

즉, 수열 $\{b_n\}$은 첫째항이 $a(r-1)$, 공비가 r인 등비수열이다. (참)

ㄴ. [반례] 수열 $\{b_n\}$이 첫째항이 1, 공비가 2인 등비수열이라 하면

$b_n=a_{n+1}-a_n$에서

$\{a_n\} : 2 \quad 3 \quad 5 \quad 9 \quad 17 \quad \cdots$

$\{b_n\} : \quad 1 \quad 2 \quad 4 \quad 8 \quad \cdots$

즉, 수열 $\{b_n\}$은 등비수열이지만 수열 $\{a_n\}$은 등비수열이 아니다.

(거짓)

ㄷ. 수열 $\{a_n\}$이 첫째항이 a, 공비가 r인 등비수열이라 하면

$a_n=ar^{n-1}$

$b_n=a_{n+1}-a_n=ar^n - ar^{n-1}$이므로

$a_n b_n = ar^{n-1}(ar^n - ar^{n-1})$

$\qquad = a^2(r^{n-1})^2(r-1)$

$\qquad = a^2(r-1)(r^2)^{n-1}$

즉, 수열 $\{a_n b_n\}$은 첫째항이 $a^2(r-1)$, 공비가 r^2인 등비수열이다.

(참)

따라서 옳은 것은 ㄱ, ㄷ이다.

답 ④

527

수열 $\{a_n\}$은 첫째항이 1이고, 공비가 2인 등비수열이므로

$$a_1+a_2+a_3+\cdots+a_n = \frac{1 \times (2^n-1)}{2-1} = 2^n-1$$

$$a_2+a_4+a_6+\cdots+a_{2n} = \frac{2(4^n-1)}{4-1}$$

$$\qquad\qquad\qquad\qquad\quad = \frac{2}{3}(2^n+1)(2^n-1)$$

$$\therefore \frac{a_2+a_4+a_6+\cdots+a_{2n}}{a_1+a_2+a_3+\cdots+a_n} = \frac{2}{3}(2^n+1)$$

$$\qquad\qquad\qquad\qquad\qquad = 342$$

$2^n+1=513$에서 $2^n=512=2^9$

$\therefore n=9$

답 9

528

등비수열 $\{a_n\}$의 첫째항을 a, 공비를 r라 하면

$a_2=ar=6$ $\qquad\qquad$ ...... ㉠

$a_5=ar^4=162$ $\qquad\qquad$ ...... ㉡

㉡÷㉠을 하면 $r^3=27$ $\qquad \therefore r=3 \ (\because r$는 실수$)$

$r=3$을 ㉠에 대입하면 $a=2$

$\therefore a_n=2 \times 3^{n-1}$

$a_1+a_2+a_3+\cdots+a_n$은 첫째항이 2, 공비가 3인 등비수열의 첫째항부터 제n항까지의 합이므로

$\dfrac{2(3^n-1)}{3-1} \geq 1000$에서 $3^n-1 \geq 1000$

$\therefore 3^n \geq 1001$

한편, $3^6=729$, $3^7=2187$이므로 $n \geq 7$

따라서 자연수 n의 최솟값은 7이다.   답 ②

529

등비수열 $\{a_n\}$의 첫째항을 a, 공비를 r $(r>0)$라 하면

$S_6-S_3=a_4+a_5+a_6=6$이므로

$\dfrac{ar^3(r^3-1)}{r-1}=6$ …… ㉠

$S_{12}-S_6=a_7+a_8+a_9+a_{10}+a_{11}+a_{12}=72$이므로

$\dfrac{ar^6(r^6-1)}{r-1}=\dfrac{ar^6(r^3-1)(r^3+1)}{r-1}=72$ …… ㉡

㉡÷㉠을 하면 $r^3(r^3+1)=12=3\times4$이므로

$r^3=3$ $(\because r>0)$

$\therefore a_{10}+a_{11}+a_{12}=\dfrac{ar^9(r^3-1)}{r-1}=(r^3)^2\times\dfrac{ar^3(r^3-1)}{r-1}$

$=3^2\times6=54$ 답 54

530

등비수열 $\{a_n\}$의 첫째항을 a, 공비를 r라 하면 수열 $\left\{\dfrac{1}{a_n}\right\}$은 첫째항이

$\dfrac{1}{a}$, 공비가 $\dfrac{1}{r}$인 등비수열이므로

$a_1+a_2+a_3+\cdots+a_{10}=\dfrac{a(r^{10}-1)}{r-1}=16$ …… ㉠

$\dfrac{1}{a_1}+\dfrac{1}{a_2}+\dfrac{1}{a_3}+\cdots+\dfrac{1}{a_{10}}=\dfrac{\dfrac{1}{a}\left\{\left(\dfrac{1}{r}\right)^{10}-1\right\}}{\dfrac{1}{r}-1}$

$=\dfrac{r^{10}-1}{ar^9(r-1)}=4$ …… ㉡

㉠÷㉡을 하면 $\dfrac{\dfrac{a(r^{10}-1)}{r-1}}{\dfrac{r^{10}-1}{ar^9(r-1)}}=a^2r^9=4$

$\therefore a_4a_5a_6a_7=ar^3\times ar^4\times ar^5\times ar^6=a^4r^{18}$

$=(a^2r^9)^2=4^2=16$ 답 ③

531

n년 후에 원리합계가 원금의 2배를 넘는다고 하면

$a(1+0.07)^n>2a$

양변을 a로 나누고 상용로그를 취하면

$n\log1.07>\log2$

$\therefore n>\dfrac{\log2}{\log1.07}=\dfrac{0.30}{0.029}=10.3\cdots$

따라서 11년 후에 원리합계가 원금의 2배를 넘게 된다.   답 ④

532

등비수열을 이루는 세 실수를 a, ar, ar^2으로 놓으면   ㉮

$a+ar+ar^2=13$ …… ㉠

$a\times ar\times ar^2=(ar)^3=27$

$ar=3$ $\therefore a=\dfrac{3}{r}$

$a=\dfrac{3}{r}$을 ㉠에 대입하면

$\dfrac{3}{r}+\dfrac{3}{r}\times r+\dfrac{3}{r}\times r^2=13$

$\dfrac{3}{r}+3+3r=13$, $3r^2-10r+3=0$

$(3r-1)(r-3)=0$

$\therefore r=\dfrac{1}{3}$ 또는 $r=3$ ㉯

(i) $r=\dfrac{1}{3}$일 때

$a=\dfrac{3}{\dfrac{1}{3}}=9$이므로 등비수열을 이루는 세 실수는 9, 3, 1이다.

(ii) $r=3$일 때

$a=1$이므로 등비수열을 이루는 세 수는 1, 3, 9이다.   ㉰

(i), (ii)에서 세 실수는 1, 3, 9이고, 이 중 가장 큰 수는 9이다.   ㉱

단계	채점 요소	비율
㉮	세 실수를 a, ar, ar^2으로 놓기	20%
㉯	공비 r의 값 구하기	50%
㉰	세 실수 구하기	20%
㉱	가장 큰 수 구하기	10%

답 9

533

등비수열 $\{a_n\}$의 첫째항을 a, 공비를 r라 하면

$S_{10}=\dfrac{a(r^{10}-1)}{r-1}=27$ …… ㉠

$S_{20}=\dfrac{a(r^{20}-1)}{r-1}=\dfrac{a(r^{10}-1)(r^{10}+1)}{r-1}=45$ …… ㉡   ㉮

㉠을 ㉡에 대입하면

$27(r^{10}+1)=45$, $r^{10}+1=\dfrac{45}{27}=\dfrac{5}{3}$

$\therefore r^{10}=\dfrac{5}{3}-1=\dfrac{2}{3}$ …… ㉢   ㉯

$\therefore S_{40}=\dfrac{a(r^{40}-1)}{r-1}$

$=\dfrac{a(r^{20}-1)(r^{20}+1)}{r-1}$

$=45\times\left\{\left(\dfrac{2}{3}\right)^2+1\right\}$ $(\because$ ㉡, ㉢$)$

$=45\times\dfrac{13}{9}=65$ ㉰

단계	채점 요소	비율
㉮	첫째항을 a, 공비를 r라 하고 S_{10}과 S_{20}을 a, r에 대한 식으로 나타내기	30%
㉯	r^{10}의 값 구하기	30%
㉰	S_{40}의 값 구하기	40%

답 65

10 합의 기호 $\sum$와 여러 가지 수열

개념 콕콕   본문 p.97

534

(1) $\sum\limits_{k=1}^{4} 6k = 6\times1+6\times2+6\times3+6\times4$

$\qquad\qquad = 6+12+18+24$

(2) $\sum\limits_{n=1}^{5} 3^n = 3^1+3^2+3^3+3^4+3^5$

$\qquad\qquad = 3+9+27+81+243$

(3) $\sum\limits_{m=1}^{n} (7m-2)$

$\qquad = (7\times1-2)+(7\times2-2)+(7\times3-2)+\cdots+(7n-2)$

$\qquad = 5+12+19+\cdots+(7n-2)$

(4) $\sum\limits_{i=1}^{n} i(i+5)$

$\qquad = 1\times6+2\times7+3\times8+\cdots+n(n+5)$

$\qquad = 6+14+24+\cdots+(n^2+5n)$

🔴 풀이 참조

535

(1) $5+5^2+5^3+\cdots+5^{17} = \sum\limits_{k=1}^{17} 5^k$

(2) 수열 $2, 5, 8, \cdots, (3n-1), \cdots$의 제$k$항을 a_k라 하면

$\quad a_k = 2+(k-1)\times3 = 3k-1$

$\quad$이때, $3n-1$은 주어진 수열의 n번째 항이므로

$\quad 2+5+8+\cdots+(3n-1) = \sum\limits_{k=1}^{n} (3k-1)$

(3) 수열 $1, \dfrac{1}{3}, \dfrac{1}{9}, \cdots, \left(\dfrac{1}{3}\right)^{n-1}, \cdots$의 제$k$항을 a_k라 하면

$\quad a_k = 1\times\left(\dfrac{1}{3}\right)^{k-1} = \left(\dfrac{1}{3}\right)^{k-1}$

$\quad$이때, $\left(\dfrac{1}{3}\right)^{n-1}$은 주어진 수열의 n번째 항이므로

$\quad 1+\dfrac{1}{3}+\dfrac{1}{9}+\cdots+\left(\dfrac{1}{3}\right)^{n-1} = \sum\limits_{k=1}^{n} \left(\dfrac{1}{3}\right)^{k-1}$

(4) 수열 $3, 7, 11, \cdots, 31, \cdots$의 제$k$항을 a_k라 하면

$\quad a_k = 3+(k-1)\times4 = 4k-1$

$\quad$이때, $4k-1=31$에서 $4k=32$

$\quad \therefore k=8$

$\quad \therefore 3+7+11+\cdots+31 = \sum\limits_{k=1}^{8} (4k-1)$

🔴 (1) $\sum\limits_{k=1}^{17} 5^k$ (2) $\sum\limits_{k=1}^{n} (3k-1)$ (3) $\sum\limits_{k=1}^{n} \left(\dfrac{1}{3}\right)^{k-1}$ (4) $\sum\limits_{k=1}^{8} (4k-1)$

536

(1) $\sum\limits_{k=1}^{8} (2a_k-b_k) = \sum\limits_{k=1}^{8} 2a_k - \sum\limits_{k=1}^{8} b_k$

$\qquad\qquad = 2\sum\limits_{k=1}^{8} a_k - \sum\limits_{k=1}^{8} b_k$

$\qquad\qquad = 2\times6-9$

$\qquad\qquad = 3$

(2) $\sum\limits_{k=1}^{8} (2a_k+3b_k+4) = \sum\limits_{k=1}^{8} 2a_k + \sum\limits_{k=1}^{8} 3b_k + \sum\limits_{k=1}^{8} 4$

$\qquad\qquad = 2\sum\limits_{k=1}^{8} a_k + 3\sum\limits_{k=1}^{8} b_k + \sum\limits_{k=1}^{8} 4$

$\qquad\qquad = 2\times6+3\times9+4\times8$

$\qquad\qquad = 12+27+32$

$\qquad\qquad = 71$

🔴 (1) 3 (2) 71

537

(1) $\sum\limits_{k=1}^{10} (3k-2) + \sum\limits_{k=1}^{10} (-3k+4) = \sum\limits_{k=1}^{10} \{(3k-2)+(-3k+4)\}$

$\qquad\qquad\qquad\qquad = \sum\limits_{k=1}^{10} 2$

$\qquad\qquad\qquad\qquad = 2\times10 = 20$

(2) $\sum\limits_{k=1}^{n} (2k-1)^2 - \sum\limits_{k=1}^{n} (4k^2-4k) = \sum\limits_{k=1}^{n} \{(2k-1)^2-(4k^2-4k)\}$

$\qquad\qquad\qquad\qquad = \sum\limits_{k=1}^{n} 1$

$\qquad\qquad\qquad\qquad = n$

🔴 (1) 20 (2) n

538

(1) $\sum\limits_{k=1}^{20} (3k-1) = 3\sum\limits_{k=1}^{20} k - \sum\limits_{k=1}^{20} 1$

$\qquad\qquad = 3\times\dfrac{20\times21}{2} - 1\times20$

$\qquad\qquad = 630-20$

$\qquad\qquad = 610$

(2) $\sum\limits_{k=1}^{20} (2k^2+2k-5) = 2\sum\limits_{k=1}^{20} k^2 + 2\sum\limits_{k=1}^{20} k - \sum\limits_{k=1}^{20} 5$

$\qquad\qquad = 2\times\dfrac{20\times21\times41}{6} + 2\times\dfrac{20\times21}{2} - 5\times20$

$\qquad\qquad = 5740+420-100$

$\qquad\qquad = 6060$

(3) $\sum\limits_{k=1}^{20} (k^3-4k^2) = \sum\limits_{k=1}^{20} k^3 - 4\sum\limits_{k=1}^{20} k^2$

$\qquad\qquad = \left(\dfrac{20\times21}{2}\right)^2 - 4\times\dfrac{20\times21\times41}{6}$

$\qquad\qquad = 44100-11480$

$\qquad\qquad = 32620$

(4) $\sum\limits_{k=1}^{20} (3k+1)(2k-3) = \sum\limits_{k=1}^{20} (6k^2-7k-3)$

$\qquad\qquad = 6\sum\limits_{k=1}^{20} k^2 - 7\sum\limits_{k=1}^{20} k - \sum\limits_{k=1}^{20} 3$

$\qquad\qquad = 6\times\dfrac{20\times21\times41}{6} - 7\times\dfrac{20\times21}{2} - 3\times20$

$\qquad\qquad = 17220-1470-60$

$\qquad\qquad = 15690$

🔴 (1) 610 (2) 6060 (3) 32620 (4) 15690

539

(1) 수열 $3, 4, 5, \cdots, 19, \cdots$의 제$k$항을 a_k라 하면

$\quad a_k = 3+(k-1)\times1 = k+2$

$\quad$이때, $k+2=19$에서 $k=17$

$$\therefore 3+4+5+\cdots+19=\sum_{k=1}^{17}(k+2)$$
$$=\sum_{k=1}^{17}k+\sum_{k=1}^{17}2$$
$$=\frac{17\times18}{2}+2\times17$$
$$=153+34$$
$$=187$$

(2) 수열 3^2, 4^2, 5^2, $\cdots$, 19^2, $\cdots$의 제k항을 a_k라 하면

$$a_k=(k+2)^2$$

이때, $(k+2)^2=19^2$에서 $k=17$

$$\therefore 3^2+4^2+5^2+\cdots+19^2$$
$$=\sum_{k=1}^{17}(k+2)^2$$
$$=\sum_{k=1}^{17}(k^2+4k+4)$$
$$=\sum_{k=1}^{17}k^2+4\sum_{k=1}^{17}k+\sum_{k=1}^{17}4$$
$$=\frac{17\times18\times35}{6}+4\times\frac{17\times18}{2}+4\times17$$
$$=1785+612+68=2465$$

(3) 수열 3^3, 4^3, 5^3, $\cdots$, 19^3, $\cdots$의 제k항을 a_k라 하면

$$a_k=(k+2)^3$$

이때, $(k+2)^3=19^3$에서 $k=17$

$$\therefore 3^3+4^3+5^3+\cdots+19^3$$
$$=\sum_{k=1}^{17}(k+2)^3$$
$$=\sum_{k=1}^{17}(k^3+6k^2+12k+8)$$
$$=\sum_{k=1}^{17}k^3+6\sum_{k=1}^{17}k^2+12\sum_{k=1}^{17}k+\sum_{k=1}^{17}8$$
$$=\left(\frac{17\times18}{2}\right)^2+6\times\frac{17\times18\times35}{6}+12\times\frac{17\times18}{2}+8\times17$$
$$=23409+10710+1836+136$$
$$=36091$$

답 (1) 187　(2) 2465　(3) 36091

540

(1) 수열 $\{a_n\}$을 1×2, 2×3, 3×4, $\cdots$, 9×10, $\cdots$이라 하면

$$a_k=k(k+1)$$

이때, 주어진 수열의 합은 수열 $\{a_n\}$의 첫째항부터 제9항까지의 합이므로

$$1\times2+2\times3+3\times4+\cdots+9\times10$$
$$=\sum_{k=1}^{9}k(k+1)$$
$$=\sum_{k=1}^{9}(k^2+k)$$
$$=\sum_{k=1}^{9}k^2+\sum_{k=1}^{9}k$$
$$=\frac{9\times10\times19}{6}+\frac{9\times10}{2}$$
$$=285+45$$
$$=330$$

(2) 수열 $\{a_n\}$을 1^2, 3^2, 5^2, $\cdots$, 15^2, $\cdots$이라 하면

$$a_k=(2k-1)^2$$

이때, $2k-1=15$에서 $2k=16$　$\therefore k=8$

따라서 주어진 수열의 합은 수열 $\{a_n\}$의 첫째항부터 제8항까지의 합이므로

$$1^2+3^2+5^2+\cdots+15^2=\sum_{k=1}^{8}(2k-1)^2$$
$$=\sum_{k=1}^{8}(4k^2-4k+1)$$
$$=4\sum_{k=1}^{8}k^2-4\sum_{k=1}^{8}k+\sum_{k=1}^{8}1$$
$$=4\times\frac{8\times9\times17}{6}-4\times\frac{8\times9}{2}+1\times8$$
$$=816-144+8$$
$$=680$$

답 (1) 330　(2) 680

541

(1) $\dfrac{1}{1\times2}+\dfrac{1}{2\times3}+\dfrac{1}{3\times4}+\cdots+\dfrac{1}{10\times11}$
$$=\sum_{k=1}^{10}\frac{1}{k(k+1)}$$
$$=\sum_{k=1}^{10}\left(\frac{1}{k}-\frac{1}{k+1}\right)$$
$$=\left(1-\frac{1}{2}\right)+\left(\frac{1}{2}-\frac{1}{3}\right)+\left(\frac{1}{3}-\frac{1}{4}\right)+\cdots+\left(\frac{1}{10}-\frac{1}{11}\right)$$
$$=1-\frac{1}{11}$$
$$=\frac{10}{11}$$

(2) $\dfrac{1}{1\times3}+\dfrac{1}{2\times4}+\dfrac{1}{3\times5}+\cdots+\dfrac{1}{10\times12}$
$$=\sum_{k=1}^{10}\frac{1}{k(k+2)}$$
$$=\frac{1}{2}\sum_{k=1}^{10}\left(\frac{1}{k}-\frac{1}{k+2}\right)$$
$$=\frac{1}{2}\left\{\left(1-\frac{1}{3}\right)+\left(\frac{1}{2}-\frac{1}{4}\right)+\left(\frac{1}{3}-\frac{1}{5}\right)\right.$$
$$\left.+\cdots+\left(\frac{1}{8}-\frac{1}{10}\right)+\left(\frac{1}{9}-\frac{1}{11}\right)+\left(\frac{1}{10}-\frac{1}{12}\right)\right\}$$
$$=\frac{1}{2}\left(1+\frac{1}{2}-\frac{1}{11}-\frac{1}{12}\right)$$
$$=\frac{1}{2}\left(\frac{132+66-12-11}{132}\right)$$
$$=\frac{1}{2}\times\frac{175}{132}$$
$$=\frac{175}{264}$$

(3) $\displaystyle\sum_{k=1}^{n}\dfrac{1}{(2k-1)(2k+1)}$
$$=\frac{1}{2}\sum_{k=1}^{n}\left(\frac{1}{2k-1}-\frac{1}{2k+1}\right)$$
$$=\frac{1}{2}\left\{\left(1-\frac{1}{3}\right)+\left(\frac{1}{3}-\frac{1}{5}\right)+\left(\frac{1}{5}-\frac{1}{7}\right)+\cdots+\left(\frac{1}{2n-1}-\frac{1}{2n+1}\right)\right\}$$
$$=\frac{1}{2}\left(1-\frac{1}{2n+1}\right)$$
$$=\frac{n}{2n+1}$$

답 (1) $\dfrac{10}{11}$　(2) $\dfrac{175}{264}$　(3) $\dfrac{n}{2n+1}$

542

(1) $\dfrac{1}{1+\sqrt{2}}+\dfrac{1}{\sqrt{2}+\sqrt{3}}+\dfrac{1}{\sqrt{3}+\sqrt{4}}+\cdots+\dfrac{1}{\sqrt{10}+\sqrt{11}}$

$\quad=\displaystyle\sum_{k=1}^{10}\dfrac{1}{\sqrt{k}+\sqrt{k+1}}$

$\quad=\displaystyle\sum_{k=1}^{10}\dfrac{\sqrt{k}-\sqrt{k+1}}{(\sqrt{k}+\sqrt{k+1})(\sqrt{k}-\sqrt{k+1})}$

$\quad=\displaystyle\sum_{k=1}^{10}(\sqrt{k+1}-\sqrt{k})$

$\quad=(\sqrt{2}-1)+(\sqrt{3}-\sqrt{2})+(\sqrt{4}-\sqrt{3})+\cdots+(\sqrt{11}-\sqrt{10})$

$\quad=\sqrt{11}-1$

(2) $\dfrac{1}{1+\sqrt{3}}+\dfrac{1}{\sqrt{2}+\sqrt{4}}+\dfrac{1}{\sqrt{3}+\sqrt{5}}+\cdots+\dfrac{1}{\sqrt{10}+\sqrt{12}}$

$\quad=\displaystyle\sum_{k=1}^{10}\dfrac{1}{\sqrt{k}+\sqrt{k+2}}$

$\quad=\displaystyle\sum_{k=1}^{10}\dfrac{\sqrt{k}-\sqrt{k+2}}{(\sqrt{k}+\sqrt{k+2})(\sqrt{k}-\sqrt{k+2})}$

$\quad=\dfrac{1}{2}\displaystyle\sum_{k=1}^{10}(\sqrt{k+2}-\sqrt{k})$

$\quad=\dfrac{1}{2}\{(\sqrt{3}-1)+(\sqrt{4}-\sqrt{2})+(\sqrt{5}-\sqrt{3})$

$\qquad\qquad\qquad +\cdots+(\sqrt{11}-\sqrt{9})+(\sqrt{12}-\sqrt{10})\}$

$\quad=\dfrac{1}{2}(-1-\sqrt{2}+\sqrt{11}+\sqrt{12})$

$\quad=\sqrt{3}+\dfrac{\sqrt{11}}{2}-\dfrac{\sqrt{2}}{2}-\dfrac{1}{2}$

(3) $\displaystyle\sum_{k=1}^{n}\dfrac{1}{\sqrt{k-1}+\sqrt{k}}$

$\quad=\displaystyle\sum_{k=1}^{n}\dfrac{\sqrt{k-1}-\sqrt{k}}{(\sqrt{k-1}+\sqrt{k})(\sqrt{k-1}-\sqrt{k})}$

$\quad=\displaystyle\sum_{k=1}^{n}(\sqrt{k}-\sqrt{k-1})$

$\quad=(1-\sqrt{0})+(\sqrt{2}-1)+(\sqrt{3}-\sqrt{2})+\cdots+(\sqrt{n}-\sqrt{n-1})$

$\quad=\sqrt{n}-0$

$\quad=\sqrt{n}$

답 (1) $\sqrt{11}-1$　(2) $\sqrt{3}+\dfrac{\sqrt{11}}{2}-\dfrac{\sqrt{2}}{2}-\dfrac{1}{2}$　(3) $\sqrt{n}$

유형 콕콕　　　본문 p.98~101

543 ①	**544** ③	**545** 20	**546** ③	**547** ①	**548** 35
549 ①	**550** ⑤	**551** 650	**552** ③	**553** ④	**554** 31
555 ⑤	**556** ④	**557** $a_n=2^n+1$, $S_n=2^{n+1}+n-2$			
558 ④	**559** ②	**560** $\dfrac{53}{165}$	**561** ②	**562** 4	
563 8	**564** ①	**565** ②	**566** 14		

543

$\displaystyle\sum_{n=1}^{10}(a_n+1)(a_n-3)=\displaystyle\sum_{n=1}^{10}(a_n^2-2a_n-3)$

$\qquad\qquad\qquad\qquad =\displaystyle\sum_{n=1}^{10}a_n^2-2\displaystyle\sum_{n=1}^{10}a_n-\displaystyle\sum_{n=1}^{10}3$

$\qquad\qquad\qquad\qquad =70-2\times20-3\times10$

$\qquad\qquad\qquad\qquad =0$

답 ①

544

$\displaystyle\sum_{n=1}^{20}(3a_n-2b_n+1)=\displaystyle\sum_{n=1}^{20}3a_n-\displaystyle\sum_{n=1}^{20}2b_n+\displaystyle\sum_{n=1}^{20}1$

$\qquad\qquad\qquad\qquad =3\displaystyle\sum_{n=1}^{20}a_n-2\displaystyle\sum_{n=1}^{20}b_n+1\times20$

$\qquad\qquad\qquad\qquad =3\times5-2\times10+20$

$\qquad\qquad\qquad\qquad =15$

답 ③

545

$x^2+2kx+2k^2-1=0$에서 이차방정식의 근과 계수의 관계에 의하여

$\alpha_k+\beta_k=-2k$, $\alpha_k\beta_k=2k^2-1$

────────────────── 가

$\therefore\ \alpha_k^2+\beta_k^2=(\alpha_k+\beta_k)^2-2\alpha_k\beta_k$

$\qquad\qquad\quad =(-2k)^2-2(2k^2-1)$

$\qquad\qquad\quad =2$

────────────────── 나

$\therefore\ \displaystyle\sum_{k=1}^{10}(\alpha_k^2+\beta_k^2)=\displaystyle\sum_{k=1}^{10}2=2\times10=20$

────────────────── 다

단계	채점 요소	비율
가	이차방정식의 근과 계수의 관계를 이용하여 $\alpha_k+\beta_k$, $\alpha_k\beta_k$의 값 구하기	30%
나	$\alpha_k^2+\beta_k^2$의 값 구하기	40%
다	$\displaystyle\sum_{k=1}^{10}(\alpha_k^2+\beta_k^2)$의 값 구하기	30%

답 20

546

$\displaystyle\sum_{k=1}^{10}(k+2)^2-\displaystyle\sum_{k=3}^{12}(k-2)^2$

$=(3^2+4^2+\cdots+10^2+11^2+12^2)-(1^2+2^2+3^2+\cdots+10^2)$

$=(11^2+12^2)-(1^2+2^2)$

$=121+144-5$

$=260$

다른 풀이

$\displaystyle\sum_{k=1}^{10}(k+2)^2-\displaystyle\sum_{k=3}^{12}(k-2)^2=\displaystyle\sum_{k=3}^{12}k^2-\displaystyle\sum_{k=1}^{10}k^2$

$\qquad\qquad\qquad\qquad\qquad =\left(\displaystyle\sum_{k=1}^{12}k^2-\displaystyle\sum_{k=1}^{2}k^2\right)-\displaystyle\sum_{k=1}^{10}k^2$

$\qquad\qquad\qquad\qquad\qquad =\left(\displaystyle\sum_{k=1}^{12}k^2-\displaystyle\sum_{k=1}^{10}k^2\right)-\displaystyle\sum_{k=1}^{2}k^2$

$\qquad\qquad\qquad\qquad\qquad =(11^2+12^2)-(1^2+2^2)$

$\qquad\qquad\qquad\qquad\qquad =121+144-5$

$\qquad\qquad\qquad\qquad\qquad =260$

답 ③

547

$\displaystyle\sum_{k=3}^{10}(k^3-k)-\displaystyle\sum_{m=1}^{9}(m^3-m)$

$=\{(3^3-3)+(4^3-4)+\cdots+(9^3-9)+(10^3-10)\}$

$\qquad\qquad -\{(1^3-1)+(2^3-2)+(3^3-3)+\cdots+(9^3-9)\}$

$=(10^3-10)-\{(1^3-1)+(2^3-2)\}$

$=990-6$

$=984$

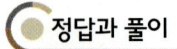

다른 풀이

$$\sum_{k=3}^{10}(k^3-k)-\sum_{m=1}^{9}(m^3-m)$$

$$=\sum_{k=3}^{10}(k^3-k)-\sum_{k=1}^{9}(k^3-k)$$

$$=\left\{\sum_{k=1}^{10}(k^3-k)-\sum_{k=1}^{2}(k^3-k)\right\}-\sum_{k=1}^{9}(k^3-k)$$

$$=\left\{\sum_{k=1}^{10}(k^3-k)-\sum_{k=1}^{9}(k^3-k)\right\}-\sum_{k=1}^{2}(k^3-k)$$

$$=(10^3-10)-\{(1^3-1)+(2^3-2)\}$$

$$=990-6$$

$$=984$$ **답** ①

548

$$\sum_{k=3}^{15}(a_{2k-1}+a_{2k})$$

$$=(a_5+a_6)+(a_7+a_8)+(a_9+a_{10})+\cdots+(a_{29}+a_{30})$$

$$=a_5+a_6+a_7+a_8+a_9+a_{10}+\cdots+a_{29}+a_{30}$$

$$=\sum_{k=5}^{30}a_k$$

$$\therefore a=5,\ b=30$$

‥‥‥‥‥‥‥‥‥‥‥‥‥‥‥‥‥‥‥‥ ㉮

$$\therefore a+b=5+30=35$$

‥‥‥‥‥‥‥‥‥‥‥‥‥‥‥‥‥‥‥‥ ㉯

단계	채점 요소	비율
㉮	a, b의 값 구하기	70%
㉯	$a+b$의 값 구하기	30%

답 35

549

수열 1^2, 4^2, 7^2, $\cdots$, 25^2, $\cdots$의 제k항을 a_k라 하면

$$a_k=(3k-2)^2$$

이때, $(3k-2)^2=25^2$에서 $k=9$

$$\therefore 1^2+4^2+7^2+10^2+\cdots+25^2$$

$$=\sum_{k=1}^{9}(3k-2)^2$$

$$=\sum_{k=1}^{9}(9k^2-12k+4)$$

$$=9\sum_{k=1}^{9}k^2-12\sum_{k=1}^{9}k+\sum_{k=1}^{9}4$$

$$=9\times\frac{9\times10\times19}{6}-12\times\frac{9\times10}{2}+4\times9$$

$$=2565-540+36$$

$$=2061$$ **답** ①

550

수열 $1+2$, $1+2+3$, $1+2+3+4$, $\cdots$의 제k항을 a_k라 하면

$$a_k=1+2+3+\cdots+(k+1)$$

$$=\frac{(k+1)(k+2)}{2}$$

따라서 주어진 수열의 첫째항부터 제9항까지의 합 S_9는

$$S_9=\sum_{k=1}^{9}a_k=\sum_{k=1}^{9}\frac{(k+1)(k+2)}{2}$$

$$=\frac{1}{2}\left(\sum_{k=1}^{9}k^2+3\sum_{k=1}^{9}k+\sum_{k=1}^{9}2\right)$$

$$=\frac{1}{2}\left(\frac{9\times10\times19}{6}+3\times\frac{9\times10}{2}+18\right)$$

$$=219$$ **답** ⑤

551

$$\sum_{k=1}^{12}k+\sum_{k=2}^{12}k+\sum_{k=3}^{12}k+\cdots+\sum_{k=11}^{12}k+\sum_{k=12}^{12}k$$

$$=(1+2+3+\cdots+12)+(2+3+4+\cdots+12)$$

$$+\cdots+(11+12)+12$$

$$=1\times1+2\times2+3\times3+\cdots+12\times12$$

$$=1^2+2^2+3^2+\cdots+12^2$$

$$=\sum_{k=1}^{12}k^2$$

$$=\frac{12\times13\times25}{6}$$

$$=650$$ **답** 650

552

수열 $\{a_n\}$의 첫째항부터 제n항까지의 합을 S_n이라 하면

$$S_n=\sum_{k=1}^{n}a_k=n^2+2n$$

(i) $n\geq2$일 때

$$a_n=S_n-S_{n-1}$$

$$=n^2+2n-\{(n-1)^2+2(n-1)\}$$

$$=2n+1$$ ‥‥‥‥ ㉠

(ii) $n=1$일 때

$$a_1=S_1=1^2+2\times1=3$$

이때, $a_1=3$은 ㉠에 $n=1$을 대입한 것과 같으므로

$$a_n=2n+1$$

따라서 $a_{2k-1}=2(2k-1)+1=4k-1$이므로

$$\sum_{k=1}^{10}a_{2k-1}=\sum_{k=1}^{10}(4k-1)$$

$$=4\sum_{k=1}^{10}k-\sum_{k=1}^{10}1$$

$$=4\times\frac{10\times11}{2}-1\times10$$

$$=220-10$$

$$=210$$ **답** ③

553

수열 $\{a_n\}$의 첫째항부터 제n항까지의 합을 S_n이라 하면

$$S_n=\sum_{k=1}^{n}a_k=2^{n+1}-2$$

(i) $n\geq2$일 때

$$a_n=S_n-S_{n-1}$$

$$=(2^{n+1}-2)-(2^n-2)$$

$$=2\times2^n-2^n$$

$$=(2-1)\times2^n$$

$$=2^n$$ ‥‥‥‥ ㉠

(ii) $n=1$일 때

$$a_1=S_1=2^2-2=2$$

이때, $a_1=2$는 ㉠에 $n=1$을 대입한 것과 같으므로

$$a_n=2^n$$

따라서 $a_k{}^2=(2^k)^2=2^{2k}=(2^2)^k=4^k$이므로

$$\sum_{k=1}^{4}a_k{}^2=\sum_{k=1}^{4}4^k=\frac{4(4^4-1)}{4-1}=\frac{4\times255}{3}=340$$ **답** ④

554

$$\sum_{k=1}^{n} ka_k = n^3 + 2n^2 + n - 8 \qquad \cdots\cdots \text{㉠}$$

㉠의 양변에 n 대신 $n-1$을 대입하면

$$\sum_{k=1}^{n-1} ka_k = (n-1)^3 + 2(n-1)^2 + (n-1) - 8 \ (\text{단, } n \geq 2) \quad \cdots\cdots \text{㉡}$$

㉠$-$㉡을 하면

$$na_n = 3n^2 + n \ (\text{단, } n \geq 2) \qquad \cdots\cdots \text{㉢}$$

㉢의 양변을 n으로 나누면

$$a_n = 3n + 1 \ (\text{단, } n \geq 2)$$

―――――――――――――――――――――――― 가

$$\therefore a_{10} = 3 \times 10 + 1 = 31$$

―――――――――――――――――――――――― 나

단계	채점 요소	비율
가	a_n 구하기	80%
나	a_{10}의 값 구하기	20%

답 31

555

주어진 수열을 $\{a_n\}$이라 하고, $a_{n+1} - a_n = b_n$이라 하면

$\{a_n\}$: 2, 6, 12, 20, 30, $\cdots$

$\{b_n\}$: 4, 6, 8, 10, $\cdots$

즉, $\{b_n\}$은 첫째항이 4, 공차가 2인 등차수열이므로

$$b_n = 4 + (n-1) \times 2 = 2n + 2$$

$$\begin{aligned}
\therefore a_n &= a_1 + \sum_{k=1}^{n-1} b_k \\
&= 2 + \sum_{k=1}^{n-1} (2k+2) \\
&= 2 + 2\sum_{k=1}^{n-1} k + \sum_{k=1}^{n-1} 2 \\
&= 2 + 2 \times \frac{(n-1)n}{2} + 2(n-1) \\
&= n^2 + n \ (\text{단, } n \geq 2)
\end{aligned}$$

이때, 272를 수열 $\{a_n\}$의 제m항이라 하면 $m^2 + m = 272$

$m^2 + m - 272 = 0$, $(m+17)(m-16) = 0$

$$\therefore m = 16 \ (\because m \text{은 자연수})$$

따라서 272는 제16항이다.

답 ⑤

556

주어진 수열을 $\{a_n\}$이라 하고, $a_{n+1} - a_n = b_n$이라 하면

$\{a_n\}$: -2, 1, 7, 19, 43, $\cdots$

$\{b_n\}$: 3, 6, 12, 24, $\cdots$

즉, $\{b_n\}$은 첫째항이 3, 공비가 2인 등비수열이므로

$$b_n = 3 \times 2^{n-1}$$

$$\begin{aligned}
\therefore a_n &= a_1 + \sum_{k=1}^{n-1} b_k \\
&= -2 + \sum_{k=1}^{n-1} 3 \times 2^{k-1} \\
&= -2 + 3\sum_{k=1}^{n-1} 2^{k-1} \\
&= -2 + 3 \times \frac{1 \times (2^{n-1} - 1)}{2-1} \\
&= -2 + 3(2^{n-1} - 1) \\
&= 3 \times 2^{n-1} - 5 \ (\text{단, } n \geq 2)
\end{aligned}$$

이때, 1531을 수열 $\{a_n\}$의 제m항이라 하면 $3 \times 2^{m-1} - 5 = 1531$

$3 \times 2^{m-1} = 1536$, $2^{m-1} = 512 = 2^9$

$$m - 1 = 9 \qquad \therefore m = 10$$

따라서 1531은 제10항이다.

답 ④

557

수열 $\{a_n\}$에서 $a_{n+1} - a_n = b_n$이라 하면

$\{a_n\}$: 3, 5, 9, 17, 33, $\cdots$

$\{b_n\}$: 2, 4, 8, 16, $\cdots$

즉, $\{b_n\}$은 첫째항이 2, 공비가 2인 등비수열이므로

$$b_n = 2 \times 2^{n-1} = 2^n$$

$$\begin{aligned}
\therefore a_n &= a_1 + \sum_{k=1}^{n-1} b_k \\
&= 3 + \sum_{k=1}^{n-1} 2^k \\
&= 3 + \frac{2 \times (2^{n-1} - 1)}{2-1} \\
&= 2 \times 2^{n-1} + 1 \\
&= 2^n + 1 \ (\text{단, } n \geq 2)
\end{aligned}$$

이때, $a_1 = 3$이므로 $a_n = 2^n + 1$

$$\begin{aligned}
\therefore S_n &= \sum_{k=1}^{n} a_k \\
&= \sum_{k=1}^{n} (2^k + 1) \\
&= \sum_{k=1}^{n} 2^k + \sum_{k=1}^{n} 1 \\
&= \frac{2 \times (2^n - 1)}{2-1} + n \\
&= 2^{n+1} + n - 2
\end{aligned}$$

답 $a_n = 2^n + 1$, $S_n = 2^{n+1} + n - 2$

558

수열 $\{a_n\}$을 $1, \dfrac{1}{1+2}, \dfrac{1}{1+2+3}, \cdots, \dfrac{1}{1+2+3+\cdots+2010}, \cdots$이라 하면

$$\begin{aligned}
a_k &= \frac{1}{1+2+3+\cdots+k} \\
&= \frac{1}{\frac{k(k+1)}{2}} \\
&= \frac{2}{k(k+1)} \\
&= 2\left(\frac{1}{k} - \frac{1}{k+1}\right)
\end{aligned}$$

주어진 식은 수열 $\{a_n\}$의 첫째항부터 제2010항까지의 합이므로

$$\begin{aligned}
& 1 + \frac{1}{1+2} + \frac{1}{1+2+3} + \cdots + \frac{1}{1+2+3+\cdots+2010} \\
&= \sum_{k=1}^{2010} a_k \\
&= \sum_{k=1}^{2010} 2\left(\frac{1}{k} - \frac{1}{k+1}\right) \\
&= 2\sum_{k=1}^{2010}\left(\frac{1}{k} - \frac{1}{k+1}\right) \\
&= 2\left\{\left(1 - \frac{1}{2}\right) + \left(\frac{1}{2} - \frac{1}{3}\right) + \cdots + \left(\frac{1}{2010} - \frac{1}{2011}\right)\right\} \\
&= 2\left(1 - \frac{1}{2011}\right) \\
&= 2 \times \frac{2010}{2011} = \frac{4020}{2011}
\end{aligned}$$

답 ④

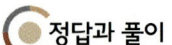

559

$\displaystyle\sum_{k=1}^{30}\frac{1}{(2k-1)(2k+1)}$

$=\displaystyle\frac{1}{2}\sum_{k=1}^{30}\left(\frac{1}{2k-1}-\frac{1}{2k+1}\right)$

$=\displaystyle\frac{1}{2}\left\{\left(1-\frac{1}{3}\right)+\left(\frac{1}{3}-\frac{1}{5}\right)+\cdots+\left(\frac{1}{59}-\frac{1}{61}\right)\right\}$

$=\displaystyle\frac{1}{2}\left(1-\frac{1}{61}\right)$

$=\displaystyle\frac{1}{2}\times\frac{60}{61}=\frac{30}{61}$

따라서 $p=61$, $q=30$이므로

$p+q=61+30=91$　　　　　　　　　　　　　　　**답** ②

560

수열 $\{a_n\}$을 $\dfrac{1}{9-1}$, $\dfrac{1}{16-1}$, $\dfrac{1}{25-1}$, $\cdots$, $\dfrac{1}{100-1}$, $\cdots$,

즉 $\dfrac{1}{3^2-1}$, $\dfrac{1}{4^2-1}$, $\dfrac{1}{5^2-1}$, $\cdots$, $\dfrac{1}{10^2-1}$, $\cdots$이라 하면

$a_k=\dfrac{1}{(k+2)^2-1}=\dfrac{1}{(k+1)(k+3)}=\dfrac{1}{2}\left(\dfrac{1}{k+1}-\dfrac{1}{k+3}\right)$

주어진 식은 수열 $\{a_n\}$의 첫째항부터 제8항까지의 합이므로

$\dfrac{1}{9-1}+\dfrac{1}{16-1}+\dfrac{1}{25-1}+\cdots+\dfrac{1}{100-1}$

$=\displaystyle\sum_{k=1}^{8}a_k$

$=\displaystyle\sum_{k=1}^{8}\frac{1}{2}\left(\frac{1}{k+1}-\frac{1}{k+3}\right)$

$=\displaystyle\frac{1}{2}\sum_{k=1}^{8}\left(\frac{1}{k+1}-\frac{1}{k+3}\right)$

$=\displaystyle\frac{1}{2}\left\{\left(\frac{1}{2}-\frac{1}{4}\right)+\left(\frac{1}{3}-\frac{1}{5}\right)+\left(\frac{1}{4}-\frac{1}{6}\right)+\cdots+\left(\frac{1}{8}-\frac{1}{10}\right)+\left(\frac{1}{9}-\frac{1}{11}\right)\right\}$

$=\displaystyle\frac{1}{2}\left(\frac{1}{2}+\frac{1}{3}-\frac{1}{10}-\frac{1}{11}\right)$

$=\displaystyle\frac{1}{2}\times\frac{212}{330}=\frac{53}{165}$　　　　　　　　　**답** $\dfrac{53}{165}$

561

수열 $\{a_n\}$을 $\dfrac{1}{\sqrt{2}+\sqrt{3}}$, $\dfrac{1}{\sqrt{3}+\sqrt{4}}$, $\dfrac{1}{\sqrt{4}+\sqrt{5}}$, $\cdots$, $\dfrac{1}{\sqrt{63}+\sqrt{64}}$, $\cdots$이라 하면

$a_k=\dfrac{1}{\sqrt{k+1}+\sqrt{k+2}}$

$\quad=\dfrac{\sqrt{k+1}-\sqrt{k+2}}{(\sqrt{k+1}+\sqrt{k+2})(\sqrt{k+1}-\sqrt{k+2})}$

$\quad=\sqrt{k+2}-\sqrt{k+1}$

주어진 식은 수열 $\{a_n\}$의 첫째항부터 제62항까지의 합이므로

$\dfrac{1}{\sqrt{2}+\sqrt{3}}+\dfrac{1}{\sqrt{3}+\sqrt{4}}+\dfrac{1}{\sqrt{4}+\sqrt{5}}+\cdots+\dfrac{1}{\sqrt{63}+\sqrt{64}}$

$=\displaystyle\sum_{k=1}^{62}a_k$

$=\displaystyle\sum_{k=1}^{62}(\sqrt{k+2}-\sqrt{k+1})$

$=(\sqrt{3}-\sqrt{2})+(\sqrt{4}-\sqrt{3})+(\sqrt{5}-\sqrt{4})+\cdots+(\sqrt{64}-\sqrt{63})$

$=\sqrt{64}-\sqrt{2}=8-\sqrt{2}$　　　　　　　　　　　　　**답** ②

562

$\dfrac{1}{\sqrt{k+2}+\sqrt{k+3}}=\dfrac{\sqrt{k+2}-\sqrt{k+3}}{(\sqrt{k+2}+\sqrt{k+3})(\sqrt{k+2}-\sqrt{k+3})}$

$\qquad\qquad\qquad=\sqrt{k+3}-\sqrt{k+2}$

──────────────────────────── **가**

$\therefore\displaystyle\sum_{k=1}^{22}\frac{1}{\sqrt{k+2}+\sqrt{k+3}}$

$\quad=\displaystyle\sum_{k=1}^{22}(\sqrt{k+3}-\sqrt{k+2})$

$\quad=(\sqrt{4}-\sqrt{3})+(\sqrt{5}-\sqrt{4})+(\sqrt{6}-\sqrt{5})+\cdots+(\sqrt{25}-\sqrt{24})$

$\quad=\sqrt{25}-\sqrt{3}$

$\quad=5-\sqrt{3}$

$\therefore a=5$, $b=-1$

──────────────────────────── **나**

$\therefore a+b=5+(-1)=4$

──────────────────────────── **다**

단계	채점 요소	비율
가	근호가 포함된 식 유리화하기	30%
나	a, b의 값 구하기	60%
다	$a+b$의 값 구하기	10%

답 4

563

$f(n)=\dfrac{1}{\sqrt{n}+\sqrt{n+1}}$

$\quad=\dfrac{\sqrt{n}-\sqrt{n+1}}{(\sqrt{n}+\sqrt{n+1})(\sqrt{n}-\sqrt{n+1})}$

$\quad=\sqrt{n+1}-\sqrt{n}$

$\therefore\displaystyle\sum_{k=4}^{99}f(k)=\sum_{k=4}^{99}(\sqrt{k+1}-\sqrt{k})$

$\qquad\qquad=(\sqrt{5}-\sqrt{4})+(\sqrt{6}-\sqrt{5})+(\sqrt{7}-\sqrt{6})+\cdots+(\sqrt{100}-\sqrt{99})$

$\qquad\qquad=\sqrt{100}-\sqrt{4}$

$\qquad\qquad=10-2=8$　　　　　　　　　　　　**답** 8

564

자연수 n에 대하여 7^n, 8^n을 10으로 나눈 나머지는 각각 7^n, 8^n의 일의 자리의 숫자와 같으므로 $n=1, 2, 3, \cdots$을 순서대로 대입하여 $f(n)$, $g(n)$, a_n을 구하면 다음과 같다.

n	$f(n)$	$g(n)$	$a_n=f(n)-g(n)$
1	7	8	-1
2	9	4	5
3	3	2	1
4	1	6	-5
5	7	8	-1
6	9	4	5
7	3	2	1
8	1	6	-5
9	7	8	-1
⋮	⋮	⋮	⋮

따라서 수열 $\{a_n\}$은 $-1, 5, 1, -5$가 이 순서대로 반복되는 수열이다.

이때, $998=4\times249+2$이므로

$\displaystyle\sum_{n=1}^{998}a_n=(a_1+a_2+a_3+a_4)\times249+a_1+a_2$

$\qquad\quad=(-1+5+1-5)\times249+(-1)+5$

$\qquad\quad=4$　　　　　　　　　　　　　　　**답** ①

565

자연수 n에 대하여 3^n, 8^n의 일의 자리의 숫자를 각각 b_n, c_n이라 하면 3^n+8^n의 일의 자리의 숫자 a_n은 다음과 같다.

n	1	2	3	4	5	6	7	8	$\cdots$
b_n	3	9	7	1	3	9	7	1	$\cdots$
c_n	8	4	2	6	8	4	2	6	$\cdots$
a_n	1	3	9	7	1	3	9	7	$\cdots$

따라서 수열 $\{a_n\}$은 1, 3, 9, 7이 이 순서대로 반복되는 수열이다.

이때, $46=4\times11+2$이므로

$$\sum_{n=1}^{46} a_n=(a_1+a_2+a_3+a_4)\times11+a_1+a_2$$
$$=(1+3+9+7)\times11+(1+3)$$
$$=224$$

답 ②

566

$n=1, 2, 3, 4, 5, 6, \cdots$일 때, n^2의 값을 순서대로 구하면

$1^2, 2^2, 3^2, 4^2, 5^2, 6^2, \cdots$ $\cdots\cdots$ ㉠

㉠을 3으로 나눈 나머지는 각각

$1, 1, 0, 1, 1, 0, 1, 1, 0, \cdots$

따라서 수열 $\{a_n\}$은 1, 1, 0이 이 순서대로 반복되는 수열이다.

이때, $20=3\times6+2$이므로

$a_1+a_2+a_3+\cdots+a_{20}$
$=(a_1+a_2+a_3)\times6+a_1+a_2$
$=6(1+1+0)+1+1=14$

답 14

실력 콕콕   본문 p. 102~103

567 ①	568 ①	569 ④	570 ②	571 ②
572 −185	573 ④	574 12	575 12	576 ④ 577 ②
578 12	579 ③	580 37	581 65	582 211

567

$$a_1+a_2+a_3+\cdots+a_9=\sum_{k=1}^{9}a_k$$
$$=\sum_{k=1}^{9}\{2^k+(-1)^k\}$$
$$=\sum_{k=1}^{9}2^k+\sum_{k=1}^{9}(-1)^k$$
$$=\frac{2(2^9-1)}{2-1}+\{(-1+1)+(-1+1)$$
$$\qquad\qquad\qquad +(-1+1)+(-1+1)-1\}$$
$$=2^{10}-2-1$$
$$=2^{10}-3$$

답 ①

568

$$\sum_{k=1}^{10}a_k=a_1+a_2+\cdots+a_9+a_{10}$$
$$=(a_1+a_2)+(a_3+a_4)+\cdots+(a_9+a_{10})$$
$$=\sum_{k=1}^{5}(a_{2k-1}+a_{2k})$$
$$=5^2=25$$

다른 풀이

수열 $\{a_n\}$의 첫째항부터 제n항까지의 합을 S_n이라 하면

$$\sum_{k=1}^{n}(a_{2k-1}+a_{2k})$$
$$=(a_1+a_2)+(a_3+a_4)+\cdots+(a_{2n-1}+a_{2n})$$
$$=n^2$$
$$\therefore S_{2n}=n^2$$
$$\therefore \sum_{k=1}^{10}a_k=S_{10}=5^2=25$$

답 ①

569

$$\sum_{k=1}^{20}|k-9|-\sum_{k=1}^{20}(k-9)$$
$$=\sum_{k=1}^{20}\{|k-9|-(k-9)\}$$
$$=\sum_{k=1}^{8}\{-(k-9)-(k-9)\}+\sum_{k=9}^{20}\{(k-9)-(k-9)\}$$
$$=\sum_{k=1}^{8}\{-2(k-9)\}$$
$$=-2\sum_{k=1}^{8}k+\sum_{k=1}^{8}18$$
$$=-2\times\frac{8\times9}{2}+18\times8$$
$$=-72+144=72$$

답 ④

570

$$\sum_{i=1}^{n}\left(\sum_{k=1}^{i}k\right)=\sum_{i=1}^{n}\frac{i(i+1)}{2}$$
$$=\frac{1}{2}\sum_{i=1}^{n}i(i+1)$$
$$=\frac{1}{2}\sum_{i=1}^{n}(i^2+i)$$
$$=\frac{1}{2}\left(\sum_{i=1}^{n}i^2+\sum_{i=1}^{n}i\right)$$
$$=\frac{1}{2}\left\{\frac{n(n+1)(2n+1)}{6}+\frac{n(n+1)}{2}\right\}$$
$$=\frac{1}{2}\times\frac{n(n+1)}{6}\times\{(2n+1)+3\}$$
$$=\frac{1}{2}\times\frac{n(n+1)}{6}\times(2n+4)$$
$$=\frac{n(n+1)(n+2)}{6}$$
$$=35$$

따라서 $\frac{n(n+1)(n+2)}{6}=35$에서

$\frac{5\times6\times7}{6}=35$이므로 $n=5$

답 ②

571

$$\sum_{k=1}^{20}(-1)^k\times(k+1)^2$$
$$=-2^2+3^2-4^2+5^2+\cdots-20^2+21^2$$
$$=(3^2-2^2)+(5^2-4^2)+\cdots+(21^2-20^2)$$
$$=(3+2)(3-2)+(5+4)(5-4)+\cdots+(21+20)(21-20)$$
$$=(2+3)+(4+5)+\cdots+(20+21)$$
$$=(1+2+3+4+5+\cdots+20+21)-1$$
$$=\sum_{k=1}^{21}k-1$$

$$=\frac{21\times22}{2}-1=230$$ 답 ②

572

$x^2-4nx+n^2=0$에서 이차방정식의 근과 계수의 관계에 의하여

$a_n+b_n=4n,\ a_nb_n=n^2$

$$\therefore \sum_{k=1}^{10}(3-a_k)(3-b_k)$$

$$=\sum_{k=1}^{10}\{9-3(a_k+b_k)+a_kb_k\}$$

$$=\sum_{k=1}^{10}9-3\sum_{k=1}^{10}(a_k+b_k)+\sum_{k=1}^{10}a_kb_k$$

$$=\sum_{k=1}^{10}9-3\sum_{k=1}^{10}4k+\sum_{k=1}^{10}k^2$$

$$=9\times10-3\times4\times\frac{10\times11}{2}+\frac{10\times11\times21}{6}$$

$$=90-660+385=-185$$ 답 -185

573

수열 $\{a_n\}$을

$$1,\ \frac{1+2}{2},\ \frac{1+2+3}{3},\ \cdots,\ \frac{1+2+3+\cdots+20}{20},\ \cdots$$

이라 하면

$$a_k=\frac{1+2+3+\cdots+k}{k}=\frac{\frac{k(k+1)}{2}}{k}=\frac{k+1}{2}$$

따라서 수열 $\{a_n\}$의 첫째항부터 제20항까지의 합은

$$1+\frac{1+2}{2}+\frac{1+2+3}{3}+\cdots+\frac{1+2+3+\cdots+20}{20}$$

$$=\sum_{k=1}^{20}a_k$$

$$=\sum_{k=1}^{20}\frac{k+1}{2}$$

$$=\frac{1}{2}\sum_{k=1}^{20}(k+1)$$

$$=\frac{1}{2}\left(\sum_{k=1}^{20}k+\sum_{k=1}^{20}1\right)$$

$$=\frac{1}{2}\left(\frac{20\times21}{2}+1\times20\right)$$

$$=\frac{1}{2}(210+20)=115$$ 답 ④

574

$$\sum_{k=1}^{n}a_k=\frac{1}{3}a_na_{n+1}$$ …… ㉠

㉠의 양변에 n 대신에 $n-1$을 대입하면

$$\sum_{k=1}^{n-1}a_k=\frac{1}{3}a_{n-1}a_n\ (단,\ n\geq2)$$ …… ㉡

㉠$-$㉡을 하면

$$a_n=\frac{1}{3}a_n(a_{n+1}-a_{n-1})$$

$$a_n-\frac{1}{3}a_n(a_{n+1}-a_{n-1})=0$$

$$a_n\{3-(a_{n+1}-a_{n-1})\}=0$$

$$3-(a_{n+1}-a_{n-1})=0\ (\because a_n\neq0)$$

$$\therefore a_{n+1}=a_{n-1}+3\ (단,\ n\geq2)$$ …… ㉢

이때, $a_1=1$이므로 ㉢에서

$$a_3=a_1+3=1+3=4$$

$$a_5=a_3+3=4+3=7$$

$$\therefore a_1+a_3+a_5=1+4+7=12$$

보충 설명

$$a_n=\begin{cases}1\ (n=1)\\0\ (n\geq2)\end{cases}$$ 이면 ㉠이 성립하지 않는다.

답 12

575

$$\{a_n\}:-3,\ -2,\ 0,\ 3,\ 7,\ \cdots$$

$a_{n+1}-a_n=b_n$이라 하면

$$\{b_n\}:1,\ 2,\ 3,\ 4,\ \cdots$$

$$\therefore b_n=n$$

$$\therefore a_n=a_1+\sum_{k=1}^{n-1}b_k=-3+\sum_{k=1}^{n-1}k$$

$$=-3+\frac{(n-1)n}{2}\ (단,\ n\geq2)$$

이때, $a_m=63$이므로

$$a_m=-3+\frac{(m-1)m}{2}=63$$

$$\frac{(m-1)m}{2}=66$$

$$m^2-m=132,\ m^2-m-132=0$$

$$(m+11)(m-12)=0$$

$$\therefore m=12\ (\because m은\ 자연수)$$ 답 12

576

$$\sum_{k=1}^{10}\frac{1}{a_k}=\sum_{k=1}^{10}\frac{1}{4k^2-1}$$

$$=\sum_{k=1}^{10}\frac{1}{(2k-1)(2k+1)}$$

$$=\sum_{k=1}^{10}\frac{1}{2}\left(\frac{1}{2k-1}-\frac{1}{2k+1}\right)$$

$$=\frac{1}{2}\sum_{k=1}^{10}\left(\frac{1}{2k-1}-\frac{1}{2k+1}\right)$$

$$=\frac{1}{2}\left\{\left(1-\frac{1}{3}\right)+\left(\frac{1}{3}-\frac{1}{5}\right)+\cdots+\left(\frac{1}{19}-\frac{1}{21}\right)\right\}$$

$$=\frac{1}{2}\left(1-\frac{1}{21}\right)=\frac{10}{21}$$ 답 ④

577

$$a_n=(-1)^n\frac{2n+1}{n(n+1)}$$

$$=(-1)^n\left(\frac{2n+1}{n}-\frac{2n+1}{n+1}\right)$$

$$=(-1)^n\left(2+\frac{1}{n}-2+\frac{1}{n+1}\right)$$

$$=(-1)^n\left(\frac{1}{n}+\frac{1}{n+1}\right)$$

$$\therefore S_{99}=\sum_{k=1}^{99}a_k$$

$$=\sum_{k=1}^{99}(-1)^k\left(\frac{1}{k}+\frac{1}{k+1}\right)$$

$$=-\left(1+\frac{1}{2}\right)+\left(\frac{1}{2}+\frac{1}{3}\right)-\cdots-\left(\frac{1}{99}+\frac{1}{100}\right)$$

$$=-1-\frac{1}{100}$$

$$=-\frac{101}{100}$$ 답 ②

578

$$\sum_{k=1}^{99} \frac{2}{\sqrt{k-1}+\sqrt{k+1}}$$
$$=\sum_{k=1}^{99} \frac{2(\sqrt{k-1}-\sqrt{k+1})}{(\sqrt{k-1}+\sqrt{k+1})(\sqrt{k-1}-\sqrt{k+1})}$$
$$=\sum_{k=1}^{99} (\sqrt{k+1}-\sqrt{k-1})$$
$$=(\sqrt{2}-0)+(\sqrt{3}-1)+(\sqrt{4}-\sqrt{2})+\cdots+(\sqrt{99}-\sqrt{97})+(\sqrt{100}-\sqrt{98})$$
$$=0-1+\sqrt{99}+\sqrt{100}$$
$$=9+3\sqrt{11}$$
따라서 $a=9$, $b=3$이므로
$$a+b=9+3=12$$

답 12

579

$\frac{n(n+1)}{2}=\sum_{k=1}^{n}k=1+2+\cdots+n=b_n$이라 하면 $\frac{n(n+1)}{2}$을 3으로 나

눈 나머지는 a_n이므로

$b_1=1 \qquad \therefore a_1=1$
$b_2=1+2=3 \qquad \therefore a_2=0$
$b_3=1+2+3=6 \qquad \therefore a_3=0$
$b_4=1+2+3+4=10 \qquad \therefore a_4=1$
$b_5=1+2+3+4+5=15 \qquad \therefore a_5=0$
$b_6=1+2+3+4+5+6=21 \qquad \therefore a_6=0$
$\qquad\qquad\qquad\vdots$

따라서 수열 $\{a_n\}$은 1, 0, 0이 이 순서대로 반복되는 수열이다.
이때, $1000=3\times333+1$이므로
$$\sum_{n=1}^{1000} a_n=(a_1+a_2+a_3)\times333+a_1=333(1+0+0)+1=334$$

답 ③

580

$a_n=n-4\left[\frac{n}{4}\right]$은 자연수 n을 4로 나눈 나머지이므로

$a_1=1$, $a_2=2$, $a_3=3$, $a_4=0$,
$a_5=1$, $a_6=2$, $a_7=3$, $a_8=0$,
$a_9=1$, $\cdots$
이때, $25=4\times6+1$이므로
$$\sum_{n=1}^{25} a_n=(a_1+a_2+a_3+a_4)\times6+a_1=6\times(1+2+3+0)+1=37$$

보충 설명

정수 A를 B로 나누었을 때의 몫을 Q, 나머지를 R라 하면
$A=BQ+R$ (단, $0\leq R<B$)
이 식의 양변을 B로 나누면
$$\frac{A}{B}=Q+\frac{R}{B}$$
이때, $0\leq\frac{R}{B}<1$이므로 $\left[\frac{R}{B}\right]=0$
$$\left[\frac{A}{B}\right]=\left[Q+\frac{R}{B}\right]=Q+\left[\frac{R}{B}\right]=Q$$
같은 원리로 1부터 n까지의 자연수 중에서 k의 배수의 개수는 n를 k로

나눈 몫, 즉 $\left[\frac{n}{k}\right]$이 된다.

따라서 같은 원리로 $\left[\frac{n}{4}\right]$은 n을 4로 나누었을 때의 몫이므로

$n=4\left[\frac{n}{4}\right]+R$ (단, R는 n을 4로 나눈 나머지이다.)

$$\therefore R=n-4\left[\frac{n}{4}\right]$$

즉, $a_n=n-4\left[\frac{n}{4}\right]$은 n을 4로 나눈 나머지가 된다.

답 37

581

a_n은 $x^2-(n+1)x+2n+1$을 $x-n$으로 나눈 나머지이므로 나머지정리
에 의하여

 ⑦

$$a_n=n^2-(n+1)n+2n+1=n+1$$

⑭

$$\therefore \sum_{k=1}^{10} a_k=\sum_{k=1}^{10}(k+1)$$
$$=\sum_{k=1}^{10}k+\sum_{k=1}^{10}1$$
$$=\frac{10\times11}{2}+1\times10$$
$$=55+10$$
$$=65$$

⑭

단계	채점 요소	비율
⑦	a_n이 주어진 이차식을 $x-n$으로 나눈 나머지임을 알기	30%
⑭	나머지정리를 이용하여 수열 $\{a_n\}$의 일반항 구하기	40%
⑭	합의 기호 $\sum$를 사용하여 $\sum_{k=1}^{10}a_k$의 값 계산하기	30%

답 65

582

$\{a_n\}$: 9, 99, 999, 9999, $\cdots$이라 하면

$a_1=9=10-1$
$a_2=99=10^2-1$
$a_3=999=10^3-1$
$a_4=9999=10^4-1$
$\qquad\vdots$
$a_n=10^n-1$

⑦

따라서 수열 $\{a_n\}$의 첫째항부터 제20항까지의 합은

$$\sum_{k=1}^{20} a_k=\sum_{k=1}^{20}(10^k-1)$$
$$=\sum_{k=1}^{20}10^k-\sum_{k=1}^{20}1$$
$$=\frac{10(10^{20}-1)}{10-1}-1\times20$$
$$=\frac{10^{21}-190}{9}$$

⑭

$\therefore m=21$, $n=190$
$\therefore m+n=21+190=211$

⑭

단계	채점 요소	비율
⑦	규칙을 찾아 주어진 수열의 제n항 구하기	50%
⑭	합의 기호 $\sum$를 사용하여 $\sum_{k=1}^{20}a_k$의 값 계산하기	30%
⑭	⑭에서 자연수 m, n의 값을 찾아 $m+n$의 값 구하기	20%

답 211

11 수학적 귀납법

개념 콕콕

본문 p. 105

583

(1) $a_1=1$, $a_{n+1}=a_n+3$에서
$$a_2=a_1+3=1+3=4$$
$$a_3=a_2+3=4+3=7$$
$$a_4=a_3+3=7+3=10$$
$$\therefore a_5=a_4+3=10+3=13$$

(2) $a_1=1$, $a_{n+1}=a_n+2^n$에서
$$a_2=a_1+2^1=1+2=3$$
$$a_3=a_2+2^2=3+4=7$$
$$a_4=a_3+2^3=7+8=15$$
$$\therefore a_5=a_4+2^4=15+16=31$$

(3) $a_1=2$, $a_{n+1}=a_n+(n+1)^2$에서
$$a_2=a_1+2^2=2+4=6$$
$$a_3=a_2+3^2=6+9=15$$
$$a_4=a_3+4^2=15+16=31$$
$$\therefore a_5=a_4+5^2=31+25=56$$

(4) $a_1=1$, $a_2=2$, $a_{n+2}=a_n+a_{n+1}$에서
$$a_3=a_1+a_2=1+2=3$$
$$a_4=a_2+a_3=2+3=5$$
$$\therefore a_5=a_3+a_4=3+5=8$$

답 (1) 13 (2) 31 (3) 56 (4) 8

584

(1) 첫째항 a_1은 $a_1=2$이고, 이웃하는 항들 사이의 관계를 살펴보면
$$a_2-a_1=4-2=2$$
$$a_3-a_2=6-4=2$$
$$a_4-a_3=8-6=2$$
$$\vdots$$
$$a_{n+1}-a_n=2 \ (단, \ n=1, 2, 3, \cdots)$$
따라서 수열 $\{a_n\}$의 귀납적 정의는
$$a_1=2, \ a_{n+1}=a_n+2 \ (단, \ n=1, 2, 3, \cdots)$$

(2) 첫째항 a_1은 $a_1=3$이고, 이웃하는 항들 사이의 관계를 살펴보면
$$a_2-a_1=0-3=-3$$
$$a_3-a_2=-3-0=-3$$
$$a_4-a_3=-6-(-3)=-3$$
$$\vdots$$
$$a_{n+1}-a_n=-3 \ (단, \ n=1, 2, 3, \cdots)$$
따라서 수열 $\{a_n\}$의 귀납적 정의는
$$a_1=3, \ a_{n+1}=a_n-3 \ (단, \ n=1, 2, 3, \cdots)$$

(3) 첫째항 a_1은 $a_1=1$이고, 이웃하는 항들 사이의 관계를 살펴보면
$$a_2\div a_1=2\div1=2$$
$$a_3\div a_2=4\div2=2$$
$$a_4\div a_3=8\div4=2$$
$$\vdots$$
$$a_{n+1}\div a_n=2 \ (단, \ n=1, 2, 3, \cdots)$$

따라서 수열 $\{a_n\}$의 귀납적 정의는
$$a_1=1, \ a_{n+1}=2a_n \ (단, \ n=1, 2, 3, \cdots)$$

(4) 첫째항 a_1은 $a_1=8$이고, 이웃하는 항들 사이의 관계를 살펴보면
$$a_2\div a_1=-12\div8=-\frac{3}{2}$$
$$a_3\div a_2=18\div(-12)=-\frac{3}{2}$$
$$a_4\div a_3=-27\div18=-\frac{3}{2}$$
$$\vdots$$
$$a_{n+1}\div a_n=-\frac{3}{2} \ (단, \ n=1, 2, 3, \cdots)$$
따라서 수열 $\{a_n\}$의 귀납적 정의는
$$a_1=8, \ a_{n+1}=-\frac{3}{2}a_n \ (단, \ n=1, 2, 3, \cdots)$$

답 (1) $a_1=2$, $a_{n+1}=a_n+2$ (단, $n=1, 2, 3, \cdots$)
(2) $a_1=3$, $a_{n+1}=a_n-3$ (단, $n=1, 2, 3, \cdots$)
(3) $a_1=1$, $a_{n+1}=2a_n$ (단, $n=1, 2, 3, \cdots$)
(4) $a_1=8$, $a_{n+1}=-\frac{3}{2}a_n$ (단, $n=1, 2, 3, \cdots$)

585

(1) $a_{n+1}=a_n+2$, 즉 $a_{n+1}-a_n=2$에서 주어진 수열은 공차가 2인 등차수열이고, 첫째항 $a_1=5$이므로
$$a_n=5+(n-1)\times2=2n+3$$

(2) $2a_{n+1}=a_n+a_{n+2}$에서 주어진 수열은 등차수열이고, $a_1=-4$, $a_2-a_1=-8-(-4)=-4$이므로 첫째항이 -4, 공차가 -4이다.
$$\therefore a_n=-4+(n-1)\times(-4)=-4n$$

(3) $a_{n+1}=\frac{1}{2}a_n$에서 주어진 수열은 공비가 $\frac{1}{2}$인 등비수열이고, 첫째항이 $a_1=4$이므로
$$a_n=4\times\left(\frac{1}{2}\right)^{n-1}=\left(\frac{1}{2}\right)^{n-3}$$

(4) $a_{n+1}^2=a_n a_{n+2}$에서 주어진 수열은 등비수열이고, $a_1=2$, $a_2\div a_1=-4\div2=-2$이므로 첫째항이 2, 공비가 -2이다.
$$\therefore a_n=2\times(-2)^{n-1}$$

답 (1) $a_n=2n+3$ (2) $a_n=-4n$
(3) $a_n=\left(\frac{1}{2}\right)^{n-3}$ (4) $a_n=2\times(-2)^{n-1}$

586

(1) $a_{n+1}-a_n=2n$의 n에 1, 2, 3, $\cdots$, $n-1$을 차례대로 대입하여 변끼리 더하면
$$a_2-a_1=2\times1$$
$$a_3-a_2=2\times2$$
$$a_4-a_3=2\times3$$
$$\vdots$$
$$\underline{+) \ a_n-a_{n-1}=2(n-1)}$$
$$a_n-a_1=\sum_{k=1}^{n-1}2k$$
$$\therefore a_n=a_1+\sum_{k=1}^{n-1}2k=5+2\times\frac{(n-1)n}{2}$$
$$=n^2-n+5$$

(2) $a_{n+1}-a_n=2^n$의 n에 1, 2, 3, $\cdots$, $n-1$을 차례대로 대입하여 변끼리 더하면

$$a_2 - a_1 = 2^1$$
$$a_3 - a_2 = 2^2$$
$$a_4 - a_3 = 2^3$$
$$\vdots$$
$$+)\ a_n - a_{n-1} = 2^{n-1}$$
$$a_n - a_1 = \sum_{k=1}^{n-1} 2^k$$
$$\therefore a_n = a_1 + \sum_{k=1}^{n-1} 2^k = 3 + \frac{2(2^{n-1}-1)}{2-1}$$
$$= 3 + 2^n - 2 = 2^n + 1$$

(3) $a_{n+1} = \dfrac{n+1}{n} a_n$의 n에 $1, 2, 3, \cdots, n-1$을 차례대로 대입하여 변끼리 곱하면

$$a_2 = \frac{2}{1} a_1$$
$$a_3 = \frac{3}{2} a_2$$
$$a_4 = \frac{4}{3} a_3$$
$$\vdots$$
$$\times)\ a_n = \frac{n}{n-1} a_{n-1}$$
$$a_n = \frac{2}{1} \times \frac{3}{2} \times \frac{4}{3} \times \cdots \times \frac{n}{n-1} a_1$$
$$= \frac{n}{1} \times a_1 = n \times 1 = n$$

(4) $a_{n+1} = 9^n a_n$의 n에 $1, 2, 3, \cdots, n-1$을 차례대로 대입하여 변끼리 곱하면

$$a_2 = 9^1 a_1$$
$$a_3 = 9^2 a_2$$
$$a_4 = 9^3 a_3$$
$$\vdots$$
$$\times)\ a_n = 9^{n-1} a_{n-1}$$
$$a_n = 9^1 \times 9^2 \times 9^3 \times \cdots \times 9^{n-1} a_1$$
$$= 9^{1+2+3+\cdots+(n-1)} \times 1$$
$$= 9^{\frac{n(n-1)}{2}}$$

답 (1) $a_n = n^2 - n + 5$ (2) $a_n = 2^n + 1$ (3) $a_n = n$ (4) $a_n = 9^{\frac{n(n-1)}{2}}$

587

(i) $n=1$일 때

(좌변)$=1$, (우변)$= \dfrac{1 \times (1+1)}{2} = 1$

따라서 주어진 등식이 성립한다.

(ii) $n=k$일 때

주어진 등식이 성립한다고 가정하면

$$1+2+3+\cdots+k = \frac{k(k+1)}{2}$$

위의 식의 양변에 $k+1$을 더하면

$$1+2+3+\cdots+k+(k+1) = \frac{k(k+1)}{2} + (k+1)$$
$$= \boxed{\frac{(k+1)(k+2)}{2}}$$

따라서 $n=k+1$일 때에도 주어진 등식이 성립한다.

(i), (ii)에 의하여 모든 자연수 n에 대하여 주어진 등식이 성립한다.

답 $(k+1)(k+2)$

588

(1) $n=1$일 때

(좌변)$=2 \times 1 = 2$, (우변)$=1 \times (1+1) = 2$

따라서 주어진 등식이 성립한다.

(2) $n=k$일 때

주어진 등식이 성립한다고 가정하면

$$2+4+6+\cdots+2k = k(k+1)$$

위의 식의 양변에 $2(k+1)$을 더하면

$$2+4+6+\cdots+2k+2(k+1) = k(k+1)+2(k+1)$$
$$= (k+1)(k+2)$$

따라서 $n=k+1$일 때에도 주어진 등식이 성립한다.

답 (1) 풀이 참조 (2) 풀이 참조

589

$a_{n+2} - a_{n+1} = a_{n+1} - a_n$에서 수열 $\{a_n\}$은 등차수열이므로 수열 $\{a_n\}$의 첫째항을 a, 공차를 d라 하면

$$a_2 = a + d = 10 \qquad \cdots\cdots ㉠$$
$$a_9 = a + 8d = 24 \qquad \cdots\cdots ㉡$$

㉠, ㉡을 연립하여 풀면 $a=8$, $d=2$

$$\therefore a_n = 8 + (n-1) \times 2 = 2n + 6$$
$$\therefore a_{16} = 2 \times 16 + 6 = 38$$

다른 풀이

$a_{n+2} - a_{n+1} = a_{n+1} - a_n$에서 수열 $\{a_n\}$은 등차수열이다.

이때, a_2, a_9, a_{16}은 이 순서대로 등차수열을 이루므로 a_9는 a_2, a_{16}의 등차중항이다.

즉, $2a_9 = a_2 + a_{16}$에서

$$2 \times 24 = 10 + a_{16}, \ 48 = 10 + a_{16}$$
$$\therefore a_{16} = 38$$

답 ④

590

$a_{n+1} = a_n - 4$, 즉 $a_{n+1} - a_n = -4$에서 수열 $\{a_n\}$은 공차가 -4인 등차수열이고, 첫째항이 $a_1 = 120$이므로

$$a_n = 120 + (n-1) \times (-4) = -4n + 124$$

이때, $a_k = 8$이므로 $-4k + 124 = 8$

$$4k = 116 \quad \therefore k = 29$$

답 ②

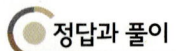

591

$2a_{n+1}=a_n+a_{n+2}$에서 수열 $\{a_n\}$은 등차수열이고, $a_1=2$,
$a_2-a_1=4-2=2$이므로 첫째항이 2, 공차가 2이다.

$\therefore a_n=2+(n-1)\times2=2n$ ……… 가

$\therefore \displaystyle\sum_{k=1}^{10}\frac{1}{a_ka_{k+1}}=\sum_{k=1}^{10}\frac{1}{2k(2k+2)}$

$\qquad=\displaystyle\sum_{k=1}^{10}\frac{1}{4k(k+1)}$

$\qquad=\dfrac{1}{4}\displaystyle\sum_{k=1}^{10}\left(\dfrac{1}{k}-\dfrac{1}{k+1}\right)$

$\qquad=\dfrac{1}{4}\left\{\left(1-\dfrac{1}{2}\right)+\left(\dfrac{1}{2}-\dfrac{1}{3}\right)+\left(\dfrac{1}{3}-\dfrac{1}{4}\right)+\cdots+\left(\dfrac{1}{10}-\dfrac{1}{11}\right)\right\}$

$\qquad=\dfrac{1}{4}\left(1-\dfrac{1}{11}\right)$

$\qquad=\dfrac{1}{4}\times\dfrac{10}{11}=\dfrac{5}{22}$

따라서 $p=22$, $q=5$이므로 ……… 나

$p+q=22+5=27$ ……… 다

단계	채점 요소	비율
가	a_n 구하기	40%
나	p, q의 값 구하기	40%
다	$p+q$의 값 구하기	20%

답 27

592

$a_{n+1}{}^2=a_na_{n+2}$에서 수열 $\{a_n\}$은 등비수열이고, $a_1=2$, $\dfrac{a_2}{a_1}=\dfrac{4}{2}=2$
이므로 첫째항이 2, 공비가 2이다.

$\therefore a_n=2\times2^{n-1}=2^n$

$\therefore a_9=2^9=512$ 답 ④

593

$a_n=3a_{n+1}$, 즉 $a_{n+1}=\dfrac{1}{3}a_n$에서 수열 $\{a_n\}$은 공비가 $\dfrac{1}{3}$인 등비수열이고,
$a_2=9$이므로

$\dfrac{a_2}{a_1}=\dfrac{9}{a_1}=\dfrac{1}{3}$에서 $a_1=27$

$\therefore a_n=27\times\left(\dfrac{1}{3}\right)^{n-1}$

따라서 $a_7=27\times\left(\dfrac{1}{3}\right)^6=\dfrac{1}{3^3}=\dfrac{1}{3^k}$이므로

$k=3$ 답 ③

594

$\dfrac{a_{n+2}}{a_{n+1}}=\dfrac{a_{n+1}}{a_n}$이므로 수열 $\{a_n\}$은 등비수열이다.

이때, 첫째항을 a, 공비를 r라 하면

$S_4=\dfrac{a(r^4-1)}{r-1}=90$ ……… ㉠

$S_8=\dfrac{a(r^8-1)}{r-1}=\dfrac{a(r^4-1)(r^4+1)}{r-1}=1530$ ……… ㉡
……… 가

㉡÷㉠을 하면

$r^4+1=\dfrac{1530}{90}=17$

따라서 $r^4=16$이므로 $r=2$ ($\because a_n>0$)
……… 나

$r=2$를 ㉠에 대입하면 $a=6$

$\therefore S_{10}=\dfrac{6(2^{10}-1)}{2-1}=6(2^{10}-1)=6138$ ……… 다

단계	채점 요소	비율
가	S_4, S_8을 첫째항 a와 공비 r를 이용하여 나타내기	40%
나	r의 값 구하기	30%
다	S_{10}의 값 구하기	30%

답 6138

595

$a_{n+1}=a_n+2n^2$의 n에 1, 2, 3, $\cdots$, $n-1$을 차례대로 대입하여 변끼리 더하면

$\qquad a_2=a_1+2\times1^2$

$\qquad a_3=a_2+2\times2^2$

$\qquad a_4=a_3+2\times3^2$

$\qquad\vdots$

$\underline{+)\,a_n=a_{n-1}+2(n-1)^2}$

$\qquad a_n=a_1+\displaystyle\sum_{k=1}^{n-1}2k^2$

$\qquad\quad=3+2\times\dfrac{(n-1)n(2n-1)}{6}$

$\therefore a_8=3+2\times\dfrac{7\times8\times15}{6}=283$ 답 ②

596

$a_n=a_{n-1}+3^{n-1}$, 즉 $a_n-a_{n-1}=3^{n-1}$의 n에 2, 3, 4, $\cdots$, n을 차례대로 대입하여 변끼리 더하면

$\qquad a_2-a_1=3$

$\qquad a_3-a_2=3^2$

$\qquad a_4-a_3=3^3$

$\qquad\vdots$

$\underline{+)\,a_n-a_{n-1}=3^{n-1}}$

$\qquad a_n-a_1=\displaystyle\sum_{k=1}^{n-1}3^k$

$\therefore a_n=a_1+\displaystyle\sum_{k=1}^{n-1}3^k$

$\qquad\quad=3+\dfrac{3(3^{n-1}-1)}{3-1}$

$\qquad\quad=3+\dfrac{3^n-3}{2}=\dfrac{3^n+3}{2}$

이때, $a_k=366$이므로 $\dfrac{3^k+3}{2}=366$

$3^k+3=732$, $3^k=729=3^6$

$\therefore k=6$ 답 ①

597

$a_{n+1}=a_n+f(n)$에서 $f(n)=a_{n+1}-a_n$이므로

$\displaystyle\sum_{k=1}^{n}f(k)=\sum_{k=1}^{n}(a_{k+1}-a_k)$

$\qquad=(a_2-a_1)+(a_3-a_2)+(a_4-a_3)+\cdots+(a_{n+1}-a_n)$

$\qquad=a_{n+1}-a_1=a_{n+1}-1$

이때, $\sum\limits_{k=1}^{n} f(k)=n^2+2n$이므로 $n^2+2n=a_{n+1}-1$

따라서 $n^2+2n+1=a_{n+1}$이므로 $a_{n+1}=(n+1)^2$

$\therefore a_n=n^2$ ·· 가

$\therefore a_{15}=15^2=225$ ··· 나

단계	채점 요소	비율
가	a_n 구하기	80%
나	a_{15}의 값 구하기	20%

답 225

598

$a_{n+1}=\dfrac{n+3}{n+1}a_n$의 n에 1, 2, 3, $\cdots$, $n-1$을 차례대로 대입하여 변끼리 곱하면

$a_2=\dfrac{4}{2}a_1$

$a_3=\dfrac{5}{3}a_2$

$a_4=\dfrac{6}{4}a_3$

$\vdots$

$\times)\ a_n=\dfrac{n+2}{n}a_{n-1}$

$a_n=\dfrac{4}{2}\times\dfrac{5}{3}\times\dfrac{6}{4}\times\cdots\times\dfrac{n+2}{n}a_1$

$\quad=\dfrac{(n+1)(n+2)}{2}$

$\therefore \sum\limits_{k=1}^{30}\dfrac{1}{a_k}=\sum\limits_{k=1}^{30}\dfrac{2}{(k+1)(k+2)}$

$\quad=2\sum\limits_{k=1}^{30}\left(\dfrac{1}{k+1}-\dfrac{1}{k+2}\right)$

$\quad=2\left\{\left(\dfrac{1}{2}-\dfrac{1}{3}\right)+\left(\dfrac{1}{3}-\dfrac{1}{4}\right)+\left(\dfrac{1}{4}-\dfrac{1}{5}\right)+\cdots+\left(\dfrac{1}{31}-\dfrac{1}{32}\right)\right\}$

$\quad=2\left(\dfrac{1}{2}-\dfrac{1}{32}\right)=\dfrac{15}{16}$

답 ④

599

$a_{n+1}=\left(1+\dfrac{1}{n}\right)a_n$, 즉 $a_{n+1}=\dfrac{n+1}{n}a_n$의 n에 1, 2, 3, $\cdots$, $n-1$을 차례대로 대입하여 변끼리 곱하면

$a_2=\dfrac{2}{1}a_1$

$a_3=\dfrac{3}{2}a_2$

$a_4=\dfrac{4}{3}a_3$

$\vdots$

$\times)\ a_n=\dfrac{n}{n-1}a_{n-1}$

$a_n=\dfrac{2}{1}\times\dfrac{3}{2}\times\dfrac{4}{3}\times\cdots\times\dfrac{n}{n-1}a_1$

$\quad=n\times1=n$

$\therefore \sum\limits_{k=1}^{12}a_k=\sum\limits_{k=1}^{12}k=\dfrac{12\times13}{2}=78$

답 ②

600

$a_{n+1}=5^n a_n$의 n에 1, 2, 3, $\cdots$, $n-1$을 차례대로 대입하여 변끼리 곱하면

$a_2=5a_1$

$a_3=5^2 a_2$

$a_4=5^3 a_3$

$\vdots$

$\times)\ a_n=5^{n-1}a_{n-1}$

$a_n=5\times5^2\times5^3\times\cdots\times5^{n-1}a_1$

$\quad=5^{1+2+3+\cdots+(n-1)}\times3$

$\quad=3\times5^{\frac{(n-1)n}{2}}$

이때, $a_k=3\times5^{55}$이므로 $3\times5^{\frac{(k-1)k}{2}}=3\times5^{55}$

$\dfrac{k(k-1)}{2}=55$, $k(k-1)=110$

$\therefore k=11$ **답** 11

601

$a_{n+2}+a_n=-a_{n+1}$에서

$a_{n+2}=-a_{n+1}-a_n$ ······ ㉠

$a_1=1$, $a_2=2$이므로

㉠에 n 대신 1, 2, 3, $\cdots$을 차례대로 대입하여 a_3, a_4, a_5, $\cdots$의 값을 구해 보면

$a_3=-a_2-a_1=-3$

$a_4=-a_3-a_2=3-2=1$

$a_5=-a_4-a_3=-1+3=2$

$a_6=-a_5-a_4=-2-1=-3$

$\vdots$

따라서 수열 $\{a_n\}$의 각 항은 1, 2, -3이 이 순서대로 반복되므로

$a_{n+3}=a_n$ (단, $n=1$, 2, 3, $\cdots$)

이때, $100=3\times33+1$이므로

$a_{100}=a_1=1$ **답** 1

602

$a_1=15$에서

$a_2=a_1+3=15+3=18$, $a_3=\dfrac{1}{2}a_2=\dfrac{1}{2}\times18=9$,

$a_4=a_3+3=9+3=12$, $a_5=\dfrac{1}{2}a_4=\dfrac{1}{2}\times12=6$,

$a_6=\dfrac{1}{2}a_5=\dfrac{1}{2}\times6=3$, $a_7=a_6+3=3+3=6$,

$a_8=\dfrac{1}{2}a_7=\dfrac{1}{2}\times6=3$, $a_9=a_8+3=3+3=6$,

$a_{10}=\dfrac{1}{2}a_9=\dfrac{1}{2}\times6=3$, $a_{11}=a_{10}+3=3+3=6$, $\cdots$

따라서 $n\geq5$일 때, $a_n=\begin{cases}3\ (n\text{은 짝수})\\6\ (n\text{은 홀수})\end{cases}$이므로

$a_{124}=3$ **답** ②

603

$S_n=2a_n+2n$ $(n=1$, 2, 3, $\cdots)$에서

$S_{n+1}=2a_{n+1}+2(n+1)$

한편, $a_{n+1}=S_{n+1}-S_n$ $(n=1$, 2, 3, $\cdots)$이므로

$a_{n+1}=2a_{n+1}+2(n+1)-(2a_n+2n)$

$a_{n+1}=2a_n-2$

$\therefore a_{n+1}-2=2(a_n-2)$

이때, $a_n-2=b_n$으로 놓으면

$b_{n+1}=2b_n$, $b_1=a_1-2=-2-2=-4$

즉, 수열 $\{b_n\}$은 첫째항이 -4, 공비가 2인 등비수열이므로

$b_n = -4 \times 2^{n-1} = -2^{n+1}$

따라서 $a_n = b_n + 2 = -2^{n+1} + 2$이므로

$a_5 = -2^6 + 2 = -62$

답 ③

604

$S_{n+1} = 2S_n - 1 \ (n=1, 2, 3, \cdots)$에서

$S_{n+1} - 1 = 2(S_n - 1)$

즉, 수열 $\{S_n - 1\}$은 첫째항이 $S_1 - 1 = 4 - 1 = 3$, 공비가 2인 등비수열이므로

$S_n - 1 = 3 \times 2^{n-1}$

$\therefore S_n = 3 \times 2^{n-1} + 1$

$\therefore a_{11} = S_{11} - S_{10}$

$= 3 \times 2^{10} + 1 - (3 \times 2^9 + 1)$

$= 3 \times 2^9 = 1536$

답 1536

605

(1) 45 L의 물의 $\frac{1}{3}$을 퍼내고 6 L의 물을 새로 넣었을 때 통에 남아 있는 물의 양이 a_1 L이므로

$a_1 = 45 \times \frac{2}{3} + 6 = 36$

(2) n번 시행 후 통에 남아 있는 물의 양 a_n L에 대하여 이 물의 $\frac{1}{3}$을 퍼내고 6 L의 물을 새로 넣었을 때 통에 남아 있는 물의 양이 a_{n+1} L이므로

$a_{n+1} = \frac{2}{3}a_n + 6 \ (단, \ n=1, 2, 3, \cdots)$

(3) $a_{n+1} = \frac{2}{3}a_n + 6$의 n에 1, 2, 3, 4를 차례대로 대입하면

$a_2 = \frac{2}{3}a_1 + 6 = \frac{2}{3} \times 36 + 6 = 24 + 6 = 30$

$a_3 = \frac{2}{3}a_2 + 6 = \frac{2}{3} \times 30 + 6 = 20 + 6 = 26$

$a_4 = \frac{2}{3}a_3 + 6 = \frac{2}{3} \times 26 + 6 = \frac{52+18}{3} = \frac{70}{3}$

$\therefore a_5 = \frac{2}{3}a_4 + 6 = \frac{2}{3} \times \frac{70}{3} + 6 = \frac{140+54}{9} = \frac{194}{9}$

답 (1) 36　(2) $a_{n+1} = \frac{2}{3}a_n + 6 \ (n=1, 2, 3, \cdots)$　(3) $\frac{194}{9}$

606

(1) 여행 첫째 날은 30 km를 이동하였으므로

$a_1 = 30$

(2) 여행 n번째 날 이동한 거리 a_n km에 대하여 이 거리의 $\frac{1}{2}$에 7 km를 더 이동한 거리가 a_{n+1} km이므로

$a_{n+1} = \frac{1}{2}a_n + 7 \ (단, \ n=1, 2, 3, \cdots)$

(3) $a_{n+1} = \frac{1}{2}a_n + 7 \ (n=1, 2, 3, \cdots)$에서

$a_{n+1} - 14 = \frac{1}{2}(a_n - 14)$

즉, 수열 $\{a_n - 14\}$는 첫째항이 $a_1 - 14 = 30 - 14 = 16$, 공비가 $\frac{1}{2}$인 등비수열이므로

$a_n - 14 = 16 \times \left(\frac{1}{2}\right)^{n-1}$

$\therefore a_n = 16 \times \left(\frac{1}{2}\right)^{n-1} + 14 = \left(\frac{1}{2}\right)^{n-5} + 14$

(4) (3)에 의하여 여행 첫째 날부터 5일째까지 이동한 총 거리는

$\sum_{k=1}^{5} a_k = \sum_{k=1}^{5} \left\{\left(\frac{1}{2}\right)^{k-5} + 14\right\}$

$= \sum_{k=1}^{5} \left(\frac{1}{2}\right)^{k-5} + \sum_{k=1}^{5} 14$

$= \frac{16\left\{1 - \left(\frac{1}{2}\right)^5\right\}}{1 - \frac{1}{2}} + 14 \times 5$

$= 31 + 70 = 101$

따라서 여행 첫째 날부터 5일째까지 이동한 총 거리는 101 km이다.

답 (1) 30　(2) $a_{n+1} = \frac{1}{2}a_n + 7 \ (n=1, 2, 3, \cdots)$
(3) $a_n = \left(\frac{1}{2}\right)^{n-5} + 14$　(4) 101 km

607

1시간 후에 살아 있는 세포의 수 a_1은

$a_1 = (10-3) \times 2 = 14$

$(n+1)$시간 후에 살아 있는 세포의 수를 a_{n+1}이라 하면

$a_{n+1} = (a_n - 3) \times 2 = 2a_n - 6$

즉, $a_{n+1} = 2a_n - 6$에서

$a_{n+1} - 6 = 2(a_n - 6)$

$a_n - 6 = b_n$으로 놓으면

$b_{n+1} = 2b_n, \ b_1 = a_1 - 6 = 14 - 6 = 8$

즉, 수열 $\{b_n\}$은 첫째항 8, 공비가 2인 등비수열이므로

$b_n = 8 \times 2^{n-1} = 2^{n+2}$

$\therefore a_n = b_n + 6 = 2^{n+2} + 6$

따라서 6시간 후에 살아 있는 세포의 수 a_6은

$a_6 = 2^8 + 6 = 256 + 6 = 262$

답 262

608

(i) $n=1$일 때

(좌변) $= 1^2 = 1$, (우변) $= \frac{1}{6} \times 1 \times 2 \times 3 = 1$

따라서 주어진 등식이 성립한다.

(ii) $n=k$일 때

주어진 등식이 성립한다고 가정하면

$1^2 + 2^2 + 3^2 + \cdots + k^2 = \frac{1}{6}k(k+1)(2k+1)$

위의 등식의 양변에 $\boxed{(k+1)^2}$을 더하면

$1^2 + 2^2 + 3^2 + \cdots + k^2 + \boxed{(k+1)^2}$

$= \frac{1}{6}k(k+1)(2k+1) + \boxed{(k+1)^2}$

$= \frac{1}{6}(k+1)\{2k^2 + k + (\boxed{6k+6})\}$

$= \frac{1}{6}(k+1)(k+2)(\boxed{2k+3})$

따라서 $n=k+1$일 때에도 주어진 등식이 성립한다.

(i), (ii)에 의하여 모든 자연수 n에 대하여 주어진 등식이 성립한다.

따라서 $f(k) = (k+1)^2$, $g(k) = 6k+6$, $h(k) = 2k+3$이므로

$\dfrac{g(1)h(1)}{f(1)} = \dfrac{12 \times 5}{4} = 15$

답 15

609

(1) $n=1$일 때

(좌변)$=1\times2=2$, (우변)$=\dfrac{1\times2\times3}{3}=2$

따라서 주어진 등식이 성립한다.

(2) $n=k$일 때

주어진 등식이 성립한다고 가정하면

$1\times2+2\times3+3\times4+\cdots+k(k+1)=\dfrac{k(k+1)(k+2)}{3}$

위의 등식의 양변에 $(k+1)(k+2)$를 더하면

$1\times2+2\times3+3\times4+\cdots+k(k+1)+(k+1)(k+2)$

$\quad=\dfrac{k(k+1)(k+2)}{3}+(k+1)(k+2)$

$\quad=\dfrac{(k+1)(k+2)}{3}\times(k+3)$

$\quad=\dfrac{(k+1)(k+2)(k+3)}{3}$

따라서 $n=k+1$일 때에도 주어진 등식이 성립한다.

답 (1) 풀이 참조 (2) 풀이 참조

610

(i) $n=4$일 때

(좌변)$=1\times2\times3\times4=24$, (우변)$=2^4=16$

따라서 (좌변)>(우변)이므로 주어진 부등식이 성립한다.

(ii) $n=k(k\geq4)$일 때, 주어진 부등식이 성립한다고 가정하면

$1\times2\times3\times\cdots\times k>2^k$

위의 부등식의 양변에 $\boxed{k+1}$을 곱하면

$1\times2\times3\times\cdots\times k\times(\boxed{k+1})>2^k\times(\boxed{k+1})$

이때, $k\geq4$이므로 위의 식의 우변에서

$2^k\times(\boxed{k+1})>2^k\times2=\boxed{2^{k+1}}$

$\therefore 1\times2\times3\times\cdots\times k\times(\boxed{k+1})>\boxed{2^{k+1}}$

따라서 $n=k+1$일 때에도 부등식이 성립한다.

(i), (ii)에 의하여 $n\geq4$인 자연수 n에 대하여 주어진 부등식이 성립한다.

따라서 $f(k)=k+1$, $g(k)=2^{k+1}$이므로

$\dfrac{g(7)}{f(15)}=\dfrac{2^{7+1}}{15+1}=\dfrac{2^8}{16}=16$

답 16

611

(1) $n=2$일 때

(좌변)$=(1+h)^2=1+2h+h^2$, (우변)$=1+2h$

이때, $h>0$에서 $h^2>0$이므로 주어진 부등식은 성립한다.

(2) $n=k(k\geq2)$일 때, 주어진 부등식이 성립한다고 가정하면

$(1+h)^k>1+kh$

위의 부등식의 양변에 $1+h$를 곱하면

$(1+h)^{k+1}>(1+kh)(1+h)$

$\qquad\qquad\quad=1+kh+h+kh^2$

$\qquad\qquad\quad>1+(k+1)h$

따라서 $n=k+1$일 때에도 주어진 부등식이 성립한다.

답 (1) 풀이 참조 (2) 풀이 참조

본문 p.110~111

실력 콕콕

612 ④	**613** 9	**614** ③	**615** 22	**616** ②	**617** 15
618 ⑤	**619** 14	**620** 15	**621** 50	**622** ②	**623** ③
624 ⑤	**625** ①	**626** 풀이 참조		**627** 풀이 참조	

612

$a_1=1$, $a_2=2$이고, 모든 자연수 n에 대하여 세 항 a_{2n-1}, a_{2n}, a_{2n+1}은 이 순서대로 등차수열을 이루고, 세 항 a_{2n}, a_{2n+1}, a_{2n+2}는 이 순서대로 등비수열을 이루므로 수열 $\{a_n\}$의 각 항을 차례로 구하면

$1, 2, 3, \dfrac{9}{2}, 6, 8, 10, \cdots$

이때, $\{a_{2n-1}\}$ $(n=1, 2, 3, \cdots)$은 $1, 3, 6, 10, \cdots$이므로

$a_{2n+1}-a_{2n-1}=b_n$으로 놓으면

$\{b_n\}: 2, 3, 4, \cdots$

$\therefore b_n=n+1$

$a_{2n-1}=a_1+\displaystyle\sum_{k=1}^{n-1}b_k=1+\sum_{k=1}^{n-1}(k+1)$

$\qquad=1+\dfrac{(n-1)n}{2}+n-1$

$\qquad=\dfrac{n(n+1)}{2}$ (단, $n\geq2$)

$\therefore a_{15}=a_{2\times8-1}=\dfrac{8\times9}{2}=36$

답 ④

613

$a_{n+1}=a_n+(-2)^n$에서 $a_{n+1}-a_n=(-2)^n$이므로 $a_{n+1}-a_n=b_n$으로 놓으면

$b_n=(-2)^n$

$\therefore a_n=1+\displaystyle\sum_{k=1}^{n-1}(-2)^k$

$\qquad=1+\dfrac{-2\{1-(-2)^{n-1}\}}{1-(-2)}$

$\qquad=\dfrac{1+2\times(-2)^{n-1}}{3}$ (단, $n\geq2$)

$\therefore \displaystyle\sum_{k=1}^{5}a_k=\sum_{k=1}^{5}\dfrac{1+2\times(-2)^{k-1}}{3}$

$\qquad=\dfrac{2}{3}\displaystyle\sum_{k=1}^{5}(-2)^{k-1}+\sum_{k=1}^{5}\dfrac{1}{3}$

$\qquad=\dfrac{2}{3}\times\dfrac{1\{1-(-2)^5\}}{1-(-2)}+\dfrac{1}{3}\times5$

$\qquad=\dfrac{2}{3}\times11+\dfrac{5}{3}=9$

답 9

614

주어진 식의 양변에 밑이 2인 로그를 취하면

$\log_2 a_1=\log_2 16=4$

$\log_2 a_{n+1}=\log_2\sqrt{a_n}=\dfrac{1}{2}\log_2 a_n$

즉, 수열 $\{\log_2 a_n\}$은 첫째항이 4, 공비가 $\dfrac{1}{2}$인 등비수열이므로

$\log_2 a_n=4\times\left(\dfrac{1}{2}\right)^{n-1}=\left(\dfrac{1}{2}\right)^{n-3}$

$\therefore \log_2 a_9=\left(\dfrac{1}{2}\right)^{9-3}=\left(\dfrac{1}{2}\right)^6=\dfrac{1}{64}$

답 ③

615

$a_{n+1}=\frac{1}{2}a_n+2$에서 $a_{n+1}-4=\frac{1}{2}(a_n-4)$

$a_n-4=b_n$으로 놓으면

$b_{n+1}=\frac{1}{2}b_n$, $b_1=a_1-4=5-4=1$

즉, 수열 $\{b_n\}$은 첫째항이 1, 공비가 $\frac{1}{2}$인 등비수열이므로

$b_n=1\times\left(\frac{1}{2}\right)^{n-1}=\left(\frac{1}{2}\right)^{n-1}$

$\therefore a_n=b_n+4=\left(\frac{1}{2}\right)^{n-1}+4$

$\therefore \sum_{k=1}^{20}(a_k-4)=\sum_{k=1}^{20}\left(\frac{1}{2}\right)^{k-1}=\frac{1\left\{1-\left(\frac{1}{2}\right)^{20}\right\}}{1-\frac{1}{2}}$

$=2\left\{1-\left(\frac{1}{2}\right)^{20}\right\}=2-2\times\left(\frac{1}{2}\right)^{20}$

따라서 $p=2$, $q=20$이므로

$p+q=2+20=22$

답 22

616

$a_{n+1}=\frac{a_n}{1+na_n}$에서 양변에 역수를 취하면

$\frac{1}{a_{n+1}}=\frac{1+na_n}{a_n}=\frac{1}{a_n}+n$

$b_n=\frac{1}{a_n}$로 놓으면 $b_{n+1}=b_n+n$

$\therefore b_{n+1}-b_n=n$

즉, 수열 $\{b_n\}$의 일반항은

$b_n=b_1+\sum_{k=1}^{n-1}k$

$=1+\frac{(n-1)n}{2}\left(\because b_1=\frac{1}{a_1}=1\right)$

$=\frac{n^2-n+2}{2}$ (단, $n\geq2$)

$\therefore \frac{1}{a_{10}}=b_{10}=\frac{10^2-10+2}{2}=\frac{92}{2}=46$

답 ②

617

모든 자연수 n에 대하여

$4a_{n+1}-1=4\times\frac{3a_n-1}{4a_n-1}-1=2-\frac{1}{4a_n-1}$

이다. 수열 $\{b_n\}$을

$b_1=1$, $b_{n+1}=(4a_n-1)b_n$ $(n\geq1)$ …… (*)

이라 하면

$b_{n+2}=\left(2-\frac{1}{4a_n-1}\right)b_{n+1}$

$=\left(2-\frac{b_n}{b_{n+1}}\right)b_{n+1}$

$=2b_{n+1}-b_n$

$b_{n+2}-b_{n+1}=b_{n+1}-b_n$

이다.

이때, $b_2=(4a_1-1)b_1=(4\times1-1)\times1=3$

즉, 수열 $\{b_n\}$은 첫째항이 1, 공차가 $3-1=2$인 등차수열이므로

$b_n=1+(n-1)\times2=\boxed{2n-1}$

(*)에 의하여

$2n+1=(4a_n-1)(2n-1)$, $4a_n-1=\frac{2n+1}{2n-1}$

$4a_n=\frac{4n}{2n-1}$

$\therefore a_n=\boxed{\frac{n}{2n-1}}$

따라서 $f(n)=2n-1$, $g(n)=\frac{n}{2n-1}$이므로

$f(14)g(5)=27\times\frac{5}{9}=15$

답 15

618

$a_{n+1}-a_n=(-1)^{n+1}\times n$의 n에 1, 2, 3, …, $n-1$을 차례대로 대입하여 변끼리 더하면

$\cancel{a_2}-a_1=1$

$\cancel{a_3}-\cancel{a_2}=-2$

$\cancel{a_4}-\cancel{a_3}=3$

⋮

$+)\ a_n-\cancel{a_{n-1}}=(-1)^n\times(n-1)$

$a_n-a_1=1+(-2)+3+\cdots+(-1)^n\times(n-1)$

$\therefore a_{100}=1+1+(-2)+3+(-4)+\cdots+99$

$=1+(1-2)+(3-4)+\cdots+(97-98)+99$

$=1+(-1)\times49+99$

$=51$

답 ⑤

619

$a_{n+1}+a_n=n$의 n에 1, 3, 5, …, 29를 차례대로 대입하여 변끼리 더하면

$a_2+a_1=1$

$a_4+a_3=3$

$a_7+a_5=5$

⋮

$+)\ a_{30}+a_{29}=29$

$a_1+a_2+\cdots+a_{30}=1+3+\cdots+29$

$=\frac{15\{2\times1+(15-1)\times2\}}{2}$

$=225$

$\therefore a_1+a_2+\cdots+a_{30}=225$ …… ㉠

또한 $a_{n+1}+a_n=n$의 n에 2, 4, 6, …, 28을 차례대로 대입하여 변끼리 더하면

$a_3+a_2=2$

$a_5+a_4=4$

$a_5+a_6=6$

⋮

$+)\ a_{29}+a_{28}=28$

$a_2+a_3+\cdots+a_{29}=2+4+\cdots+28$

$=\frac{14\{2\times2+(14-1)\times2\}}{2}$

$=210$

$\therefore a_2+a_3+\cdots+a_{29}=210$ …… ㉡

㉠−㉡을 하면 $a_1+a_{30}=15$

$\therefore a_{30}=15-a_1=15-1=14$

답 14

620

$a_{n+1}+a_n=b_{n+1}-b_n$의 n에 1, 2, 3, …, 9를 차례대로 대입하여 변끼리

더하면

$$a_2 + a_1 = b_2 - b_1$$
$$a_3 + a_2 = b_3 - b_2$$
$$\vdots$$
$$\underline{+)\ a_{10} + a_9 = b_{10} - b_9}$$
$$2(a_1 + a_2 + \cdots + a_{10}) - a_1 - a_{10} = b_{10} - b_1$$

$$\therefore \sum_{k=1}^{10} a_k = a_1 + a_2 + \cdots + a_{10}$$
$$= \frac{1}{2}(a_1 - b_1 + a_{10} + b_{10})$$
$$= \frac{1}{2}(a_1 - a_1 + 30) = 15 \ (\because a_1 = b_1,\ a_{10} + b_{10} = 30)$$

답 15

621

$a_n = \left(1 - \dfrac{1}{n^2}\right) a_{n-1}$, 즉 $a_n = \dfrac{n^2 - 1}{n^2} a_{n-1} = \dfrac{(n-1)(n+1)}{n \times n} a_{n-1}$의 n에 2,

3, 4, $\cdots$, n을 차례대로 대입하여 변끼리 곱하면

$$a_2 = \frac{1 \times 3}{2 \times 2} a_1$$
$$a_3 = \frac{2 \times 4}{3 \times 3} a_2$$
$$a_4 = \frac{3 \times 5}{4 \times 4} a_3$$
$$\vdots$$
$$\underline{\times)\ a_n = \frac{(n-1)(n+1)}{n \times n} a_{n-1}}$$
$$a_n = \frac{1 \times 3}{2 \times 2} \times \frac{2 \times 4}{3 \times 3} \times \frac{3 \times 5}{4 \times 4} \times \cdots \times \frac{(n-1)(n+1)}{n \times n} a_1$$
$$= \frac{n+1}{2n}$$

이때, $a_k = \dfrac{51}{100}$이므로 $\dfrac{k+1}{2k} = \dfrac{51}{100}$

$100(k+1) = 102k,\ 100k + 100 = 102k$

$2k = 100 \qquad \therefore k = 50$

답 50

622

$a_{n+1} = 3^n a_n$의 양변에 $n = 1, 2, 3, \cdots, n-1$을 차례대로 대입하여 변끼리 곱하면

$$a_2 = 3^1 a_1$$
$$a_3 = 3^2 a_2$$
$$a_4 = 3^3 a_3$$
$$\vdots$$
$$\underline{\times)\ a_n = 3^{n-1} a_{n-1}}$$
$$a_n = 3^1 \times 3^2 \times \cdots \times 3^{n-1} \times a_1$$
$$\therefore a_n = 3^{1+2+3+\cdots+n-1} \ (\because a_1 = 1)$$
$$= 3^{\frac{(n-1)n}{2}}$$

이때, $a^k = 3^{55}$이므로 $3^{\frac{(k-1)k}{2}} = 3^{55}$

$\dfrac{(k-1)k}{2} = 55$에서 $(k-1)k = 110 \qquad \therefore k = 11$

답 ②

623

$a_1 = 1,\ a_2 = 2$에서

$$a_3 = \frac{a_2 + 1}{a_1} = \frac{2+1}{1} = 3$$
$$a_4 = \frac{a_3 + 1}{a_2} = \frac{3+1}{2} = 2$$

$$a_5 = \frac{a_4 + 1}{a_3} = \frac{2+1}{3} = 1$$
$$a_6 = \frac{a_5 + 1}{a_4} = \frac{1+1}{2} = 1$$
$$a_7 = \frac{a_6 + 1}{a_5} = \frac{1+1}{1} = 2$$
$$\vdots$$

따라서 수열 $\{a_n\}$은 1, 2, 3, 2, 1이 이 순서대로 반복되므로

$a_{n+5} = a_n$ (단, $n = 1, 2, 3, \cdots$)

$$\therefore \sum_{k=1}^{100} a_k = (a_1 + a_2 + a_3 + a_4 + a_5) + (a_6 + a_7 + a_8 + a_9 + a_{10})$$
$$+ \cdots + (a_{96} + a_{97} + a_{98} + a_{99} + a_{100})$$
$$= 20(a_1 + a_2 + a_3 + a_4 + a_5)$$
$$= 20(1 + 2 + 3 + 2 + 1) = 180$$

답 ③

624

$a_1 = a_2 = 1$에서

$$a_3 = (-1)^1 a_1 a_2 = (-1) \times 1 \times 1 = -1$$
$$a_4 = (-1)^2 a_2 a_3 = 1 \times 1 \times (-1) = -1$$
$$a_5 = (-1)^3 a_3 a_4 = (-1) \times (-1) \times (-1) = -1$$
$$a_6 = (-1)^4 a_4 a_5 = 1 \times (-1) \times (-1) = 1$$
$$a_7 = (-1)^5 a_5 a_6 = (-1) \times (-1) \times 1 = 1$$
$$a_8 = (-1)^6 a_6 a_7 = 1 \times 1 \times 1 = 1$$
$$\vdots$$

따라서 수열 $\{a_n\}$은 1, 1, -1, -1, -1, 1이 이 순서대로 반복된다.

이때, $1004 = 6 \times 167 + 2$이므로

$$\sum_{k=1}^{1004} a_k = 167(a_1 + a_2 + a_3 + a_4 + a_5 + a_6) + a_1 + a_2$$
$$= 167 \times 0 + 1 + 1 = 2$$

답 ⑤

625

$a_{n+1} = S_n + 2 \ (n = 1, 2, 3, \cdots)$이고, $S_{n+1} - S_n = a_{n+1}$이므로

$S_{n+1} - S_n = S_n + 2,\ S_{n+1} = 2S_n + 2$

$\therefore S_{n+1} + 2 = 2(S_n + 2)$

즉, 수열 $\{S_n + 2\}$는 첫째항이 $S_1 + 2 = a_1 + 2 = 4$, 공비가 2인 등비수열이므로

$S_n + 2 = 4 \times 2^{n-1}$

따라서 $S_n = 2^{n+1} - 2$이므로

$S_8 = 2^9 - 2 = 510$

답 ①

626

$a_n = 2^{n+1} + 3^{2n-1}$이라 하자.

(i) $n = 1$일 때

$a_1 = 2^2 + 3^1 = 7$이므로 a_1은 7의 배수이다.

가

(ii) $n = k$일 때, 주어진 명제가 성립한다고 가정하면

$a_k = 2^{k+1} + 3^{2k-1}$은 7의 배수이다.

$n = k+1$일 때

$$a_{k+1} - a_k = (2^{k+2} + 3^{2k+1}) - (2^{k+1} + 3^{2k-1})$$
$$= (2-1)2^{k+1} + (3^2 - 1)3^{2k-1}$$
$$= 2^{k+1} + 3^{2k-1} + 7 \times 3^{2k-1}$$
$$= a_k + 7 \times 3^{2k-1}$$

그런데 a_k와 $7 \times 3^{2k-1}$이 모두 7의 배수이므로 $a_{k+1} - a_k$는 7의 배수이다.

이때, a_k가 7의 배수이므로 a_{k+1}도 7의 배수이다.

나

(i), (ii)에 의하여 모든 자연수 n에 대하여 a_n, 즉 $2^{n+1}+3^{2n-1}$은 7의 배수이다.

다

단계	채점 요소	비율
㉮	주어진 식을 a_n으로 놓고 $n=1$일 때, 주어진 명제가 성립함을 보이기	30%
㉯	$n=k$일 때, 주어진 명제가 성립한다고 가정하여 $n=k+1$일 때도 성립함을 보이기	60%
㉰	㉮, ㉯에 의하여 모든 자연수 n에 대하여 주어진 명제가 성립함을 보이기	10%

답 풀이 참조

627

(i) $n=2$일 때

$$(\text{좌변})=\frac{1}{\sqrt{1}}+\frac{1}{\sqrt{2}}=\frac{2+\sqrt{2}}{2}$$

$$(\text{우변})=\sqrt{2}$$

이므로 $\dfrac{1}{\sqrt{1}}+\dfrac{1}{\sqrt{2}}>\sqrt{2}$

따라서 주어진 부등식이 성립한다.

㉮

(ii) $n=k$일 때, 주어진 부등식이 성립한다고 가정하면

$$\frac{1}{\sqrt{1}}+\frac{1}{\sqrt{2}}+\cdots+\frac{1}{\sqrt{k}}>\sqrt{k}$$

$$\left(\frac{1}{\sqrt{1}}+\frac{1}{\sqrt{2}}+\frac{1}{\sqrt{3}}+\cdots+\frac{1}{\sqrt{k}}+\frac{1}{\sqrt{k+1}}\right)-\sqrt{k+1}$$

$$=\left(\frac{1}{\sqrt{1}}+\frac{1}{\sqrt{2}}+\frac{1}{\sqrt{3}}+\cdots+\frac{1}{\sqrt{k}}\right)+\frac{1}{\sqrt{k+1}}-\sqrt{k+1}$$

$$>\sqrt{k}+\frac{1}{\sqrt{k+1}}-\sqrt{k+1}$$

$$=\frac{\sqrt{k(k+1)}-k}{\sqrt{k+1}}>0$$

$$\therefore \frac{1}{\sqrt{1}}+\frac{1}{\sqrt{2}}+\frac{1}{\sqrt{3}}+\cdots+\frac{1}{\sqrt{k}}+\frac{1}{\sqrt{k+1}}>\sqrt{k+1}$$

따라서 $n=k+1$일 때에도 주어진 부등식이 성립한다.

㉯

(i), (ii)에 의하여 $n\geq2$인 모든 자연수 n에 대하여 주어진 부등식이 성립한다.

㉰

단계	채점 요소	비율
㉮	$n=2$일 때, 주어진 부등식이 성립함을 보이기	30%
㉯	$n=k$일 때, 주어진 부등식이 성립한다고 가정하여 $n=k+1$일 때도 성립함을 보이기	60%
㉰	㉮, ㉯에 의하여 $n\geq2$인 모든 자연수 n에 대하여 주어진 부등식이 성립함을 보이기	10%

답 풀이 참조

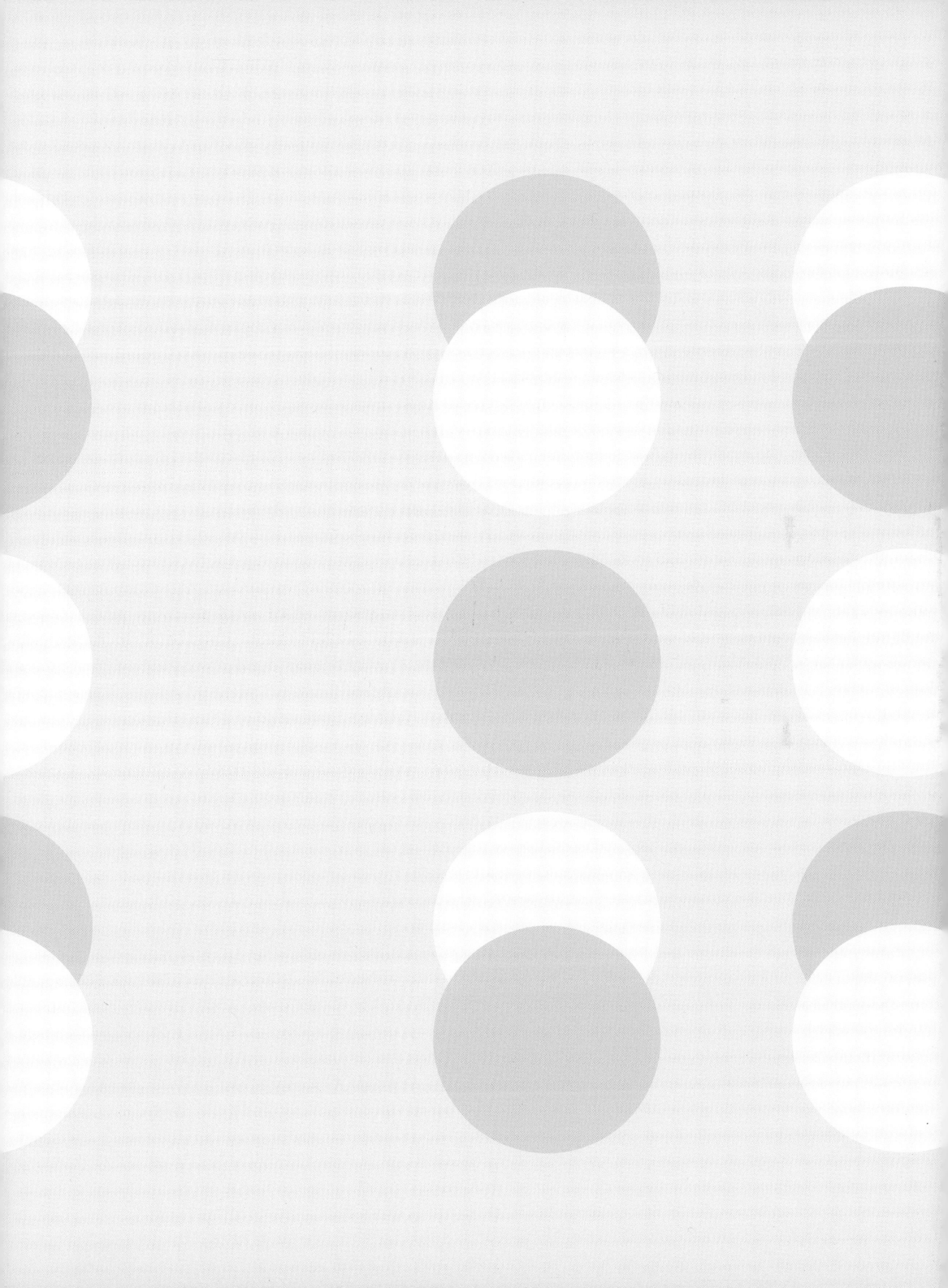

新 수학의 바이블 유형서

B
O
B
밥